# ASATS 美国学生事务译丛

A Series of Student Affairs in Higher Education of America

主　　编　游敏惠　王　凤
副主编　王　月　陶　丹

重庆邮电大学哲学社会科学学术文库

# Rentz's Student Affairs Practice in Higher Education
## (Fourth Edition)

# 伦兹高校学生事务实践
## （第四版）

〔美〕张乃建等 编著

游敏惠　王凤 译

四川大学出版社

项目策划：黄新路
责任编辑：唐　飞
责任校对：许　奕
封面设计：米迦设计工作室
责任印制：王　炜

## 图书在版编目（CIP）数据

　　伦兹高校学生事务实践：第四版 /（美）张乃建等
编著；游敏惠，王凤译. — 成都：四川大学出版社，
2019.6
　　（美国学生事务译丛）
　　ISBN 978-7-5690-2260-5

　　Ⅰ.①伦… Ⅱ.①张…②游…③王… Ⅲ.①高等学
校－学生工作－教育管理－研究 Ⅳ.① G645.5

　　中国版本图书馆 CIP 数据核字（2019）第 117573 号

四川省版权局著作权合同登记图进字 21-2019-468 号
Rentz's Student Affairs Practice in Higher Education（Fourth
Edition）/Naijian Zhang & Associates
Copyright © 2011 by Charles C Thomas, Publisher, Ltd. All rights
reserved.
Charles C Thomas, Publisher, Ltd., 2600 South First Street,
Springfield, Illinois 62704-4730

| | |
|---|---|
| 书　名 | 伦兹高校学生事务实践（第四版） |
| | LUNZI GAOXIAO XUESHENG SHIWU SHIJIAN (DI-SI BAN) |
| 编　著 | （美）张乃建等 |
| 译　者 | 游敏惠　王　凤 |
| 出　版 | 四川大学出版社 |
| 地　址 | 成都市一环路南一段 24 号（610065） |
| 发　行 | 四川大学出版社 |
| 书　号 | ISBN 978-7-5690-2260-5 |
| 印前制作 | 四川胜翔数码印务设计有限公司 |
| 印　刷 | 成都金龙印务有限责任公司 |
| 成品尺寸 | 148mm×210mm |
| 印　张 | 14 |
| 字　数 | 400 千字 |
| 版　次 | 2019 年 10 月第 1 版 |
| 印　次 | 2019 年 10 月第 1 次印刷 |
| 定　价 | 58.00 元 |

扫码加入读者圈

四川大学出版社
微信公众号

# 前　言

　　《伦兹高校学生事务实践（第四版）》的目标读者有三类：第一类，修完大学学生人事、学生事务、学生发展、高校管理和学生事务咨询专业研究生课程的硕士研究生和博士研究生；第二类，需要丰富这些专业背景知识的工作人员，以及需要通过阅读此书发展专业技能的学生事务专业人员；第三类，经验丰富的学生事务工作者和管理者。他们需要一本系统描述高校学生事务功能的发展（尤其是发展趋势和发展模式）、实践方法和活动模式的参考书。

　　希望本书的出版达到以下目的：

　　（1）为读者提供大学学生事务发展历史和哲学理论基础。

　　（2）帮助读者理解学生事务实践、方法和活动模型的重要概念、使命和目标。

　　（3）使读者掌握关于高校学生事务管理基本框架或主题、作用和功能的理论。

　　（4）助推学生事务初级专业人员发展成为熟练从事学生事务的实践者。

　　（5）促进读者对高校学生事务每一分支的发展趋势的了解和面临问题时的处理能力。

　　本书采用的编写模式与第三版相似，但第四章"学业辅导"、第五章"就业服务"、第十章"学生宿舍"、第十二章"学生资助及措施"、第十三章"学生健康"、第十四章"后记"全部更新了内容。这 6 章增加了关于每一专业领域学生发展和学生事务实践的最新信息。对我而言，接替担任本书的主编是一大挑战。第一，奥德里·伦兹（Audrey Rentz）博士和费奥纳·麦克肯伦（Fiona MacKinnon）博士是我 20 年前在博林格林州立大学（Bowling Green State University）攻读大学学生人事专业（the College Student Personnel Program）研究生学位时的教授，他们清楚我当时的弱项，我也对此记忆犹新。那时，我从中国来到美国，由于国内还没有开设学生事务专业，自己对美国学生事务专业几乎一无所知。第二，第三版书中每一章的作者都是伦兹教授和麦克肯伦教授的同事，因此，在编写工作真正开始之前，他们之间已经建立了联系。虽担任第四版的主编，我却与第三版的作者不相识，因而缺乏优势。第三，第三版的作者中，有的人已经不幸过世，有的人已经退休，还有一些人出于各种原因不愿意继续撰写，因此，编撰本书需面临的最大挑战，就是重新寻找称职的、能胜任的作者。

除了为第三版撰写文章的 9 位作者加盟外，另外有 14 位学生事务专业的专家加入了本书的撰写工作，他们为读者勾勒了一幅美国高等教育中学生事务的清晰图画。第一章"学生事务哲学传统"简要阐述了美国高等教育和学生事务专业的重要哲学流派和哲学观念，阐释了这些哲学观对学生事务实践产生的影响。第二章"学生事务发展历史"描述了学生事务的缘起、理论发展以及 17 世纪以来发生的重要事件。第三章到第十三章阐述了学生事务的各种功能，分别是：第三章"从招生到招生管理"、第四章"学业辅导"、第五章"就业服务"、第六章"咨询中心"、第七章"学生行为"、第八章"多元文化事务"、第九章"新生学前适应活动"、第十章"学生宿舍"、第十一章"学生活动"、第十二章"学生资助及措施"和第十三章"学生健康"。每一章的主要内容如下：引言、发展历史、定义、目的和目标、管理和组织结构、活动和服务、人员配置、模型、专业发展、入门资格、技术、面临的问题和发展趋势、参考文献。大多数章节融入了当今经济的下滑趋势、技术使用的日益广泛、人口的日渐多样化 3 个主要问题，这些问题影响了学生事务及其实践。第十四章"后记"概述了高校学生事务专业当前和未来面临的问题和挑战。

专家们学识渊博，令人敬佩，能够与他们合作，我三生有幸，在此，向他们表达我衷心的谢意。我也要感谢我的同事维科·安·麦克科伊（Vickie Ann McCoy）博士以及研究生助理卡拉·巴克斯特（Kara Baxter），他们为此书的准备工作提供了无私的帮助。另外，还要特别感谢费奥纳·麦克肯伦博士，他为我无私提供了该书第三版的编写经验和专业知识。最后，我要向奥德里·伦兹教授表达深深的谢意。1990—1993 年间，我在博林格林州立大学攻读学生人事专业硕士研究生学位，他担任我的毕业论文导师和学业导师，为我提供了巨大支持和指导，促进了我的个人发展和专业发展。我真诚地希望，《伦兹高校学生事务实践》将继续造福于学生事务实践领域的学生、专业人员和研究者。

欢迎本书的所有读者和使用者提供反馈和建议，以利于《伦兹高校学生事务实践》第五版的编写。反馈和建议敬请发送邮箱 nzhang@wcupa.edu。

张乃建

**2018 年 1 月**

# 作者简介

**张乃建**，宾州西彻斯特大学（West Chester University of Pennsylvania）教授，从事高等教育咨询、学生事务研究。西安外国语大学英语学学士，博林格林州立大学学生事务学、咨询与指导学双硕士，波尔州立大学心理咨询与学生事务管理学博士。曾从事波尔州立大学（印第安纳州）学生事务管理工作，现任宾州西彻斯特大学教育咨询系代理系主任和研究生项目协调员。荣获美国心理协会颁发的旅行奖（Travel Award from American Psychological Association）、美国大学人事协会（American College Personnel Association，ACPA）颁发的杰出研究奖和杰出服务奖。《大学咨询》（*Journal of College Counseling*）杂志编委，宾夕法尼亚州执业心理师。

**凯西·阿肯斯**（Cathy Akens），佛罗里达国际大学（Florida International University）助教，学生事务副校长助理，从事高等教育研究。托莱多大学（University of Toledo）学士，密歇根州立大学高校管理学硕士，佛罗里达国际大学教育学博士。曾担任佛罗里达国际大学和博林格林州立大学学生宿舍部主任，以及其他行政管理职务。曾任美国大学人事协会（ACPA）住房和宿舍委员会主席。《高校住房》（*Journal of College and University Housing*）杂志编委。

**特里·埃弗里**（Trey Avery），纽约市高等教育综合咨询公司

Keeling&Associates（K&A）咨询助理。西华盛顿大学费尔黑文学院（Fairhaven College at Western Washington University）美国文化研究文学学士，在校曾担任朋辈健康指导者。2006 年加入 K&A，参加了美国和加拿大一些高校组织的许多学生健康项目和服务活动。2010 年开始在纽约攻读神经科学与教育方向硕士学位。

**欧文·W. 布兰德尔**（Irvin W. Brandel），阿克伦大学（the University of Akron）咨询中心主任、副主任、培训主任和心理学家，期间兼任过 3 年就业安置服务部主任。密歇根州立大学大学生人事学硕士，阿克伦大学咨询学博士。曾担任咨询中心培训机构协会执行委员会（the Executive Board of the Association of Counseling Center Training Agencies）委员、国际咨询服务协会认证委员会（the Accreditation Board of the International Association of Counseling Services，IACS）委员、美国心理协会（the American Psychological Association）和高校咨询中心主任协会荣誉会员。

**V. 芭芭拉·布什**（V. Barbara Bush），北得克萨斯大学（University of North Texas）高等教育学副教授。印第安纳大学（Indiana University）大学生事务教育学硕士，克莱蒙特研究大学（Claremont Graduate University）高等教育管理学博士。求学期间，曾担任多种学生事务管理工作，包括加利福尼亚州立大学（California State University）学生活动和项目主任、加州克莱蒙特斯克里普斯学院（Scripps College，Claremont California）教导主任。在国内和国际会议上宣读论文，发表关于社区大学学生资助和学生服务相关论文及学生资助、社区学院学生服务相关文章，合著关于非裔美国女学生著作一部。

**D. 斯坦尼·卡本特**（D. Stanley Carpenter），得克萨斯州立大学圣马科斯分校（Texas State University，San Marcos）教育管理和心理服务系教授、主任。塔尔顿州立大学（Tarleton State University）数学理学学士，得克萨斯州农工大学（Texas A&M-

Commerce）学生人事与指导理学硕士，佐治亚大学（the University of Georgia）咨询与学生人事服务学博士。曾担任高等教育研究协会执行主任（the Executive Director of the Association for the Study of Higher Education），美国高校人事协会（American College Personnel Association）媒体委员会编辑/主席（Editor/Chair of the ACPA Media Board），美国国家学生人事管理者协会（National Association cf Student Personnel Administrator, NASPA）董事会成员。荣获得克萨斯州农工大学教育学院（Texas A&M's College of Education）教学奖，2000 年美国大学人事资深学者、SACSA 的 Melvene Hardee Award 等学术奖，以及高等教育研究协会杰出服务奖（Distinguished Service Award from ASHE）、美国人事大学 Esther Lloyd Jones 奖（Esther Lloyd Jones Award from ACPA）等。

**詹妮弗·S. M. 迪克森**（Jennifer S. M. Dixon），公共卫生学硕士和博士。纽约市高等教育综合咨询公司 Keeling&Associates（K&A）研究顾问和主任。医学系（内科和外科学院）叙事医学科兼职讲师，纽约市哥伦比亚大学（Columbia University in New York City）梅尔曼公共卫生学院（Mailman School of Public Health）社会医学科学系副研究员，K&A 研究、写作和专业发展项目带头人。

**玛丽·F. 霍华德·汉密尔顿**（Mary F. Howard Hamilton），印第安纳州立大学（Indiana State University）教育领导力、管理、基金和高校项目教授。爱荷华大学（The University of Iowa）文学学士和文学硕士，北卡罗来纳州立大学（North Carolina State University）教育学博士。荣获美国国家学生人事管理者协会（NASPA）颁发的教师研究学术杰出奖——"罗伯特 S. 谢弗奖"（"Robert S. Shafer Award"），2007 年美国大学人事协会/美国国家学生人事管理者协会（ACPA/NASPA）联合会议颁发的妇女常委会"智慧女性奖（Wise Women Award）"。

**R. 米歇尔·海尼斯**（R. Michael Haynes），得克萨斯塔尔顿州立大学斯蒂芬维尔分校（Tarleton State University in Stephenville，Texas）学生生活研究副校长助理。曾担任北得克萨斯大学（the University of North Texas）学生资助主任助理，北得克萨斯大学健康科学中心学生资助主任。贝勒大学（Baylor University）工商管理学学士，北得克萨斯大学理学硕士和高等教育学博士，研究方向为弱势群体的高等教育。曾在得克萨斯州学生资助管理者协会和高等教育协会会议上宣读论文。

**唐·霍斯勒**（Don Hossler），印第安纳大学伯明顿分校（Indiana University Bloomington）教育学院执行副院长，教育领导力与政策教授，高等教育和学生事务研究项目协调员。曾担任印第安纳大学伯明顿分校招生服务副校长，印第安纳大学系统七所分校招生服务副校长助理，教育领导力与政策研究系副主任等职务。专业领域包括高校选择、学生持久力、学生资助政策和招生管理。

**理查德·P. 基林**（Richard P. Keeling），纽约市高等教育综合咨询公司 Keeling&Associates（K&A）首席和高级行政顾问。弗吉尼亚大学（the University of Virginia）英语学学士，塔夫茨大学医学院（Tufts University School of Medicine）医学硕士。K&A 公司成立之前，曾担任威斯康星大学麦迪逊分校（the University of Wisconsin-Madison）大学健康服务部执行主任，学生健康系医学教授、主任，弗吉尼亚大学医学副教授（the University of Virginia）。曾任美国大学健康协会（the American College Health Association）主席，2期《美国大学健康》（*Journal of American College Health*）杂志编辑。通过在 K&A 公司的工作，与超过 75 所的高校开展合作，加强学生健康及相关服务。

**玛丽·林达霍斯特**（Marie Lindhorst），瓦瑟学院（Vassar）宗教学艺术学士，耶鲁大学（Yale University）神学硕士，宾夕法尼亚州立大学（the Pennsylvania State University）教育理论与政

策博士。分别在卫斯理大学（Wesleyan University）、科尔盖特大学（Colgate University）、莱康明学院（Lycoming College）担任大学牧师和教师。2002 年后，一直担任宾夕法尼亚州立大学本科研究部（the Division of Undergraduate Studies at The Pennsylvania State University）副主任。

**约翰·卫斯理·罗维瑞**（Jchn Wesley Lowery），宾夕法尼亚印第安纳大学（Indiana University of Pennsylvania）高等教育学生事务副教授。维吉尼亚大学宗教学学士，南卡罗来纳大学学生人事服务学硕士，博林格林州立大学高等教育管理学博士。全国高等教育风险管理中心（NCHERM）加盟顾问。之前，担任过俄克拉荷马州立大学（Oklahoma State University）和南卡罗来纳大学教师，且任这两所学校的学生事务协调员。此外，还担任过艾德里安学院（Adrian College）学生宿舍部主任和华盛顿大学圣路易斯分校（Washington University in St. Louis）学校司法行政官。

**菲奥娜 J. D. 麦金农**（Fiona J. D. Mackinnon），博林格林州立大学高等教育与学生事务系名誉副教授。曾担任博林格林州立大学教育与人类发展学院副院长、教育基金会和调查部主席（Educational Foundations and Inquiry）、副教务长（Provost Associate）、教师评议会（Faculty Senate）委员。1996 年，聘为北京师范大学富布莱特高级访问学者。在 45 年的学术生涯和学生事务工作中，曾就职于许多院校，包括宾夕法尼亚州立大学职业中心及成人学习服务中心、南伊利诺伊大学卡本代尔（Southern Illinois University，Carbondale）技术学院、阿克伦大学咨询中心和校长团队领导力项目（President's Team Leadership Akron Grant）、雪城大学（Syracuse University）咨询服务中心、俄亥俄州立大学教导主任助理、丹尼森大学（Denison University）女学生教导主任助理。

**维基·安·麦克伊**（Vickie Ann Mccoy），宾夕法尼亚西切斯特大学咨询者教育系教授助理。新泽西州蒙茅斯大学（Monmouth

University）理学学士、教育学硕士和文学硕士，南密西西比大学咨询心理学博士。在蒙茅斯大学担任过几年残疾学生咨询与测试服务协调员，在南密西西比大学担任过大学咨询中心行为医学协调员。荣获大学咨询中心服务（University Counseling Center Service）颁发的"比尔·W. 谢弗纪念奖（Bill W. Shafer Memorial Award）"。

**杰夫·诺瓦卡**（Jeff Novak），佛罗里达州中部大学（the University of Central Florida）住房与学生宿舍部副主任。佛罗里达州大学心理学学士、高校学生人事教育学硕士、心理健康咨询专业硕士，佛罗里达州中部大学教育领导力学博士。在佛罗里达州中部大学、东卡罗来纳大学和佛罗里达大学的 13 年间，担任国际高校住房工作者协会（ACUHO-I）项目委员会主席，SEAHO 管理委员会弗罗里达州的代表。

**凯斯·B. 奥尼尔**（KEITH B. O'NEILL），洛约拉大学（Loyola University）（伊利诺伊州）学士和教育学硕士，博林格林州立大学（俄亥俄州）高等教育管理学博士。曾在洛约拉大学和圣泽维尔大学（Saint Xavier University）（伊利诺伊州）从事管理工作。积极参加全国学生人事管理者协会、俄亥俄州学生人事管理者协会以及希腊文社团组织的活动。

**旺达·I. 奥维尔兰德**（Wanda I. Overland），圣克劳德州立大学（St. Cloud State University）（明尼苏达州）学生生活与发展部副主任，高等教育管理项目教师。曾担任博林格林州立大学学生事务副校长助理和学生处处长，在北达科他州立大学（North Dakota State University）担任过学生事务管理工作。北达科他州立大学学士和硕士，博林格林州立大学（俄亥俄州）高等教育管理学博士。

**奥德里·L. 伦兹**（Audrey L. Rentz），博林格林州立大学（俄亥俄州）高等教育与学生事务系荣誉教授。蒙特圣文森学院（the College of Mount St. Vincent）数学学士，宾夕法尼亚州立大学咨询教育（Counselor Education）学硕士，密歇根州立大学咨询、人事服务与教育心理学博士。担任《举措》（*Initiatives*）、《大学生发展》（*The Journal of College Student Development*）和《心理类型》（*The Journal of Psychological Type*）等杂志编委。荣获（ACPA）授予的"菲利普·特里普杰出服务奖（the Philip Tripp Distinguished Service Award）"。

**玛格丽特·L. 萨尼基**（Margaret L. Sarnicki），圣克劳德州立大学（St. Cloud State University）（明尼苏达州）学生生活与发展处项目协调员。曾担任辛普森学院（Simpson College）（爱荷华州）成人和继续教育部主任。明尼苏达州立大学曼卡多市分校（Minnesota State University，Mankato）理学学士，现攻读圣克劳德州立大学高等教育管理学硕士学位。

**丽萨·瑟夫利**（Lisa Severy），科罗拉多大学博尔德分校（the University of Colorado，Boulder）就业服务部主任。曾在佛罗里达大学工作了7年，从事多种职业咨询工作。印第安纳大学心理学学士，佛罗里达大学咨询教育硕士、博士。与达雷尔·卢奥（Darrell Luzzo）合著《重大职业决策》（*Making Career Decisions that Count*）一书，与杰克·巴拉德（Jack Ballard）、菲比·巴拉德（Phoebe Ballard）合著《转折点：有意义和目的职业转变管理》（*Turning Points：Managing Career Transitions with Meaning and Purpose*）一书。曾任命为职业顾问专家，获奖奖项包括全国职业发展协会（NCDA）优秀奖和主席奖。全国认证咨询师，科罗拉多州执业咨询专家。

**贝蒂娜·C. 舒福德**（Bettina C. Shuford），博林格林州立大学学习事务副校长实习助理。曾担任该校学生事务副校长助理、多元文化和学习活动中心主任。到博林格林州立大学之前，曾从事宿舍管理工作，在北卡罗来纳大学格林波若分校（the University of North Carolina at Greensboro）担任学生处处长助理、少数族裔学生事务处主任。北卡罗莱纳州中央大学心理学学士，北卡罗来纳大学格林波若分校（the University of North Carolina at Greensboro）

指导与咨询学硕士，博林格林大学高等教育管理学博士。

**爱德华·G. 惠普尔**（Edward G. Whipple），博林格林州立大学（俄亥俄州）学生事务副校长，兼高等教育与学生事务副教授。威拉米特大学（Willamette University）（俄勒冈州）文学学士，西北大学（Northwestern University）教学文学硕士，俄勒冈州立大学博士。曾在蒙大拿州立大学比林斯分校（Montana State University，Billings）、阿拉巴马大学托斯卡纳分校（the University of Alabama，Tuscaloosa）、得克萨斯理工大学和爱荷华州立大学从事学生事务管理工作。发表了许多与学生事务活动和服务有关的文章，并参与编写了相关著作。曾担任全国学生人事管理者协会（the National Association of Student Personnel Administrators）、公立大学和政府赠地大学协会（the Association of Public and Land-Grant Universities）、兄弟会顾问协会（the Association of Fraternity Advisors）、希腊文组织国际兄弟会（Phi Delta Theta International Fraternity）等国家级协会领导职务。

**艾里克·R. 怀特**（Eric R. White），罗格斯大学（Rutgers University）历史学学士，宾夕法尼亚州立大学咨询心理学硕士和博士。宾夕法尼亚州立大学本科研究部执行主任、咨询处副主任。2004 至 2005 年担任美国学业辅导学会主席，1993 年担任高校学院和本科研究部主任（University Colleges and Undergraduate Studies）。宾夕法尼亚州立大学教育学教授助理。荣获全国学业辅导学会颁发的"弗吉尼亚 N. 戈登优秀咨询奖（Virginia N. Gordon Award)"和宾夕法尼亚州立大学颁发的"优秀管理奖（Administrative Excellence Award)"。

# 目　录

## 第十三章　学生健康

# 第一章　学生事务哲学传统

D.　斯坦尼·卡本特

　　巴珊王噩是传说中人类新石器时代的祖先，他遇到一个令他和族人最头疼的问题：与其他动物相比，他们脑袋太大，差异太明显。他们以前从未意识到这个问题，或从未认为它很复杂。拥有一副聪明的头脑，是一种生存优势，也非常必要，尤其对噩部落的人来说。与其他动物相比，他们体格不十分高大，奔跑速度也不够快，视觉、嗅觉、听觉也不是特别敏锐，但能够思考、执行计划和记忆事物。这便产生了问题。思考使他们对事物产生好奇，渴望了解，进行思索，一旦不能寻求答案，便会感到不开心。孩子死亡等比较深刻的事件，或自然循环等日常现象，都会引发他们探寻生命意义这一更大的问题。但无论什么问题，都如探寻这一行为，很快使得部落成员郁郁寡欢，疯狂失智，丧失生命，甚至整个部落最终消亡殆尽。

　　哲学因此而被创造，或如一些人所说，因此而被发现，其旨在通过了解世界缓解人类在世界面前的无力。现代意义上，这些了解并不正确，但并不重要。重要的是，它能够解释火、雨、生、死等极其不确定但超越人类控制力的事物。人类需要心有所信，且致力于学习。

　　久而久之，便形成了一种部落文化，它涵盖了一切信仰、知识和技能，使部落能够维持其独特性，继续生存下去，并以近乎现代的教育方法，正式或非正式地代代相传。部落逐渐发展成为村庄、城市和主权国家，哲学知识也随之不断积累、分化，最终，人们必须向一些成员学习更高深的知识，为带领人们探索新知识、传授新知识做准备。学生事务从业者就是早期教育者的嫡传"后羿"，他们传承了对教育哲学进行思考并著书立说的悠久传统。本章首先从普遍意义上探究哲学的影响，然后具体探讨几个高等教育和学生事务工作实践的哲学观点。

## 哲学概念

最初，一切知识皆为哲学。"哲学"一词，源于希腊语"philosophial"，其字面意思是"热爱智慧"或"学问"。200年前，它才从一个综合性概念分化为"自然哲学"（又称科学，如化学、物理学）、精神哲学（又称心理学）和道德哲学（如政治学、经济学和社会学）（约翰·布鲁贝克，1982）。数千年来，哲学研究一直是一种广泛的智力探索，学问高深。尽管知识爆炸和专业化改变了这种状况，但哲学依然深度和广度兼备。

其实，人们并未充分认识"哲学"一词。他们言必称"我的哲学观点……"，随后却提出毫无依据的看法，甚至有时与自己的行为或事实毫不相关。简言之，哲学是认识世界的一种普遍方法，或是一个规范化探索的过程。格雷西亚（1992）的哲学定义如下。

哲学可以理解为：

（1）任何人对一切事物的想法或观念。

（2）一种力求准确性、一致性和综合性的世界观。

（3）一种学科知识。

本章主要关注第二层含义（一种世界观）和第三层含义（一种学科知识）中的一些元素。读者应注重运用已有信息（世界观），采取适当方法（学科），修正自己的观念，使之准确、统一、全面。

## 哲学三大问题

最初，哲学涵盖了几乎一切知识。不过，到了现代，主要关注3个重要问题：什么是实在？我们如何认识事物？什么事物有价值？

### 本体论

本体论也称"形而上学"（字面意思是"物理之外"），研究关于存在的终极问题。自噩部落以来，所有人都渴望知道，什么事物永久实在？什么事物稍纵即逝？宇宙对人类到底是友善、中立还是恶意相向？宇宙是井然有序还是随机混沌？究竟是物理存在是实在，还是人的智力即人类的思考活动才是实在？生命是什么？是否有上帝或其他超自然实体存在？

显然，这些问题令人困惑，答案必须具有系统性，令人满意，且需要人类进行思考，至少在理论建构之初，甚至其后很长一段时间也会如此。个人对实在的本质的看法，将关乎他的一切行为、决定和想法。

此外，还可拆分本体论来解决其他领域的问题（约翰逊、柯林斯、迪普依、约翰森，1969）。人类学讨论人类境况的本质。人性是本善还是本恶？精神和肉体之间是什么关系？灵魂是否存在？灵魂是否高于世俗的肉体？人类有自由意志吗？

宇宙论研究宇宙的起源与本质，如时间、空间、感知、目的。神学则探讨宗教问题：上帝是否存在？只有一个上帝吗？他是善良仁慈还是冷漠无情？他无所不知、无所不能吗？一些本体论问题需倚重神学理论。

目的论或宇宙目的论与上述领域交叉。宇宙的产生是纯属偶然，还是缘起更大的目的？这些问题都与本体论相关，曾经困扰着巴珊王噩部落，至今仍然困扰着人类。

## 认识论

认识论旨在探讨知识的本质以及不同种类知识的可信性。一般而言，获得知识的途径有五：感官感知（经验知识）；天启（超自然知识）；权威或传统；推理、逻辑分析或理解；直觉（非超自然洞见，不依靠推理）。通过这些方法获得的知识都要接受检视。真理是什么？是主观的还是客观的、相对的还是绝对的？是否存在与人类经验无关的真理？有限的存在能否理解无限的真理？

不同哲学流派的认识论观点不同。认识论最根本的一个问题是，真理是永恒不变，还是视情况、个体不同而变化？显然，要回答这个问题，首先要清楚，真理究竟是为人"发现"，还是由人"建构"。一些哲学家认为，一些不言自明、无须证实的真理才能称为真正的"真理"。另一些哲学家则驳斥了这种看法，认为除非源于经验，否则都不是真理，且情景至关重要。人们对实在的起源及本质产生的不同理论，以及对获取知识的最佳途径的不同观点，使得人们迅速做出不同的选择。

## 价值论

价值论是哲学第三大方面，讨论有关价值观的问题。价值观决定选择，因为做出抉择需要评估各种选项，如哪一个好？哪一个美丽？个人、团体、国家和社会根据各自信奉的哲学观念建立价值体系。如果价值体系不同而出现分歧，则会引起冲突。在评估价值时，哲学对个人行为或职业行为的影响非常明显。一个人的信仰和观点，可能决定其行为表现。

价值论分为伦理学和美学。伦理学是对恰当行为的研究。什么是道德？它是相对的还是绝对的？正确行为和恰当行为之间有什么关系？群体利益是否高于个人利益？谁有资格制定道德标准？社会规则是否从属于上帝等超自然体的规则？师生关系如何才恰当？这些问题都关乎道德。

职业基于广泛认可的观念制定可行的、正式和非正式的道德准则。从业者应当义不容辞地学习这些准则，保证客户得到最好服务，并参与当下对话，完善职业准则。

审美关乎美丑和艺术问题。什么事物才是美的？是否存在难以到达的审美目标？审美判断是否受个人经验影响？是否有绝对标准？是否需要专家评判优劣？如果需要，应该确定哪些专家人选？"情人眼里出西施"意指，在一些人眼里，一个四岁小孩的手指画很美，但对于世界美术市场，则并非如此。正是美学给予了人们寻求众多选择和价值的自由。

## 教育哲学

哲学是一门综合学科，时常运用于更具体的领域，在科学哲学、法律哲学以及教育哲学等领域都拥有很多有趣的文献。

教育者应该学习教育哲学，以指导教育实践。然而，因为在文化中的特殊地位，教育难以区分普遍性和具体性。它传播文化及人类积累的知识，学生因此得以持续学习，为人类做贡献。在此意义上，约翰·杜威将哲学定义为教育综合理论，同时明确提出教育是行动哲学。

人类应克服感官印象，运用知识或者理性了解实在，对教育的意义十分深远。另一种观点是，只有经验才值得学习。因此，持不同哲学观念的两个教育者，对一种课程不可能具有相同的认识。这仅仅是从认识论角度展示的一个观点不同的例子，还有许多类似情况，更不用说本体论和价值论了。可见，开展的一切教育活动，都有哲学依据，且（或者）向学生"布道"某些哲学教义。

在类似美国的多元社会中，教师与学生、大学与教师、学校与家长、大学与社会，或其他类似关系的任何两者之间，都可能由于观念不同产生巨大冲突，而且也的确产生过这种冲突。不过，这并非一定是坏事，尤其对大学而言，一定程度上的意见分歧和观点质疑可以促进学习，然而，这只是基于教育行为的目的性，教育者和机构应该审视、了解其哲学基础。如果实践与相应的观念不一致，那么轻则引起困惑，重则可能造成损失。

总之，这就是我们学习教育哲学的原因所在。教育者有责任多学习教育哲学，不能只限于了解解决问题的方法和技巧。

学生事务工作者只有学习、运用教育哲学的基本原则和既有的哲学理论，才有望对新问题、"问题"学生、新情况具备独到的认识。如果教师与学校各持己见，则易产生冲突；如果互不了解对方的观念，则一定会导致冲突，且难以解决。学生事务工作者有时也不能洞悉学校的真正理念，但应该时刻明确自己的教育理念。

## 主要哲学流派

学生事务和高等教育工作遵循各种各样的哲学思想，因此，有必要让读者熟悉唯心主义、现实主义、新托马斯主义、实用主义及存在主义等对美国教育产生深远影响的西方思想派别。本书不讨论东方哲学思想。

### 唯心主义

唯心主义鼻祖当属柏拉图，是指"实在"的世界只能通过理性才能通达，这一点贯穿于柏拉图对苏格拉底思想的阐述以及自身的思想中。人类所感知的世界因为一直处于过程之中，从未到达完美状态，因而短暂即逝，变化不定，具有欺骗性，而真实的世界臻至完美，不需要也不具有外在表现形式。因此，与人们看见或坐于其上的椅子相比，"椅子"的概念处于更高的实在层次，重要性更大。

从存在论的角度来看，实在依赖于能够理解完美状态下的实在能力的高级"精神"，而人类被赋予了这种精神，因而能够通过（也只能通过）理性和知识与实在进行交流。物质存在，即血肉之体，则阻碍这种交流，不可信任。真理永恒不变，没有极限，不尽可知，但人类存在有限，只能了解部分真理，无法洞悉一切。人类的伦理目标是过道德的生活，即遵循"精神"或宇宙意志。与其他人相比，某些教师、牧师和政治领导更接近真实世界，因而应该得到尊重。美就是一种接近实在及神圣的状态。唯心主义允许也规定超自然存在，因而与宗教有诸多相通之处。之后，也有思想家提出非上帝存在的唯心主义思想，但不令人满意。

唯心主义教育观认为，应帮助每一个个体实现其内在固有的理念，不过，能否实现取决于这些固有观念是否与理想的理念相符，因为理想理念的"发现"大都经年历久。由群体共识达成的理念比个人观念更接近实在，基于这种假设，要教导学生利用经受住时间和社会检验的材料，学习伟大的著作，把国家置于首要地位。唯心主义为重在探寻真理的传统课程设置和教育奠定了基石。

### 现实主义

柏拉图认为，感官材料歪曲了实在，不值得相信。亚里士多德并不认同柏拉图的看法，认为观察到的事实才实在，即是说，宇宙客观存在，并非受某种精神控制，也与人类是否感知到宇宙无关。自然法则永恒不变，人类可通过思维发现这些法则。如果存在人类无法理解的事物，也仅仅因为研究做得不够。

因此，真理是外在的，与知识无关。从认识论角度看，现实主义采用的是归纳式逻辑。观察者搜集某些特定信息，然后根据科学法则，寻求恰当的理论、命题、定律。真理完全可知，可以根据是否符合现实来判断。价值和审美与自然法则相关：能够让人类与自然即道德法则和谐共处的，就是善；能够反映自然的和谐的，便是美。人性无地域之分，只有本质和非本质之别。一切事物的根本属性亘古不变，虽然可能出现一些变体（布鲁巴克，1982）。

现实主义教育观要求学生掌握理性的观察和逻辑分析方法。因此，科学与数学课占的课程比例很大。不过，传统人文学科同样重要，因为社会有其自身的运行方式，需要让学生了解历史上产生的伟大思想，而不是放任他们随其所好地学习。如果这样，就剥夺了他们用以学习应该学习和掌握的知识，以及已为人所知的知识的时间，毕竟学生对这些知识得出结论没有效率，更何况如果没有前人的研究基础，一个人是无法贡献新知识的。显然，现实主义为注重知识本身而非学生这一传统教育思想提供了理论基础，

### 新托马斯主义

圣·托马斯·阿奎那认同唯心主义和现实主义的许多观点。一方面，亚里士多德的观点以常识为依据，反映了人类经验，说服力非常强；另一方面，阿奎那（作为一名罗马天主教徒）必须考虑到天主教徒所相信的超自然的存在（上帝）。解决途径便是结合两种思想，既保留柏拉图的精神与身体二元对立，同时赋予信仰高于理性的地位。换言之，人类可以通过科学的、逻辑的方法自由探索物质世界，但附带条件是，如若理性与宗教启示不一致，那么，理性就是谬误的。新托马斯主义基本观点是，只要认识到因上帝臻于完美故信仰高于一切这一点，那么，信仰与理性之间就没有内在冲突。它继承了现实主义大部分理论，以至于被称为宗教现实主义（内勒，1964），阿奎那虽然生活在 13 世纪（其哲学思想最初称为托马斯主义），但他的思想产生了深刻影响，连罗马天主教堂都承认其官方地位（约翰逊等，1969），并为天主教教育奠定了基础。非哲学家也认同新托马斯主义，只不过，他们遵循的是衍生自理性、亘古不变、不以超自然存在为基础的道德法则。

新托马斯主义的教育意义在于，让学生学习源自信仰和理性的永恒真理，了解人类拥有自由意志，了解学习纪律，鼓励学生做出正确抉择。知识和价值都永久不变，学习的目的是过理性和道德的生活，在合乎道德的环境中教育学生，而这种环境构成了知识框架。与现实主义一样，新托马斯主义为课程设置中采用既有的、久经考验的教育方法和教学素材提供了理论基础。

**实用主义**

实用主义将"实在"定义为一切人类经验的总和，认为经过仔细研究和分析后被证明有用的都是真理。实用主义尽管起源于源自现实主义的经验主义传统，但因否定了真理的永恒性，与其前人们常常谈论的哲学思想分道扬镳。然而，正如查尔斯·桑德尔·皮尔士、约翰·杜威、威廉·詹姆斯所述，实用主义认为，即使所谓的自然"法则"，也并非永恒。

实用主义强调"实在"源自人类与自然的互动。自然虽然可变，但客观存在，如果与人类经验无关，也就没有实在意义。因为人类无法证实，也就是说，人类对无限或超自然等相关问题的思考徒劳无益。实用主义认识论并不认为人类可以随意创造真理，而只能通过实验获得。当人类遇到问题，只要搜集数据，确定假设，进行知识验证，问题最终得以解决。而最佳或最可行的是，数据搜集对于特定情况采用特定方式。一旦事物发生变化，技术进步，不同的方法会产生不同结果。这样，真理就是暂时的，而非绝对的。比如，一切科学都证明，太阳最有可能在早上升起。不过，情况也可能产生变化。因此，不能说太阳一定会在早上升起。价值是相对的，因环境而异，以逻辑方式确定。但这并不意味着道德观念会随意改变，只是不存在绝对、永远正确、永不违反的准则。道德准则并非传承于高位重要权，而是在动态过程中由个体和群体确定，如果可能，也在一致和共识的基础上，以一种民主的方式确定。实用主义是民主的最充分运用。

学生应被视为一个完整个体，全面参与自己的教育。既然经验是决定真理的唯一因素，就应该让学生根据兴趣学习。抽象概念固然重要，但应在教育的后期阶段学习。在教育早期，学生感受经验才能更真切，从而在经验之初就对经验加以组织。这种项目教学法有利于学生的生理、心理和人际关系教育。教师或其他教育者不宜占主导地位，只应充当教育促进者，需灵活设置课程，使用材料，且以学生为中心，因为学习自愿性和学习热情是教学关键所在。

## 存在主义

让·保罗·萨特提出，"存在先于本质"，句子简短，却含义丰富。"存在"的现实揭示，人在本质上仅仅也全部由自己的选择决定。宇宙的客观存在，科学所揭示的宇宙秩序的存在，其意义都在于充当个人生活中不可避免的痛苦场景。当人类真正意识到自己处在一个没有目的、冷漠无情的宇宙中，且注定会死亡时，才能发现自身。真理就是个体与自我相遇做出的选择。

人拥有绝对自由，因为自然冷眼旁观，规则无迹可寻。人承担绝对责任，因为只有自己做出选择，即使某些选择是强加的，那也是自己选择的结果。在没有意义的世界追寻意义，虽然拥有自由却要面对有限，或者心怀恐惧。人类所处的这种境况容易引起"焦虑"。知识可以通过主动思考和感知获得。存在主义不认同客观分析。相对于信息而言，人对数据的处理更重要。若不通过选择，价值无从谈起。然而，自由并不意味着无政府主义。个体信奉自我自由，必然导致整个人类的自由。为自己的选择限制了他人的自由而承担责任，这本身就是一种限制。此外，只有与他人真诚相处的自由，才是真正的自由。存在主义的根本价值观就是忠于自我。

存在主义教育观一方面鼓励学生自由，另一方面限制学生做出不正确选择，在两者之间达成平衡。必须让学生认识到人类的真实处境，必须对自己的选择负责。教育者需要与学生真诚交流，树立成熟行为者的榜样，关注学生成长。同时，要鼓励学生独立学习，独立思考，而不是随大流，或对专家意见顶礼膜拜。即使某些行为无法忍受，任何人在任何情况下都不失尊严，受到尊重。

人文、文学、艺术和历史体现了人类了解自身生存情况的努力，因而得到充分运用。为了解自身所处的世界，学生也需认真学习传统知识，努力阐释（如在历史叙述中）、思考相互对立的观点和反论，学为己用。教育是一个动态过程，永不停止。

## 高等教育哲学发展简史

在某种意义上，高等教育史就是思想史，因此也是哲学史。本节主要讨论古希腊以来对西方高等教育产生影响的哲学思想。

自古希腊安定、城邦建立后，精神生活日益重要。民主议会十分重视人的学识和演讲说服力。智者，即那些巡回教育者，也就是最早满足此要求的人。他们强调功利主义教育，而不考虑逻辑、修辞技巧会带来什么结果。

这种道德相对主义引发了一种相反的运动，即通过学习追寻智慧和绝对真理。苏格拉底及其学生柏拉图便是积极寻求智慧和绝对真理的两位哲学家，更重要的是，二者都创立了自己的教育机构，启发教育者与学生。实际上，这些机构就是现代大学的前身。柏拉图是唯心主义者，认为只有具备智力且受过教育的精英，才有资格成为领导者。自然，其教育思想注重培养理性和观念，探索绝对不变的真理。亚里士多德虽然是柏拉图的学生，但并不认为感官材料不可信，他努力以逻辑的、科学的方式组织感官材料。正如上述的现实主义，亚里士多德也认同真理的永恒不变，提倡探寻自然规律。在罗马帝国衰落时期，这些思想与其他较小的哲学流派的思想，以及人们对法律和医学的重视，一直占据着高等教育的主导地位。

到了所谓的黑暗世纪，西方基督教社会的高等教育基本上由牧师承担，但在犹太教、穆斯林以及拜占庭社会中，学术团体发展日益兴盛。事实上，正是通过与这些他者文化接触，才重新激发了对古希腊哲学的兴趣，抵制教会枯燥、基于信仰的宗教等级思想。西方早期高等教育机构相关历史内容涉及过广，此处不能详论。

早期，最好的大学是巴黎大学。巴黎大学曾举办过一场激烈的辩论，讨论神学以及宗教唯心主义与亚里士多德现实主义的冲突。辩论结果是，大学必须教授教会的教义，以争取罗马教皇的支持，抵制巴黎当局。这场讨论并未只局限于巴黎，它迅速传播开去。圣·托马斯·阿奎那成功地将唯心主义与宗教结合，认为理性与科学都可以存在，但必须服从信仰。这种观点被教会接受，也得到学校认可。因此，之后几百年间，凡是重大的科学发现，大都不是由大学做出，而是来自学术团体，或因私人对著名思想家的赞助。

罗马天主教宗教改革也未从本质上改变高等教育思想。大学在学术上受制于资助者可能是当权政府或国家教会，通常情况下二者都包括。不过，宗教改革却让骆驼的鼻子伸进了天主教神学专制的帐篷，天主教也再难独大，新宗教流派不断涌现，最终人们认识到，真理不掌握在任何流派之手。在一片欣欣向荣的发展背景下，诞生了一批新的思想家，他们开始思考，超自然在自己的宇宙和人类概念中处于何种地位。

启蒙运动中，约翰·洛克、伏尔泰等作家和哲学家以及受他们思想影响的人，如本杰明·富兰克林和托马斯·杰斐逊，都主张人类权利不可剥夺，统治者与被统治者之间应建立契约关系。正如科学家探寻物理、天文学、化学和生物的自然法则，这些思想家致力于寻求社会的自然法则。知识与教育变得举足轻重，已非宗教权威所能左右。思想的力量开始展现。

尽管如此，高校依然是社会的一面镜子，反映社会主流思想，而社会总体上依旧是宗教性社会。如果说教育地位已举足轻重，教会无法再加以控制，那么，它也无法为教授们所掌控，由此，外在控制与教师自治之间产生了一种相互制衡的关系，令人不安。在英国，主要是精英阶层接受高等教育，旨在为今后成为宗教或政治领袖做准备。他们或智力超群，或经济实力雄厚，或两者兼具。他们主要接受传统人文学科教育，很少涉及科学，大多是正统神学。与知识获取同等重要的是，他们的精神得到发展，社交能力得到提升，受到教师"为追求理想而努力的"的教诲。

英国将其教育模式移植到当时的殖民地美国。美国最早的 9 所大学中，除宾州大学（当时的费城大学）外，其余均为宗教学校，皆沿袭了英国教育模式。学生行为、学习以及精神发展遵循绝对的标准，不提倡个性化。在殖民后期，随着新思想的萌芽，美国大学数量激增，虽然多为宗教学校，也有一些是州立大学，联邦早期这种现象更明显。最初，这些学校与之前的学校并无不同，但由于市场的推动，学科不断专业化，科学发现层出不穷，大学开始出现了多样性和分化（波茨，1977）。为逆转这种发展趋势，甚或说，这种悖逆传统的转变，让教育回归到宗教，耶鲁大学于1828年发布了《耶鲁报告》，第一次正式声明了美国高等教育思想（布鲁巴克，鲁迪，1977），强调传统、经典误程设置因重视精神教育（以官能心理学为基础）而成为高等教育的唯一途径，坚决否认过度的、短暂的、世俗的课程内容，将经济或科学知识排除在外，因而可通过其他方式获得这些知识。《耶鲁报告》的正式出台，标志着高等教育中唯心主义思想开始退出舞台，之后几十年，产生了很大影响。

以科学、经验主义、实用性为表现形式的现实主义思想，渐渐在课程设置中赢得了一席之地。19世纪后半叶，德国的大学成为一种范本，大学成为研究和学术自由的堡垒。

1862年，颁布了《莫里尔法案》，催生了政府赠地大学，它集研究、教学、服务于一体，独具美国特色。由于世俗的、现代的教学内容取代了宗教的、古典的知识，注重智力培养的观念日益受到挑战。学生从事课外兴趣，参加课外活动，进行体育运动，都偏离了"正统"教育。

## 20世纪哲学对美国高等教育的影响

20世纪初期，现实主义以牛顿科学为标志，独占霸主地位，其他思想犹如之前的唯心主义一般，被一一瓦解。诚然，学生的首要任务仍为智识教育，直至20世纪60年代初，智识主义仍为高校哲学思维模式的中心，教育者扮演着父母角色。但是，实用主义及其后的存在主义思想开始在各学科占领一席之地，逐步影响龙头高校的教育哲学。

纵观多方面，所有矛盾可归结为认识论问题。学生应该学习关于真理的知识，还是学习探求真理？人文教育内容固定不变，还是因时因地而异？

问题的一方面涉及本质主义。本质主义又称为理性主义、理性人文主义、新人文主义或永恒主义。虽然推崇本质主义的哲学家和教育家的观念并非全然相同，他们对知识的本质、上帝的存在、理性对于与启示的重要性持异议，但一致反对职业、世俗教育，认为它们对高等教育产生恶劣影响。托斯丹·邦德·凡勃伦主张研究的价值中立性（1918）便是一个佳例。20 世纪早期，该观点的最著名提倡者当属罗伯特·梅纳德·哈钦斯（1936）和莫蒂默·阿德勒（1951），两人都称赞刻苦学习名篇巨著或西方经典，从中获得卓越智慧是一种美德。这种学习和教育为学生提供了最佳方式，使其为将来从事任何工作做好智力准备。实际上，传统、经典中的思想永恒不变、不可或缺，且不包含道德的教育视同无用之物。哈钦斯和阿德勒看似与宗教无关，实则与宗教永恒思想相通。真理不可改变，需要人们去发现，一旦被发现，则必须代代相传，且经受了时间考验的思想要不断接受验证。本质主义论者的根本观点是，精神与身体相互分离，从而知识与经验无关。

问题的另一方面涉及实用主义，包括自然主义、经验主义、工具主义、进步主义以及再建构主义。约翰·杜威（1937）、胡克（1946）、怀特海（1929）等思想家认为，将知识从世界中分离出来，理论脱离实际，是一个错误，人文教育应基于特定时间和场所，推理当受制于激情和感情。人类为一整体，相应地，应该接受整体性教育。经验和理性应成为有助于解决社会问题的手段而非目的。事实上，再建构主义者敢于设想乌托邦式的目标，并努力将教育纳入自己的规划。据此，真理具有可行性，以不同的方式对每一个体产生意义。

第二次世界大战后，学生数量剧增，实用主义成为教育思想主流。战后回校的士兵反对学校扮演类似父母的角色，国家更需要专业技术人才，民权运动产生早期萌芽。20世纪60年代社会动荡不安，这些使得高等教育再度成为哲学焦点。对于大多数学派而言，高校扮演父母角色，被60年代激烈的社会革命及其70年代的余波销蚀得荡然无存。当然，罗马天主教和许多其他宗教学校依旧坚持新托马斯主义观，但大多数院校的学生所受的哲学影响混杂不一。荣格（2003）就此表明（虽然哲学分类稍有不同），因为学生事务、学习和高等教育受诸多思想派别的影响，学生事务哲学不可能纳入一种单一的思想体系。

因此，大学制定道德准则，采取科学态度，提供科学服务，采纳存在主义的责任担当方式，信奉实用主义。典型做法是，担任重要教职和管理岗位的人员，都忠实信奉某一重要哲学思想，而且是该思想流派的权威。除宗教派别外，极少有流派只遵循单一哲学思想。

从实用主义到存在主义，经过后现代主义到批判理论，再到建构主义，这一过程并非一蹴而就（林肯，1989），这些思想对于理解学生、学习、高等教育都至关重要。如果说知识不是外在的，而是一成不变，且因其基于经验而产生有效性，如果社会正逐步走向民主，那么，谁是真理的决定者？如果每一个人都拥有自己的真理概念，那么，真理便不再具普遍性，反而染上了强烈的个性色彩。现实是构建的而非由人发现，精神与肉体不仅不相互分离，反而统一为一体。与主流文化对其他文化的同化相反，多元主义逐渐萌芽，并被付诸实践。显而易见，这些思想对高等教育和学生工作极富启迪性，如人们逐渐理解，学生身处多种环境，若要努力面对、塑造、理解其可能的多重身份，须与所处环境在社会、心理、物质等方面产生关联（Abes，Jones，McEwen，2007；Chavez，Guido-DiBrito，Mallory，2003）。对来自中西部地区的第一代拉丁裔同性恋学生，"一种既定"理论如何做出有效、可靠的解释？不言而喻，某些理论或思想，可以在某种程度上因势、因景、因人而异，但必须考虑到附随情况。

## 教育哲学与学生事务

最初 200 年左右，美国高等教育遵循的是唯心主义哲学。教育的任务是规训精神，故须克服、排除肉体障碍，尤其要指导年轻人（学生），帮助他们控制因精力充沛和荷尔蒙分泌导致的情绪冲动。教育心理学和精神需求所奉行和反复强调的是，学生应该尽其所能地提升自身的智力，抑制自身的本能。为此，学生生活、饮食活动受到教育工作者限制，课程安排紧凑，几乎没有时间自由行动。既然人类不完美，那么，如果不自我控制，努力提升理性，则不能理解绝对、永恒的本质。因此，高校扮演了父母的角色。

伴随着民主观念和德国思想的渗透，科学和专业化急剧发展，瓦解了 19 世纪晚期的唯心主义模式，代之以现实主义模式。该模式依据笛卡儿等阐述的身心二元论，不十分关注身体。新型大学的教授和研究者除对知识外其他一切毫不关心，也不介入学生课外生活。他们认为真理外在于人类，有待于发现，借助于理性理解。人无所谓性本善或性本恶，与学习和思维丝毫无关。

不过，众所周知，高等教育制度有其惯性。研究型大学需建立本科生供给体制。因此，美国开创了世界上独一无二的模式，即名声赫赫的大学与仍沿循英国模式的本科院校联手合作。尽管教师认为学生有其他要事，但不愿任他们率性而为。学生为求学必须长途跋涉，学生相对低龄化，整个国民品格基督徒化，高等教育拥有数百年传统，这些强化了规范学生校内行为的必要性，学生事务工作者由此诞生。

哲学意义上，高校扮演父母角色，不仅为唯心主义模式提供了框架，使学生能遵守传统社会规范，同时还为学生课外宣泄情感和满足心理需求提供了一个出口。那么，学生事务的服务和管理模式根植于教育哲学的基本传统，知识是绝对的，学生们必须遵循。为此，他们需要帮助，但教师越来越不愿意为之，聘任新型教育者的必要性就凸显出来。

20世纪初的早期学生事务工作者担任了高校家长职责的大部分，减轻了教师的任务。高校日益发展，组织更加复杂，需要更多的行政和管理人员，作为人类行为"科学"的心理学找到了合适的位置，尤其是心理测试。因为当时的普遍观点是，通过系统的心理咨询，人们能找到适合自己的职业。考利（1957）认为，20世纪50年代的学生事务工作者主要有三类，即人道主义者、管理员和辅导员，他们各司其职，协调统一性非常欠缺。

**学生人事工作观**（1937）

学生人事工作观（the Student Personnel Point of View，SPPV）（American Council on Education，1983a）的第一条和第二条声明了学生事务内容及其目标。声明明确强调，教学与确保学生发挥潜能、实现最充分发展的目标一致，要科学研究如何更好地服务于学校和学生。事实上，如果不强调教育对"学生整体"（whole student）的重要影响，该学生的人事工作观就失去了重大哲学意义。它的理论阐述虽然根植于理性人文主义，却明显透露出存在主义与实用主义的弦外之音：学生具有自我教育的功能。这在当时显得十分激进。

**学生人事工作观**（1949）

学生人事工作观修订版（American Council on Education，1983b）体现了更加鲜明的实用主义哲学立场。教育的基础是民主和社会重构，行为要得到认同和自我控制，社会科学的诊断发现仍然要得到认可，但解决问题成为显著目标。学生仍然对自己的教育负责，不过，学生事务工作者不再限于提供服务，丰富学生生活、激励学生的作用凸显出来。

**学生发展**

20 世纪 60 年代，激进主义打破了学生事务与高校之间很难达成的平衡。社会标准变化不断，很难完好无损地得以延续，学生们要求获得更多关注，教育者不得不转变角色。为此，学生事务工作者以个人而非课程内容为中心，学生而非课程成为教学对象。如果教育的中心任务是促进学生个体的全面发展，那么，课堂内外都应遵循人类发展原则（Brown，1972；Miller，Prince，1976）。此外，学生自己决定学习内容和学习重点。大学在于促进学生学习，指导学生学习如何做出选择，让他们明白必须认真思考每一选择并接受其后果。高校代替父母角色这一观点在 20 世纪 60 年代失去了合法性，70 年代便彻底消失了，尽管最近又有人试图复兴这种观点。

学生发展模式自我对抗的存在主义和功利主义取向的实用主义为理论基础，彻底改变了学生事务工作实践。学习与"其他"教育目标的融合，使得人们认识到，大学是一个学生成长和发展的无缝之网，教育各个方面相互依存，缺一不可。教育应关注学生，包括重视学生健康、激励非传统学生、限制酗酒、提供学习帮助等，如同提供住宿设施和学生资助、开展咨询服务和学生活动一样，不仅必不可少，而且对学习最佳化至关重要。学生事务工作者不再只是服务者，还成为推动者和咨询者。大学并不为学生提供正确的选择，而是为学生提供可供选择的选项，甚至连选项都不提供。

以学生发展为中心，并不意味着大学或学生事务专职人员放弃价值观培养，而是提出一种要求，让学生为自己做出正确抉择，同时也不意味着放弃科学教育；相反，学生发展理论基于发展心理学，在实践者中引发很多争论，他们必须平衡理论规定性和无可否认的学生个性。最终，学生发展理论利用多样性、强化差异必要性及教育意义，得到最充分的发展。

存在主义和实用主义赋予个体较大的权利，使其成为传承文化的基础。实用主义也十分重视社会的作用，承认个人生活在集体中，所有人的发展才是目标。存在主义虽然强调勇于面对自我，承担选择责任，但这种责任包括个人选择对其他自由个体生命的影响。因此，个人的权利就是所有人的权利，必须受到尊重。

### 1987 年全国学生人事管理者协会（NASPA）声明

NASPA：the 1987 National Association of Student Personnel Administrators Statement.

1987 年，全国学生人事管理者协会（NASPA）发表了《透视学生事务：学生人事工作观发布 50 周年纪念声明》。文件明确阐述了美国高等教育的多样化，极力强调了大学担负的教育使命。基于共同的理念，声明凸显了大学促进学生学习的首要使命，认为学生事务工作不能反其道而行之，更不能取而代之，而应促进、支持大学教育的重要目标，并强调了以下几点：①学生的整体性和个体性；②参与对学习的重要性；③环境的关键性；④教育中的个人因素。声明没有采纳统一的哲学思想，既认同本质主义（强调认知学习），也表达存在主义观点（重视学生的价值和独特性），还认可实用主义（参与、环境以及多样化的重要性），其原因之一是，声明旨在表明的是一种政治观，而不是哲学观，因而试图包罗万象，囊括众人。不过，鉴于声明体现了学生事务已经占据主要地位这一主流现象，人们明显将中心转向了大学及其学习内容，学生个体及其选择不再受到关注。

### 《合理期望》声明

1995 年，全国学生人事管理者协会发布了《合理期望：恢复学校与学生教育契约声明》（库赫、里昂、米勒、特罗，1995）。声明没有采用严格意义上的哲学话语。只是从实用主义角度审视了高校与学生之间的契约关系，强调双方重视诚信和沟通，相互尊重，对彼此心怀很高的期待。同时，也认同存在主义的选择和责任感，反对行动和参与。尽管声明十分谨慎，阐述本体论和认识论基本理论思想时避免含混不清，覆盖了众多不同的高校，但唯心主义和现实主义教育者仍然难以全盘接受其中的理论观念。声明虽然针对面更广，但学生事务专业工作者显而易见地成为搭建高校和学生之间所需要界面的最佳人选。

### 《学生学习规则》（SLI）

《学生学习准则》由美国大学人事协会（ACPA）于1994年发表，表面上看，它呼吁改变学生事务实践，以更重视"学生学习和个人发展"（美国大学人事协会，1994），然而，并未清楚区分学生学习、个人发展与学生发展，甚至将这三者描述为"…… 相互交织、密不可分"。从哲学角度，声明倾向于本质论，坚持"……活动以教育为目"，认为某些活动更能促进学习，专业学生事务工作者与学校其他工作者都应该了解这些活动，据此对学生进行指导。了解适合学生发展活动的一个方法是开展科学研究。确切而言，就是要关注过程，了解教育的无缝特征，提倡整体教育。虽然声明表示，学生事务在某些方面有待提高，需适应学习高效的发展趋势，促进大学和学生的学习效率，但赋予了学生管理一些"附加使命"，更加重视学习理论和学习评估，显而易见，抛弃了学生事务实践的存在主义思想，也背离了实用主义理论。

## 优秀实践准则

1996年，全国学生人事管理者协会（NASPA）与美国大学人事协会（ACPA）联合成立了一个委员会，由伊丽莎白·惠特（Elizabeth Whitt）和克雷格·布里明（Greg Blimling）担任主席。两人共同起草了一份声明和一套优秀行为评估清单，委员会还撰写了一份报告，在1997年发表（ACPA，NASPA，1997）。除采用了主动学习、合理期望、合作、有效资源利用、基于探究的实践及共同体等概念，以及明确表明了整体和多样性立场以外，报告突破性不大，只是再度令人信服、一致声明了现代学生事务的观点及其实践。在哲学意义上，如果学校关怀学生，目标明确，各方都应努力创造积极的学习环境，学习和发展是学生学校活动的必然结果。

### 加强合作

1998 年，美国高等教育协会（the American Association for Higher Education，AAHE）联合全国学生人事管理者协会、美国大学人事协会发布了《加强合作：共同促进学习》（学生学习任务共同促进队，1998），意义深远。报告描绘的高等教育改革图景，即学习、研究和理论在学习事务工作和学生事务工作中跨界应用，具有强大的生命力，它将学生、教师、学生事务工作者和其他教职人员等直接相关者，以及学生家长、董事会、政府部门等其他间接相关者全部纳入其中，重视前沿，或显或隐地强调多样性、学生主动性、有利环境和发展目标的重要性，认为学生和学校互相关联，拥有实现最佳学习和充分发展这一共同目标，认知学习并不优于全面发展；相反，两者互为前提。实际上，报告集中体现了实用主义和存在主义哲学观念，为学校使命的至关重要性预留了一席之地。

### 学习反思

2004 年，全国学生人事管理者协会、美国大学人事协会发布了《学习反思：学校对学生活动》的重视（NASPA，ACPA，2004），以转变高等教育固有理念为唯一目的，在众多阐述学生事务的报告文件中最具哲学深度。它详细阐明了思想和观点，将实用主义、存在主义、后现代主义与建构主义等充分融和，基调和主旨具有突破性，以下引文足以让读者感同身受：

　　学习和发展相互交织，密不可分，是学生经历不可分割的两个要素。《学习反思》……介绍了理解这种关系和促进学习发展的新方式，倡导教育改革，即采用整体教育方式，将学生置于学习活动中心。……我们既是教育工作者，相互之间又是同事，都要对学生和社会负责，努力确保获得学生学习成果，实现教育革新，服务学生。

《学习反思》对学习的定义是：一种综合学习和学生发展的全面、整体、改革性活动和彼此独立的一系列过程…… 此处，我们不采用学习和发展这一说法，不愿表明学习和学生发展具有本质区别，或者两者可独立存在……旨在根据当前的学习研究成果和自身对当代学生学习（一个综合的、复杂的过程）的经验观察，提出自己的术语，从自己的角度理解学生事物工作者为实现学生成果所做的贡献。

显然，如果认真付诸实施，该文件会让我们的话语和思维产生变化。它最核心的思想是实用主义和存在主义，这两种哲学观在学生事物工作中最为明显。报告中，关于学生和教育者的责任、义务、经验实用性和适应真实环境的论断，都明显体现了哲学性。任何认真的学生事务思想者，都须重视认识该文件的重要性。

## 学生事务理论后续研究

上述几项声明旨在梳理学生事务的哲学理论基础。此外，诺克、伦茨、佩恩（1989）也详细阐述了对学生事务哲学传统的一些重要影响，认为学生事务实践已经超越理性主义、新人文主义，而以实用主义和存在主义作为学生发展理论基础。惠特、卡纳基、马特金、斯凯勒思·劳夫以及内斯特（1990）断言，由于思想范式不断更迭，高等教育实践具有复杂性和多样性，难以预测一个统一的学生事务理论。实际上，这也不切实际，不是一个明智之举。环境和文化因素占据首要地位。

曼宁（1994）将解放神学引入学生事务诸理论话语中，他在1996 年驳斥了学生事务工作不需要哲学这一神话，声称当代大部分学生事务思想和实践在本质上都是实用主义和存在主义的。杨（2001）对学生事务工作中具有明显哲学思想基础的学生事务观念多次进行了研究，最著名的成果是《高校学生发展》特刊中关于学习作为学生事务实践指南和模型的论述，以及 2003 年著述中关于学生事务工作哲学背景的整章讨论。他一贯主张，学生事务工作的核心观念既服务于个体化，也有益于共同体，呼吁人们认识到兼具价值和缺陷的传统高等教育与当代需求观念之间的冲突。

《高校学生发展》同一期刊登的哲学性文章中，埃文斯和里森（2001）的文章最具相关性。文章全面分析了上面探讨的几个文件（及其他）后，明确了几个根本主题，表明学生事务工作的中心始终是学习或者更广泛意义上的发展，强调多样性、整体性和学生的自我责任与问责制同等重要。世间一切如旧，但重申核心目标不无裨益。埃文斯认为，学生事务更加努力加强对社会正义的批判性，满足学生需求的时刻已经到来，这种角色超越了杜威的实用主义思想，很可能拓展学生事务的哲学思想。

显然，根据实用主义和存在主义，学生事务工作者应审视校园环境，努力改善那些对学生产生不利影响和/或不利于集体中所有人实现最佳学习的环境。然而，应采取何种行为却含糊不清。希尔特（2007）指出，为数众多的大学中，学生发展理论和教师的集体知识生产之间存在不连续性，阐明应如何"重设"一套学生事务原则（代表学生发展），用以更准确地体现教务管理者和教师采用的理论话语。既然大学这个集体已然是生活中存在的一个事实，为达到学生工作目标，学生事务就必须和主流话语保持一致。希尔特和埃文斯追求同样的结果，都关乎哲学，只是用了不同的方法。

艾伯思（2009）极力克服了不平等环境中学生认同发展的方法论研究难题，取得了卓越成果。难题之一便是，学生认同感须与社会、情感和心理环境协调一致，因此，受试者资料虽然来自经验，最为丰富、最具有意识，但分析的风险性很大。艾伯思发现自己处在一个理论（和哲学）的边界，有时不得不因务实之需和启发所需放弃（或至少避开）一致性。论文为我们提供了学生事务工作者如何应对哲学挑战的案例，可资借鉴。

### 选择与责任

上述所有陈述和主张（以及其他未提及的）足以表明，学生选择是高等教育质量的先决条件。毋庸置疑，学生作为个体进行选择，决定上什么课、学什么内容、参加什么活动，可以以此确定自己在大学及其环境中有多少收获，确定哪些选择对他们有利，愿意接受哪些后果。虽然课程教学和学生事务工作要遵循专职工作者的意见，但不能强制学生采纳这些意见。他们根据自己的现象世界构建意义，很大程度上体现了存在主义哲学思想，同时也体现了实用主义思想。更重要的是，它再次讨论了本章已提及的真理的本质问题，认为真理很大程度上由个人建构，而非存在于人类经验之外，等待发现、预测或揭示，正如我们对学生工作的理解一样。学生事务实践旨在促进学生积累信息、参与体验、创造意义。其中，学生事务工作者可以为学生提供建议、劝导、咨询，但不能决定学生生活、学习，或为学生做出选择，学校也不能如此。总之，学生们是自己生活的主宰。

## 构建学生事务个人哲学

本章重点介绍了学生事务与高等教育的哲学传统，及其对政策规划的重要性。高校哲学思想竞争激烈，充满不确定性；大学组织松散，任务众多，诸多个体的行为动机各异，抉择繁多。如同一个千姿百态的海洋，学生事务工作者欲沿航路顺利航行，就必须确定参照点和目标方向。个人具备的哲学知识便有助于确定方向。

在发展或审视个人具有的专业哲学时，可思考下列问题：

（1）人类在宇宙中处于何种位置？人类来到世间，是为达成神的旨意，是超自然力量一时不查的心血来潮的结果，是一桩偶然的事件，还是一种终极存在？人类存在的缘由重要吗？人生是先有价值还是后天获得价值？行为比单纯存在更重要吗？人是否能自由选择？人类行为是由命运、科学还是上帝决定？

（2）宇宙外在于人类理解而客观存在吗？现实只限于个体所理解的现实吗？是否存在不为人所知或不可知的更大的目的？

（3）无论以无限、超自然的方式，还是以不可更改、科学的方式，真理是否永恒不变？自然规律是否能为人发现？真理就是对个人、集体或社会发生作用或产生意义的东西吗？确定真理的最佳方式是什么？是通过科学、经验、推理、启示还是直觉？

（4）神定法则是否比社会或国家法律更重要？最大群体的最大化利益是否是衡量行为或政策的标准？个人权利是否至高无上？人类行事是否能随其所愿？个人是否需要对他人、国家或世界负责任？责任的本质是什么？

（5）美是否由审美者决定？艺术、音乐或爱情有无客观标准？是否有人知道他人眼中最好的、最美的东西？

（6）应该如何定义文化标准？是否应该为孩子传授已行之有效的最佳思维和生活方式？或者为他们教授批判性思维方式，教育他们独立创造自己的世界？有没有比为了掌握知识、提高理解力更好的教育目的？正确的教育实践是否因教育内容、学生年龄不同而不同？

对这些问题及其他数百个类似问题的解答，影响着每个人每天的思想和行为。一切活动领域的哲学家都试图建立一个连贯一致的系统，帮助做出各种决定，但最终归结于个人做出选择，并根据选择采取行动。即便认为可行的选择，仍受到个体情况、教育、宗教和习俗的限制。

本书不规定任何一种哲学或思想体系，不过，强烈建议每一个学生事物工作者继续努力了解自己的世界观。人们易于为求方便采取权宜之计，采取消极被动的态度，然而，专业人士需要积极思考，做到三思而后行。

# 第二章　学生事务发展历史

奥德里·L. 伦兹，玛丽·F. 霍华德·汉密尔顿

美国学生人事运动是美国教育者的一个重要改革，他们将学生视为独立的个体，而不仅仅是花名册上的一行行名字。真正意义上，这个时期的现代高等教育是对现代心理学、社会学、文化人类学、教育等研究结果和诊断发现的个性化运用，以帮助大学生实现全面发展（American Council on Education，1949）。

## 引言

学生人事运动自然萌芽于美国高等教育体系，同时受到外界广大社会的影响。要阐明学生人事的历史，须首先介绍美国高等教育历史。因此，本章首先概述殖民时期到 19 世纪中期美国高等教育的发展历程。19 世纪中期至 20 世纪初的事件，常常被认为是学生人事工作发展的催化剂，广义而言，是指美国社会经历的发展和变化、高等教育的多元化发展、缔造高等教育使命的教育理念。人们普遍认为，到目前为止，学生人事工作经历了三场重大运动，或经历了 3 个阶段：①19 世纪末—20 世纪 60 年代中期的学生人事工作；②20 世纪 60 年代中期—80 年代末期的学生发展；③当代学生的学习重点。每一场运动或每一个发展阶段反映了不同的哲学、使命和学生工作方式。本章以此为线组织相关材料，描述人们对学生

工作的认识及其发展，既阐明重要原则和实践活动，也阐明每场运动的特征。限于章节篇幅，此处只强调学生人事工作相关理论和观点，建议读者参考科密维斯和伍达德（2003）的《学生服务专业指南》（*Student Services：A Handbook for the Profession*）一书，了解完整内容。

## 殖民时期（1636—1780 年）

这个时期，高校负责、关注学生整体发展，扮演所谓的父母替代角色，与哈佛大学这一美国最早的殖民时期大学有关。哈佛大学由清教徒于 1636 年创办，目的是在新殖民地上实现已有社会中的高等教育（Brubacher，Rudy，1958）。哈佛大学由创始人依照剑桥大学伊曼纽尔学院（Emmanue College，Cambridge University）的模式建立（Brubacher，Rudy，1958），成为美国英式教育的原型（Thelin，2004）。

英国大学是"有组织的居民者协会……"，旨在"……教授特定的宗教信仰和社会行为（Pierson，转引自 Brubacher，Rudy，1958）。哈佛大学的课程设置、学生纪律、学位要求和政策都模仿伊曼纽尔学院，如获得教职的最低要求是要获得文学学士学位。哈佛大学的牧师教员（导师）认为个人灵魂救赎先于智力教育，他们奉行自己的信仰，致力于学生教育，努力达成哈佛大学的目标，即"每个人应思考生活和学习的目的，以了解上帝和耶稣，这才是永恒的生活"（Brubacher，Rudy，1958）。早期的哈佛大学入学要求体现了古典人文教育理念：

> 学者能够阅读塔里（Tully）或其他拉丁语作者的古典名著，能够创作、朗读拉丁语诗篇、散文 *Suo（out aiunt）Marte*，丝毫不能使用希腊语名词、动词词形变化，如此，方有资格进入大学，否则无权入学（下略）。

一旦录取，男青年学生（11～15 岁）的课内外生活都由导师进行家长式严格监管和控制。导师每天走访学生宿舍，与学生共同进餐，监督教堂活动和课堂情况，帮助学生抵抗原罪的诱惑，希望这些"绅士/学者"能够通过学习，成为虔诚、文明的清教徒典范。嘲讽这种早期家长式教育的人认为，这种做法"一味强调课外宗教教育，过多窥探学生的生活"（Cowley，转引自 Mueller，1961）。然而，早期的哈佛学者认为，接受大学教育的人就是早期先知和传道者的衣钵传承者。

随后，其他教派（如英国圣公会、加尔文主义、荷兰宗教改革派）积极建立学校，宣传基督教思想，培养有文化、受过大学教育的神职人员。因为诸多问题无法解决，降低了将英国大学作为目标的必要性，模仿英国大学显得不再重要。相比于英格兰，美国由于地形崎岖，交通不畅，殖民时期各个学校相距遥远，互相隔离。此外，创始人和当地社区居民常常缺乏足够的财政资源。于是，与哈佛大学不同，随后建立的大学不再参照伊曼纽尔学院模式，提供的学位更多。这些学校包括：威廉—玛丽学院（William and Mary，建于 1693 年），旨在培养虔诚的年轻学者，向印第安人传教；耶鲁大学（建于 1701 年），旨在培养政府、教会人员；费城大学（建于 1740 年）、普林斯顿大学（建于 1748 年）、国王学院（建于 1754 年）以及罗德岛大学，即布朗大学［College of Rhode Island (Brown)，建于 1764 年］，旨在培养未受过正规教育的洗礼牧师；达特茅斯学院（Dartmouth，建于 1769 年）、皇后学院（建于 1770 年），旨在培养语言、人文及应用艺术、科学领域的学生，从事行政和其他市政工作。

尽管大学的目的各异，但依旧扮演着父母角色。比如，耶鲁大学要求学生每周参加 16 次教堂活动，自愿进行 4 次午间祷告，频繁参加聚会，旨在让学生体验"圣灵的独特流溢"（Cowley，转引自 Mueller，1961）。在发展早期，它们都是私立大学，仅录取男青年学生，实行住读制，由男性教职人员或非教职男性担任教师和行政管理者。这个时期的招生十分困难。特林（2004）指出，学校几乎不关注是否完成学位，大多数学生入学一两年后便离开。"大学生所占人口大致比例不到 1%"（Thelin，2004）。生源匮乏导致一个班平均只有 10 名学生。"威廉－玛丽学院由于申请毕业的本科生数量太少，1768 年，弗吉尼亚州新州长罗德·博特图尔（Lord Botetourt）决定采取激励措施，鼓励学生获得文学学士学位"（Thelin，2004），向学位申请者颁发奖金，让他们完成学业，毕业时既获得物质财富，又产生影响力。

美国殖民时期高等教育体系的特点是师生个人关系密切。然而，校园和社会事件的发生，很快改变了这种倾向，发生于 1766 年的"食品骚乱"，即所称的"奶油叛乱"，便是其中一个常常被历史学家引用的事件。骚乱的导火索之一，是一个暖春学生公共食堂出现了变质奶油，也许更重要的原因是男学生长期受到压制的情绪突然爆发。事件逐渐升级，导致数人死亡。此后，导师们不再愿与学生一起祷告、就餐和生活，自此，全面关注学生以及代理家长观念，在美国高校销声匿迹了近 275 年。

## 高校多元化时期（1780—1865 年）

随着高校数量增加，以男性为中心、实行私立制和家长式管理、采取社区化的美国高等教育制度得以固定下来。但是，大约从 1780 年到 1862 年南北战争爆发，社会需求大量出现，引发了固化模式的重大改变。课程选修制度拓宽了课程学习，采纳建校历史悠久的德国大学的科学思想建立了研究生院，提升专业教育。社会对经过技术、实用培训的律师、会计、医生、商人、科学家、中小学教师、工程师和农民的需求日益增长，为满足这种需求，类型各异的高校纷纷建立，课程设置逐渐多样化，学位类型增多。

随着大学中女生、女教师相继出现，高校招生人数不断上升。此外，社会呼吁女性担任中小学教师，满足地方社区需求。高等教育中女性数量增加，促进了女子大学的发展。之前的男子私立大学必须面对来自新建政府赠地大学、女子大学、州立公立大学、传统宗教大学以及男女共校大学的竞争。切尼学院（Cheyney College）于 1830 年建立，标志着美国少数族裔大学教育的开端。此前，少数族裔接受教育的机会几乎为零。随着高等教育呈现出新的特征，美国高校领导就每一特征的重要意义展开了激烈争论，既努力维护传统，又尽力满足不断变化的社会需求。同一时期，因为校园中一些不利因素，许多学生纷纷搬到校外，由此创造了与大学课堂并行的一种结构。最后，学生辩论俱乐部、文学社团、住宿安排机构和运动团体都包括其内。此种结构就是后来所称的课外活动，盛行了多年（Brubacher，Rudy，1958）。美国高等教育发生的重大变化，常常被视为 20 世纪中叶学生人事工作发展的前兆。

### 课程创新

课程创新分为两种，即纵向延伸和横向拓展，促使人们审视一些极可能改变高等教育面貌的关键问题。美国约 1876 年成立的第一所研究型大学约翰斯·霍普金斯大学（Johns Hopkins）体现了布鲁贝克和鲁迪（1958）所称的美国课程的纵向延伸。课程的横向拓展是指创建选修课程体系，这点更为重要。托马斯·杰斐逊提倡选修课程，引起激烈争议。争论围绕以下一些基本问题展开：高等教育应该注重"实用性"还是"人文性"？高等教育是达到目的的手段，还是本身就是目的？"新"研究（如科学）是否比"旧"研究（如古典）更重要？高校主要倾向于世俗或倾向于宗教？高等教育应采取贵族式的培养精英，还是实行民主式的全民教育？（Brubacher，Rudy，1958）。19 世纪，人们关于教育意义的争论达到白热化时，耶鲁大学校长耶利米·戴（Jeremiah Day）扮演了一个大胆又极具决定性的角色。他代表学校发布了《1828 年耶鲁大学报告》（the Yale Report of 1828），宣布了耶鲁大学未来发展方向的官方声明。该文件"……成为捍卫旧秩序的经典声明"（Rudolph，1990）。"深入研究古代语言，是唯一恰当的大学教育制度（Brubacher，Rudy，1958）。耶鲁大学将学习内容限定于范围狭窄的古典课程这一案例，为高等教育定了基调，"或许只有等到下一拨改革者抨击这种陈旧的学习课程"（Rudolph，1990）。

并非所有高校领导都同意课程创新，他们的做法是建立另一种类型的高等教育机构，即独立学校，专门教授非经典科目，如美国西点军校（the United States Military Academy at West Point，建于 1802 年）、伦斯勒理工学院（Rensselaer Polytechnic Institute）、美国海军学院（1845 年创建）、麻省理工学院（1856 年创建）。其中，伦斯勒理工学院于 1824 年初建时，"为当地农民和工人的子女教授如何运用科学从事畜牧业、生产和家政行业（RPI Annual Register，转引自 Brubacher，Rudy，1958）。最终，学位的种类和范围大大增加。美国这个年轻的国度不断成熟，大学也一以贯之，对外界社会的不断变化做出回应。

社会世俗化和工业化，不仅影响了教育象牙塔之外的世界，对象牙塔内也产生了影响。1819 年的达特茅斯学院事件（the Dartmouth College）形成的决议表明，州立法机构不得管辖或管控公立大学（如托马斯·杰斐逊于 1825 年建立的弗吉尼亚大学是第一所州立大学，但不受弗吉尼亚州的管辖）。公立大学地位由此得以确定，开始招收大量男生，课程也超越了殖民大学传统文科课程的狭窄范围。

林肯政府认可 1862 年和 1864 年《莫里尔赠地法案》（*the Morrill Land Grant Acts*），肯定了公立高等教育的重要性和持续性（Thelin，2004），旨在发展"工业阶层职业的人文教育和实用教育"。《莫里尔赠地法案》规定，预留部分公共土地，建立学校，提供农业、矿业、军事和机械技术方面的教育（Solomon，1985）。最终，美国发展了一大批农业和机械学院，又称"实用大学"或"农校"（Mueller，1961），简称"A&M"，课程开设结合文科与实用教育。此外，法案还要求现行州立高校招收黑人学生，或为他们单独提供平等的教育条件。如此，美国便产生了分别以白人学生为主和以黑人学生为主的教育制度，两者相互独立但地位平等

（Roebuck，Murty，1993）。

由于开设的课程类型不同，高校形式出现了多样化。从 1850 年到 1870 年，出现了私立女子学院、男女同校宗教大学、私立妇女合作学院、男女同校非宗教大学（包括公立和私立）和公立单性职业学院等几种大学（Solomon，1985）。

### 女性高等教育

数世纪以来，妇女教育问题一直引发争论。妇女教育反对者占多数，其理由如下：妇女不道德；品行捉摸不定；身体脆弱；意志薄弱；一旦学会阅读，会行淫乱之举；一旦上大学，会拒绝生育后代（*Better Than Rubies*，1978）。

菲利斯·斯托克（Phyllis Stock）提醒人们，"女性获得社会地位和权力，常常不是因为创建了新的社会结构，而是源于旧社会结构的崩溃"（Stock，1978），美国社会及其高等教育制度的发展多次证明了其确切性。之所以给予妇女更大、更重的责任，是因为那些本由男人承担的责任无人担当。美国对中小学和大学教师的需求，为女性高等教育倡导者增加了砝码。

早在 1776 年，阿比盖尔·亚当斯（Abigail Adams）在给丈夫即约翰·亚当斯总统（John Adams）的信中，便表达了妇女应接受教育的看法，至今，她的言论仍被当代作家援用为吹响女性高等教育的号角：

"如果你抱怨说，忽视了儿子的教育，那么，对于每天都缺乏教育的女儿而言，我还能说什么呢？一想到我自己孩子的教育，我很快发现自己无能为力，对教育的了解极为贫乏，一无所知"。（Solomon，1985）

对女性而言，曾被视为"禁区"的大学教育（Solomon，1985），正逐步成为现实。女子大学与其前身女子神学院一样，旨在以开展女性教育为使命，让她们更好地承担家庭主妇、母亲的责任，如有必要，也承担教师的职责（Solomon，1985）。数年内，人们将女性上大学视为解决社会需求的一种恰当方式。

随着女性寄宿学校、女子学院、女子神学院的建立，女教师迅速出现，她们转而创办学校，为女生授课，为她们开设有别于高中和当地四年制男子大学的课程。曼荷莲女子文理学院（Mount Holyoke）是由玛丽·里昂（Mary Lyon）于1836年创办的一所神学院，是美国最早的女子大学之一，成为中西部、西部和南部女子高校中的典范（Solomon，1985）。其他女子大学先驱者还有埃玛·威拉德（Emma Willard）1821年在特洛伊（纽约）创立特洛伊学院（Troy Seminary）和凯瑟琳·比彻（Catherine Beecher）1828年建立哈特福德神学院（Hartford Seminary）（康涅狄格州）（Rudolph，1990）。女子高等教育不断发展，至1836年，佐治亚女子学院（Georgia Female College）开设的课程融合了中学和大学知识。1853年，玛丽夏普学院（Mary Sharp）（田纳西州）又向前迈出了一步，在常规课程之外重点开设了拉丁语、希腊语和高等数学课程（Solomon，1985）。1837年出现了新的高等教育形式：身为社区宗教大学的奥伯林学院（Oberlin College）（俄亥俄州）招收了4名女生，成为第一所男女同校大学。最终，"正如早期女权主义者所希望的那样，男女同校教育……成为主导模式……但女子学院并没有消亡"（Solomon，1985）。自此，女性身影一直留存在美国高等教育图景中。

一旦录取后，女生可以选择传统学士学位课程，或修完专门的"女士课程"，取得文凭（Rudolph，1990）。女生的到来为学校管理者带来了新问题。奥柏林学院（Oberlin）校长查尔斯·芬尼（Charles Finney）担心男生占主体的学校招收女生带来潜在危险，表示"……你需要一位明智、虔诚的女督察和众多女助手，确保实行充分的监管"（Holmes，转引自 Mueller，1961）。

南北战争结束后几年后，一些宗教人士创立了美国最早的公立女子学院，包括1865年成立的瓦瑟学院（Vassar，纽约州），1875年成立的韦尔斯利学院（Wellesley）（马萨诸塞州）和史密斯学院

（Smith）（马萨诸塞州），以及 1884 年创立的布林茅尔文理学院（Bryn Mawr）（它沿用了约翰·霍布斯金大学模式，在 1888 年开始具有研究生学位授权资格）（Rudolph，1990）。此外，巴尔的摩女子学院（the Women's College of Baltimore）（马里兰州），也即现在的古彻学院（Goucher College）（Solomon，1985），于 1884 年由卫理会（the Methodist Conference）资助创办，它制定了严格的学习标准，与其邻校，即弗吉尼亚州长老会赞助创办的兰道尔夫女子学院（Randolph-Macon College for Women）（弗吉尼亚州）的学业标准一致。"到 1860 年，至少有 45 所高校为女性提供学位教育"，它们名字都很独特，如女子神学院、文学院及专科学校（Thelin，2004）。

到 1882 年，男女同校日渐盛行，女督察和女校长们证明了自己存在的价值。以男女生关系的改善为例。人们观察后发现，"相对而言，避免了大学生活中常见的危险事件"（Holmes，转引自 Mueller，1961）。这些女校长后来被称为女主任，在任命为大学校长时分管管理和监察工作。

19 世纪末，高等教育增添了新形式。几所天主教女子学校升级为大学。曼哈顿维尔（the Academy of the Sacred Heart at Manhattanville）（纽约）的圣心学院，在 1900 年成为大学，同年，华盛顿三一学院（Washington Trinity College）建成（Rudolph，1990）。天主教大学最初实行单一性别制，之后也发展为男女同校大学。

### 黑人大学的建立

美国高等教育图景将再次改变。此次改变源自北方建立的黑人大学。切尼学院（Cheyney College）开办于 1830 年，林肯学院（Lincoln College）以及威尔伯福斯大学（Wilberforce University）均于 1856 年由卫理公会建立（Hill，1984；Ricard，Brown，2008；Roebuck，Murty，1993；Thomas，Hirsch，1987；

Thomas，Hirsch，1989)。1823 年毕业的亚历山大·卢修斯·泰莱特（Alexander Lucius Twilight）是明德学院（Middlebury College）发展史上第一位黑人毕业生（Ranbom，Lynch，1987－1988)。南方黑人的大学教育受到限制，甚至被"宣布"为不合法（Fleming，1984；Hill，1984；National Advisory Committee on Black Higher Education and Black Colleges and Universities，1979)。1860 年，美国大约有 400 万黑人奴隶，其中 90％以上在南方。除一个州之外，南部其他各州的黑人奴隶和自由黑人皆不能接受正规教育，于是直到 1860 年，南方黑人中 90％仍是文盲。南北战争前，从美国大学获得本科学位的黑人数量不超过 28 人（Roebuck，Murty，1993)。将黑人排除在受教育者之列的根本观念是：①黑人智力低人一等；②一旦接受教育，黑人会"越位"，不可避免地与白人在经济、政治甚至性别领域中形成竞争（Goodenow，1989)。

1865 年后，第十三修正案得以通过，奴隶制得以废除，弗吉尼亚联合大学（Virginia Union University）、萧尔大学（Shaw University）（建于 1865 年)，霍华德大学（Howard University）（建于 1867 年）的创立，标志着黑人正规高等教育的肇始（Rambon，Lynch，1988)。艾尔康学院（Alcorn College）接受了联邦赠地基金，成为第一所黑人赠地学院（Rambon，Lynch，1987－1988)。现存的黑人公立大学中，16 所创建于 1866－1890 年间（Rambon，Lynch，1987－1988)。汉普顿大学（Hampton University）是黑人教育史上最具影响力的高校之一，1868 年成立于弗吉尼亚州（Roebuck，Murty，1993)。1896 年，美国最高法院在普莱西诉弗格森案件（*Plessy v. Fergusson*）中的裁决，赋予"独立且平等"的学校以合法性。哈佛大学为第一个黑人学者布克·华盛顿（Booker Washington）颁发了荣誉学位。这些历史上早期的黑人大学在美国高校系统中发挥了重要作用，他们培养的学生勇气可嘉，为以后更多的黑人大学生树立了榜样。

## 学生人事工作前身

　　教育和社会运动的兴起，大都是对当时情况或结果不满意而做出的反应，如同美国高等教育和美国社会的诸多问题影响了学生人事工作的发展，促使其从早期的代理父母角色向学生学习关注者的转变。学生管理工作者早期面临的需求是什么？随着大学活动日益增加，哪些因素有助于塑造学生人事工作者的角色？早期的先锋者是谁？为使运动具有稳定性，产生影响力，具有共同使命感，他们做了哪些贡献？学生人事工作肇始的确切日期只是史学家的一种推测。W. H. 考利（W. H. Cowley）认为，（学生）人事工作享有悠久历史，具有早期高等教育的特点，"……称为阿尔玛母亲式（Alma Maternal）的学生管理已经具备了中世纪大学的特点……"（Williamson，1949）。学生不满于学校狭隘的经典课程设置和严格的宗教纪律约束，搬离校园，由此形成辩论俱乐部、文学社团，以及最终发展起来的美国大学生兄弟会（the Greek-letter social fraternity）。

　　某种意义上，文学社团及其图书馆、俱乐部、期刊和组织，弥补了课堂中科学、英语、文学、历史、音乐和艺术的缺失。课外活动大量兴起，表明了学生对古典课程的不满，有助于发挥学生的智识。这种对 1828 年耶鲁报告的回答非常有效，以至于 19 世纪末耶鲁大学也真正开始反思，对于课程与课外，哪一个更根本？谁更重要？（Rudolph，1990）

　　1825－1840 年间，学生团体越来越受欢迎，甚至之前是辩论社团和饮酒俱乐部的组织也改创为联谊会：Kappa Alpha, Theta Delta Chi, Sigma Phi, Delta Phi, Chi Psi, Psi Upsilon（Rudolph，1990）。如鲁道夫所言，"……美国大学生兄弟会旨在汇集校园最彬彬有礼的年轻人，以团体的形式，填补离开家庭和社区带来的空虚……"（Rudolph，1990）。此外，他们还"逃避大学生活的单调、乏味，逃离缺乏隐私的宿舍"（Rudolph，1990）。

**理智主义时期**（1855—1890 年）

高等教育图景的轮廓不可能长期不变。教育理念的变化，使教育使命更加细化，从而导致社会对数学、物理、天文学等自然科学技术人才的需求。美国大学中，受过德国大学教育的美国和欧洲教师越来越多，他们引入了理智主义教育思想。理智主义通常强调智力训练，视理性思维高于一切，也推崇学术自由，体现在"学术自由"（lernfreiheit）和"教学自由"（lehrfreiheit）两个术语上。前者意指学生不应受行政管理和规章制度的束缚，可以穿梭于不同校园，自由选择生活场所；后者赋予教师自由从事研究或科学探究、报告研究结果或发现的权利，不用担心遭到报复（Rudolph，1990）。由于关注重点是理性发展，学生的社会、心理、身体和精神发展遭到忽视。后来，人们将理智主义备受推崇的时期，即1855—1890 年这一段时期称为德国影响时期。教师和学生角色被重新定义。渐渐地，教师发现，自己教学之余需要投入大量时间进行科学研究，几乎无法关注学生课外生活。

人们不再关注和重视大学住校生活，耶鲁大学是当时唯——所坚持住宿制的学校。体现美国高等教育师生互动的特征发生了巨大变化，学校或行政部门对学生的态度也发生了转变。

之前，学校严格规定学生行为，而现在则代之以薄薄的、要求宽松的小册子；之前，学校将学生视作青少年，但随着教育理念的转变，现在学校则是把学生视为成年人。在理智主义者看来，男学生应当能够解决自己的学术、宗教和社会问题。"学校几乎对学生采取听之任之、不问不管的态度，取代了之前唯我独尊的家长作风"（Cowley，1937）。1886 年，哈佛大学改革了上课制度，只要求大三和大四学生通过考试。男生搬离校园，开始自我管理的校外住宿生活，发展课外活动。1852 年，哈佛大学和耶鲁大学举行了赛艇比赛，1869 年普林斯顿大学和罗格斯大学举行了橄榄球赛，开启了校际体育活动。随后，棒球赛也成为校际比赛项目（Brubacher，Rudy，1976；Rudolph，1990）。到 19 世纪 70 年代，最终形成了高等教育一大特点，被称为"课外活动时代"的一系列活动。

课外活动中，大学生提出发展心灵、个性和身体以及作为人的所有层面的诉求，而学校在一心追求灵魂救赎中往往忽略这些层面。学生无处不表现出自身青睐救赎人类灵魂、个性以及肉体这一同样具有挑战的任务。整体而言，学校课程仍然完整无损，只是强制性的教会活动开始做出让步。然而，通过课外活动，学生在学校大门内立起了一只怪兽，如何驯服它成为一项必要工程，如同姗姗来迟的课程改革（Rudolph，1990）。

### 早期的系主任（1870—1920 年）

从 1875—1930 年，本科生增加了近 30 倍（Brubacher，Rudy，1958）。一些学校规模不断扩大，校长担心学校不能承担学生生活问题，日益觉得需要一个行政管理者从事协调或监管学生工作。也有人担心在以男生为主的校园中女生会出现问题，还有人公开反对学校之前不重视学生住宿的问题。1889 年，约翰·霍普金斯大学校长吉尔曼（Gilman）任命 E. H. Griffin 教授担任"首席教师顾问"，宣布"每所学校应该专门任命 1 名或多名学生咨询员或顾问"，由此建立了最早的教师顾问制度（Cowley，1949）。

校长们开始批判风靡一时的理智主义及其对学生放手不管的态度。迫于教师舆论和家长压力，哈佛大学校长查尔斯·艾略特（Charles Eliot）向监管董事会提出建议，改变当前盛行的学生非个性化管理方式，恢复学生出勤管理制度。大学管理任务复杂，学校各部门向校长汇报工作。课外组织规模和课外生活不断发展，艾略特于 1870 年任命以法莲·格尼（Ephraim Gurney）教授为第一任学院院长。院长虽然是一种学术职务，但除了常规教学外，还协助校长管理学生纪律，减轻校长负担。1891 年，学院改编为两个独立的办公室，由 35 岁的莱伯龙·罗素·布里格斯（Le Baron Russell Briggs）管理非学习性学生事务工作，即纪律、注册和记录工作，以及学生课外生活的方方面面。当时，他已经是一个受人尊敬的英语教授（Brown，1926）。

普遍的看法是，布里格斯（Briggs）是最早的学生事务主任和"大学生官方赞助人"（Brown，1926；Brubacher，Rudy，1958；Mueller，1961），他在艾略特为加强学生纪律和发展自我责任感而建立新型学生纪律制度的需求下应运而生（Morison，1930）。布里格斯确定了以下主任职责目标：①帮助学生遵守纪律，而非羞辱他学生；②为老师工作提供便捷；③培养学生自觉意识，减少纪律约束的必要性（Brown，1926），这些目标体现了他对学生纪律的态度。1897 年，他组织了一个由 60 个高年级学生组成的团队，负责迎接和帮助新生，成为"一名真诚的顾问……随时准备雪中送炭"（Brown，1926）。布里格斯一直担任哈佛大学学生事务院长，直到 1925 年退休。

"所有学校中，有两种'主任'：负责教师的'教务主任'……和负责学生课外生活的'学生事务主任'……"（Cowley，转引自 Brubacher，Rudy，1958）。芝加哥大学校长威廉·哈勃（William Harper）是最早倡导恢复校园生活的人员之一。美国大学生兄弟会成员慢慢回归校园，俱乐部和学生组织蓬勃发展，校园"成为一个舞台，学生以之表达对人的社会性和物质性存在的尊重，而不是对人类灵魂的敬意"（Rudolph，1990）。鲁道夫的观察结果反映了人们开始重点关注学生人性的全面发展，这将引领学生人事工作的早期发展。德国影响期之后数年，由学生发展起来的课外活动又恢复原貌，产生了十分广泛的影响，管理者再也无法漠视其在校园中的存在。

由年轻人发起的课外活动，可谓一个充满了智识的结构、一种深刻复杂的社会体系、一个有组织的校际体育赛事网络，成为学生们的力量宝库。通过课外活动，学生在美国大学取得了举足轻重的地位。他们创办文学社团、期刊和其他俱乐部以抵制课程，创建兄弟会以抵制大学生活方式，塑造魅力更胜的运动英雄以抵制虔诚的基督徒。他们在一定程度上降低了大学教授的声望，削弱了他们相应的权威，虽然并非有意为之（Rudolph，1990）。

到 1882 年，女舍监、管理员、校长数量增多，向学习管理者证明了女性在大学中的作用。虽然男女学生一起就餐，但"他们彼此相处，避免了大学常见的危险事件和情况"（Holmes，1939）。历史学家一致认为，1892 年，芝加哥大学聘用韦尔斯利学院（Wellesley）前校长爱丽丝·弗里曼·帕尔默（Alice Freeman Palmer），开启了任命女教务主任的先河。与此同时，帕尔默的朋友马里昂·塔尔博特（Marion Talbot）被任命为主任助理和家政学助教（Solomon，1985），后来接替帕尔默成为第一位全职女教务主任。她在国外受过拉丁语、希腊语和现代语言教育，获得波士顿大学文学学士、硕士学位，以及麻省理工学院理学学士学位，从事卫生专业工作，即后来发展起来的家政业。1881 年，她与人联合创办了美国大学妇女协会（the American Association of University Women）。1916 年，她召集女同事建立了美国妇女教务主任协会（the National Association of Deans of Women）（Fley，1979）。从 20 世纪 20 年代末到 30 年代初，她曾担任土耳其君士坦丁堡女子学院代理院长（Fley，1979）。人们认为，塔尔博特完全不符合当时的"女教务主任应有的形象"。第一个非裔大学女子教务主任是 1922 年哈佛大学任命的露西·迪格斯·斯洛（Lucy Diggs Slowe）（Solomon，1985）。她在任期 15 年期间建立了两个组织，即美国大学妇女协会（the National Association of College Women）和有色人种学校妇女咨询师协会（the Association of Advisors to Women in Colored Schools）。

这些女教务主任的职责远远超越了监管女生行为的范围，目标是"充分发挥女生的智力，使其实现个人抱负"（Knock，1985）。她们意识到，为了实现这一目标，自己还需进一步深造。1914 年，哥伦比亚大学师范学院（Teachers College at Columbia University）率先设立了女教务主任文学硕士学位授权点，颁发了第一个女教务主任文凭。威斯康星大学（University of Wisconsin）女教务主任洛伊丝金博尔马修斯（Dr. Lois Kimball Mathews）博士早期撰写了一本名为《女教务主任》（*The Dean of Women*）的手册，于1915 年出版，成为有关女教务主任的开山之作（Lloyd Jones，1949）。

1901 年，伊利诺伊大学（the University of Illinois）任命托马斯·阿尔克·克拉克（Thomas Arkle Clark）为教务主任，成为有史以来第一所任命男教务主任的大学（Cowley，1937；Rhatigan，2009）。克拉克曾是 L. R. 布里格斯的学生，8 年前担任本科教务主任和校长助理，1890 年成为哈佛大学第一个学生事务主任，主要从事学生纪律工作（Rhatigan，2009）。到 1919 年，担任大学事务主任的男性人数显著增长。同年，一些中西部事务主任决定跨越学校界限，建立正式关系，成立了全国男事务主任协会（the National Association of Deans of Men，NADM）。

这些学生事务工作先驱都重视学生的独特性和个体性，无论男女，他们都致力于促进学生全面发展，坚信每个学生具有发展、成长和学习的潜能。其后制定的声明和文件都以此核心观念为基础，确立学生事务这一崭新领域的使命和目标。

随着校园生活设施日渐便利，大学生人数和行政人员也急剧增加。20 世纪初，出现了大量学生事务从业者，包括男事务主任、注册员、辅导员、职业顾问、安置辅导员、宿舍管理员、招生、食品及健康服务员、协调员和学生组织活动顾问（Rudolph，1990）。这些人员都努力开展活动，提供学生服务，帮助学生从课堂内外生活中取得最大收获。

一些历史学家认为，学生事务的兴起，仅仅是对占主导地位的德国理智主义及其产生的非个体化学生态度的一种回应。但W. H. 考利（1949）还阐述了其他原因如下：

一般认为，是心理科学导致将研究成果用于解决军事、工业和教育问题，但我认为，对于学生工作，在心理科学研究之前，至少还要考虑其他 3 个因素：第一，教育世俗化；第二，学生人数自 1870 年开始增加；第三，受过德国教育的美国博士采用的非个体化理智主义受到攻击。

## 学生事务及学生事务协会的兴起（1916—1936 年）

在早期学生事务工作者关于学生发展的聚会讨论中，一个不可避免的话题是，如何明确定义学生事务，建立一套学生事务工作标准，阐明大学中学生事务的作用。1929 年，普渡大学（Purdue University）和沃巴什学院（Wabash College）的学生事务管理者与美国教育理事会（the American Council on Education）和纽约人事研究基金会（the Personnel Research Foundation of New York.）联合召开会议，宣布了后来被称为"学生人事观"的核心观念和工作原则。会上，奥博林学院（Oberlin College）人事工作主任 J. A. 汉弗莱斯（J. A. Humphreys）提出了学生事务工作的 5 项基本指导原则：

（1）首先，学生事务工作当且仅当是一种理念，而非一个有形组织，代表个性化的大学教育、学生事务活动或项目旨在为学生个体提供帮助。

（2）上述原则必然导致这样一种思想，即所有影响学生的问题，无论是个人的或集体的，都应当得以解决。这是一种学生个体观，施行既定政策、建立新型制度时，都应参考学生个人需求，毕竟，学校因学生而存在，而非相反。

（3）学生事务问题产生有其原因，绝非空穴来风。

（4）一切与学生相关联的人都有责任满足学生需求，在此意义上，每一位教师、管理者和助理都是学生事务工作者。

（5）高校学生事务工作不是与教育过程无关，而是其中必不可少的一个环节（Humphreys，1930）。

2 年后，克洛希尔（Clothier）为美国大学学生人事协会原则和职责委员会（the Committee on Principles and Functions of the American College Personnel Association）起草文件时为学生事务工作所下的经典定义中，便体现了上述原则：

大学学生事务工作是一种学生支持和帮助体系，旨在解决影响学生的各种问题，以激励学生通过自身努力，实现个体身心、性格等的多方面发展，发挥个体最大发展潜能，并帮助学生发挥这些潜能，胜任社会工作（Clothier，1931）。

相互距离较近的大学，学生事务主任会聚在一起，讨论共同关切的问题，由此建立了上述最早的 3 个学生事务工作协会：①1916年由女事务主任成立的全国女事务主任协会（NAWD），也即后来的全美妇女教育协会（NAWE）；②1919 年由男事务主任创办的全国男事务主任协会（NADM）；③由男事务主任协同早期学生事务主任共同建立的全国学生事务管理者协会（NASPA）。1924 年创立了全国安置秘书协会，1931 年改名为美国高校学生事务协会（ACPA）。20 世纪 50 年代初，一批教授成立了美国学生事务和指导协会（APGA），后更名为咨询与发展协会（Mueller，1961）。关于学生指导、奖助金、学生活动等具体学生事务方面的专业协会，读者可参阅本书相关章节。

新专业不仅常人难以理解，学习管理人员也难以确定其在大学中的作用。埃丝特·劳埃德－琼斯（Esther Lloyd-Jones）建议，学生事务在学校管理中扮演特定的角色，属于管理领域，同大学其他两个管理部门（指导和实践）一样，是一项独立、平等的专业工作（Lloyd-Jones，1994）。

2 年后，为厘清有关学生事务新专业的种种困惑和不确定性，考利（1936）在《学生事务工作特点》一书中，详细讨论了现行的各种学生事务定义后，否定了那些要么过于宽泛，要么过于狭隘的定义，并将学生事务与学生指导事务工作和更广泛的教育概念区分开来，消除很多教育工作者的误解。他将学生事务定义为："学生事务是学校在课程学习以外开展或资助的各项活动的总称，主要关注学生的个人发展"（Cowley，1936）。此外，学生事务工作理念是一种教育哲学，强调学生个体及其全面发展，而非仅仅智力训练，为此，要促进大学课程设置，改善教育方法，更新课外教学手段（Cowley，1936）。

### 学生人事工作观（1936）

如前所述，当时，不仅学生事务工作者采用众多学生事务定义和术语，管理者和教师也努力理解这个新专业意欲何为。显然，关于学生事务原则和实践的权威声明成为众望所归。1936 年 4 月，美国教育委员会执行委员会（the Executive Committee of the American Council on Education）在华盛顿特区召集了一批专业人士，澄清"人们口中的学生事务工作、现有工具的有效利用及其他技术和活动的发展"（美国教育委员会执行委员会，1937）3 个问题。出席会议的有 F. F. 布拉德肖（F. F. Bradshaw）、W. H. 考利（W. H. Cowley）、A. B. 克劳福德（A. B. Crawford）、L. B. 霍普金斯（L. B. Hopkins）、埃丝特·劳埃德－琼斯（E. Lloyd-Jones）、D. G. 帕特森（D. G. Paterson）、C. G. 雷恩（C. G. Wrenn）等，由 E. G. 威廉姆森（E. G. Williamson）担任会议主席。经会议讨论，最后形成了《学生人事工作观》，成为关于学生事务哲学、目标和方式的第一份声明，奠定了该领域未来发展的基础，给予学生应有的关注（建议读者查询 http：//www. naspa. org/pubs/files/StudAff_1949. pdf 和 http：//www. bgsu. edu/colleges/library/cac/sahp/word/THE% 20STUDENT% 20PERSONNEL. pdf，阅读文件全文）。重要的是，在 1937 申明的《学生事务哲学》中，委员会成员确定了将整体主义作为未来根本的指导理论：

高等教育的根本目标之一，是保存、传播和丰富文化的各种要素，即学术、研究、创造性想象成果及人类经验，大学的使命在于实现教育目标，以帮助学生最大限度地发挥潜能，为改善社会做出贡献。这一教育观赋予高校的职责，就是将学生视为一个整体，包括学生的智力和学业、情感需求、物质情况、社会关系、职业能力和技巧、道德与宗教信仰、经济状况、审美取向。简言之，高等教育关注的重点是学生的全面发展，而非仅仅智力训练（American Council on Education，1937）。

美国确定了 23 项学生事务专属工作，如向考生及其父母介绍大学目标和各种活动，让学生从最开始就充分了解大学中可参与的各种活动和服务信息（American Council on Education，1937）。根据委员会意见，共同协作不仅对各高校至关重要，对学生事务工作和教学之间、学生事务工作和企业管理之间、大学和中学之间的关系也非常关键。学生工作者能够获取学生信息，也有利于促进学生及其发展。

1938 年，来自一所规模较大的城市大学的学生事务咨询管理者在报告中阐述了其学生工作观，表明了学生事务工作的必要性：

（1）学生明显缺乏社交技巧、待人及与人相处能力，在群体生活中感到不自在，除了与人发生争执外，无法与他人交流。

（2）学生常常受到经济困难、心智不成熟、不善社交以及社会实践经验不足等问题的困扰（Rudolph，1990）。

### 学生人事工作观（1949 年）

1939—1945 年第二次世界大战期间，国家及个人的关注点发生了变化。1941 年，美国为结束所有战争而卷入战争，整个社会都为了国家而牺牲。爱国热情高涨，个人价值却被忽略。随着成千上万的年轻人应征入伍，在后方，食品及其他商品实现限额分配，以确保军队供给充足。美国人认为，战争是为了证明民主的优越性，解放那些遭受敌人残酷压迫的国家和民族。1945 年，以希特勒为首的军队战败，日本长崎、广岛受到原子弹轰炸，日本宣布投降，美国随即结束了持续数年的战争。

第二次世界大战后，美国人重拾战前和平时期的价值观，回到之前关注的事物。父母可以思考和规划现在和将来的生活，努力满足孩子数年前少有或无法获得的物质需求。人们开始注重个人需求和享受。《1944 年军人安置/转业法案》（*The Serviceman's Readjustment Act of 1944 GI*）资助退伍军人的大学费用和生活费，让他们可以接受大学教育。大学录取人数激增。美国本科生主体不再那么单一。此前的大批同类型学生（如新生）的服务活动方案都需要修订。1949 年，高等教育蓬勃发展，美国教育协会大学生委员会（the Committee on College Personnel of the American Council on Education）颁发了 1936 年学生人事工作观（SPPV）修订版，拓展了高等教育目标，体现了和平时期世界的内在关联性，其中的 3 个意义尤其重要：

（1）在每一个生活阶段更充分地实现民主。

（2）直接、明确地增进国际理解与合作。

（3）运用创造性想象和学习的知识，解决社会问题，管理出版物（American Council on Education，1949）。

第一次在学生需求和活动相关内容中阐述了新大学生群体，即已婚者、退伍老兵和国际学生。

继著名的 1937 年和 1949 年学生人事工作观后，相继出现以下一些重要观点：

（1）可事先了解个体差异，每一学生具有其独特性。

（2）每一个个体是一个功能系统。

（3）每一所大学开展适合自身的学生事务活动时，必须考虑学生个体当前的动力、兴趣和需求等极为重要的因素（Mueller，1961）。

（4）教学、辅导、开展学生活动和组织其他活动应当从学生个人实际出发，而不是以想象中的学生发展角度为出发点。

（5）学生为自我的发展负责，而不是被动地接受根深蒂固的经济、政治、宗教教条或职业技能训练（American Council on

Education，1949）。

上述观点成为之后学生事务工作的专业指南。许多专业人士认为，它们体现了学生事务工作精神，当然也反映了第二次世界大战后的民主观念。

## 学生事务工作实践

20世纪四五十年代，学生事务工作持续蓬勃发展。专业工作者认为，自己了解学生需求，规划、开展学生服务和活动，不仅帮助学生有效度过大学生活，更能在以后的社会生活中发挥作用。学生人事工作观促进了学生事务工作实践，社会学、心理学、哲学、人类学、教育管理、教育指南为学生事务实践奠定了理论基础。从业者角色多种多样，如同父母照顾般的工作者、学生顾问、活动设计者、咨询者和辅导员。学生可以自由选择进行咨询、参加校园学生服务活动或开展活动等。

高校管理者意识到，由于学校实行男学生事务主任办公室和女学生事务主任办公室的双重组织结构，两者没有采取统一的实践标准，监管这些部门的管理者也缺乏统一的教育要求和教育背景，导致学生活动重复交叉。尽管如此，从业者认为，课外活动为学生学习各种技能提供了机会，让他们的个体性和社会性逐步发展。学生事务部门和学习管理部门逐步区别开来。学生活动和服务是附加的，属于课外活动，与课程并无必然联系。学生事务的一贯宗旨，是帮助学生实现个人成长，最终成为功能健全的个体，能够生存，事业有成，为社会做出贡献。

1957年，俄罗斯发射人造地球卫星，美国的科技人才需求开始增加，一场展示美国太空探索和旅行实力以及举措的竞赛开始了。联邦政府以前所未有的幅度增加高等教育资金，用以开展科学活动，培养师生从事科学技术学习和研究，激励智力超群的高中生攻读自然科学学位。《国家国防教育法案》（*The National Education*

*Defense Acts*）资助中小学教师的专业发展。大学中，大量学生蜂拥而至，他们学习科学和新兴的计算机技术，由此，本科生入学率激增。另外，那些为逃避征兵法和日渐激烈的越南战争的高中毕业生将大学视为一个安全的避难所，也逐渐进入大学。

## 学生发展

20 世纪 50 年代，整个美国社会安宁，人们充满自信，但到了 60 年代，社会充斥着骚乱与对抗，动荡不安。这个时代后来被称为学生激进主义年代、民权运动年代、父母角色衰弱时代。许多学生事务工作者身处困境。在自己期望与他人期望下扮演多重角色，但这些角色却互相冲突。一方面，他们希望成为学生的支持者，担任辅导员和顾问，了解学生需求，帮助学生学习如何与行政部门打交道并参与社会事业；另一方面，按照校长要求，他们必须管控学生的行为，学生人数爆炸性增长，班级规模扩大，研究生助教增加，住宿日渐拥挤。本科生开始深刻感受到，大学中非个性主义正日益渗透进来。此外，为了有效进行班级注册和处理其他事务，学校采用了新兴的计算机技术，这让学生觉得自己变为了一个学生证和学号，被剥夺了个人认同感。他们不满情绪日盛，认为本科课程无助于解决当代重大社会问题。"权利之花""花时间闻闻玫瑰花香""不要折叠、装订、摧残"等口号充斥着校园，夹杂着示威者抗议大学参与联邦政府军事行动资助研究项目的呼声。面临着联邦政府强制执行的肯定行动配额，越来越多样化但欠缺准备的学生，以及州立法机关和学校理事会资助降低的问题，高校处境艰难。作为中层管理成员的学生事务管理者，扮演的角色因学校不同而不同，取决于校长的背景和关注点。

学生事务次于学习任务，还是只是对学习任务的补充，对此人们陷入了论争，学生事务工作的目的或必要性面临前所未有的不确定性。数年的学生激进主义运动引发的动荡、骚乱、静坐，以及民权运动期间几个大城市被付之一炬，洗劫一空，这些使得高校开始重新评估对学生的态度和对学生的引导，再度确定学校与学生之间关系的本质。

随着学生事务专业人员角色的变化，学校的学生观念也发生了改变。学校对学生采取对抗的都爱扮演成父母代理角色或实现精英领导的思想，都让位于学校与学生面对面交流、彼此协作和学生平等思想观念。专业工作者变主动为被动。以前认为学生事务工作是独立的，现在却认为本科生是一个持续发展阶段，开始把学生视为成年人，尽管他们尚处于成长和发展的关键时期。基于上述新的学生观点，学校制定政策更具有人文性，学生获得管理董事会一席之位，建立了多个领域的学生咨询委员会。

对于学生事务本身而言，这也是一个动荡、骚乱和混乱的时期。当时的学生事务专业工作者年会上，人们对未来学生事务专业设置甚或学生事务的持续发展提出大量质疑。1964 年，美国大学人事协会（ACPA）主席考利（Cowley）希望与会者支持和发挥高校学生人事联合委员会（the Council of Student Personnel Associations in Higher Education，COSPA）这一新建组织的作用，希望它能代表学生事务向立法者和学习管理者发出一致的声音。根据前 ACPA 主席芭芭拉·柯克（Barbara Kirk）的描述，20世纪 60 年代，学生事务领域正经历一场"身份认同危机"（Kirk，1994），人们充满质疑、自我怀疑，对学生事务专业人员在未来高等教育的作用表示担忧。一些规模较大的学校采取的做法也加深了这种不确定性。它们调整自己的工作重点，表明除非学生事务专业人员能够有大量证据证明自己学生工作的有效性，否则将会大大降低甚至完全取消预算。前 ACPA 主席拉尔夫·博迪（Ralph Berdie）希望引领和统一思想，在致辞中对"学生事务工作是什么"做了如下回答：

　　　　学生事务工作是在高等教育中对社会科学和行为科学知识和理论的应用，尤其是对心理学、教育心理学和社会学知识和理论的应用。基于这个定义，学生事务工作有别于但不独立于高等教育其他工作，也不仅仅是高校某一个人或一批人的责任。学生事务工作者堪称行为科学家，其研究对象是学生，社会心理范畴是学校，主要目的……是使高等教育人性化，帮助学生面对作为个体的他人和自己，形成与他人的交往原则，并采取恰当的行为……另一个目的……是使高等教育个性化，由于个体差异的存在及其重要性，需要构建适应每一个体的个性化教育（Berdie，1966，转引自 Rentz，1994）。

1968 年，分别召开了两个学生事务专项会议，集中讨论了同一主题：学生事务工作地位和学生事务未来的作用和使命。会议上，来自各个学生事务协会的代表组建了高等教育学生事务协会专业发展委员会（the Committee on Professional Development of the Council of Student Personnel Associations in Higher Education），其任务是对专业发展指导制定声明。成员们（Grant，Saddlemire，Jones，Bradow，Cooper，Kirkbride，Nelson，Page，Riker）认为，必须重温 1937 年和 1949 年的学生人事观（SPPV），经过会议讨论，做了一些细微改变，以学生发展视角定位学生事务工作，形成了委员会的指导思想：

（1）以发展性定位学生事务工作。

（2）在学生发展专家的促进下，学生实现自我指导这一目标。

（3）教师和管理者是学生学习和成长过程中的合作者。

（4）许多人类发展理论出自有据，充分了解这种理论对学生发展专家十分重要。

（5）学生发展专家愿意参与政策制定和决策前反应，以便对变化过程施加积极影响。

委员会确定了学生发展专家的对象（学生个人、团体或组织）和功能（担任管理者、指导者和顾问），规定开展专业发展活动必须具有的能力。之前，学生事务工作者是一个多面手，现在则更多地被视为一个专家，这一教育专业新角色表明一个可称为"过程"

的新兴专业领域的兴起，在这个过程中推动学生成长、学习和发展。了解更详尽的内容，请参阅 A. L. Rentz 主编的《学生事务专业沿革》(*Student Affairs: A Profession's Heritage*)。

学生主体日益多样化，需要评估甚至重新设计以前针对更加同质化的学生主体的服务和活动。此外，也开始出现阐述各少数族裔学生群体发展的新的研究资料。学生事务工作者开始接触学生发展的新理论，即发展理论。

许多学校的学生事务工作受到贬抑，"学生事务工作的一贯方式被直接或轻微地斥为已经过时，不合时宜"（Bloland，Stamatakos，Rogers，1994）。在这种不利的情况下，学生发展成为学生事务内部的一场独立运动，但褒贬不一。

学生发展……很快迎合了一些学生事务专业人员的想象，成为增加他们所负责的组织、指导、促进大学生课外教育和发展等学生事务管理和工作的可信性和有效性的一种方式（Miller，Winston，Mendenhall，1983）

正如 1976 年伯恩斯·克鲁克斯顿（Burns Crookston）发表的文章标题"学生事务万岁！学生事务再见！"（Student Personnel—All Hail and Fare-well）所表明的，越来越多的人开始支持这场新兴运动。

## 高等教育未来规划（The T. H. E. Project）

1968 年，ACPA 确定的第二项任务名为"高等教育未来规划（T. H. E.）"，罗伯特·布朗（Robert Brown）在《明天的高等教育：学院的回归》一书中对此加以了描述：

高等教育未来规划重新定义大学学生事务，有助于吸纳专业创造力，从而塑造高等教育的未来。所谓重新定义，意即重构一些决定未来工作特点的基本概念，如具体角色、功能、方法和程序等（Brown，1972）。

布朗（1972）研究了大学活动对学生影响的有关文献后，确定了学生发展的五大观念如下：

（1）学生入学时已经形成的性格特点对其大学生活具有重大影响。

（2）大学时代是许多学生经历重要发展的时期。

（3）大学教育为学生发展提供机会。

（4）对学生发展模式影响最大的环境包括朋辈群体、生活空间、教师和课堂活动。

（5）学生的发展变化是自身特点与环境要求相互作用的结果。

此外，构成学生事务基础的理论体系包括以下 3 种理论：①认知理论：描述智力和道德发展；②心理学理论，描述个人和生命周期发展；③人与环境相互作用理论，解释学生生活生态（Miller 等，1983）。这个理论体系产生了学生发展 3 个核心原则：①人的发展具有连续性和累积性；②发展是一个从简单到复杂的过程；③人的发展往往是有序和分阶段进行（Miller 等，1983）。第一阶段由布朗 1972 年完成，他出版了专著《高等教育未来规划：第一阶段》。第二阶段由 ACPA 委托的另一个专家组建立促进学生发展的模型，于 1974 年完成，确定了指导今后实践的三大步骤或功能：①设定目标；②评估学生发展；③制定学生发展战略。同时，明确了推动学生发展三大战略，或更广意义上的人类成长和发展三大战略，即教学、咨询和环境管理。

关于学生发展的讨论一直持续到 1976 年，那时，学生发展概念是"在中等后教育中应用人类发展概念，让每个参与者可以掌握日益复杂的发展任务，实现自我引导，学会独立"（Miller，Prince，1976）。

学生发展教育者认为，每个在校学生都是学习共同体中的一员，所有个体都是大学的成长发展过程中的合作者和学习者。确立这种新的教育工作重点，旨在努力将学生事务工作融于学习事务。学生事务专业策略是有目的地介入学生生活的方式，以促进学生成长和发展。"有目的"即目标已定，学生是行为合作者而不单单是行为对象。学生发展教育者可以评估发展层次（心理发展、认知发展、道德发展等），设计环境和干预措施（经验或活动），帮助学生经历每一发展任务阶段。此外，学生发展教育者认为，他们能够通过与教师分享自身的发展过程思想和策略，提高课堂学习和教学的有效性。在更宽泛的意义上，高等教育的目标就是学生发展。

## 1987 年全国学生事务管理者协会声明（NASPA）

学生事务专业向学生发展的转变过程既不顺利，也不迅速。基于大学使命和校长的观点，20 世纪 80 年代的学生事务实践者开展了学生事务工作，或学生发展工作，或两者兼顾。随着更多的学生获得学生事务初级学位，专家们举办了以学生发展为主题的研讨会，再度兴起学生事务工作的讨论，以学生的多样性问题为重点论题。这时，研究学生多样性的资料还不足以建构相应的理论。

到 1987 年，学生事务实践已历经 50 年的发展历程。为纪念学生人事观（the Student Personnel Point of View）发表 50 周年，1986 年，全国学生事务管理者协会（NASPA）主席钱伯斯（Chambers）任命阿特赛丁（Art Sandeen）为新世纪规划委员会（the Plan for a New Century Committee）主席，出台了"学生人事前景——学生人事观 50 周年特别声明"，表明"……高等教育对学生事务的期望"（Sandeen 等，1994）。这份声明激励了高等教育和学生事务领域展开讨论和辩论……促进人们重新看待、理解学生事务工作者对高等教育和学生服务所做的贡献（Sandeen 等，1994）。

声明确定了委员会期骥用以指导未来学生事务实践的核心思想：大学中，学习任务居于首要地位；每个学生具有独特性；每个人拥有自己的价值和尊严；偏执无法容忍；情感会影响思维和学习；学生的参与能加强学习；个人环境会影响学习；课外环境会影响学习（Sandeen 等，1994）。

这些思想回应了早期学生事务实践先驱者阐述的核心价值和观念。

## 学生发展实践

因为该书几篇文章的作者都是学生事务实践领域的专家，所以不适宜全面讨论学生发展理论在实践中的应用，建议读者根据自己的兴趣参阅相关内容。

值得关注的是，处于该发展阶段的学生事务专业重点在于评估发展层次，许多理论家如奇克林、瑞瑟、佩里、科尔伯格以及后来的赫尔姆斯和卡斯，在著作中对此进行了阐述。这些理论发现并确定了学生与其环境的相互作用对学生发展的影响，而且指导通过学生发展教育努力创造一个积极环境，提供必要的挑战和支持，从而使工作者有机会绘制促进学生发展的特定路径或路线图。学生发展教育者理解这些理论，就更能够确定具体的活动目标，或制定有目的的介入措施。学生发展理论研究者认为，成长、发展和学习几乎是同步的，因此，整个学习共同体被视为一个旨在促进其中每个成员成长和发展的空间。

## 关注学生学习

与之前学生事务专业内部运动类似，学生发展既得到支持，也受到批评。布洛兰、斯塔马塔科斯和罗杰斯在其 1994 年出版的专著《学生事务改革：学生发展批判》（*Reform in Student Affairs：A Critique of Student Development*）中便展开了批判：

我们批判的并非学生发展本身，而是学生事务工作者……他们未能发挥批判力，质疑学生发展，减缓学生和学生事务领域的发展步伐，探究学生发展外的其他理论（Bloland 等，1994）。

最根本的是，上述 3 位经验丰富的专家审视和质疑了学生发展理论，强调学生发展是一项改革运动，学生发展理论的运用以及学生成长过程中出现的问题，是学生事务领域的延伸（Bloland 等，1994）。他们建议创建一个新的范式，认为"学生事务专业应再次从高等教育的中心使命中获得启示，学习过程是实现这一使命必不可少的一部分"，并最终提出以下建议：

（1）不再将学生发展模式确定为学生事务专业的源泉或哲学基础。

（2）回归《学生人事观》关于学生事务一般原则的逻辑表述（ACPA，1949），把学习和智力发展置于学生事务任务的中心。

（3）重新强调高等教育中学习的首要性，运用学习理论，辅之以学生发展理论，使学生发展理论成为规划活动和项目的必要工具，促进学习过程。

（4）明确高等教育目标，学生事务只有从高等教育使命和目标中才能获得启示，如果没有，就不能发挥作用，所宣称的教育成果就纯粹成为偶然。

1993 年，ACPA 主席 Schroeder 召集了 A. Astin，H. Astin，P. Bloland，K. P. Cross，J. Hurst，G. Kull，T. Marchese，E. Nuss，E. Pascarella，A. Pruitt，M. Rooney，C. Schroeder 等一批《学生学习必备》项目组成员（Members of The Student Learning Imperative Project）以及一些高校领导，讨论如何加强学生事务对学生学习和个人发展的促进作用。经过讨论，他们制定了《学生学习必备——学生事务启示》（*The Student Learning Imperative*：*Implications for Student Affairs*），旨在激励人们开展学生事务专业者如何才能努力创造促进学生学习和个人发展的环境的论辩（ACPA，1994）。

此外，项目组成员认为，现阶段处于又一个重要变革的阶段，促成变革的因素包括：高等教育逐渐多样化，公众信任度受到损害，外界支持者对教育赋予了责任，人们更加重视教育环境的有利性。委员会成员提出了促进学生学习和个人发展的 5 个典型学生事务分支：

（1）学生事务工作使命是学校使命的组成部分，促进学生学习和个人发展是学生事务活动和服务的首要任务。

（2）学生事务资源分配有利于促进学生学习和个人发展。

（3）学生事务专业人员与学校其他部门和人员一起，共同促进学生学习和个人发展。

（4）学生事务工作人员包括具备关于学生、学习环境、教学过程专业知识的职工。

（5）学生事务政策和方案制订基于对学生学习和各学校的评估资料的研究（ACPA，1994）。

一些人认为，如此强调学生学习，有时甚至包括教学，表明了相对于之前的目标和观念的重大范式转变。而另一些人则认为，这仅仅是学生事务动态发展中的又一个发展阶段而已。毋庸置疑，教与学一直是美国高等教育的中心任务。1954 年，Lloyd-Jones 和 Smith 共同完成出版的著作《作为深层次教学的学生事务》（*Student Personnel Work as Deeper Teaching*），将学生事务本质设定为以教育为根本。近 20 年后，Brown 发出"回归学习"（Brown，1972）的号召，人们必然会怀疑这种回归的效果。深深处于自己的专业领域内，学生事务专业人员可能把目光投向智力以外的学生成长和发展领域。但这样会导致与早期学生事务专业开拓者和工作者的观念不一致。同时，学校的学习管理方完全可能将学生学习视为自己专有的责任。鉴于此，未来的学生事务工作者可以参与学生保留工作。学生事务属于课外，还是与课程合作，一直是也将是近期的争论话题。这些争论和重新评价也许使学生事务发展走向一个非课程的不明确领域。

学生事务发展史是一部不断受到质疑和变革的历史。在步入新千年的第二个十年之际，学生事务工作者将面临新的问题，他们需要平衡学生事务传统与高等教育不断快速转变的角色。撒丁和巴尔

（2006）提出了可供学生事务专业思考的 8 个问题：①学生事务在高校组织结构中处于什么位置？②学生事务应如何帮助学生了解多样化？③学生事务如何吸引和留住多元化的教职工？④财政资源如何影响学生事务？⑤学生事务在非传统环境中有何作用？⑥学生事务评估有何作用？⑦谁负责学生生活？⑧学生事务专业协会应如何为学生事务效力？

　　如今，高校管理工作极其复杂，需要专门负责招生和新生活动的管理者，专门制定新政策管理技术盗用和网络骚扰。管理员不仅与利用技术间接了解校园一切的家长要紧密联系，也要与校长保持密切关系。管理者通过上述方法了解学生事务专业面临的关键问题，完全能够为所有学生改善校园环境，正如学生事务专业开创者一样。麦克莱伦和斯特林格声称，"我们每个人有责任与学校所有团体和其他利益相关者一道，寻求如何恰当应对时代变化带来的挑战和机遇"。历史留给我们的教训是，正因为具有远见卓识的学生事务先辈们的强烈意志、决定和决心，学生事务专业经受住了众多时代动荡的考验，为我们留下了史无前例的宝贵财富。

# 第三章 从招生到招生管理

唐·霍斯勒

　　通常情况下，招生办公室是考生与学生事务处及整个学校接触的第一个环节。1937 年版《学生人事观》与 1949 年修订版都将招生办公室职责纳入学生事务工作（American Council on Education，1937，1949）。然而，许多大学的招生办公室并非学生事务的分支，而是学习事务或学校发展的一个部门，正越来越多地被视为一个独立的招生管理机构。

　　学生事务处应该关注学生从入学之际到毕业之时的大学生活的方方面面。本章根据近 10 年来出现的招生办公室分离于学生事务处的现状，探讨了招生领域的发展，将其融入入学管理这一新兴概念。一直以来，招生的功能主要是吸引和录取大学生，入学管理则关注学生的整个大学生活。第一部分定义了招生工作，阐述了招生工作的发展历史；第二部分定义了入学管理，探讨了这一组织概念。

## 招生：历史与现状

### 招生办人员的作用

关于招生人员的职责，斯万（1998）确定了以下几点：

（1）负责处理考生申请和考生资格审核事务。

（2）分析校内外各部门的工作和汇报材料。

（3）负责向大学所在地的中学和潜在学生分发招生、奖学金、助学金材料，在直属学校开展大学推介活动。

（4）负责预展和游览校园活动。

（5）为参观者提供合适的参考资源（顾问和学生人事资源，如住宿、助学金和测验）。

招生旨在帮助学生成功地从高中过渡到大学，也帮助大学招募学生（Swann，Henderson，1998）。因此，对于招生人员而言，了解传统型和非传统型大学生的需求十分重要。他们能帮助学生尽可能地在选择大学时做出最佳选择，并为大学招收适合的学生。如同学生事务工作，美国高校的招生工作历史悠长，但正式成立的历史却相对较短。

### 守门人或推销员形象

由于人们对招生人员形象的理解影响了对招生工作的理解，美国大学招生历史难以厘清。一种理解是，把招生办公室工作人员形象化为常春藤联盟的招生办公室工作人员，他们与由老师组成的招生委员会一起，决定谁将在"红色星期一"收到渴望的录取通知书，谁可以"加入俱乐部"。另一种理解是，将招生人员形象化为推销员，他们想方设法地吸引学生选择自己的学校，以平衡学校财政预算，老师也为此不亦乐乎。由于每个人对招生办公室工作人员的看法不同，对招生历史的理解也就各异。特林（1982）将上述两种相互矛盾的形象分别称为守门员和猎头。实际上，两种形象都准确描述了美国高等教育的不同发展阶段，表明了学校类型的差异。

早期的美国大学，其招生办公室的前身是中世纪大学的"执事主管"（Smerling，1960）。之后，"执事主管"相继被档案办公室（Lindsay，Holland，1930）和注册办公室代替。从事这些工作的教师或管理者，职责是记录学生录取后的发展情况，决定要招收的学生是否具备录取入校所需的"恰当的背景"。对于早期的美国大学，恰当的背景常常指的是学生能比较熟练地用英语表达，道德品格好。一些学校要求更高，学生必须具备一些拉丁语和希腊语知识（Broome，1903；Rudolph，1962）。无论如何，美国早期的大多数大学都建有附属的预科学校，没有达到录取要求的学生，可以在预科学校学习所要求的技能，获得录取资格（Brubacher，Rudy，1968；Rudolph，1962）。

然而，并非所有学校都可守株待兔，坐等学生来参加招生考试。美国梦也包含人人享有受教育和发展的平等权利。19世纪的西进运动中，每一个小镇都渴望成名。显而易见，在小镇里建大学，对于当时镇上的原居民以及将要定居于此的人来说，意味着这个小镇将成为大城市中心，会成为一个理想的居所。因此，大学得以快速修建。例如，19世纪70年代，拥有23 000 000人口的英格兰，仅有4所大学，而同一时期的俄亥俄州，人口只有3 000 000，却拥有37所大学（Ruldolph，1962），其中的许多大学只有1~3个教师，甚至连一座建筑物都可能没有，通常只能提供预备级教育。

这些学校的招生办公室工作人员成为推销员形象的前身。早期的美国大学，教师和职员人数不多，常常只有校长和一两个老师。校长除上课外，还要担任其他职位，履行相应职位职责，如担任资金筹集主管、教务长、学生处处长、招生管理者等。在鲁道夫所阐述的美国高等教育史（1962）中，记载了十八九世纪许多大学校长的轶事。他们到乡村游说，劝说农民和新兴商人的儿子入学念书。如此众多的美国大学，却找不到充足的生源。因此，许多高校不得不想出新招，以吸引学生。

通常意义上，学生事务从业人员认为，目前的一些推销活动和资助政策，如电话推销、提供入学前的学费计划或成本确保计划，都是学费上涨、竞争加剧引发的结果，而且是现在才出现的一些新观念。19世纪，虽然有几所大学已经开始采取家庭提前支付学费的方式，以增加学校收入，用于教师和学校资金方面的投资，减少学校办学成本。但不幸的是，早期的大学大都不能利用这些钱进行投资，而是必须用以满足眼前的实际需要。因此，当这些预先支付了学费的学生到校后，他们的钱已经被学校用之殆尽，甚至有时连学校都破产关闭了。即使有幸存下来的学校，如迪金森和迪波夫大学，都亏损了大量的资金（Rudolph，1962）。

实行大批量推销并非完全是现在才有的新鲜事。1893 年，一所州立大学筹集了足够的资金，云集了足够大的政治影响后，开始给所在州的每所中学的管理者邮寄宣传册，宣传就读该所大学的优势。哪一所学校如果不邮寄宣传册，该学校的主管就会罚款 50 美元（Thelin，1982）。这些为幸存而努力的学校为吸引学生，采取了一套套方法，开展了一系列活动，成为招生人员充当为推销员形象史的开端。尽管 20 世纪上半叶才出现了招生办公室主任一职，但设立招生工作指导者的必要性一直都存在。

### 招生发端

20 世纪，守门员形象和推销员形象之间的矛盾仍然存在。20 世纪 20 年代任命第一个招生处处长之前，出现了两大现象，导致招生办公室工作人员形象开始转变。19 世纪末，许多高校开始责难学习中缺乏标准化，以至于高校管理者几乎不能采取任何措施为未来的学生进行技能和学业培训。

针对这一问题，1870 年，密歇根大学开始派遣教师组到中学考察，以提高教学水平，加强大学与中学的衔接。其他州的大学也如法炮制。1894 年，为实行中北地区中学课程标准化，建立了中北部协会。尽管密西根大学常常被誉为第一所采用此种方式的大学，但是，创建地区协会的鼻祖是 19 世纪 80 年代的新英格兰大学和预科学校协会（Brubacher，Rudy，1968）。

除成立协会提高中学教育水平之外，也制定了标准化考试，用以提高中学教学质量，统一不同大学制定的"五花八门的大学入学要求"（Brubacher, Rudy, 1968）。1878 年，首次制定了州会考制度。19 世纪 90 年代，召开了大学协会和中部各州及马里兰中学会议，会上成立了大学入学考试董事会（大学董事会），旨在实行并推进标准化考试。随后，许多大学逐渐放弃了自己的招生考试，采用统一的考试。

鉴定协会和标准化测试的出现，对招生产生了重大影响。人们更易于决定哪些学生已具备上大学的条件（尽管招生标准差异显著），也更易于比较新生的优劣。标准化考试永久性地改变了人们有关大学好坏和声望的看法，催生了守门员形象和推销员形象之间的矛盾。至此，招生办公室工作人员可以采用客观的标准，对招收学生的数量和质量进行比较。

尽管在 20 世纪 20 年代就雇用了第一个招生办公室主任，但直至 20 世纪 30 年代，设立全职招生办主任的做法才普及开来，选择性招生的概念也才得以正式表述（Thresher, 1966）。选择性招生有利于进一步确立学校的声望。一所学校的声望大小，总与其能否争夺优生和优秀教师密切相关。哈佛大学、耶鲁大学及斯坦福大学等精英式名牌大学，建立的时间相对较晚。

20 世纪 30 年代大萧条时期，大学入学申请者人数下降，招生工作人员的推销员形象盛行。美国由于参加第二次世界大战，也引起大学入学申请者人数下降。直到战争结束，"守门员"形象才重现。

第二次世界大战后，大量老兵回归学校，加之生育高峰期的到来，导致招生人数增加，乃至 20 世纪六七十年代常被称为美国高等教育史上的"黄金期"（Jencks, Reisman, 1969）。在该时期，一些知名但声望不是那么高的私立学校及许多公立学校的招生办公室工作人员充当了守门员角色。但如果认为这个时期所有招生办公室工作人员都是守门员，就大错特错了。四年制和两年制公立大学快速发展，影响了规模较小、知名度较低的学校，结果，许多私立大学不得不采取积极的推销策略招募学生，以保持入学率

（Thresher，1966）。

## 现代招生办公室工作人员

20 世纪 70 年代初，人们估计，到 20 世纪末，许多大学的适龄大学生数量将减少 42%（Hossler，1986）。随着招生市场从 20 世纪五六十年代的"牛市"转向八九十年代的"熊市"，学校管理者也开始将眼光转向校外机构，寻求保持或提高招生率的途径。这为现代招生办公室工作人员形象和招生管理的出场做了铺垫。

目前，招生办工作人员兼具双重身份，既是守门员，又是推销员。在入门条件不高的学校，招生办工作人员主要扮演推销员角色。但是，即使在最著名的大学，招生办工作人员除了扮演守门员这一重要角色之外，还必须充当推销员，吸引大量具备名牌大学所期望的特质的优秀学生，包括各地区和少数族裔的拔尖生以及音乐、领导力、体育及其他方面的特长生。

20 世纪 70 年代，招生办公室开始采用分发精制的宣传材料、给特定人选寄送邮件等推销技巧及电话推销策略，来吸引大量的学生。同时，中层管理者开始借用商界的战略规划技巧。所谓战略规划，就是进行市场调查，帮助公司更好地了解客户，明确自己与竞争对手相比而言的优势和劣势。本章后半部分将重点讨论招生管理中的推销策略。

使用给特定人选寄送邮件、电话推销、电子通信和互联网等推销技巧，可使招生办工作人员更好地跟踪了解潜在的学生，与他们进行交流。招生办工作人员必须能够分析学生的个人背景和态度，以确定最具潜力的学生市场。利用纸质和电子手段进行个性化交流，也是现代推销策略的标志性特征，它要求招生办公室工作人员能够进行分析，擅长使用计算机辅助技术。对于扮演推销员角色的招生办公室工作人员，学习这些技巧和技能，对学校健康发展必不可少。

20世纪90年代末和21世纪初，除复杂的推销技术外，招生人员也更注重学费定价和学生助学金。10年前，人们认为直接邮寄和电话销售之类的新兴推销技巧是成功招募学生的关键，现在，许多招生办主任却认为，为确定学费标准、发放助学金而设计的新招生模式是成功招生最重要的因素。可以说，学费定价和学生助学金已经成为招生中最重要的部分，也成为最具争议的部分之一。许多招生办主任报告说，目前，他们同企业副总裁讨论更多的是助学金问题，而不是其他工作。

因其着重于推销、电子技术、学位定价和学生资助，现代招生办公室一经出现，就把招生人员从学生事务工作分离出来，因为后者带有强烈的咨询或学生发展倾向，导致许多招生专业人员并不把自己视为学生事务人员（Hossler，1986；Hossler，2007）。然而，正如本章下节所述，虽然招生和学生事务人员已成为招生管理工作的一部分，但两者之间的联系却显而易见。

## 招生管理的缘起和招生管理观念

### 不断变化的招生环境

预期中的适龄大学生人数减少，使大学管理者不仅关注如何招生，还开始关注如何留住学生，因此，20世纪70年代和80年代晚期，学生流失成为一个人们经常探究的领域（Bean，1980，1983，1985，1986；Noel，1979，1985；Pascarella，1985；Pascarella，Terenzini，1980，1981；Tinto，1987）。为了促进学校发展，学生事务管理者常常无意间承担了保留学生的工作。此外，人们对学生择校进行了大量研究，研究表明，助学金对招生和学生在校率具有影响（Brooks，1996；Hossler，Braxton，Coopersmith，1989；Hossler，Schmit，Vesper，1998；McDonough，Antonio，Walpole，Perez，1998；Paulsen，1990；

Scannell，1992；St. John，Paulsen，Starkey，1996)。

集中精力吸引学生，并留住新生，促生了招生管理概念。招生管理提供一个完整的运行框架，让学校可以更直接地进行招生。如此一来，有些学校的学生事务部门开始承担招生管理活动中的重要工作。

招生管理是学生事务框架结构中的众多概念之一（McClellan，Stringer，2009)，是一个新概念，发展历史短。

## 招生管理定义

许多大学的招生管理已经获得这样一种效力，即为学校就招生相关问题做出系统的反应。如果学生事务人员要进行招生管理，必须首先要理解招生管理概念。在多数学校，招生管理与学校开展的诸多活动有关，这些活动旨在影响注册学生的特点或数量。在某种意义上，招生人员的推销员形象和守门员形象之间仍然具有相关性。但是，从招生管理的角度看，学校不仅需要关注新生的特点和数量，还要关注所有注册学生的特点和数量。

招生管理定义很多，但每个定义都离不开学生这一基本的分析要素，它不仅是一个组织概念，更是一个过程，一个涉及整个学校的过程。

招生管理既是一个组织概念，也是一套体系化活动，旨在使学校能够对招生以及学费总收入产生更大的影响。其方法是运用学校在学生择校、学生流失、学生成果方面的研究成果，来指导学校招生和助学、学生辅导、课程开发及其他影响学生报考和留校时间长短的活动。

探讨了招生管理的定义，便可探讨其发展历史了。本章稍后将探讨招生管理系统的过程元素，然后讨论组织方式。这些讨论将进一步加强我们对招生管理的理解。

### 招生管理发展历史

招生管理是一个新术语，虽然全面招生管理系统的概念首次出现于1976年，但作为一种活动，已经历了多年的发展。对招生办公室和学生资助办公室、学生事务、高校非营利推销、学生择校，以及学生留校时间长短的研究表明，招生管理概念是上述领域共同发展的结果。这种融合有助于分析充满竞争的大学招生过程的复杂性和综合性。

很难确定的是，过去十年来，大学的招生竞争是否引起了推销技巧的发展，非营利推销的出现是否使大学招生活动更加复杂化，争抢生源是否引发了不同的学生资助与收费标准，学生择校、资助与收费对择校影响方面的研究是否催生了更多有效的资助和收费政策。此外，对学生流失、学校对学生的影响以及学生与学校匹配问题的研究，专为满足特殊学生群体的需求而量身定做，如非适龄成人学生、转校生或少数族裔学生，有助于加强为招生管理工作提供信息的研究的基础。

招生管理概念出现的准确时间难以确定。适龄学生数量减少，20世纪五六十年代第二次世界大战退伍军人返校和生育高峰期，导致学校数量激增，为大学带来了一系列内部和外部限制，迫使高校管理者更加重视招生问题。因此，招生管理概念的出现，与高校必须面临并做出回应的环境压力有关。之所以说招生管理是一个新概念，并不是因为招生推销技巧新颖，或学校留住学生的方法新奇，而是它综合了学业辅导、招生、学生资助等各部门的功能，旨在寻求一种全面的、全校性的方式，使学校管理者能够更有效地控制影响招生的各种因素。

应用领域的研究及研究成果通常落后于这些领域的最新发展。学者和教育研究者有时发现，自己会紧随大学发展潮流，阐述新兴发展领域，并对它们加以形式化。1976年，马奎尔（Maguire）采用"招生管理"这一术语来描述他在波士顿大学（Boston College）

吸引、留住学生的工作。克伦特和戈弗雷（1981）的《大学董事会评论》一文中出现了该术语，是最早采用该术语的专业文献之一，描述了加州州立大学长滩分校（California State University at Long Beach）用于招生管理的矩阵方法。继这些早期著述后，大量关于招生管理的书籍、书本章节、专著和文章陆续出版。

招生管理的概念不断演变和发展。随着招生管理体制日渐成熟，推销和招生依然是关注的重点。此外，学校开始更多地关注学生保持力、学生学习和大学排名。毋庸置疑，每所大学为满足自身需求，制定的招生管理制度因需求不同而有所变化和发展。

### 招生管理概念

通过定义及其发展了解招生管理远远不够，霍斯勒和赫兹（2001）认为，持续、成功开展招生管理工作有赖于下列理论和观点。

### 资源依赖理论

相比于其他理论，资源依赖理论提供了一个理解招生专业兴起的最好视角，也为招生管理者提供了一个最好的焦点。根据资源依赖理论，招生管理者能了解高校应如何了解周围发生的人口、预算、竞争和公共政策变化（Pfeffer, Salancik, 1978；Tolbert, 1985）。普费弗和萨兰西克（1978）指出，资源依赖理论为分析组织与运行的外部环境之间的相互关系提供了工具。因为不能自给自足，大多数组织都严重依赖外部环境，为自身继续生存提供资源。尽管营利组织的运行受到一些限制，但能开发合适的新市场，寻求资助。非营利组织的运行受的限制不同，地域流动性低，产品控制少，因其独特的社会作用而外部环境艰难（Clark, 1983）。

因为环境的不确定性，大学通过与外部环境构建独特联系来寻求额外的资源。资源依赖理论帮助招生管理者思考"学校具备哪些招生稀缺资源"。此类稀缺资源有：①招收学生人数；②招生学生

学费总净收入；③招生学生的多样性；④所招学生的学习特点
（Hossler，Hoezee，2001）。

### 系统理论

对招生管理员而言，系统理论的一个重要特点在于，它阐释了封闭系统组织和开放系统组织。封闭系统组织关注内部，重点在内部单位发生的事情；相反，开放系统组织常常保持其内部组织或单位与外部环境之间的交换。

不同组织的合作性和非正式性程度不同，大学也不例外。一所开放、分散型大学可以使系统的封闭性最小化，但可依强化管理单位的独立性，从而为每一个单位提供封闭式系统思维。圣吉（2006）观察发现，现代成功组织的要素是，组织内部各单位之间开放系统，进行高度沟通和交流。为对招生产生积极影响，招生管理员及其单位员工必须认识到自身的独立性，同时需频繁交流信息、目标和策略。

影响招生管理工作顺利进行的一系列复杂因素包括学校使命、专业类别、教学研究重点、地理位置、学费和助学金政策、师生比、学生主体人口状况、招生选择性、学生生活质量、学生招募和保留活动、所在州和联邦政府政策、经济状况。招生管理者必须从开放系统的角度开展工作。因为招生管理涉及大学的众多组织单位，要求这些单位之间的高度的合作性和依赖性，而一个能进行高度沟通和交流的开放系统则成为其根本要求。

### 收入理论

一个旨在帮助招募和保留学生的日趋普遍的做法是实行学校助学金，这强化、凸显了招生管理在学校运行经费创收方面的作用。鲍恩（1980）在经典著作《高等教育的成本》（*The Costs of Higher Education*）中提出了收入理论，与当时的收入最大化理论一起，为招生管理提供了一个至关重要的基础概念。约 30 年以后的今天，该理论仍然实用。

鲍恩指出，大学没有营利企业持有的利润动机，为达成目标而尽其所能进行投资，故收入第一，成本第二，与预算工作的指导思想恰好相反。鲍恩的"经验法则"如下：

（1）学校的主要目标是实现卓越教育，赢取声誉，获得影响力。

（2）在追求卓越、声誉和影响力中，没有投入费用限制，只要成功达到教育目的。

（3）所有学校尽其所能筹集资金。

（4）所有学校倾其所筹。

（5）上述 4 个规则的累积效应，就是支出不断增加。

详细讨论鲍恩法则超出了本章的范围，但其高等教育收入理论重点值得再提：大学的目标是利用所有可获得的资源来保持、加强学校的声誉和影响力。此目标不应淡出招生管理员视线。众多大学的招生管理员无论怎么努力帮助学校实现这一目标也不过分。如果招生人数增加，重点则转为招生质量或学生多样性。如此，学校才能进一步提升卓越性目标。如果招生需求曲线一成不变，那么，就可能要采取行动减少学校资助，增加学费净收入，这反而能释放更多的资金，用以建设实验室、增加图书馆藏书和教师工资。对招生管理员而言，鲍恩的观察发现具有规范性、描述性和策略性，但同时也令人沮丧：不论招生管理工作多么成功，都远远不够。如果学校资助有助于实现招生目标，那么，探讨收入理论之后，自然便探讨其姊妹理论——收入最大化理论。

### 收入最大化理论

与所有产生运行费用的组织一样，大学管理中也普遍实行收益最大化、成本最小化和替代性输出，同时控制产出质量和机会成本。如同所有预算管理员，招生管理人员也有 3 种方式为组织筹集更多资金：①增加美元储备；②预算美元的最大化收益；③最小化成本。增加美元会非常困难。最大限度地提高美元收益的通常做法是召集相关办公室管理人员召开最大化美元策略会议，包括招生办公室、学生资助办公室、推销办公室和环境适应活动办公室，讨论所投入的每一分钱的收益。这是一种通过审视投资的每一美元来实现美元收益最大化的常见方式。例如，一些学校发现，制作简单、便宜的黑白小册子和潜在学生的回复卡，效果几乎不逊于更昂贵的全彩色小册子和回复卡。

招生管理人员增加资源的另一种方式与学费扣减如出一辙，其理论源自罗伯特·克罗斯（Robert Cross）的《收益管理》（*Revenue Management*）一书。克罗斯是航空公司财政策略的早期开拓者。航空公司对飞机上每个座位不收取固定费用，而是采用收取浮动费用的方式，费用主要取决于购买机票的时间。这一策略采用的基本理论是固定的、可变的和边际成本思想，构成了学费扣减的理论基础。

布雷内曼（Breneman）是一位经济学家，曾担任一所规模较小的大学的校长。在对大学运行成本结构进行研究时，他很清楚营运费用（overhead）和工资是固定成本，占运行预算的极大部分，也了解一些教室中学生拥挤不堪，而另一些则空空如也。这种情况下，学校可以为一些学生（这些学生具备符合学校需求的重要特质）提供资助性奖励。这种奖励本质上为一种学费减免，使学生不仅获得招收资格，也可获得注册资格。近来，博垂格和布朗（2008）详细介绍了如何实施助学金限额策略，以及该策略与学校财政计划的联系。他们展示了怎样利用学费减免达到各种目的，如提升学校声誉、增加来自以工资收入为主的家庭的学生的入学机会、增加学校学费净收入。如同收入理论，收入最大化理论是目前招生管理工作的基本理论之一。

**招生管理如同求爱的思想**

学生招募和保留工作要取得成功，需首先设想以下几个问题：

怎样向潜在学生或在校学生传递学校适合他们这一信息？怎样鼓励学生与我们一起度过更多的时光？豪斯（Hossler）和许多同事提出，学生招募和保留活动及招生管理其他许多工作，可隐喻为求爱（Abrahamson，Hossler，1990；Hayek，Hossler，1999；Hossler，2000；Hossler，Schmit，Vesper，1998）。哈耶克和豪斯（1999）详细阐述了这一思想，说明在与潜在学生交流中传递一种求爱感觉的最佳方式，是不断加强个性化和适宜性（个性化和适宜性也许是求爱成功与招募成功的本质属性）。对于保留习惯于择校前深思熟虑的学生，求爱策略颇具功效，且显而易见。

虽然没有一所大学为招收学生降低学业标准，但考虑到学生生活质量、学生活动及课外师生交流的重要性，采用一种受欢迎的、个性化的方式与录取的学生进行交流，可以提高保留学生的有效性。个性化和适宜性两个求爱要素绘制了一张概念线路图，有助于指导招生管理者的学生招募和学生保留工作。

### 学校排名和关于学生体现学校形象和声誉的思想

近 20 年来，学校排名和层次高低逐渐公开，影响力日渐重要，但不幸的是，将来这种公开性和影响会有增无减。大多数招生管理者不赞成大学排名，认为排名对学生、家长、大学校长、董事会、教师管理队伍的影响之大前所未有，且不可能减弱。

尽管学校大多数招生管理者和其他管理者知道，他们无法忽视公开学校排名的出版物，但大学管理者和教师大都没有意识到，一定程度上是学生确定了众多校内外人员眼中的学校性质，大、小、选择性、非选择性的、多样的、有名望的、国家的、区域的等词语，不仅是对学校的描述，也提供了关于录取学生的主体、班级排名或考试成绩、全国招生或地方招生等方面的信息。一个有效的招生管理体系要经常监测学校在录取学生中的形象，以及在公开排名中的形象，以确定这些形象如何影响招生和学生保留工作。

## 招生管理过程

要建立招生管理综合体制，必须要以正式或非正式的方式，联合招生办公室、学生资助办公室、职业规划及就业办公室、学生环境熟悉与适应办公室等众多不同的部门和活动。同样重要的是，必须利用学生成果评价活动、学生保持力活动，为制订招生、学生资助、选课等方面的政策提供信息。

### 规划和研究

招生管理过程的第一步是学校规划。规划首先要讨论学校的目标，然后要对学校的内部和外部环境进行客观评价（Bryson，2004）。换言之，学校必须认真评估外部社会环境，如州政府和联邦政府的学生资助额削减，或成人学生数量增多，也必须认真评估内部的优势和劣势，如校园需要增建楼房，部分管理者需要技能培训，缺乏高中生喜欢的专业等。环境评估后，结合这些环境因素，着手制定招生目的和目标。

如本章所述，学校不开展研究和评估则不能进行规划。并非所有学校都能设立全日制研究办公室，但规模小的学校也应设有负责开展研究的教师或管理者。学校的研究办公室为规划提供信息，为招生等一系列学生活动决策提供相关环境。

为吸引申请者参加考试，学校几个办公室之间需要协作，有效参与招生管理活动。招生宣传与招生工作一般由招生办公室负责。但是，学校研究办公室提供所需的资料信息，帮助招生办公室了解学生特点，明确哪一类型的潜在学生选择来校的可能性极大。市场研究为大多数学生和家长提供自己期望获得的信息。学生在考虑是否申请并报考某所学校时，该校学费的高低以及助学金额度大小是一个重要因素（Hossler，Hoezee，2001）。因此，学生资助办公室也非常重要。招生管理体系中，招生办公室和学生资助办公室构成了招生录取管理子体系，两者应当协调开展活动，以吸引学生，完成招生数量和招生质量计划。

### 影响学生的大学活动

一旦学生进校，大学活动就转而成为招生管理的一个关注点。招生管理体系的综合性特征表现在，它关注学生在整个大学期间的生活经历。成功融入校园环境，对学生满意度和持久性具有积极影响。

招生管理体系要求录取办公室工作人员既关心招生数量问题，又关心学生—学校的匹配问题。豪斯、比恩等（1990）建议，评价录取办公室工作人员应依据报考的学生数量而非招收的学生数量。招生管理制度鼓励学生事务办公室工作人员创造优质的校园环境，增强其吸引力，以留住更多的学生。库恩及其大学学生工作同事表明了大学活动在课内外学习中的重要性（Kuh，Kinzie，Schuh，Whitt，2005；Kuh，Schuh，Whitt，Associates，1991）。帕斯卡雷拉和泰伦齐（2005）证明，学生与教师之间的正式或非正式交流，都有利于提高学生对学校环境的满意度，让他们产生积极的看法，表明招生管理者和教师在招生管理体系中都发挥着自己应有的作用。

### 环境熟悉及适应活动与招生管理

环境熟悉及适应活动是招生管理体系中的一个重要部分，有助于学生适应学校的学习、社交规范和环境，提高学生与学校的适应度。帕斯卡里拉（1985，1986）建议，可以将环境熟悉活动视为让学生"提前社会化"的机会，它可以激发新生的期望，帮助熟悉校园环境和规范。这样，学生在大学就更可能发现大学活动的意义，从而提高他们的满意度（Hossler，Bean，Associates，1990）。但是，帕顿等（2006）发现，现有关于旨在提升学生持久性而开展的介入活动，以及其他帮助学生过渡到大学生活的活动方面的研究成果不均衡，或者至少说，缺乏证明自身有效的经验证据。

### 学业辅导与招生管理

许多学生的第一次辅导活动在环境熟悉与适应过程就开始了。教师参与拓展性的环境熟悉与适应活动及学业辅导，或参与小型新生研讨会，可以促进师生之间的交流。有的大学已经开始利用环境熟悉与适应活动和学业辅导之间的关系，拓展两者之间的合作。南卡罗来纳大学（University of South Carolina）提出的环境熟悉与适应活动、学业辅导计划"大学101"，就是将两者联系起来的一个例子（Upcraft，Gardner，Barefoot，2004）。

### 课程设置与招生管理

今天，大学生的兴趣、活动和技能等表现出多样性，特别是两年制大学和公开招生的四年制大学的学生，他们有的进校时学习成绩刚好达到要求，而另一些则成绩很好，完全可以申请奖学金课程。这凸显了学业辅导和课程设置的重要性。学业评估测试可以促进课程设置的合理性，应该成为招生管理体系的一部分。一年级对学生来说至关重要，但有些课程虽然不构成威胁，但具有难度，那么，帮助他们如何选择课程，是环境熟悉及适应活动和学业辅导应该发挥的作用。这是因为，学生如果学业不顺利，离校的可能性就很大。

### 学生保留率与招生管理

许多高校委派一个委员会专门负责学生保持力活动，但委员会的固有看法是，这些活动不会受到足够的重视，因此，更换一拨又一拨成员，开展的活动难以构成连贯、协调的活动体系。从招生管理角度而言，保持力活动与招生或环境熟悉及适应活动涉及某一个部门的不同职能，通常不直接涉及哪一个办公室，而是由许多职能部门共同完成。准确而言，作为招生管理规划的一部分，学生保持力受到学校众多可变因素的影响，应该由一个管理办公室专门负责学生保留活动和研究的监督工作，正如招生或学生活动都有明确的管理者承担任务一样。学生保留率在维持招生人数中扮演至关重要的角色，这就要求设立一个专门办公室，管理员负责收集和分析资料，确保连贯、协调地制定、执行和评价活动计划。

学生保留办公室是招生管理系统不可或缺的一部分，不应该独自承担学生流失的责任。学生流失问题很复杂，一个办公室或一个办公室人员难以监督或"控制"。但是，设立一个管理办公室，负责监督学生流失情况，开展学生保持力活动，可确保学校能持续关注学生留校时间长短问题。

**学业辅导与招生管理**

目前，许多大学仍然招收还没有达到学业要求的学生。为帮助这部分学生取得好成绩，学校设立了学业辅导办公室，提供许多方面服务，包括学习技能辅导和阅读能力辅导，还设立写作讲习班，举办考试讲习班，开展特殊课程辅导。帕顿和她的同事（2006）在有关学生保留活动成功案例的著述中发现，学业辅导活动对避免学生流失产生积极影响。学业辅导工作人员是招生管理人员的一部分。

招生过程中，招生办公室能够了解这些学生的特殊学习需求，并告知学业辅导办公室，其他部门则无法做到这一点。获得学生反馈后，学业辅导办公室应当监控学生的学习进步情况，这使得他们处于一个特殊的位置，能为招生办公室持续提供学生学习进步的反馈信息。如果几乎没有学生学习进步，就表明学校在招生和学生资助方面的资金投入不合理，或者提供的学业辅导服务不充分。

**就业服务与招生管理**

大学活动的一个重要部分便是就业准备。学生熟知就业市场的竞争性特点，对那些最初就选择就读学校且一直学习到毕业的大学生而言，就业问题已成为最值得考虑的因素之一。学校认为，帮助毕业生毕业后谋得好工作，不仅能吸引新生，也能留住已在校学生。由比恩（1980，1983）根据学生流失率开发的离职模式表明，大学学位被赋予实用价值。例如，如果毕业后得到一份期待已久（理想）的工作的可能性较大，对避免学生流失就具有积极影响。在招生管理系统中，就业规划和安置办公室工作的有效性，在于帮助学生构建学习和职业目标之间的联系，并确保毕业后能够找到一份称心如意的工作。

大学生活动的一个重要部分是做好未来的职业规划。职业已经成为学生从择校到毕业的整个大学期间最重要的关注点。为帮助学生毕业后能够找到好工作，学校不仅要增强自身对学生的吸引力，而且也要留住在校生。比恩（1980，1983）提出了一个学生流失假设，认为大学学位的实际价值，在于帮助学生毕业后能够找到一份称心如意的工作，这对学生留校会产生积极影响。

### 学生事务在招生管理中的其他角色

提高学生校园生活质量有助于招生和留住学生，也有助于实现招生管理工作目标。大多数学校都设有学生活动办公室、职业规划办公室、学业辅导办公室、环境熟悉及适应活动办公室等职能部门，它们常常归属于学生事务部门。如果学校建有学生宿舍，开展校内与校际体育活动、宿舍活动以及联谊会活动，可以在很大程度上提高校园生活质量。

学生参与校内事务，参加学生会，能促进学生的发展，提高学生留校的持久性。佩斯声称，学生参加辅助课程和课外活动，对决定学生成果的范围和质量、影响学生留校持久性方面起到重要作用。促进学生发展和学生招生管理的目标可能并不冲突，反而能巩固某些学生活动目标。以学生参与理论为理论基础，仔细规划和评估学生事务人员，能鼓励学生参与活动，促进学生发展，增强学生留校持久性。

学生参加校内体育活动、学生会或联谊会，也可以促进学生发展，增强学生留校持久性。厄普克拉夫特等（2004）、库及其同事（1991，2005）和佩斯（1991）确信，学生参加合作课程和课外活动，不仅影响学生留校持久力，而且决定他们学习成果的优劣。学生介入理论为促进学生发展提供了理论基础。学生事务办公室工作人员可以经过认真规划和评估，开展促进学生介入的活动，以此促进学生发展，增加他们的留校率。

### 教师在招生管理中的角色

教师对招生管理至关重要。许多招生管理者容易犯的一个错误就是忽略了教师的作用。学生决定是否上某所大学时，考虑的最重要因素之一是该校教师的质量和声誉（Hayek，Hossler，1999；Hossler，Schmit，Vesper，1998）。但是，很难让管理者直接谈论教师质量问题，他们认为对此闭口不提为上上策。最糟糕的是，管理者将教师疏离开来，不让教师积极参与招生。即使如此，教师还是应当意识到他们对招生的影响。

在宣传和招生中，学生对学校的学术和各个专业的印象可以影响他们的择校决策。让教师了解招生宣传，可以让他们发现自己在未来学生心中的形象。教师发现，如果学生不看好学校的学科专业，就会打消报考此校的念头。如果知道这些信息，学校就可以此为动力，调整学科专业设置。而如果让招生管理者要求老师调整专业，则存在一定难度。

师生关系对学生学习成果和学生留校率也具有重大影响。为此，招生管理者应该规划好教师在招生中的角色。许多学校的教师理解招生与学校发展之间的良性互动关系，也知晓教师对学生的重要影响以及学科专业在学生择校中的重要作用，这促使他们参与招生管理活动，而不是成为一群被动的旁观者。许多走读学校和研究院校没有教师参与学生活动的传统，有些学校的教师不关心招生情况，很难说服这些学校的教师抽出更多的时间发展师生关系，尽管师生接触越多，学生从中受益就越多。

招生管理第一步是规划和研究，第二步是推销和招生。学生的大学活动影响学生在校时间长短和能否毕业。一个全面的招生管理计划不会随着学生毕业而终止，而是以更宽广的视角加强其长期效力。对校友活动和态度定期评估的学生成果研究可为学校提供有用信息。招生管理系统提供了一个广角镜，镜中图像让高校清楚了解大学生活全景及其长期效果。

## 招生管理组织

学校管理者最常见的问题之一是，我们应该怎样组织才能最有效影响学生入学率？当然，学校解决招生问题，并非设立高级招生管理者或"招生管理主任"职位的问题。学校生活并非如此简单。

通常情况下，招生管理组织包含了一些矩阵组织要素和一些高级管理职务要素。图 3.1 显示的是招生管理活动中常见的核心要素，以及其他不太可能直接可见的高级招生管理人员核心要素。招生管理者直接管辖外的领域需要一个矩阵管理法。招生管理部门和招生管理矩阵的众多要素简介如下：

|  | 影响领域 |  |  |
|---|---|---|---|
| 提升活动 | 学业活动 | 服务 | 活动开发 |
|  | 控制领域 |  |  |
| 校园生活 | 记录 | 助学金 | 预算 |
|  | 招生管理方法 |  |  |
| 学生活动 | 招生管理和宣传研究 | 录取和招募 | 学习政策 |
| 住宿 | 注册 | 咨询 | 就业安置 |
| 学生保持 | 学校宣传 |  | 校友 |

图 3.1　招生管理领域

### 招生管理部门

近 10 年来，大多数高校的常规做法是，集中与招生管理活动相关的主要办公室，接受校级管理者的领导。这种模式具有明显的优点，各个组成部分可由一个副校长领导。校级领导具有权威性，在所有招生事务决策中具有发言权，合作、交流和资源分配在整个体系内进行。

这种模式的主要问题是管理权限和组织的政治性问题。通常情况下，管理员并不乐意拱手让出自己所管辖部门的权力。由于理论观念的分歧，职业规划或学生活动等部门难以向那些被冠以招生管理者头衔的人汇报工作，虽然这种头衔听起来并不"具有发展性"。除了这些潜在的问题，莱斯利和罗兹（1995）指出，几十年来，学校管理者的数量增加了，而教师数量则保持不变。许多教师由于担忧行政"帝国"的扩张，不同意设立一个新的副校长职位。因此，应当在实施招生管理部门模式前认真衡量，设立招生管理部门会带来什么益处？会构成什么阻力？

### 招生管理矩阵

影响学生报考和留校时间长短决定的因素过于复杂，任何高校管理者无法控制，甚至权力范围广的高级招生人员都必须协调好组织中其他单位的活动，使学校其他高级管理员相信合作有益于完成招生目标。能影响招生和学生保留工作的高校重要管理者通常并不属于正式招生管理组织，这种情况有助于建立一个正式或非正式的招生管理矩阵。

在招生管理矩阵中，通常意义上不属于正式招生组织的宿舍生活、学业辅导、职业规划或学生活动等部门的重要管理者，受邀参加以学生招募、学生成就和学生毕业为主题的会议。在这种情境下，高级招生管理者发挥招生管理协调者的作用，更多地进行合作，开展思想工作，而不是以级别和权威压人。

然而，为了让该矩阵模型运作起来，高级招生管理者应该是具有影响力的校级行政管理者，有权做出重大决策，确保对组织结构和校园资源产生显著影响，并确保相关办公室之间开展合作与交流。如此，居于此矩阵顶部的管理者才能深入介入招生管理系统的各个要素。招生管理矩阵也能让学校其他管理人员了解招生管理问题，从而获得学校广大利益相关者的支持。

### 招生管理框架中的学生事务

如同生物学家的研究对象是生命有机体，企业业务员擅长的专业是理财，学生事务专业者的服务对象是学生。学生事务工作和招生管理工作的基本单位都是与学生相关。

在学生事务组织经典模式中，招生管理体系（除了选课和教学）中的管理属于学生事务范畴。招生、学生资助、环境熟悉与适应、职业规划与就业安置、学生活动、校友工作传统上归属于学生事务部门。尽管有些办公室，特别是招生办公室和学生资助办公室，常常没有设在学生事务处，但不可置疑的是，学生事务工作者在招生管理体系中发挥着重要作用。一些学校的学生事务工作人员可以负责学生保留活动，或进行学生学习成果研究，而有些大学的学生事务很少成为一个正式的、直接的招生管理部门。

相反，在另一些学校，学生事务部门多年来一直包括招生、学生资助以及注册记录办公室。随着学生发展成为学生事务部门存在的理由，人们常常认为这些办公室没有发展目标，用处不大，不需要设立。但招生管理概念体现了招生管理是一个体系，使得这些办公室成为学生事务的重要组成部门。

有些学校的学生事务专业人员可能认为，招生管理过程强调推销和宣传，与学生发展观不兼容。学生事务专业人员理所当然认为，他们应当为自己把学生置于首位而感到自豪。同时，传统的学生事务部门将学生放在首位，比招生管理部门把学生放在首位的意义更明显，正如豪斯（2007）所指出，当学生面临众多学校可供选择、不清楚哪所学校最适合时，把学生放在首位会成为招生管理组织内一个更加复杂的命题。但是，如果我们承认，学生发展和学生参与促进学生成长，增强他们的满意度，那么，招生管理和学生发展就未必会互相冲突。招生管理概念没有必要替代现有的学生事务理论，实际上，它可以与其他学生事务理论共同发挥作用。

## 招生管理中的道德问题

学校和公共政策较多关注招生录取人员普遍的道德问题，最急于解决的问题是招生道德、标准化测试的作用、学业助学金的使用、大学排名出版物的影响以及技术的使用。

## 招生工作

为吸引更多学生报考，招生工作容易歪曲学校形象。有些材料充斥着招生代言人的宣传，告诉未来的学生，学校开设了新专业，学生可以获取该专业的学位（实际上并没有此专业），或通过拍摄全景照片，使学校看上去似乎更接近理想中的山区度假胜地、湖泊或沙滩。学校应当非常认真、准确地呈现自己的形象。书面宣传材料应该准确描述学校地址、学科专业以及学生特点。欺骗性的招生宣传对学生不公平，既给学校带来负面影响，也对整个高等教育体系不利，可能导致学生和公众对美国高等教育的使命和目标失去信心。

### 标准化测试与招生

长期以来，美国 Scholastic Assessment Test（SAT）和 American College Test（ACT）等考试成绩是大学申请入学的必要条件。标准化测试在大多数高校的录取工作中扮演重要角色，已成为学生主体构成的决定因素，从而深刻影响着高校的性质。但是，

SAT 到底测试什么、在大学招生决定中重要性如何等问题，也随之出现。

人们对 SAT 分数与其他衡量大学成就的标准之间的关联性存在着争议。一些批评家指责，两者之间的关联性微乎其微，SAT 几乎毫无价值（SAT Ⅰ，2007）。另一些人则指出，在预测效度方面，SAT 仅次于中学的班级排名（Gehring，2001）。也许最重要的是，这些测试受到全面批评，是因为测试成绩中一直存在着种族或民族差异，一旦对招生决定发挥作用，则可能影响大学的多样性。在利用 SAT 和 ACT 成绩来录取学生这一做法的众多批评者中，包括加利福尼亚大学的前任校长（Atkinson，2001），以及许多企业领导人，他们呼吁不必看重 SAT 成绩，而是更加注重企业成功的重要因素，如诚信、沟通能力和领导力（Gehring 2001）。在招生决定中，替代标准化测试成绩的最普遍选择是对学生申请进行"整体考察"，但可能评估费用昂贵，充满意料不到的偏见。虽然这些偏见与对 SAT 的偏见不同，但未必不怀善意。考虑到学生的不同境况，已经开发了 SAT 和 ACT 成绩运用新模式（1999）。戈金（Goggin）提出了"优点意识"（merit-aware）的方法。该方法不只关注绝对分数，也关注相对于学生毕业学校中同学的分数。圣约翰、西蒙斯和姆索（St. John，Simmons，Musoba，2002）模拟招生录取决定后发现，在运用"优点意识"模式增加多样性的同时，避免了把种族作为招生录取决定的一个显性标准，具有可行性。

SAT 和其他标准化测试在招生录取中的作用是一个极具争议性的话题，对此，目前没有一个现成的解决方案。最近，美国高等法院裁定了密歇根大学积极行动案（Gratz V. Bollinger，2003；Grutter V. Bollinger，2003），有助于澄清录取学生过程中标准化测试和其他标准的作用适度性问题，但无法解决该问题。

**学校学业助学金**

正如本章前面所述，助学金已经成为学校努力实现众多目标的强有力工具，如实现卓越教育、增加学生入学机会、增加多样性以及提高收入。20世纪90年代，所有类型的高校都实行学业奖学金制度，强化了助学金这一方式。从1988到1996年，公立四年制学校中，不需要助学金却获得助学金的人数增加了160%以上，助学金平均发放量几乎增加了2倍。用于资助中高等收入家庭的学生教育的助学金大幅增加，真正需要助学金的学生却未获得资助，助学金使用不成比例（Redd，2000）。不考虑学生的真实需求情况，利用助学金吸引最优秀、最聪明的学生，这一做法逐渐被称为学费减免（tuition discounting）（Loomis-Hubble，1991）。里德（Redd，2000）将学费减免定义为：学校的一种资助方式，旨在吸引具有某些特质的高中毕业生，为他们支付全部或部分学费，以此增加这些学生选择提供资助学校的概率。

虽然概念上类似于已盛行数十年的学业奖学金和体育奖学金，但学费减免的广泛使用，为招生行业增加了价格战争的新元素。学费减免之所以流行，是因为它有效。然而，所有学校都在一个池子里抢夺"最优秀和最聪明"学生，竞购战不断升级，从而引发的危险是，资源将进一步集中在那些最不需要的学生身上，而最需要资源的学生却被完全排挤在市场之外。

虽然对个体学校而言，学费减免可能合理、有效，但一旦大量学校都实行学费减免，反而会导致折扣利润急剧下降，减免不再带来收益，学校的多样性和/或班级质量不能得以提升，最终分流了其他重要领域的资源。里德（Redd，2000）把这种现象叫作"导致灾难的减免"。短期内，学费减免能帮助学校从现有的申请者库中招募到更理想的学生，较小幅度地提高招生质量，增加多样性或增加收入。然而，一些私立大学中，学费减免额度高达学费收入的45%～50%，这种高额度的助学金不仅不会增加，反而会削弱学校资助教师和其他重要学生活动的能力。学费减免问题很复杂，需要学生事务专业人员在内的所有高校高级管理人员处理众多细节，理解相关问题。

### 大学排名的影响和运用

过去 30 年，《美国最好大学排行榜新闻与世界报告》（*U. S. News & World Report's America's Best Colleges*）等关于大学排名的出版物，影响着关于大学质量的话语及相关概念。尽管大量高等教育学者对它们持批评态度，但这些排名出版物对学生及其家庭、学校董事会、学校高级管理员和校友越来越重要。它们主要依据 SAT 成绩、学校的可选择性或教师特征等输入变量，而非学生在大学生活期间的真正收获，即输出标准（Hossler，Hoezee，2001；Pascarella，2001），这成为人们的主要歧义点。

排名带来的压力迫使越来越多的学校想方设法地提升自己的排名。于是，许多学校管理员都注重招生的选择性，结果导致招生集中关注那些 GPA 和标准化测试分数高的学生，转而引发对尖子生的竞争不断加剧，这反映在学业奖学金项目最大金额设置上。霍斯勒（Hossler，2001b）描述了当今出现的许多不道德行为。例如，一些学校鼓励不具备入学条件的学生提交申请，这样就能拒绝这些学生，运用早期招生决策增加收益，并谎报招生统计数据。

为平衡排名的影响，许多美国高校学者和研究者提出，全国大学生大学生活调查（the National Survey of Student Engagement，NSSE）收集的各类数据比排名提供的信息更能有效反映大学生活质量（Confessore，2003；Hossler，2001a；Pascarella，2001）。该研究就学生在校期间的学习和课外生活状况进行调查，测量学生参与大学生活的程度，要求学生根据自己的大学生活评估自身的认识发展和非认知发展，通过类似 NSSE 的活动提供有关学生实际生活状况的数据，而非依据对学校质量的间接测量。

**电子技术在招生管理中的应用**

学生大型电子数据、邮件、互联网、视频网站以及脸书等电子招生管理工具的使用不断发展、盛行，给人们带来了极大好处，但却引发了一系列关于隐私的问题，这些问题越来越受到关注。现在，助学金办公室、注册办公室和学生记录办公室都拥有大型电子数据储存库，其中的个人信息受到隐私法保护。但是，一般而言，电子黑客能找到破解电子安全屏障的方法，然后进入学校数据库。其他黑客也能入侵同样的数据库。一个广为人知的事件便是，某个常春藤盟校的招生专业人员用黑客技术入侵了另外一个作为竞争对手的常春藤盟校的电子招生资料（Barbaro，2002）。该事件揭示了电子系统的弊端，凸显了招生管理中使用电子工具的相关法律问题。

与印刷材料相比，互联网传播虚假信息的可能性较小。像视频网站和脸书这样的网站发展迅速，是因为人们认为它们不太容易受到专业化营销的操控，而且不需要太多的编辑控制。高校如果试图操纵来自这些可信赖的第三方资源的信息，可能摧毁未来学生对这些网站的信心，也能摧毁他们对自己学校的信心。

**招生管理人员的学习与培训**

目前，还没有招生管理者专门培训项目。迈阿密大学（the University of Miami）已连续数年授予招生管理硕士学位。其他大学和专业性组织虽然努力设置招生管理硕士学位课程，颁发招生管理证书，但只有少数学校获得成功。美国大学注册员和招生人员协会（the American Association of Collegiate Registrars and Admissions Officers，AACRAO）、美国大学入学考试（ACT）、大学董事会（the College Board）、全国学生事务管理者协会（the National Association of Student Personnel Administrators，NASPA）应发挥主导作用，为事业心强、敢于实践的招生管理者提供专业发展机遇。但到目前为止，人们尚未充分支持或致力于开设招生管理研究生课程。

招生管理领导通常由中层或校级管理者担任。他们可能是学生事务办公室的负责人，也可能是招生办公室、学生资助办公室或学校调研办公室主任。招生专业管理概念正逐渐被人们认可和接受，但很难找到具有必备技能和背景的专业人员。招生管理领域的人员需求，如同其他相关领域的人员需求，在可预见的将来仍然十分强烈。对环境熟悉与适应、学生保持力等专业人员的需求稍逊，但如果具有这些专业背景，也非常有利于招生管理工作。刚步入学生事务行业的专职人员应当努力参加招生、学生资助等领域内的大量实践活动。

本章第一版于 1989 年出版，那时招生管理概念就断然预测，当时尚为一个新组织模式的招生管理的未来太过新颖。然而，20 多年过去了，这 20 多年给予人们充足的时间评估招生管理的未来。高校之间的竞争并未减弱，并非所有学校都用"招生管理"一词描述其招募、保留学生的工作，但不可能大量利用招生、助学金、学生保持活动的研究和评估结果。要么通过矩阵模型，要么集中模型来实现各部门组织间的合作，成为招生办公室、助学金办公室、职业规划办公室及学生事务其他部门的常见做法。对于大多数学校而言，招生收入占学校总收入的 60%～80%，高校的健康发展和活力与吸引并留住学生息息相关。许多高校的通行做法是设立一个高级招生管理者职位。招生带来的风险已如此之大，以至于很难想象，招生管理部门可能很快甚至随时不复存在。

即使学生事务专业人员对招生管理概念不感兴趣，但也应该对此有所意识，因为学生事务部门的许多功能都是招生管理系统中的潜在部分。将来，许多学校的学生事务专业人员可能会发现他们在招生管理中起着主导性或辅助作用。

### 网上的招生管理资源

美国大学注册和招生办公室协会（the American Association of Collegiate Registrars and Admissions Officers）（网址：http：//www. aacrao. org），已发展成为招生管理专业主要专业机构之一。

美国大学入学考试（ACT）（网址：http：//www. act. org）和 the College Board（大学委员会）（网址：http：//www. collegeboard. com），如同美国大学注册和招生办公室协会（AACRAO）（网址：http：//www. act. org），提供服务，发行出版物，举办会议。

美国国家教育统计中心（the National Center for Education Statistics）（网址：http：//nces. ed. gov），是招生趋势数据、助学金模式、学生保持力率数据和研究的最佳来源之一，成功的招生管理很大程度上依赖于数据及数据分析。

高等教育发展（Postsecondary Education Opportunity）（网址：http：//www. postsecondary. org），每月发送一封信件，提供许多有趣的数据统计和数据趋势，招生管理员可以用来了解学校的发展趋势，更好地向其他学校高级管理人员解释影响学生入学的区域性因素和国家发展趋势。

# 第四章　学业辅导

埃里克 R. 怀特，玛丽·琳达霍斯特

## 引言

学业辅导自美国大学建立之初就存在了，以师生关系为基础，旨在制订学习计划，帮助学生利用一切课程和辅助课程机会。学业辅导工作已从非正式父母代理协会发展为一个蓬勃兴盛的专业。以前，虽然课程相对有限，没有开设选修课，学生大多同质，但由于课程迅速拓展，选修课大量开设，学生主体多样性日益增加，学业辅导已由原初很简单的工作发展为一个复杂的领域（Rudolph，1962）。

现在，人们意识到课堂、实验室和书房之外学习的重要性，而显而易见的是，可以进行学习的地方之一，就是学业辅导办公室。学生们继续要求高质量的学业辅导者帮助他们制订学习计划，确保通过努力学习获得学位，并协助他们在合理的时间内达成学习目标。为满足这种需求，学校聘请全职和兼职专业人员来加强以前只限于教师职权范围内的工作（Self，2008）。

教师和专业辅导人员中的骨干人物构成了专业组织即美国学业辅导协会（the National Academic Advising Association，NAAA）

的基础，致力于推进学业辅导发展。从 1979 年成立以来，美国学业辅导协会就颁发、执行了行业标准，发布了相关理论，鼓励开展传播该领域新知识，支持专业工作者的区域性、全国性和国际性会议，并记录最佳实践案例。现在，协会成员已经超过 10 000 人（Goetz，2004）。

考虑到高校及其课程日趋复杂，学生的多样性增加，社会需要尽可能让所有人接受大学教育并从中获益，学业辅导采取了相应做法，即扩大自 19 世纪 70 年代以来正式形成的学业辅导体系。自此，学业辅导形式多样化，受到学校任务和校园文化的影响，并在其中开展活动。从最初连定义都不具备，到定义明确但无研究成果，再到目前既定义明晰且研究成果丰硕（Frost，1991），学业辅导经历这些发展阶段后，已经在高等教育界占有一席之地，成为一种面向学生的活动，旨在满足 21 世纪大学生的特定要求。

本章包括五个主题：学业辅导发展历史、学生辅导定义、学生辅导管理和组织结构、技术在学业辅导中的应用以及学业辅导当前面临的问题。

## 学业辅导发展历史

美国学业辅导的起源，要追溯到美国殖民地时期第一所高等教育机构的建立。为了解 21 世纪学业辅导在美国高校中发挥的作用，需要厘清两条历史线索，即不断变化的课程和师生关系，它们影响了学业辅导的必要性以及关于学业辅导的讨论（Frost，2000）。

殖民时期的第一批学业辅导人员（虽然当时没有确定这个称呼），是指那些经常同学生一起住在宿舍的教师。这些教师监督孩子们生活的方方面面，事实上构建了"代理父母"服务模式。只要课程保持相对不变，大学生类型相对同质，那么就没有足够的理由改变学业辅导的工作方式。

然而，课程开始增多，选修课开始开设，教师开始分属特定学科，专业系部开始设置，高等教育的大门逐渐敞开。这些变化使得高校领导察觉到进行学业辅导组织变革的必要性，由此建立了学业辅导骨干队伍，人员主要从教师行列中选拔，使得曾经非正式的体系更具组织性（Brubacher，Rudy，1968）。

19 世纪 70 年代，开始设置选修课，且当时的看法是，如果没有教师的建议，学生在学习过程不可能做出恰当的决定，这为当时大学校长构建学业辅导体系和实施学业辅导提供了理论基础。第一个教师学业辅导体系的建立归功于约翰·霍普金斯大学（Johns Hopkins University）校长丹尼尔·科伊特·吉尔曼（Daniel Coit Gilman）。该体系建立于 1876 年。1889 年，吉尔曼校长任命爱德华·赫里克·格里芬（Edward Herrick Griffin）为"首席教师学业辅导员"（Chief of Faculty Advisors）。与此同时，霍普斯金大学出版物阐明了这些辅导员的作用（White，Khakpour，2006）。

随着高校出现建立学业辅导工作机构的需求，教师们逐渐脱离学生生活全方位照顾者的传统角色。学校开始设立"学生事务长"（Deans of Men and Women）办公室，以代替那些不能也不愿意照顾学生全方位生活的教师，由此开辟了另一个专业领域。

19 世纪末 20 世纪初，尽管进行了职责分化，但学业辅导仍然不受到人们认可，不能作为一种独特的活动从咨询和心理干预中独立出来，因为教师仍然是学业辅导主力军，非学习性活动往往由咨询者开展，这些咨询者是 20 世纪早期学校心理健康和职业指导活动的指导者（Frost，2000）。

第二次世界大战后，被认为是美国高等教育的变革时期，《退伍军人权利法案》（the GI Bill）得以通过，超过 225 万退伍军人在 2000 多所大学学习，对大学产生了影响。学校需要重新探讨学生熟悉与适应、学业辅导活动，并不断拓展课外活动和服务（Thelin，2004）。

美国高校致力于确保这些退伍军人能享受他们的教育权利。退伍军人大量涌入，造成了对高校的惊人需求，因此，迫切需要雇佣训练有素的专业人员来帮助这些学生调整其能力和兴趣，以适应大量的大学活动。第二次世界大战后的十年期间，显而易见的解决办法是美国各大高校建立一个基础广泛的学业辅导骨干队伍。

谁来监督学业辅导工作的开展，取决于当地学校的历史和文化。社区大学经常依赖于传统的指导模式，模仿高中的组织结构，将学业辅导工作归于学生事务部门。其他高校从"学业"一词中获得启示，将学业辅导职责分配给学业事务办公室。还有些学校实行轮流负责制，根据领导部门的意向性（the inclination of leadership）及地方的发展趋势〔King，2008），推动了学业辅导朝专业化的进一步发展。

1972年，《大学生学生事务》期刊发表了一篇名为"作为教学的学业辅导发展观"（"A developmental view of academic advising as teaching"）的文章（Crookston，1972），为建立学业辅导团体提供了理论框架。学业辅导摆脱了以前典型的做法，即帮助学生选定课程而不顾这些课程是否适合学生的特定情况。实际上，克鲁克斯顿（Crookston）的这篇文章给学业辅导团体提供了一个机会，帮助他们放弃学业辅导的"规定性"方法，或者至少承认学业辅导可以有更多的方式。辅导者从该篇文章中看到了学业辅导的新愿景：学业辅导是一个更具发展性和全面性的领域，并正逐步专业化。

到1977年，在佛蒙特州的伯灵顿（Burlington，Vermont）举行了第一届全国学业辅导大会，其目的之一是召集辅导者共同讨论学业辅导相关话题。两年后，美国学业辅导协会（the National Academic Advising Association，NAAA）成立，有429个创始成员（Cook，2009）。如今，该协会拥有10 000多个成员，成为全国发展最快的学生服务专业组织之一。

1981年，教育资源信息中心（the Educational Resources Information Center，ERIC）正式确定"学业辅导"为一个描述符，让学业辅导工作得到更多大众的认可，使得信息查询更集中、更有效，学业辅导相关活动可以得以更快速地推广（Cook，2009）。

其他许多事件也促进了学业辅导的独立化和专业化。美国学业辅导协会（NAAA）于 1981 年创建了自己的期刊。在克鲁克斯顿文章发表后，《学业辅导发展》（*Developmental Academic Advising*）出版，第一次为学业辅导工作人员介绍了覆盖学业辅导各方面的资源。1986 年，NAAA 与高等教育标准发展委员会（the Council for the Advancement of Standards in Higher Education）合作，颁布、执行了学业辅导标准和指南（the Standards and Guidelines for Academic Advising），为学业辅导专业提供了阐明使命和专业活动的工具，也为确立辅导新活动或改革现有活动奠定了基础（Goetz，2004）。其他著述，如格瑞兹（Grites）的《学业辅导：引导我们度过 80 年代》（*Academic Advising：Getting Us through the Eighties*）和戈登（Gordon）的《学业辅导手册》（*Handbook on Academic Advising*）相继阐述了学业辅导的目标和作用。2000 年，《学业辅导手册》第一版刊印，发行量巨大，成为该领域的非正式教科书。21 世纪初，高等教育时代精神迅速变化，学业辅导随之变化，2008 年出版了《学业辅导手册》的第二版（Gordon，Habley，Grites，2008）。

21 世纪，高等教育面临诸多挑战，学业辅导采取了相应措施，如加强学业辅导的理论基础，采用教育专业话语，尤其是学习成果概念。这与学生服务活动一致，响应了理查德·基林（Richard Keeling）在《学习反思》（*Learning Reconsidered*）系列专著中提出的号召（Keeling，2004，2006）。该专著系列由美国学生事务管理者协会（NASPA）和学生事务管理者协会（ACPA）联合出版，呼吁重新关注所有课余活动（co-curricular）中的学习层面。

美国学业辅导协会在 2006 年发布了《学业辅导声明概念》（*Concept of Academic Advising Statement*）。文件在序言中表明了 21 世纪学业辅导应有的定位，更确切地讲，阐明了为获得成功而必须开展的最佳效果的学业辅导工作。

学业辅导是成功实现高等教育教学和学习使命的必要组成部分。通过学业辅导，学生学会成为学校共同体的成员，评判性思考自己作为学生的角色和责任，学会成为民主社会和全球社区的有教养的公民。学业辅导承认学生从学生入学时刻到求学期间再到迈出校门之际整个过程中的个人性格特点、价值观念和学习动机，也鼓励他们超越自己的世界观。尽管学校、学生、辅导者和学校结构呈现出多样性，但学业辅导都具备三个基本要素：课程（学业辅导材料）、教学（学业辅导工作方法）和学生学习成果（学业辅导结果）（NAAA，2006）。

学业辅导由一系列发展阶段组成：教师为主阶段、发展观念引进阶段、关注教学和学习成果重点阶段。这些阶段交织在一起，便更加清晰地呈现出学业辅导工作轮廓：以学生为中心的一个高等教育专业。

## 学业辅导定义

纵观学业辅导发展历史，其核心目的和目标是促进学生成长，发展学业决策意识。从早期霍普斯金大学和哈佛大学建立学业辅导的努力，到贯穿 20 世纪的学业辅导发展，学生教育选择的重要性和复杂性一直居于学业辅导者这一特殊工作的核心。虽然学业工作有瑕疵，且常常受到批评（Hopkins，1926；Robertson，1958），但人们认为，它在大学生活中起着关键作用。

近几十年来，学业辅导的定义受到师生关系评价、大学生发展整体认识加深、重视学生学习的影响（Crookston，1972；Laff，2006；Lowenstein，1999；Robertson，1958）。最近，学业辅导定义注重辅导关系中的长远教学目标（NAAA，2006），及其有别于学生事务专业的与学习相关的工作和领域的重要性（Schulenberg，Lindhorst，2008）。

20世纪60年代，学业辅导（通常由教师执行）受到广泛批评，被斥责具有办公室工作和规范化性质，以粗糙的方式解决学生学习规划需求，且常常设置课程要求（Raskin，1979）。针对这一情况，克鲁克斯顿（Crookston，1972）和奥班宁（O'Banion，1972）认为需要将学生发展理论用于学业辅导。"发展性辅导"通过关注学生整体，对学生开展个体辅导，区别于早期的规定性或办公室工作模式。据奥班宁所述，学业辅导不仅让学生参与课程选择与安排，决定专业，也让他们参与生活和职业目标的探讨。与这些理论相适应，学业辅导强调辅导者在促进学生全面发展中的重要作用（Creamer，1994）。

最近，学业辅导定义逐渐关注辅导的教学性质以及学生学习成果。对于洛温斯坦（Lowenstein，1999，2000，2005）和其他人而言，对学业辅导最好的理解和定义是：它是一种教学活动，关注学生理解能力和高校及其课程导向。2006年，全国学业辅导协会发布了"学业辅导概念"（the Concept of Academic Advising），更加明确了这一教学/学校重点：学业辅导以大学教学和学习任务为基础，是学校介入课程、教学和学生学习成果的一系列活动，它根据学生的志向、能力和生活，将学生的学习活动综合化、具体化，并加以拓展，超越校园边界和时间框架（NAAA，2006）。

以该教学重点为构建基础，并体现学生学习这一更为宽泛的重要概念（Barr，Tagg，1995），学业辅导者开展了关于辅导者教授内容以及学生所学内容的重大讨论（Hemwall，Trachte，2005；Kelley，2008；Lowenstein，2005）。最近，人们定义学业辅导时也强调高等教育、课程和学生学习决策的复杂性，以进一步明确该领域的独特之处和贡献：……学业辅导明确描述了帮助学生了解各个学科的思维方式，帮助他们提高自我意识，教导他们如何开展学习活动，促进他们通过个人转变进行自我诠释，帮助他们理解大学学习远非限于选择课程或专业（Schulenberg，Lindhorst，2008）。

人们对于学业辅导的定义，超越了学业辅导最初的帮助选课和规划课程的基本要素，随着学业辅导作为一个专业和研究的持续发展，这些努力将会继续下去。

## 学业辅导管理与组织结构

美国的学业辅导组织结构种类繁多，甚至可以与高校种类数量媲美。有的活动设计和实施独立进行，而有的活动出于管理历史、管理趋势或者财政上的考虑；有的项目具有明确的任务指标，而有的项目则是为了满足学生眼前的学习需求。

美国高等教育标准发展委员会（the Council for the Advancement of Standards in Higher Education）公布的《学业辅导标准和指南》（*the Standards and Guidelines for Academic Advising*），是学业辅导专业遵循的标准，奠定了建立和维持高质量学业辅导的基础。确切而言，学业辅导活动需确定任务，明确目标。此外，学业辅导活动需要清晰阐明自身的开展模式，使活动与目标声明保持一致。

为理解学业辅导活动的行政管理结构，需要考虑下列情况：

（1）用什么方式开展学业辅导？

（2）谁来开展学业辅导？

（3）辅导者该如何与学生交流？

学业辅导的组织模式分为集中式、分散式和混合式（Habley，1983）。在分散模式中，学业辅导在系部进行，大多数的时候由教师开展，有时由工作人员进行。在这种模式下，集中协调或合作可有可无。最根本的是，辅导者几乎只在系部内进行辅导。与此相反，集中模式将学业辅导置于一个单独的部门开展，如辅导或咨询中心，这个部门通常设有一个主任或事务长，监督辅导工作人员。通常而言，所有辅导工作都由该部门开展，不会分散到校园内。

混合模式是集中式和分散式的结合。例如，大一和大二学生的学业辅导可以集中在一个辅导中心，待选定并宣布专业之后，再把学生分配到各系部进行辅导。该模式可能会要求一个特定结构，但学业辅导实际开展者不依赖于该模式，除非确定该模式的辅导者只由教师构成。在这种情况下，辅导人员和模式都是相同的。

如同其他组织结构，每所高校的学业辅导人员选聘都受到许多不定因素影响。有些学校长期以来将教师聘为学业辅导人员，尤其是那些在师生之间建立了密切工作关系而引以为自豪的学校，它们仍然继续聘用教师作为辅导人员。此外，这些大学有时也会从教师队伍中选出一人担任辅导工作协调者。但情况也并不总是如此。在采用教师担任学业辅导人员的大学中，学业辅导工作协调者可能由一个管理者担任，管理者没有大学从教经历，但具备学业辅导活动管理专业背景（King，2008）。

随着学业辅导工作更加专业化，教师不愿意开展学业辅导，管理者由于种种原因开始将辅导工作职责从教师转移给专业学业辅导者或辅导员，称之辅导员或咨询者，每所大学因喜好不同而不同。有些学校青睐于由咨询者（即具备咨询资格的人）开展学业辅导，认为学业辅导者的职责要求其必须接受过咨询培训，具备咨询资格。

其他学校经常将"辅导员"这个术语和"学业"这个描述符一同使用。在这种情况下，最低的资格要求是拥有硕士学位，专业不限（包括咨询专业学位或大学生事务专业学位）。那些没有硕士学位特别要求的学校认为，一个学业辅导者需要具备的内在素质和技能，可以通过获得高级学位或从事适当的工作习得。当前，学业辅导专业只有两个硕士学位课程，由堪萨斯州立大学（Kansas State University）和萨姆·休斯敦州立大学（Sam Houston State University）在线提供，尽管有几所大学已开始开设学业辅导基础阶段硕士课程。

然而，高等教育标准发展委员会最新发布的《学业辅导标准和指南》要求设置硕士学位（虽然认可学士学位和重要、适当的工作经验），大学将办公室人员、办公室管理者、具有专业博士学位和学士后的人全部聘为学业辅导重要工作人员。将拥有博士学位和高级学士后学位的人聘为学业辅导者，提升了专业的知名度，赋予学业辅导一种期望，即超越了纯粹课程安排和注册辅导。具有博士学位的人担任学业辅导者，让该领域又回到了只有教师从事学业辅导的发展阶段，无须考虑成为辅导者所必要的准备问题（Self，2008）。

开展学业辅导者还包括研究生和朋辈。因各种原因，如节约成本、助学金和课外活动，使得一些辅导活动决定聘用这些人。聘用研究生为学业辅导者，给各系部提供了完成学业辅导职责的必要人力。此外，通过开展学业辅导工作，研究生获得资助，为其求学提供了所需的资金。在某些情况下，这些研究生是学业辅导的主力军，而在其他情况下，他们在教师辅导者或系部协调员的指导下工作。朋辈辅导（本科生）的工作补偿可有可无，但这种工作经历可以为其将来的专业工作提供有利信息。毫无疑问，有些专业的学业辅导者就起源于朋辈辅导者（Self，2008）。

聘用学生为学业辅导者的明显缺点是需要不断进行培训和监督。研究生和本科生都是来了又走，不能形成一个稳定的工作人员库。一些学生刚进入朋辈辅导行列，其他同学就要离开。这种时刻意味着，必须委派工作稳定的工作人员选择辅导者，开展培训，进行有效监督。尽管研究生津贴总是增加到专业工作人员的工资水平，本科生或者获得最低工资，或者作为志愿者工作，但聘用学生的学业辅导协调员不得不在节约成本和稳定工作人员的时间付出之间进行权衡。虽然固定工作人员可能也经常需要培训和监督，但优势之一就是他们工作的相对持久性。对任何学业辅导管理员而言，这种优势可以用来解决辅导活动的经济问题（Self，2008）。

学业辅导长期以来采取的方法是一对一辅导。此外，也采用其他被证明行之有效的方法。以学生小组为单位的学业辅导现在变得非常普遍，在特定时期，小组辅导方法可能比标准的一对一模式更有效（King，2008）。传统的校园熟悉与适应活动，无论在夏季或在新学期开始的前几天开展，现在都设置了小组辅导活动。这些活动可包括向学生介绍大学的学业辅导、学校的学习制度和活动，为学生规划，甚至可帮助他们第一学期入学正式注册（Fox，2008）。

学业辅导迅速拓展，超越了校园熟悉与适应活动范围，成为大学一年级活动的一个组成部分。内容包括继续采用校园熟悉与适应活动中呈现的材料，比如如何使用技术资源进行辅导和注册，建立辅导电子档案，让学生在校整个期间可使用。有时，这些大一的活动甚至由学生辅导者进行指导，从而为辅导者和学生之间建立了一个独特的纽带（King，2008）。

如果学校建有宿舍大楼，学业辅导有时会在学生宿舍进行。在这种情况下，辅导员办公室就设在学生宿舍，学生与他们联系更方便。辅导者可能会长久固定在办公室工作，也可能在办公室工作一部分时间。无论哪种情况，都可以让学生尽可能地获得辅导。除了可以让辅导者亲眼看见学生外，还可以和学生小组在宿舍开展工作（King，2008）。这些以小组为单位的方法让辅导者有机会一次性向学生传达信息，而不是对每一个学生一遍又一遍地重复。对于没有宿舍办公室的辅导者，学生宿舍也可作为开展小组学业辅导活动的地点（Schein，1995）。

随着高级课程逐渐普遍，以小组形式开展此类课程的学业辅导活动也更加盛行。通过学习高级课程，学生可以回顾审视自己的学习，同时也展望本科毕业后的学习。例如，他们可以倾听校友发表自己从大学到职场所经历的转变，也可以了解到职场中被看重的因素以及自己需要提升的技能。

小组学业辅导工作也可针对"特殊"群体开展，如优秀学生、仍在寻找学校的学生、考虑读取超标专业（超过规定的专业入门最低要求的专业）的学生、独特扩招生（students who represent a uniquely defined outreach population）、受警告处分的学生或试读生（students on warning or academic probation）等。小组学业辅导的意义远不止其有效性。它可以帮助学生认识到他们并非孤独作战（King，2008），这对于尚未做出决定的学生尤其如此。这类学生大多错误地认为，其他人已被一个专业录取，或者具备了一个明确的专业目标。小组学业辅导可以让学生共同分担他们的忧虑，以减轻学校的"特殊人群"的焦虑（King，2008；Woolston，Ryan，2007）。

　　无论是谁以何种方式进行学业辅导，学校都必须设置一个负责机构，至于由哪个机构负责，则没有任何现成的法令规定（Campbell，2008），由每所学校自己基于自身的历史惯例、管理偏好、学习哲学和理论决定。事实上，学校在调整学业辅导活动时，要分析在什么部门开展辅导活动能取得最好效果，也可以实行多部门负责制。如果认为学业辅导是以学生为中心的活动，则最好让学生事务部门负责；如果要强调学业辅导中的形容词"学业的"的全部分量，则可让学习事务部门负责。实际上，随着招生管理等部门的建立，学业辅导活动职责已经转移到这些部门，以呈现招生面临的问题、学生保持力问题以及学业辅导在这些方面所发挥的作用（Campbell，2008）。

　　有人赞成学业辅导由上述三个部门负责。每种方法的支持者都有其理由。学业辅导历史上强调学习，通常由教师开展，涉及学校的学习制度，因而应该由学习事务部门负责。从另一个角度看，学业辅导关乎学生发展，辅导者必须通过大学学生事务和咨询活动学习，并增强合格辅导者所需要的技能（Nutt，2009）。招生管理部门要求获得学业辅导管理权，因为辅导始于招生活动，且贯穿于学生整个学习活动。其间，学生们往返于各学校之间，更改专业，尽力想被超标专业录取，被淘汰后又重新选择录取专业，所有这些独特的转折点都是招生管理等部门的关注点（Habley，2004）。

　　不论将学业辅导活动的职责安排在何处（除上述三种方式外，也许还有其他独特的组织结构），活动的有效性监测最终不一定在于它们的管理目标，而是活动的任务、目标和目的是否得以实现（Campbell，2008）。负责学业辅导的管理部门会随时间而改变，但学业辅导职责发生改变则十分罕见，甚至从未有过。

## 技术在学业辅导中的应用

技术对学业辅导有着极其重大影响。虽然起初对技术有些抵制（典型的看法是担心被技术替代），但大体上，学业辅导人员对技术的进步持积极态度，也欢迎技术的到来，利用技术为其减轻日常工作负担，同时将技术作为创造辅导新范式的手段（White，Leonard，2003）。

从创建网站开始，学业辅导人员很快意识到这类工具能及时向学生"推送"信息，而且如果用心维护，信息总能得到更新，因为及时更新能力是网络的标志。学业辅导网站无处不在，形式多样：辅导手册，课程描述，课程计划，辅导索引，大学目录（Leonard，2008）。

建立学生信息系统，能让辅导者了解学生。系统无论是购买的还是自制的，都能立刻为辅导者提供开展辅导活动必需的信息。系统也给辅导者提供了一种机制，即将自己的辅导日志导入数据库，因而可以在辅导者群体中实现日志共享。获得这些日志对辅导者十分有用，同时也提出了建立协议的必要性，并就学业辅导活动记录的性质，以及学业辅导群体记录、输入、保持、分析、阐释记录的方式达成一致（Leonard，2008）。

这些数据库现在已经极具互动性，学生能添加、删除课程，甚至通过学业辅导模拟面试退学，因而确保了所有学生都能参与一致的、由专家开展的辅导交流活动。平均绩点目标（the Grade-Point Average Target）等的实施以前需要手动完成，现在可以通过电子方式完成。这种技术的应用，有利于学生知晓需要多少绩点才能继续获得奖学金和资助、读取特殊专业或获得学位（Leonard，2008；McCauley，2000）。

对学业辅导而言，最重要的技术进步之一，就是学位审核采用了电子专业检查表（McCauley，2000）。通过这种电子检查表，辅导员可以获取学生课程信息及其与全校任何课程的对接，不但节省辅导者用于手工抄写成绩单的时间和体力，且确保不会发生抄写错误，也为学生和辅导者保存了副本。现在，学生和辅导者在几秒钟内就能完成在线学位审核，让学生能轻易查询专业情况，了解怎样在新专业中融入课程学习。它特别适用于还没有明确专业、仍在查询阶段的学生，以及那些正考虑换专业的学生。建立学校间可以转移学分的数据库，有助于辅导者群体提供最新信息。利用这些信息，辅导者可以有更多时间讨论众多转学相关问题，如转学的适当性，评估可能要求转学的学习计划（McCauley，2000）。

网络会议（webinars），也称网络广播（web casts）和网络研讨会（web conferences），已经成为学业辅导专业发展的有用工具。辅导者之间或辅导者与被辅导者之间进行交流，可以通过即时信息、社交网站、邮箱、邮件列表（listservs）、课程管理系统、播客、手机和博客（Leonard，2008）得以实现。

技术在学业辅导中的运用将继续发展，学业辅导者为实现自己目的打造现有的工具，开发了基于技术的新方法（Leonard，2008）。据预测，下一代的学业辅导者将会更适应辅导技术。现在的学生已经开始期待将最新的技术用于辅导活动。在多大程度上技术辅导方法能继续有用，我们无法想象，然而，尽管技术先行，但一对一模式的需求似乎并没有消失。事实上，在一个依赖即时交流的世界，高触感、高科技的范例仍然具有重大意义（White，2005）。

### 在线技术资源

美国学业辅导协会（NAAA）开展了在线的学业辅导资源交流（Clear- inghouse of Academic Advising Resources）。NAAA网页重点在于收集、组织、储存和传播信息和资源，为学业辅导者提供帮助。专门介绍学业辅导技术的网址为：http：//www. nacada. ksu. edu/Clearinghouse/AdvisingIssues/Technology. htm。该网页包括非签署商业网站、学业辅导技术应用最好的大学、辅导技术研究论文以及参考书目。

在美国学业辅导协会委员会的构成中，学业辅导技术帮助学业辅导者和辅导管理者了解网站、邮箱、学位审核、在线注册以及学生信息系统等技术对学业辅导的影响。委员会也力求成为资源中心和学业辅导技术创新及其问题的信息交流中心。委员会召开电子论坛（TEC ADV-L），鼓励成员参与关于学业辅导中技术运用在线讨论。其他可供讨论的地方还有电子期刊《导师》（*The Mentor*），该期刊专注于学业辅导话题，网址为：http：//www. psu. edu/dus/mentor，发布电子邮件列表（the listerserv ACADV），为对学业辅导话题感兴趣的专业人员提供电子信息交流。

## 学业辅导当前面临的问题

学业辅导工作与 21 世纪的高校一样面临着诸多挑战。美国高中生的学习技能仍不平衡，但大学生人数持续增加，期望值高但学习积极性不高（Keup，Kinzie，2007）。结果，大学招收了大批学习基本技能有待提高及学习目标不明确的学生。这些学生体现出一种令人困惑的多样性：学习基础不一，性格不一，生活条件不一（Kennedy，Ishler，2008）。高等教育成本不断上涨，为大部分学生设置了经济障碍。一些学生不能完成学业获得学位，一些学生毕业时还欠着大笔贷款（Kennedy，Ishler，2008）。那些完成学业获得学位的学生，学习技能和学习成果受到批评（U. S. Department of Education，2006）。为关注学生学习，响应强化责任制的号召，大学加强了学习成果评估。

因为学业辅导的重点是关注学生如何进行专业选择和实施学习计划，因此，辅导工作体现出交叉性（Schulenberg，Lindhorst，

2008）。辅导者需要了解众多大学，努力向不同的学生介绍这些大学，且需要知道大学课程内容，决定如何向难以区分学科的学生传授选课原则，需要了解学生，开发辅导策略，从而最大限度地提高学生做出明智选择和应对学校复杂性的可能性。如上所述，学业辅导当前面临的问题是如何应对这些挑战。学业辅导者力求更加地清楚了解学生，确定辅导目标，评估学生学习成果，发展并应用理论指导实践，开展研究，丰富学业辅导者应对复杂实践和环境的措施。

## 了解学生

如同大学中其他工作人员，学业辅导人员面临着与具有独特需求，又具多样性的学生开展工作的挑战（Kennedy，Ishler，2008）。学业辅导者意识到，辅导关系以及被辅导者的专业选择，可能受到个人、社会、文化和经济因素的影响（Hunter，Kendall，2008）。实行学业辅导助学金这一新措施，解决有色人种学生、非传统学生、残疾学生、体育特招生和其他类别学生的需要。此外，学业辅导助学金解决不同专业学生所面临的特殊挑战（如商务、教育或工程专业学生）或有特殊专业需求的学生（Steele，McDonald，2008）。获得辅导助学金人员和专业研究人员，针对第一代学生、优秀学生、尚未确定报考学校或仍在查询专业的学生，或学习基础差而"处于危机中"的学生等群体的辅导工作相关的问题和策略进行研究（Harding，2008）。

在所有这些领域中，辅导者努力加深对上述特殊群体学习者和决策者的了解（Appleby，2008）。如其他大学专业人员一样，辅导者需要了解这些学生在课堂中以致学校这一更大范围内可能面临的特殊挑战。学生做出的选择可能受到自我认识和生活条件、学校对他们的特点与需要做出回应等的影响。因此，对辅导者而言，辅导关系可能受到辅导者和学生个人关系的动态影响，学生生活经历和视角可能不同于辅导者。

实行助学金制度有助于解决辅导策略问题。该策略可用于特定学生群体，以增进辅导关系。哈丁（Harding，2008）指出，许多特殊群体学生面临的挑战，部分来自协调学业辅导和学生支持活动。例如，辅导者不仅需要重视学生运动员所面临的问题，这些问题将影响他们的专业选择和活动，也需要与体育咨询者协调，与学生个体开展一致的工作。他们需要明白怎样系统地与其他解决特殊学生群体所面临的特殊挑战的办公室人员进行联系。

## 教育目标与学生学习成果评估

近年来，学业辅导也开始关注大学生学习。当学业辅导者开始谈论辅导者的教师角色时（Lowenstein，1999），也开始加入学生学习成果讨论的行列。学业辅导者教什么？被辅导者学习什么？学业辅导者为学生设定的学习目标与其他教育者，如学生事务专业人员，设定的学习有何差异？被辅导者通过辅导知道了什么？能做什么？看重什么？这些问题在该领域内引发了广泛讨论（Appleby，2008；Lowenstein，2005）。

学业辅导中对教学和学习的关注，也引起了对评估的关注，评估越来越集中在学生学习成果测量方面。数年来，全国学业辅导协会出资赞助学业辅导评估院。该学院中，学业辅导者和辅导管理者可以增强对评估工具和策略的理解。这是开展的众多活动之一，旨在评估专业内的学业辅导活动和学生学习成果（McGillin，Nutt，2007）。

学业辅导专业评估工具已投入使用一段时间，通常涉及活动开展评估和辅导者行为评估，采取学生满意度调查的形式（Winston，Sandor，1984）。最近，虽然辅导者行为和活动有效性仍然是评估工作的主题（Cuseo，2008；Troxel，2008），但学习目标阐述和可以测量的学生学习成果开始受到强烈关注（在学业辅导任务的背景下）（CAS，2005；McGillin，Nutt，2007；Schuh，2008）。对学业辅导带来的可能性成果的阐述大多基于关于学生的全面声明（CAS，2005），囊括了学生生活中所有领域的成果。但是近年来，人们增加了努力明确学业辅导领域中特有的成果，如学生对课程、学科、专业选择和活动本质的意识（McGillin，Nutt，2007）。这些成果包含自我评价技能、专业意识、学位要求（如通识教育要求的知识）、学习活动（如国外学习）和大学生科研、网络资源设施（如学位审核系统）以及对大学政策的了解（如专业入门要求）（McGillin，Nutt，2007）。

　　在学业辅导中加强学习成果的重视，在更大范围内促进和拓展了评估工作，让学生更加了解辅导关系。关于编制学业辅导大纲的想法获得众多支持，可以作为一个渠道，学业辅导者以此让学生知道辅导者能教他们什么，自己应该从中学到什么（Appleby，2008）。大纲中，辅导者可以向学生讲授他们需要做出的学习选择，对做出这些决定至关重要的信息和意识，以及辅导者了解学生对学业辅导的学习期待。大纲将辅导关系直接设置在教学环境中（Appleby，2008）。

## 理论和研究指导

　　近年来，随着学业辅导专业人数增多，有助于将开展辅导工作、阐述学业辅导作为一门学科研究领域的独特观点的研究成果大量出现（Schulenberg，Lindhorst，2008）。美国学业辅导协会（2009）确定了重要研究领域，提供项目资金和资源，开展研讨会支持成员的研究工作，从而将研究和学术确定为其接纳成果的优先条件。人们继续努力阐明和创造理论视角，用以指导学业辅导实践，这一学术活动得以快速发展（NAAA，2009）。如许多人所述，辅导者经常运用职业和心理咨询、学术事务等相关领域的理论和研究成果来描述、理解和增强辅导实践（Hagen，Jordan，

2008；Schulenberg，Lindhorst，2008）。目前，该领域的研究工作集中于发展新理论，学术成果更集中在学业辅导作为一种独特实践和专业方面（Schulenberg，Lindhorst，2008）。

因为学业辅导需要了解学生，所以该领域已广泛使用了许多高校熟悉的学生发展普通理论，以了解学生作为一个整体的学习决定者（Williams，2007）。最近，教学—学习模式被广泛应用于了解辅导关系，重点关注学生学习积极性和学习决策（Hemwall，Tracte，2005）。此外，其他领域的理论（如叙事理论和社会规范理论）也用于学业辅导，为辅导工作交流提供思想资源（Demetriou，2005；Hagen，Jordan，2008）。

从事学业辅导工作的学者开展了关于一系列专题研究，包括学生、大学、课程、高校教育宏大目标以及学业辅导工作广泛的社会和文化环境。研究者关注的前沿是学生具有什么特点，学生如何做出学习决策，他们如何参与学校活动进行课程学习，学业辅导如何运用特殊技术开展交流（NAAA，2009）。研究专题逐渐多样化，包括追溯学业辅导部门发展通史和地方史、学业辅导跨国比较、通识教育的重要性、高等教育和课程的广泛探究（Schulenberg，Lindhorst，2008）。关于学业辅导本身性质的热烈讨论是本专业理论和研究活动的另一个特征，一直持续到 21 世纪（Schulenberg，Lindhorst，2008）。在一个持续发展的专业领域，这种研究有助于改进辅导工作，以及广泛意义上的高等教育研究。

# 第五章　就业服务

丽萨·瑟夫利

## 引言

成为受过教育的人意味着什么？大学生毕业后的目标是什么？对于毕业后的校友，母校有什么责任？教师在学生毕业后的职业中发挥什么作用？为什么要上大学？长期以来，许多大学一直努力解答这些问题。宏观来说，这些问题代表了教育所涵盖的终极价值。从学生成果角度来看，这些问题提出学生（以及家长）从投入的时间和金钱中收获的底线。2003 年，《高等教育年鉴》举行了一场关于对高等教育看法的全民调查。受调查者表示，大学教育十分重要的一点就是为学生做好就业准备（Selingo，2003）。这些问题也代表着大学就业中心的工作范围和使命。就业中心成立之初，大多数由职员发起，他们面临着工作安排的问题，之后随着大学的发展而发展，体现出个人发展、学习发展和职业发展的广度和深度。

学校对就业中心有不同的称呼，因而很难对其进行统一描述，包括基本要素是什么，如何衡量其成功等。其多种结构（例如，根据学科组织的就业中心、统一的就业中心），多种工作汇报线路（例如，单个学院、学业管理或学生事务部门）以及丰富多样活动开展（例如，咨询、学分制就业课程、实践教育、学业测试、人才招聘会和就业安排），使得人们无法进行一个"典型"的定义（Bechtel，1993）。本章稍后会描述这些差异，但值得注意的是，基于大学及其工作重点不同，在此讨论的任何内容也会有所不同。

不同于卫生保健、心理健康咨询或者学生公寓等学生中心，就业中心是一个不断变化的实体，每隔5至10年，甚至在同一所学校也会更新服务菜单。作为学校和职场间的桥梁，如果就业中心组织和开展的活动项目一直保持不变，则会最终瓦解，无法满足学校的需求。换言之，面对持续变化的学生人口和就业市场需求，一种适应型、变化型的就业中心必不可少。

许多就业服务工作者意识到就业模式已经远远不适用了（Lucas，1986；Rayman，1993；Wessel，1998）。虽然有人对以字母"p"开始的字眼儿感到害怕，但承认其看清其在历史中的作用非常重要。这种就业安排模式针对少量的毕业生很实用，能够帮助他们找到长期稳定的工作，通常都是在一家公司。但是，如今职业道路不再直线发展，许多毕业生会在1至3年内辞去第一份工作。如果每一个被"安排"了的毕业生重新回到母校的就业中心，学校将不能够满足全部毕业学生的要求。1999年，美国工会（U. S. Department of Labor）发表一篇标题为《未来的工作——21世纪就业趋势和面临的挑战》（"Futurework-Trends and Challenges for Work in the 21st Century"）的报道，其中表明，平均每个年轻人在32岁之前会从事9份不同的工作。大卫·伯奇（David Birch，1990）在其文章《单一职业生涯的结束》（"The Coming Demise of the Single-Career Career"）中预测，当今的大学毕业生期许退休前在3至5个不同职业领域从事10到12份工作。

因此，就业服务采用需更新的模式，以更精确地反映毕业生的需求（Casella，1990；Wessel，1998）。如老话所说，就业服务专业人员授人以渔而非授人以鱼。从安排工作模式到职业发展模式的转变已经开启了职业发展活动的大门，活动贯穿整个学习期间，并非只在学生准备外出找工作才开展（Casella，1990；Wessel，1998）。工作安排发展到实习安排，为职业规划等打开了大门。

从就业中心成立之初到现在，不难发现，学生排着长队，拥堵在砖墙前，仅仅为等待当面签订就业协约的面试机会。那时，对就业中心人员或者寻求机会的学生而言，该活动都非常枯燥乏味。数据储存和参考技术的发展帮助减轻了许多类似的问题（Harris-Bowlsbey，Sampson，2005）。如今，学生可以在清晨两点注册就业账户，阅览校园收到的工作招聘信息，提交个人简历，安排面试。这种"无边界就业中心"有利于适应学生的节奏，采用他们喜欢的模式。与此同时，高科技方式并没有取代人工帮助（NACE，2008）。既然计算机承担了管理及其详细的系统信息，那么，就业服务职员则有更多的时间与学生接触。就业顾问和指导更多关注发展性任务和技能，如决策、简历撰写、进行面试和专业技能。无论是网上或是面对面，学生比以前更多地参与活动和服务项目，这些活动和项目帮助他们规划未来且为之做好准备。

对职业和个人规划的重视反映了工作在文化中的分量。学生们初次相见时，自我介绍姓名后通常询问的是"你学什么专业"。毕业之后，问题会逐渐变为"你是干什么的"。因此，个人认同大部分由职业决定，以至于只关注其一而忽略了另外一个则会显得很荒唐可笑。工作已然成为人们与身外世界的链接。在此意义上，也可以说，就业服务部门是大学与学习以外世界之间的桥梁。

## 就业服务历史

### 就业安置

只要存在大学，就会有就业服务。起初，教师和行政人员通过朋友和熟人关系网直接进行就业服务活动（Blaska，Schmidt，1977；Lucas，1986；Wessel，1998）。这种以男教师与男学生的

"老男孩人际网"的方式提供就业机会的模式，构成了一种成人礼仪，使学生在知名教授的指导下转变为大学生（Blaska，Schmidt，1977；Lucas，1986；Wessel，1998）。这种非正式的方式为学生和学校良好运行了持续了多年。然而，随着时间的流逝，对教师的教学与研究提出了专业要求，使得这一方式曾有的重要功能相形见绌。此外，教师更加囿限于大学，很少接触学校以外的世界，如此，人际网络的广度和深度上都受到削弱。随着学生人口数量和多样性的增长，教师更加不会参与课外指导活动。为了满足学生获取帮助的需求，诸多大学开始在就业服务上采取更集中的方式（Blaska，Schmidt，1977；Lucas，1986；Wessel，1998）。

正式的就业服务活动主要有两条开展途径。有时，教师和行政人员群体组建委员会，帮助学生实现就业目标（Blaska，Schmidt，1977；Lucas，1986；Wessel，1998），早期的例子有 1899 年成立的牛津大学任命委员会和 1919 年成立的耶鲁大学任命委员会。与此同时，20 世纪初期，弗兰克·帕森斯（Frank Parsons）领导了大型职业发展运动（Baker，2009；Lucas，1986）。同时，老师安排工作逐渐成为一种正式的活动（Lucas，1986）。如今许多大学的就业中心可以追溯到早期的教师安排工作活动（Blaska，Schmidt，1977）。

首个学生就业专业组织"全国任命秘书协会"（the National Association of Appointment Secretaries）在 1924 年成立（Blaska，Schmidt，1977；CAS，2006）。1931 年，该组织更名为"美国大学人事协会"（the American College Personnel Association，ACPA），作为就业发展专业人员和学生事务专业人员的一个领导机构而广为人知。1940 年，"学校和大学就业安置协会"（the Association of School and College Placement）成为第一个提供就业服务的综合性、全国性协会，随后更名为"大学就业安置委员会"（the College Placement Council），最后发展为"全国大学和企业协会"（NACE，2009）。

第二次世界大战之后，企业对受过教育的员工需求量增大，大批的退伍老兵重返学校，使得就业安置成为高校的首要任务，职业规划和就业安置变得愈发重要（Blaska，Schmidt，1977；CAS，2006）。1944年，429所大学与退伍军人管理处（the Veteran's Administration）合作成立了咨询中心（Blaska，Schmidt，1977；Lucas，1986；Wessel，1998）。之后数年，退伍军人协会（the Veteran's Association）携手职业康复和教育中心（the Vocational Rehabilitation and Educational Service）和美国劳工统计局（the Bureau of Labor Statistics）首次出版《职业信息手册》（*Occupational Information Hand-book*）（Blaska，Schmidt，1977；Lucas，1986；Wessel，1998）。这些合作和增长的服务需求最大速度推动了就业安置活动的发展。到1950年，大多数高校开展了某种形式的就业安置活动。如同大多发展的专业领域，需要与其他专业从业者进行联系和沟通促进了新专业协会的产生。1957年，建立了大学就业安置委员（the College Placement Council），成为研究和出版物的交流中心，包括《大学就业安置办公室目录》（*Directory of College Placement Offices*）、《校园招聘手册》（*A Manual for Campus Recruiting*）和《大学就业安置基础》（*The Fundamentals of College Placement*）（Blaska，Schmidt，1977；Lucas，1986；Wessel，1998）。

民权运动、越南战争、女权运动和学生激进运动引发的深刻文化变革迫使大学审视他们的使命，意识到高等教育更为重要（Blaska，Schmidt，1977；Lucas，1986；Wessel，1998）。那时，就业中心工作范围拓宽到包括了整个职业规划过程。一旦只关注从大学到工作的过渡，就业中心员工就会转换他们的焦点，将整个职业发展过程包括进来。如今，在大多数就业中心，仍然可以看到这种就业安置和职业规划平衡的模式。

自从开始关注职业发展和职业规划，就业服务部门最为重要的变化是技术的使用。得克萨斯州得州农工大学（Texas A & M

University）学生兼职员工埃里克·穆林（Erik Mulloy）开创了自动化校内招聘和求职。穆林开发了一套软件，简化了大学紧张的面试安排流程，随后他将其完善为全自动化就业服务。第一个系统名为"第一名"，由穆林新公司开发的"学习软件"在1987年发布（CSO，2009）。穆林一直经营该公司，到1999年，拥有超过600名大学客户。2001年，穆林创立了就业服务办公室（CSO）研究，重返该领域。频繁的合并、收购和供应商终止服务，使得这类系统的供应有点不稳定。本章稍后部分会对当前的技术使用进行讨论。

"学习软件"的引进，为就业中心带来了巨大的文化层面上的转变。人们不再束缚于高劳动力强度的招聘系统，更多资源可以用于一对一的咨询介入。现在的就业中心试图整合职业咨询和就业安置的作用，联合起来，共同服务于学校目标（Hoff，Kroll，MacKinnon，Rentz，2004），但受到以下几项因素的影响：

（1）商业和工业的重组、精简。

（2）经济日渐全球化。

（3）工业型经济向服务型经济转变。

（4）冷战防御状态结束。

（5）从业者需求较小的中小型公司的发展。

（6）大学生及毕业生欠债增加。

（7）大学生的多样性。

（8）联邦政府和州政府削减高校资助。

了解就业服务发展历史和文化背景，有助于更好地理解指导实践的理论以及催生变革的变化。

### 职业规划

"就业安置"服务特别关注学生活动，通过这些活动，学生的技能、学习、兴趣和能力达到某一项工作或职业的要求（Rayman，1999）。发展为"职业规划"融合了弗兰克·帕森（Frank Parsons）最先提出的三分模式，包括对自我的全面认识、职场的了解和对自我认识和职场了解的匹配的逻辑评估（DeBell，2001；Baker，2009）。从个人到职业的转变模糊了咨询中心所关注的内在心理层面和职业咨询师所关注的个人层面之间的清晰界限和区别（Hackett，1993）。一些大学综合了这些功能，但是时过境迁，对独立就业服务的需求愈发显著。最初大学和用人单位之间的对接或代理服务，逐渐发展为全面支持和发展服务（Casella，1990；Wessel，1998）。相对于只关注毕业生到职场的过渡，职业规划服务目前关注贯穿学生学习期间的职业需求，涉及从专业选择到研究生院校选择的整个过程（Freeman，1994）。着眼于就业中心人力资源的分配，所有活动旨在帮助学生了解自我、兴趣、能力、价值观、目标，使得这些仅关注就业安置的活动取得平衡（NACE，2009）。

职业规划专业人士处在一个特殊的位置，一只脚踏在职场，另一只脚踏在学校，使学校对毕业生对新工作的期望的变化保持信息畅通（Casella，1990；Bechtel，1993；Wessel，1998）。同时，用人单位公关专家（employer relations specialists）与用人单位紧密合作，帮助用人单位发展、培训、保留新毕业生（Casella，1990；Wessel，1998）。就业服务部门也会在大学中担任独一无二的角色，通常担任主要合作关系部门。

## 目的和目标

每所大学有其独特的身份、使命和目的，每一个就业中心也如此。为进一步表明两者的一致性，学生事务专业建立了工作指导核心原则，包括在就业中心的工作。标准发展委员会（the Council for the Advancement of Standards，CAS）是高等教育专业协会联盟，提供了众多学生服务工作标准，包括就业服务。在《高等教育职业标准》（its *Professional Standards for Higher Education*）的第六版中，委员会强调了就业服务的核心使命：帮助学生和其他指定客户完成职业发展中的所有阶段。此外，就业服务的使命如下：

（1）为学校解决就业发展问题提供指导。

（2）发展与用人单位和校外人员的工作关系。

（3）支持学校的成果评价和相关研究工作。

随着学校和服务模式发生变化，标准发展委员会提出有助于学生和其他人发展的 8 个关键要素：

（1）增长有关职业选择和工作业绩的自我认识。

（2）获得学习和职业信息，以便进行职业规划，增进职场了解。

（3）选择合适的学习活动和实践活动。

（4）负责发展自己的就业能力。

（5）参与学生社区服务活动、学生兼职活动、研究或者创作活动、合作教育、实习以及其他活动，增加经验。

（6）与校友、用人单位、专业协会以及其他人士建立关系，获取了解职场的机会。

（7）参与成熟的职业发展活动，为找寻合适工作做准备。

（8）寻找理想的就业机会或参加合适的学习、毕业或专业活动。

1993 年，杰克·雷曼（Jack Rayman）为学生服务新方向（the New Directions in Student Services）系列主编了一本极为重要的手册《就业服务的角色转变》（*The Changing Role of Career Services*）。在结束语中，雷曼（1993）概括了就业中心必须开展的 10 项工作：

（1）我们必须承认职业发展的终身性，开展活动和服务，使学生能够并鼓励他们对自己的职业认同负责。

（2）我们必须接受技术作为我们的盟军，利用它把员工从劳力集中型的工作时间消耗中解放出来。

（3）我们必须继续改善、加强职业认同以及学校的就业服务认同。

（4）我们必须承认和接受，个人职业咨询处于专业的核心，努力保持和加强个人职业咨询在职业发展过程中的中心地位。

（5）我们必须谨记与员工、咨询专家、其他学生事务专家、管理人员和学生团体建立合作关系，以充分利用这些合作关系进一步推动我们实现高级学生就业发展目标中的"倍数效应"。

（6）我们必须加倍努力，满足学生主体日益多样化带来的不断变化的就业发展需求。

（7）我们必须承认作为美国企业和学校之间最显著、持续的链接，但是也必须持续关注职业发展，免受牺牲就业服务质量而获取学校筹集资金的诱惑。

（8）我们必须承认和接受校内招聘，如我们所知，它是已有的事物，但也发展多种其他方式促进大学到职场的过渡。

（9）我们必须解决我们在开展校友职业服务中面临的模糊不清的问题，从校友会中征集开展这些服务活动必要的资源支持。

（10）我们必须更有效率地倡导资源维护，提高我们在学校中促进学生就业发展中的作用，必须在使用现有资源时更加有效率，更富于创新。

在概述上述 10 大必要事项时，雷曼（Rayman，1999）发现它们之间有着明显的关联性，特别强调技术的重要性，以及关注毕业生困境的持续需求。就如雷曼所述，"十分可能的是，成功找到心满意足工作的毕业生大多慷慨大方，乐于助人。"

制定全面策略规划已然成为就业中心成功的一个要素，以确保实现以上所有目标，尤其是解决高校和人才招聘市场中的风云变化。

## 管理组织结构

### 组织模式

尽管多数大学已经有不同类型的就业中心，但不是所有的就业中心都是以同样的方式处理问题。大体来说，有集中型和分散型两个主要结构。集中型就业中心通常设立在全校管理部门，如学生事务或学生管理部门。在全国大学与用人单位协会（the National Association of Colleges and Employers，NACE）发布的《就业服务基础调查》（*the Career Services Benchmark Survey*）中，超过68%的受调查者回答他们是向学生事务部门汇报工作，19%的受调查者回答向学习事务部门汇报工作。集中型就业中心的一个显著优势是，一个办公室就能覆盖学校范围内以及所有行业的所有活动（Herr，Rayman，Garis，1993）。例如，正在招实习生和员工的公司或机构只需要学校的一处地方，就能够与整所大学联系。同时，需要就业服务的学生不受专业限制，可以自由参与各种活动。当然，集中模式也有其不足，大多数情况下，一所大学的就业中心难以对整所大学有深刻的了解。因此，有些集中型就业中心感到与某些教师和学生群体的联系不紧密（Herr，Rayman，Garis，1993）。此外，集中型就业服务中心的人员配备并不总是与招生同步增长，难以提供恰当的服务。

分散型就业中心是大学各学院管理的一部分，因此，更加集中关注学习事务（Herr，Rayman，Garis，1993）。这种模式正好解决中心与学院教师和学生群体之间联系不充分的问题，帮助就业中心员工加强与某一学科的教师、员工、用人单位的联系，更加契合学院的特殊目标和需求。当然，其代价是联系起来比较麻烦。例如，用人单位想要接触多个候选者，就必须多次前来学校，与不同的办公室接洽。分散型模式的另一个不足是其重复性服务和较高的成本。大学里建立多个就业中心投入昂贵，比建立集中型就业中心的学校需求更多的人力资源。例如，科罗拉多大学波尔德分校（the University of Colorado at Boulder）就只设有一个就业中心，为整所大学服务。得克萨斯大学奥斯丁分校（the University of Texas at Austin）设有 14 个不同的就业中心，每个中心进行独立预算，配备自己的员工。从资源角度看，集中型模式运作更加有效。许多大学已经采用混合模式，即综合两种模式，减轻各自的不足，包括建立卫星办公室、大学就业服务办公室联盟以及联盟模式（liaison models）。

根据美国大学与用人单位协会（NACE）发行的最新《职业状况：就业服务基准调查》（State of the Profession：Career Services Benchmark Survey）显示，高校大多开展集中型就业服务活动而非分散型就业服务活动。在参与调查的学校中，超过 88％表示自己采用的是集中型服务方式。如果大学努力以更少的资源和资金提供更多的服务，集中型就业服务具有优势，可有效运用人力资源、办公空间、设备、技术成本，为学生和用人单位提供便利。

## 工作汇报结构

职业和专业发展横跨学生发展多个领域，工作汇报结构自然不同，且趋于不断变化。集中型就业服务部门大多驻扎在学生事务部门，许多就业中心主任直接向学生事务部门领导（副校长或者副主席）或学生处主任（the dean of students）汇报工作。美国大学和用人单位协会（NACE）最新调查显示，超过 2/3 的受调查者供职于学生事务部门。设立在学生事务部门中增加了就业服务和其他学生相关活动之间互相借鉴的机会（Hoff，Kroll，MacKinnon，Rentz，2004）。此外，作为从校园熟悉与适应到毕业的学生发展活动的一部分，学业就业服务能使其服务得到认可（Hoff，2004）。与学生事务一体化的形式，不同于早期的就业中心。那时，大多数中心主任直接向校长或者教务长汇报工作（Herr，Rayman，Garis，1993）。分散型就业服务中心设置于特定学科内，可以加强与学校教师之间的联系，也有利于建立一个强大的资源库（Herr，Rayman，Garis，1993）。其他工作汇报结构例子还包括：向本科教育主任汇报工作，或融入招生部门。这些报告结构通常促进与教学单位的紧密联系，因为与教育企业联系而增加资金。随着高校更为复杂化，工作报告结构也继续变化，难以确定一个典型的汇报结构。

无论何种形式的结构或工作汇报线路，就业服务人员必须掌握一些关键要素，开展有效工作。谢（Shea，1995）总结的因素如下：

（1）员工大力支持、认可、协助以及接受。

（2）就业工作人员充分了解常规学生发展原则，与其他学生事务人员建立良好工作关系。

（3）得到上级管理层的支持，认同就业服务对学校、学生及毕业生个体的价值。

（4）根据预期成果进行资金投入。

**资金投入**

无论采取什么报告线路和组织结构，就业中心经费主要有 4 个来源：学校划拨经费、直接收益、社会捐赠以及学生缴纳的学费（Herr，Rayman，Garis，1993）。首先，就业中心大多直接从学校获取资金，通过学校资金划拨或者通过所在的工作汇报组织资金划拨两种方式。许多就业中心也通过人才招聘会、与院系的合作、开展优质服务或测试服务筹措额外的资金。此外，与就业中心合作紧密的公司经常捐资资助特别项目、赞助活动，或者通过冠名活动宣传他们的公司。一些就业中心也会直接从学生那获得资金，可能以付费服务的形式，如收取学生一定费用注册在线系统，或者直接收取学生学费。大多数就业中心综合利用上述 4 种来源。这种多样性的方式可帮助就业中心经历风云变化。例如，如果某年的就业市场收益下滑，主任可以小幅增加学生费用进行弥补。

## 服务类型

正如本章通篇提到的，大学就业中心开展的活动和服务类型变化很大。然而，一些重要的服务活动往往具有大学就业中心的特点，存在于大多数情况中。高等教育标准发展委员会（CAS）列出了4种就业服务核心活动：就业咨询、就业和深造信息资源、通过教育实践的就业调查以及求职。

当然，由于结构和资金的多样性，不同学校达到标准的方式存在显著差异。就业中心员工富有创造力和革新精神充满活力，他们源源不断开创崭新的活动，并让以前的服务活动适应学生和用人单位持续变化的需求。然而，每一个就业中心都会开展一套核心活动。在美国大学和用人单位协会（NACE）发行的《四年制大学就业服务基准调查》（*the Career Services Benchmark Survey for Four-year Colleges and Universities*）中，超过75％的受调查者提供了以下几种不同类型：

（1）需要预约的就业咨询。

（2）人才招聘市场。

（3）专业和技能发展研讨会。

（4）企业协助实习活动。

（5）无须预约的就业咨询。

（6）专业实习。

（7）校园招聘面试会。

此外，一些就业中心也提供下列活动：

（1）学分制职业规划课程。

（2）就业信息数据库（在线或者实体）。

（3）证书托管和索引。

（4）毕业生服务。

（5）测试服务。

（6）学生兼职。

根据美国大学和用人单位（NACE）的调查，在过去 10 年，开展服务活动对很多就业中心造成了冲击。首先，许多就业中心不再采用纸质资料库，转而只使用在线资源。纸质资料存在许多弊端：第一，职业信息更新日新月异，许多资源在上架时已经过时了；第二，由于纸质图书馆会占据很大一部分设备空间，一些机构只有关闭图书馆才能扩展员工办公室；第三，许多就业中心向第三方外包他们的证书和推荐档案服务，如高校档案管理系统。其次，现在学生和毕业生能够通过多途径付费方式，随时打开、管理他们的证书档案。这种外包服务减少了员工工作时间，有助于缓解长期记录储备的问题。最后，这种服务的便捷性和灵活性提升了面向学生的服务水平。

面向毕业生的服务对大学造成了进退两难的困境，特别是经济变革让许多毕业生不得不开始找工作。正如每一篇有关失业期生存的文章都鼓励人们与母校联系寻求帮助，当然，学生也照做了！一些大学在就业中心或者是校友关系部门为毕业生提供免费服务。这是一种学生与母校保持联系、学校资助其毕业生的良好方式，但也会对在校学生的现有服务造成巨大压力。就业中心采取的另一极端做法是完全将毕业生弃之门外。通常情况下，这些中心的资源有限，只能提供给在校生，或者因为他们的经费来源是学生经费。有些学校的就业中心采取介于上述两个极端之间的做法，实行校友服务付费制。例如，一些中心按照市场价或浮动佣金率（a market or sliding scale rate）收取咨询费，而免费提供职业信息或者收取订购费。还有一些服务对 1 至 2 年内毕业的学生免费，对已经毕业的学生收费。尽管没有指定针对毕业生的就业服务行业标准，但显而易见，问题会变得更加难以处理。实际上，许多学生和家长参加大学招生会是为了了解学生就业服务信息以及对毕业生的后续支持。

根据《高等教育年鉴》（*Chronicle of Higher Education*）2008 年发布的调查，在参加调查的大一新生中，超过一半以上表示，他们选择所上大学的依据是这所学校毕业生的良好就业情况，与 2006年的调查结果相比，这个比例上升了大约 3％（Hoover，2008）。

下面详细介绍就业中心的核心活动：就业咨询（包括职业评估和计算机辅助就业指导系统）、学分制就业课程、就业信息、教育实习（包括合作教育、实习和学生兼职）和校园招聘（包括人才市场和信息宣讲会）。

### 就业咨询和职业评估

虽然每个人有着自己的就业咨询范式和指导理论，但通常来说，都具备 3 个共同要素：自我认识、对职场的认识以及决策能力（DeBell，2001）。为大学生以及刚刚毕业的学生提供服务的就业咨询师利用早期决策方式（专业选择、寻求实习机会、初级职务面试），作为终身自我就业管理的学习工具（Whiston，2000）。就业服务专业人员通过增强学生更加有效地管理自己的就业过渡期的能力，为学生的未来发展做好准备（Heppner，Johnston，1993）。学生一按按钮就会获得大量信息，因此，咨询师不仅要指导学生在何处可找到最好、最准确的信息，还要指导学生如何分类、整合相关详细资料（Gardner，1998）。

根据高等教育标准发展委员会制定的高等教育专业标准，大学必须"……开展就业咨询，帮助学生和其他指定客户在其不同就业发展阶段能够：①通过评估兴趣、能力、价值、实践、个性和理想生活方式，了解自我认识和职业选择之间的关系；②寻求、研究职业、学习和就业信息；③广泛调研职业和工作机会；④基于正确的自我认识和准确的职场信息，做出理性的、经过深思熟虑的职业选择。"

职业评估是就业咨询的主要要素，发展最初就成为就业咨询职业的一部分。就业咨询师经常遇见诸如"我可以在哪里做就业测试"等问题。职业评估工具为学生在职业发展"自我认识"阶段提供大量信息，然而过度依赖测试，学生过于重视测试结果的趋势，让一些咨询师感到警惕（Davidson，2001）。职业评估包括标准参考工具，通常经过了仔细研究，可靠度高，效率高（Herr，Rayman，Garis，1993）。既可实行单独管理，也可以集体管理，提高了介入的有效性和效率。实际上，许多工具开发时，大量人群一次性涌入就业市场，这使得快速评估必不可少（Lucas，1986）。与此同时，这些工具经常遭受诟病，与标准组的比较不能解释个体差异，工具有限的处理范围可能鼓励学生过快缩小选择范围。

职业评估有两套不同的理论线路。早期的职业评估和当前一些模式一样，大多以简化主义为理论基础。评估旨在将自我的各个方面分化为细小的、可测量的成分。例如，荷兰编码模式（the Holland Code model）根据职业兴趣不同把人们分为了六类，使人们更容易找到相符的职场（Herr，Rayman，Garis，1993）。此外，一些更新的模式提倡采用更全面的方式构建自我认识，与咨询师和客户一起描绘完整的蓝图（Savickas，1992）。例如，就业咨询叙事方式让个人回忆以往的经历和话题，有助于发展和撰写个人生活经历的下一篇章。

就业咨询师目前最常用的职业评估工具包括《迈尔斯·布里格斯类型指标》（*Myers-Briggs Type Indicator*）、《做你自己》（*Do What You Are*）、《浓厚兴趣清单》（*the Strong Interest Inventory*）、《坎贝尔兴趣与技能调查》（*the Campbell Interest & Skills Survey*）和《寻找优点》（*Strengths Quest*）（全国大学与用人单位协会，2009；Whitfield，Feller，Wood，2009）。

《迈尔斯·布里格斯类型指标》由凯瑟琳·库克·布里格斯（Katherine Cook Briggs）和她的女儿伊莎贝拉·迈尔斯·布里格斯（Isabel Briggs Myers）1943年共同开发（Myers，McCaulley，Quenk，Hammer，1998），大部分以卡尔·荣格（Carl Jung）的著述和哲学为理论基础，根据4个具体标准确定个人的一个或多个倾向：内向或外向、理性或直觉、思考或感觉以及判断或感知（Myers，1998）。这些倾向是通过测试者与更大的标准群体比较而获得。这4种性格偏向，可以构成16种不同的人格类型，每个人具有其中的一种。职业咨询师利用这些信息帮助客户找到可能适合的职场。

《做你自己》是现代版性格类别查询类书籍，基于保罗·泰格和芭芭拉·拜伦（Paul Tieger，Barbara Barron，2007）的畅销职业丛书。通过客户对现实场景的反应，系统会使用MBTI职业测试的4种性格类型划分创建性格报告（Tieger，Barron，2007），然后将这些报告文件与未来的职业道路和大学专业关联起来。因为与每所大学信息相连接，这种工具尤其受到大学就业中心的欢迎。

《浓厚兴趣清单》的开发旨在测试客户在职业、工作、业余爱好以及学习科目等领域内的兴趣（Donnay，Morris，Schaubhut，Thompson，2005），将这些兴趣程度与大范围的标准参考群体比较（Donnay，2005）。结果显示，学生的兴趣集中点在于如何将这些兴趣与各个领域中的满意度高、事业成功的专业人士相比较。这些兴趣集中点基于约翰·霍兰德（John Holland）的工作，他划分了6种普遍的兴趣类别和可比较的工作任务类别：现实型、研究型、艺术型、社交型、事业型以及常规型（Donnay，2005）。

《坎贝尔兴趣与技能调查》（CISS）同《浓厚兴趣清单》一样，职业定位通常和霍兰德（Holland）的6种类别的主题一致。但其兴趣分类稍微有点不同，把其中的每一个类别实际划分为两个独特的群体：创作型（现实型）、分析型（研究型）、创造型（艺术型）、乐善型（社交型）、魄力型（事业型）以及组织型（常规型）（Campbell，Hyne，Nilsen，1992），一些咨询师倾向于使用这些新术语评估参加咨询的学生。此外，《坎贝尔兴趣与技能调查》涉及技能类的自我评估，专门用于测试客户在某一特定领域内的自信心（Campbell，1992）。咨询师可以利用这些信息确定信心不足是否会对学生在某一特定领域的兴趣或者喜好造成影响（Severy，

2009）。

相对而言，《寻找优点》是大学就业服务采用的又一职业评估新工具，由盖洛普民意调查公司开发。《寻找优点》基于唐纳德·克里夫顿（Donald Clifton）、爱德华·安德森（Edward Anderson）以及劳里·施赖纳（Laurie Schreiner）的研究成果，以积极心理学基本概念为理论基础，强调优点而非弱点（Clifton，Anderson，Schreiner，2006）。作为一种评估工具，它帮助客户对 34 种优点进行排序，寻求客户独有的综合优点带来的就业机会，有助于其制定短期和长期决策。《寻找优点》系统中所谈及的大量研究结果，以及大量作为客户的学生和毕业生所使用的工具，被大学就业咨询师中快速广为使用（Clifton，2006）。

如果咨询师打算帮助学生通过活动而非与大范围标准群体比较方式提高自我认识，除了这些工具外，还有一些工具可资利用。这些工具已经使用了多年，最开始是卡片分类的形式，进而发展到创意活动，如职业剪贴画。通常情况下，这些非正式评估工具增强客户的活动主体性，增进反思和自我发现，且费用很少或者免费（Niles，Harris-Bowlsbey，2009）。一些工具初露头角，它们结合上述两种方式，提供允许个人探索、创建自己路径的系统化评估。这些新模式包括马克·维卡斯（Mark Savickas）的就业咨询叙事模式和《自转折点的正确道路》（*True Path from Turning Points*）（Savickas，1992；Turning Points，2009）。马克·维卡斯（Mark Savickas，1992，1995）提倡使用讲述故事和话题鉴别方式，帮助客户了解到他们是谁，希望以工作的方式与世界建立何种联系。通过咨询面谈，维卡斯让客户总结他们的话题，思考这些话题在职场上展开（play out）的可能方式。

《自转折点的正确道路》（2009）是一部传统型和叙事型介入活动集，旨在帮助人们确定具有重要意义、带来成功的个人话题，而后如何将这些个人经历转变为职业经历，再将这些职业经历转变为个人推销材料，如简历。

### 就业咨询

如果要用一项服务来定义就业中心，只能是职业发展和就业咨询。根据全国大学与用人单位协会调查结果显示，93％的受调查者开展就业咨询。就业咨询师和指导者为所有阶段、所有专业的学生提供帮助。咨询师面见的每位学生都呈现不同的情况、挑战和机遇。一些学生需要正式的咨询，有的需要就业方面的技能帮助，还有的可能需要训练，以增强信心，向目标靠近。就业咨询师面临的客户问题涉及面大，从个人的、特别私人的问题，到专业技能和树立自信心。克尔（Zunker，2002）认为，就业咨询包括一生中所有与就业选择有关的咨询活动，在就业咨询过程中，个人需求的各个方面（包括家庭、工作以及休闲）被认为是职业决策和规划中不可或缺的组成部分。

就业咨询师属于私人咨询吗？这么多年来，这个问题一直遭受众多争议（Hackett，1993）。虽然一些面临更为急迫的诊断和发展问题的客户可以到大学咨询中心寻求帮助，但这些问题常常为就业发展中心带来困境。因此，就业咨询师须掌握必要的诊断技能，解决面临危机的客户的各种需求。高等教育标准发展委员会（2006）制定的就业咨询指南提示，咨询师必须"……认识到，学生就业决策不可避免地还与心理的、社会的、个人的、发展的和文化的问题及观念有关"。

正如大多数专业一样，就业咨询师受到专业协会同行的支持和指导。这些组织帮助确定和提炼该领域专业人士提出的能力要求。许多大学就业中心的就业咨询师是美国就业发展协会（the National Career Development Association，NCDA）的成员。该协会是美国咨询协会（the American Counseling Association）的一个分支。它将就业咨询定义为帮助个人终身职业展的一个过程，过程关注明确工作角色，以及这个角色与生活中其他角色相互作用的方式（1997）。协会制定了一套最低能力标准，就业咨询师有效开展工作必须具备这些标准（1997）。协会认为，专业就业咨询师需具备硕士以上文凭，掌握普通咨询者可能不具备的职业发展方面的知识和技能。协会（1997）制定的最低能力包括以下领域的技能和知识：

(1) 职业发展理论。

(2) 个人、团体咨询。

(3) 个人、团体评估。

(4) 信息资源。

(5) 项目升级、管理和实施。

(6) 训练、咨询及能力提升。

(7) 多样性人口。

(8) 监督。

(9) 道德、法律问题。

(10) 研究、评价。

(11) 技术。

在上述涉及面广的能力清单里，项目升级、管理和实施要素使就业咨询不同于大学校园里的其他咨询服务。

除了这些能力，其他系列的技能对就业咨询师也十分重要。例如，除处理个人和群体咨询外，大学就业咨询师开展活动、研讨会和演讲，鼓励所有职业发展阶段中的学生。其中一些活动侧重特殊技能，例如写简历、面试或者建立人际关系，其他活动则关注更大的概念，如就职于不同行业，旨在发展学生职业热情的研讨会的毕业生或从业人员专门小组。许多就业咨询师认为，从与客户见面到规划和宣传活动和就业研讨会的各种任务，能够带来极大的兴奋和满足感。

除了全国职业发展协会（the National Career Development Association），许多就业咨询师是美国大学人事协会职业发展委员会（the Career Development Commission within the American College Personnel Association）的成员。不同于全国职业发展协会

的成员来自各种背景和各个年龄层次，美国大学人事协会（ACPA）职业发展委员会为大学就业咨询师提供服务（ACPA，2009）。就业咨询师能够通过加入这些组织、参加会议，发展自身的专业技能，加强工作践能力。

专业就业咨询师必须紧随就业发展和职场趋势，且为此采用多样工具。例如，许多就业中心订购了《大学就业咨询师》（*Campus Career Counselor*）周刊。《大学就业咨询师》的主编是皮特·沃格特和帕梅拉·布劳恩（Peter Vogt，Pamela Braun），这是全国唯一一个针对大学就业服务从业者的出版物，提供全国的活动信息、评论资源、汇总该领域最新信息和研究。除此之外，密歇根州大学（Michigan State University）大学就业研究院（Collegiate Employment Research Institute）的菲尔·加德纳（Phil Gardner）正在进行一项著名研究（CERI，2009）。

### 计算机辅助就业指导系统

计算机辅助就业指导系统（CACGS）在 20 世纪 60 年代已用于大学就业中心（Harris-Bowlsbey，Sampson，2001，2005；Iaccarino，2000）。开发第一版系统的人通常是理论家和教育家，着眼于实施他们的就业发展、选择和决策模型（Harris-Bowlsbey，Sampson，2001，2005），希望这些新的系统能够帮助客户增进自我认识和职场了解，同时促进决策的可靠性（Iaccarino，2000）。早期建立的计算机辅助就业系统包括教育和就业调查系统（the Education and Career Exploration System）、互动指导和信息系统（the System for Interactive Guidance and Information）以及职业决策信息系统（the Information System for Vocational Decisions）（Harris-Bowlsbey，Sampson，2001，2005）。其中，一些系统没能普及大众，因为对于当时可以利用的电脑系统而言过于复杂。到 20 世纪 70 年代，更为简单、更易管理和使用的模式取代了早期的系统（Harris-Bowlsbey，Sampson，2001，2005），一直到七八十年代仍然作为独立单元使用，到 90 年代作为独立的和网络化系统使用。随着互联网的使用，更多直接的服务活动开展形式便捷，开发了更多的计算机辅助就业系统（Harris-Bowlsbey，Sampson，2001，2005）。

早期关于计算机辅导就业指导项目的研究表明，使用这些系统能够增进自我认识、职业知识和就业规划需求的了解，以及职业决断力（Harris-Bowlsbey，Sampson，2001，2005）。与此同时，研究发现，计算机辅助就业指导系统用于个人或者群体就业咨询时更加有效（Niles，Garis，1990）。

根据美国大学和用人单位协会（NACE）的调查显示，大约 52％的大学就业中心为学生提供计算机辅助就业指导系统（CACGS）（NACE，2009）。当然，超过 85％的大学就业中心使用这三种产品或系统中的一种：SIGI/SIGI PLUS、DISCOVER 和 Focus（NACE，2009）。

### 职业和生活规划课程

最有效地整合就业规划和职业发展到大学环境中的途径，也许是将其直接嵌入课程（Halasz，2000；Oliver，Spokane，1988）。许多大学提供学分课程。不幸的是，全国大学和用人单位协会发起的 4 年制大学就业服务基准调查（the Career Services Benchmark Survey of Four-Year Colleges and Universities）显示，只有大约 1/3 的就业中心能够提供学分制就业课程。就业课程范围涉及职业调研、决策和职业理论（Halasz，2000）。学分制就业课程的有效性研究表明，参与此类课程的学生与没有参与课程的学生相比，职业决策力更高，变换专业频率更低，退学率更高，学习时间更短。这些研究结果容易被混淆，因为这些课程大多为选修课，且选修这些课程的学生通常学习积极性较高，但是，这些综合性课程对学生成功的影响不容忽视（Halasz，2000）。一些大学成功实开设了早期就业发展课程，而其他学校把这门课程整合进必修课。几所大学，包括科罗拉多州大学（Colorado State University）和中佛罗里达大学（the University of Central Florida）已经成功把就业发展内容加入一年级活动（First Year Experience）项目，如新生研讨会等。只有经历时间考验，才知道这种趋势发展是否有助于促进大学的保持力目标。

### 信息资源

正如前面提及的，最近，一些就业中心为了节省空间和资源，保持信息及时更新，已经关闭了实体资料室，提供了另外的方式。多数就业中心指导学生到其网页上查询高质量就业信息，或者提供综合在线就业图书馆的订购阅读服务。在线《职业展望手册》（*Occupational Outlook Handbook*）大概是使用最广、最便利的资源，在该领域兴起之初首次收集的现代版职业信息，包括美国劳工统计局收集的 400 种不同工作类型的信息，每隔两年就会修订（Bureau of Labor Statistics，2009）。其中的每一条目，包括工作所需的培训和学习要求、收入、工作前景、工作介绍以及工作环境。虽然不是《职业展望手册》中提到的所有职业都要求大学学位，网站（http://www.bls.gov/OCO/）为就业相关的信息提供了硬性起点。除了《职业展望手册》，其他免费网站（Monster，JobWeb，Hotjobs）和订阅服务站点（WetFeet，Vault）同样可提供公司、薪资和求职信息。

### 教育实践活动

虽然用人单位的期待值大不相同，通常来说，他们会考虑求职者的三个关键要素：教育/培训、技能和经验（CAS，2006；Herr，Rayman，Garis，1993）。有很多方法获得重要专业经验和领导技能。教育实践项目是其中之一，为学生提供社会学习机会，对课堂经验进行补充。所有的大学都有实践教育，如实验项目和出国留学项目。就业服务的实践教育项目通常采取实习和合作教育项目的形式。研究显示，参与这些项目的学生比没参加的学生具有更大的毕业概率，或者更可能早毕业（Wolff，Tinney，2006）。此外，实习和其他实践教育项目可以帮助学生更提升市场竞争力，发展与特定公司和领域的专业人士的工作关系，帮助学生决定就业选择。

根据全国大学和用人单位 2008 实践教育调查（the NACE 2008 Experiential Education Survey）显示，公司会在他们的实习项目中雇佣 40％的实习生为正式员工。这样的趋势在逐渐增加。在 2001 的调查中，超过 35％的实习生能够转为全日制正式员工，而在 2008 年，超过一半以上的实习生可以转正。在 1998 年的调查里，88％参与调查的招聘人员表示，相关的工作经验也重要，或十分重要（Reardon，Lenz，Folsom，1998）。

根据 2006 年美国标准发展委员会制定的标准，"实践学习项目使学生能够将学习与工作经验和职业调研结合起来"。虽然大多数人认为实习、实践教育有多种形式，包括合作教育（全职、多学期的带薪实践）、服务学习、志愿者活动、研究项目或者学生兼职，根据就业服务基准，只有大约 18％的就业中心管理学生兼职，这些项目大多归学生资助办公室管理（NACE，2008）。

实习有多种形式，协调实习项目很复杂。实习项目涉及双方：一方是实习单位，负责提供实习项目，可以提供实习补助，也可以不提供；另一方是院系，参与监督实习，可以计算实习学分，也可不计算。双方制定的要求可能相互冲突，学生时时会夹在其中。例如，一个公司可能会要求无薪实习生在实习期间获得学分，如果学生院系认为实习不符合实习要求，实习生可能会陷入困境。就业中心的实习活动协调者与院系紧密和实习单位紧密合作，将这些矛盾减少到最小，开发对每一个人都有效的系统。他们也会花大量时间与实习单位建立关系，发展和提供更多实习机会。

许多实践教育协调者是专业协会成员，包括合作教育和实习协会（the Cooperative Education and Internship Association CEIA，

2009)、全国教育实践学会（the National Society for Experiential Education NSEE，2009)。加入这些组织的成员，且参与职业发展活动，有助于他们提升技能，了解更多的其他成功项目。

## 校内招聘和就业人才市场

学生和用人单位一对一的面试仍然是就业服务的核心功能，即使技术成为该行业的核心要素（Stewart，1993)。一些理论家，如唐纳德·卡塞拉（Donald Casella）和罗杰·韦塞尔（Roger Wessel)，对就业服务行业的描述是：始于就业安置，进而发展成为职业规划，现在发展为网络化范式（Casella，1990；Wessel，1998)。网络化模式聚焦于就业中心的作用，在职业发展各个层面把学生、毕业生、用人单位和大学教职员联系在一起。校内招聘和就业人才市场是最传统的方式，以此，就业中心为这些群体提供建立人际关系网络的机会。

在全国大学和用人单位协会发布的就业服务基准调查中，几乎94％的受调查者表示，他们提供就业人才市场。此外，75％受调查者提供正式校内招聘活动，随着学校规模的扩大，校内招聘会数量也显著增加。招生超过2万学生的学校中，98％提供校内招聘活动。正如就业服务的大多数工作，就业人才招聘会在不同学校中往往大不相同。从大型的、涵盖所有专业和所有行业的招聘会，到小型的、只针对一个专业的专场人才招聘会，很难定义"就业人才招聘会"这个概念。通常来说，人才招聘会为公司提供站台宣传机会，提供单位信息和招聘目标，通常会给学生分发小赠品（small give-away items)，学生可以带走保留。学生参加人才招聘会，收集基本信息或者直接与目标单位的招聘人员建立联系（Stewart，1993)。人才市场上用人单位往往不接受个人简历，学生对此表示失望。通常情况下，这些公司建立了在线招聘系统，要求申请者使用。但是，学生为人才市场招聘做了充分准备，不希望被告知应该在网上申请。就业咨询师让学生意识到这个趋势，告知他们一旦简历进入系统后，面对面的互动更可能使其获得关注。人才招聘会通常为就业中心提供收入渠道。根据全国大学与用人单位协会的基准调查，超过88%的受调查者在人才市场向用人单位收取场地费。

校内面试项目为用人单位提供机会，在一天内或者一个大学站点与多个面试者见面，进行面试（Herr，Rayman，Garis，1993）。大多数学校在校内面试中采用一些自动化系统，让用人单位描述工作机会、学生申请、单位选择面试者，与面试者确定特定的面试约见时间。通常情况下，校内面试是扫描式面试，成功通过此次面试的学生会被邀参加在公司现场举行的第二次面试机会。

就业服务专业人员也是人才市场活动策划人、校内招聘系统管理者，他们是处理与用人单位关系的专业人士，通过帮助学生浏览系统，帮助用人单位和面试者联系，在院系和职场之间搭建桥梁。许多用人单位关系专业人员是全国大学和用人单位协会（NACE）成员，或者加入了4个地方协会之一，包括东部大学和用人单位协会（the Eastern Association of Colleges and Employers，EACE）、南部大学和用人单位协会（the Southern Association of Colleges and Employers，SACE）、中西部大学和用人单位协会（the Midwest Association of Colleges and Employers MidwestAce），以及山区—太平洋大学和用人单位协会（the Mountain-Pacific Association of Colleges and Employers，MPACE）。这些协会的特点是：集中招聘工作中的就业服务专业人员方和合作大学关系部（corpo- rate university relations departments）。教育资源和年会为工作者提供机会相互学习，为学生和用人单位之间的持续对话方式实现最佳化。

## 科学技术

目前，就业中心可能与20世纪60年代的就业中心极为相似，充分结合了就业咨询、实践教育和用人单位关系项目，然而，其背后的基础设施则全然不同。在 20 世纪 90 年代的中后期，学生仍然使用复杂的磁盘系统递交简历给用人单位，这比每天早上为了面试排队容易多了，网络系统的使用彻底改变了学生与用人单位的联系方式。在全国大学和用人单位协会（NACE）就业服务基准调查（the Career Services Benchmark Survey from NACE，2009）中，96.45％的受调查者者表示，他们使用在线工作宣传系统（an online job postings system），超过一半的人表示，他们使用在线面试安排。

就业服务行业经历了兴起和衰退，或者在线招聘系统的使用，很难描述当前的市场。通常来说，每一个系统能够让用人单位宣传工作，安排面试，让学生能搜寻工作，在线申请，被选中后注册面试（Herr，Rayman，Garis，1993）。大多数系统也提供详细报告系统，使系统的每一项功能展现得更清楚。大多数系统也包括管理能力、监控系统、在线业务、联盟能力、客户关系管理工具、调查功能和其他增值服务。学校如果想增加系统或者更新当前系统，评估差异的过程可能花费大量人力。选择实际上归结于 3 个标准：系统的功能性、提供顾客服务的水平和供应商的观念。除了一小部分小型系统和使用国产工具的学校，在市场上有 4 个提供全面就业服务办公室管理系统的重要供应商：NACElink，Symplicity，CSO 和 Experience。

尽管早期希望 NACElink 项目能帮助减少供应商市场波动，与非营利专业协会管理这些系统，和 Symplicity 的新合作关系让一些从业者感到困扰。此外，大多数系统，包括 NACElink，为学校和用人单位提供服务可获得双份收入。一些人认为，这种模式帮助学生和用人单位联系在一起，平衡集中就业中心的关系。而另一些人认为，系统的要求剥夺了就业中心本身与人们的联系。如果一个客户的需求与另一个客户的需求不一致，这会使学校处于一个很困难的局面。在这一点上，唯一没有和用人单位保持经济关系是接口系统的供应商 CSO Research。

## 联盟

在线就业服务管理系统的好处之一，是能够建立合作关系和学校联盟。将学校整合入一个联盟，学校能够在一个系统中既利用用人单位提供工作宣传和实习机会，也自动告知所有联盟学校。随着时间的推移，形成了许多不同的联盟，从规模小的地方实习联盟发展到与全国学校联系的系统，如 NACElink。大型联盟常常通过收取学校在多所大学宣传工作信息的费用获得收入。NACElink 和 Experience 采用这种模式获得收益。其他联盟直接由联盟学校管理，不会收取学校或者个人工作宣传信息费。采用这种结构，学校联盟使用人单位灵活利用当地的、地区的和全国性的活动。

## 就业服务工作从事资格

在一章中很难详细描述就业服务所有的复杂因素、政策、多样性和活动信息。为学生和用人单位提供的服务范围如此之广，以至于可以使具有所有背景、经验和技能的人组建一个优秀团队。高等教育标准发展委员会（CAS）制定的高等教育职业标准提道：就业中心员工"……以联合的形式，必须具备发挥主要功能的能力，主要功能指项目经营和管理、项目和平衡管理（program and even administration）、就业咨询和协商；教学、培训、教育；推销、宣传、拓展；代理、联系、连接和信息管理"。

大学就业中心的就业咨询师通常拥有咨询、高等教育、学生事务或相关领域的硕士文凭（Greenberg，2001）。根据全国大学和用人单位协会的就业服务基准调查，大约 1/3 的受调查者表示，他们的咨询师大都取得全国注册咨询师委员会（the National Board of Certified Counselors NBCC）的认证资格。一些咨询师也在他们州内取得咨询从业执照。初级咨询师也要求具备高校工作经历，通常是大学就业中心实习经历（Green-berg，2001）。

从事就业服务其他工作的专业人员包括用人单位关系员工、实习协调人员、项目策划人、信息技术人员，管理人员来自不同的背景，具有不同的经验水平。许多人具有各自专业的硕士学位，大多具有大学或人力资源部招聘的经历。根据全国大学和用人单位协会就业服务基准调查，"具有硕士学位普遍是主任、助理和副主任、就业咨询师和实习协调人员，而就业信息、资料室专家、负责营销、招聘和技术协调的人员大多具有学士学位"。

根据高等教育专业标准，就业中心领导必须做到以下几点：

（1）明确学校蓝图。

（2）根据服务需求和能力设置目标。

（3）促进学生学习和发展。

（4）规定并实施道德行为标准。

（5）在学校中招聘、筛选、监督和发展他人。

（6）管理经济资源。

（7）与人力资源部合作。

（8）规划、预算和评估人员和项目。

（9）在教育和管理过程中开展有效工作。

（10）有效地交流。

（11）促进个人与在其职责范围内拥有合法的切身利益的机构之间的合作交流。

除了上述管理和领导的内部功能，就业中心员工和理事也要负责向其他相关人员如管理者、家长、用人单位和媒体展示就业服务。作为高等教育团体的全职人员，大多数就业服务中心主任具有硕士学位，越来越多的员工具有博士学位（NACE，2009）。

## 挑战和机遇

2003 年 9 月，在《高等教育年鉴》的一篇文章中，简·威尔曼（Jane Wellman）和托马斯·欧力希（Thomas Ehrlich）研究了高等教育中出现的关注学习成果和责任制实施的最新发展趋势。"学习问责是当今教育的一种信条"，他们写道："无论是否定义为更注重学生学习、效率和产能提高或者教育结果的公开证据，州高等教育委员会、管理董事会、认证机构和全国高校都在进行热烈讨论。"

虽然不是所有的成果研究注重毕业后的就业或毕业学校的工作安排，一些特定成果标准的支持者注重这些标准，视其为家长和学生应该在大学选择过程中认识到的"增值"成分。实际上，私立职业学院和培训项目的职业学院协会（the Career College Association）游说国会，要求学校发布年度成果报告。在 2003 年 4 月《纪事》的一篇文章中，记者斯蒂芬·博德（Stephen Burd）阐释，职业大学协会建议，"……工作安排率、平均初始薪资、毕业学校和职业学校的招生数据、学生能力测试或资格测试的通过率、学生和毕业生满意度调查，以及用人单位满意度调查等因素，都应该加以考虑"。

对学习成果和学习问责的持续重视，使就业服务在校园中的位置十分有趣。一些就业中心发现自己竟然负责统计结果数据。我们的毕业生将会走向哪里？他们要做什么？有多少人失业或者未就业？他们在其所处的行业成功吗？虽然就业服务专业人员就这些问题已经问了很多年，而且这些问题现在已呈现出全新的重要性，但不幸的是，众所周知，人们难以精确收集这些数据，除非大学愿意大量投资，用于学生推广和跟踪。尽管如此，这项研究很复杂。全国大学和用人单位协会（NACE）在薪资调查里收集了这些信息，被许多媒体经销店引用。但一个不利因素是，每个专业和学位的样本数量很小，以至于整体数据并不可靠。在一些大学里，咨询服务联合学校研究所开展这些调查。因为数据的重要性，学生、教职工、家长和管理者都对此有所需求，所以，就业中心可被视作系部和学校机构管理者的合作伙伴，他们需要这些数据开展评估，进行规划和认证，并开展其他外部审查（other external reviews）。

在英国，成果研究称为"高校毕业生目的地"（Destination of Leavers of Higher Education），以前被称为首次目的地调查（First Destination Survey），现在是法定任务，经常由就业服务办公室以外的人员执行。虽然这已经引起了更多的关注，吸引了更多资金来完成这项规定的任务，但这些调查对数据的有用性持批评态度。例如，法律要求调查必须在毕业后 6 周内进行。许多英国的学生毕业后请一年假，因此很难联系到他们，他们也可能不再从事之前打算长期从事的职业。在调查结果的报道中，许多学校都十分谨慎，当报告结果出来时，许多接受调查的学生已经迈入职业生涯中的下一个阶段。虽然一些美国人游说制定类似法令，以其作为唯一确保完成这样大型项目工作的资金和其他资源方式，其他人则担心立法过度，而每个不同的学校应该采取不同的法律。换言之，在小规模文科学院可行，且能提供可用信息的方式，对拥有 4 万或以上学生的大规模学校而言，则可能带来过重的负担，提供的信息可能过于概略。

在其他大学，就业服务办公室的工作不仅仅体现在高等教育成果，实际上，他们更加深入地参与制定教育目标，促进反思。同时，就业中心帮助收集有关用人单位需求信息，筛选信息，并反馈给课程委员会和其他学习规划者。如此，就业服务人员通过评价市场需求帮助形成学习的本质。相比旧模式帮助学生包装、推销他们的学习资格证书、职业经验和个人技能，新模式要求就业服务提供更多包装的内容。评估的另一个领域是测量学生学习与职业发展相关的发展成果。就业服务必须确定相关的学生学习和发展成果目标，提供项目和服务鼓励实现这些成果。通过职业发展获得提高的学习成果包括：实事求是的自我评价、增强自尊、明确价值观、有效进行职业选择、实现个人目标。

毫无疑问，成为一名大学就业咨询者令人兴奋，同时也具挑战性。随着来自管理、潜在用人单位和不断变化的学生群体不断变化的需求，长期以来的惯例不再可行。每所学校如何解决这些问题各个不同，反映了其发展历史和相关人员的要求。例如，科罗拉多大学波尔多分校（the University of Colorado at Boulder）就业服务办公室工作之一是进行校园测试。希望继续攻读研究生学位的学生可以参加学校举行的考试，而不用到校外寻求非现场测试服务。

满足众多相关人员的需求并不容易。随着就业服务办公室提供的服务向纵深发展，大学通常会重叠交叉，带来一些威胁。例如，众所周知，实习对于就业服务而言可能很复杂。大学实习形式多样，发生于多个部门。一些专业实践教育是必需的，而另一些人则可能仅仅建议开展，还有人可能根本就没有提供工作经验的项目。因此，有些实习专门由系部负责开展，有些通过校内招聘进行，并更多地让学生自己做主，自己累积经验。试图将这些不同的活动综合为一种集中实习，体现了众多部门的领地性质。也许这些办公室想为他们的学生单独"保留"机会，或者与资助公司或组织保持密切关系，但不管什么原因，可能迅速导致校园关系恶化。在打开沟通大门的同时，允许大学群体管理他们自己的信息，帮助在满足整个校园的同时实现平衡。

另一个常见的困难是宣传和公关。常听说从业者在专业发展会议上抱怨成规旧习，即只为商务专业和工程专业学生提供就业服务。实际上，许多行业需要多学科和有不同技能的学生。只有商务、工程专业学生有市场竞争力的印象创造了一个自我实现的预言，其中，学生没有机遇可寻，因此停止找寻。鼓励学生在学习生涯早期就参与就业服务，可以帮助拓宽他们对职场真实需求的了解。为了达到让学生更早、更频繁地参与就业服务这一目标，许多就业中心增加了全职员工来负责宣传他们的项目。主任的噩梦是听到一个刚毕业、最后走进就业中心寻求帮助的学生说，"哇，过去我都不知道你们在这里！"

即使做出这些努力，就业服务中心是一个快速发展的动态环境，为学校和学生服务。通过继续扩展与校内外各种利益相关者的对话，就业服务员工处于一个特殊的位置，帮助解决本章最开始提到的有关高等教育"做什么"和"为什么"的问题。

# 第六章　咨询中心

张乃建，欧文·W. 布兰德尔，维基·安·麦克伊

## 引言

自从美国大学建立伊始，咨询在促进学生学习和发展中发挥了重要作用（Hopkins，1926，转引自 Williamson，1961）。大学生在社交、学习和个人成长过程中寻求支持的需要，促使咨询服务成为美国大学学生事务部门的专业部门。在 20 世纪，大学咨询中心发展为学生人事工作的一个必要部分（Williamson，1961）。咨询中心的员工在高等教育和学生事务中扮演着决定性的角色。然而，关于咨询中心的角色，很多高校甚至学生事务领域的成员仍然都很模糊。本章将努力厘清和阐释高等教育中咨询中心的本质和特征。

## 发展历史

更准确地说，大学咨询中心在成立之初称为学生建议中心。早期的咨询师和建议师通常是教师和大学校长（Gibson 等，1983）。1889 年，约翰斯·霍普金斯大学（Johns Hopkins University）任命了一个"首席顾问"，从而在高等院校开启任命专人负责学生咨

询的先河。哈佛大学迅速紧跟其后，在 1890 年委任 "学生关系事务长"（Dean of Student Relations）（Gibson 等，1983）。1910 年，普林斯顿大学（Princeton University）开启了第一个大学心理健康服务中心（Kadison，DiGeronimo，2004）。由于受到诸多影响，需要更加专业的 "咨询师"，这些咨询师是 19 世纪末 20 世纪初期的学生事务工作者（Davis，Humphrey，2000）。

随着大学在招生人数和服务方面的持续发展，政府赠地学院、选修课程和再度对科技教育的重视，使美国的教育者和学生面临着全新的挑战（Yarris，1996）。大学的环境发展已经成熟，可以解决学生的个人和学习需求。

第一个接受专业培训的咨询者中心的建立，与三大事件偶合。第一个事件是第一次世界大战期间心理测验学的发展（Schneider，1977）。第二个事件是预防和治疗心理卫生运动（the Mental Hygiene movement）的开始，通常认为肇始于 1909 年克利福德·比尔（Clifford Beers）作品《一颗发现自己的心》（*A Mind that Found Itself*）的出版。第三个事件是弗兰克·帕尔森（Frank Parsons）1906 年出版的《职业选择》（*Choosing a Vocation*），提倡采取咨询模式，关注并帮助解决年轻人在职场中找到适合岗位的需求（Tyler，1969）。这三大事件汇集在一起，促进了第一次世界大战之后少数大学建立早期咨询中心，同时导致学生事务工作中出现了咨询专业和咨询中心专业领域（Berk，1983；Hedahl，1978；Tyler，1969）。

这三大事件成为贯穿咨询中心发展历史以及当今咨询中心的主线，将咨询的三大功能综合起来：开展测试与评估、促进明智的选择和决定、促进适应性和心理健康（Tyler，1969）。普林斯顿大学（Princeton University）、威斯康星州大学（the University of Wisconsin）、沃什本大学（Washburn College）、美国军事学院（the U. S. Military Academy）、达特默斯学院（Dartmouth College）、瓦瑟学院（Vassar College）和耶鲁大学（Yale

University）在 1910 年到 1925 年间建立了学生心理卫生诊所（Farnsworth，1957，转引自 Davis，Humphrey，2000）。最早成立独立部门、提供专业教育和职业指导的，应该是 1932 年的明尼苏达大学（the University of Minnesota）建立的大学测试局（the University Testing Bureau）（Hedahl，1978）。该部门的工作重点是开展心理测试，促进职业选择。大多数大学此时没有专业咨询师。

第一次世界大战后，许多退伍老兵使用他们的政府补助上大学。他们受到退伍老兵管理局（the Veterans Administration，VA）资助的指导部门的监督。退伍老兵管理局主要对退休老兵进行职业评估和心理测试。随着时间的推移，越来越少的退伍老兵上大学，退休老兵管理局停止了大学的这些服务。学校接管了退伍老兵管理局之前的工作，现代咨询中心由此诞生（Forest，1989）。

接下的 1945 年到 1955 年的 10 年，被称为"过渡和职业化"（transition and professionalism）时期（Heppner，Neal，1983）。正如退休老兵管理局退出大学的咨询工作，心理学领域正在经历着变化，心理咨询发展成为美国心理学协会的一个专业领域。设立心理咨询部门的大学，其员工常常推进了大学咨询中心的成长和发展（McKinley，1980）。在 20 世纪 50 年代早期，也就是同一时期，召开了大学咨询中心主任年会。

20 世纪五六十年代，心理咨询专业随着咨询心理学的变化而发展（Whiteley，1984）。这个趋势一直持续到 20 世纪 90 年代（Sprinthall，1990；Tyler，1992）。之后进入第三阶段，开始关注个人调整和心理健康，成为该时期许多中心的工作重点。心理咨询领域和咨询中心开启了工作新方向，从只提供职业指导到开展更广泛的、更具发展性的个人咨询（Berk，1983）。当咨询中心制定协议、帮助学生解决各种问题时，对专业训练的需求也增加了。以学生的个人和职业需求为新的关注点，大学咨询中心开始发展自己的特色，以区别于其他学生事务部门（Hodges，2001）。

1960 年到 1970 年的 10 年间，社会动荡不安，充斥着学生激进主义和理想主义思潮，到处都是"会心小组"（encounter groups）和草案招募咨询（draft counseling）。在此期间，大学咨询中心同时面临着巩固和发展的双重任务（Heppner，Neal，1983；Lamb 等，1983）。这种双重任务的合理性进一步得到当时常常并存但互相冲突的社会需求的证实。社会要求要关注社会问题，呼吁高等教学目标应具有重要意义，财政预算限制逐渐增加（Forman，1977）。中心的期待值增加，包括拓展推广、进行协商和开展危机干预。重点开展预防性和发展性活动成为众多中心的发展势头，甚至专业内部的批评（Warnath，1971，1973）也以咨询中心为批评对象。这些中心采取治疗模式，把学生视为"需要接受治疗"的"病人"，且只挑选一小部分学生进行长期咨询和心理治疗。虽然这受到某些认定和支持，然而却招致了更多的质疑和挑战。1970 年 5 月，4 名学生在肯特州立大学（Kent State University）被国民警卫队（National Guard troops）杀害，2 名学生在杰克逊州立大学（Jackson State University）被警察枪杀。这些事件让更多的人参与高等教育，重新探讨高等教育的主要任务和政策，咨询中心也不例外。

20 世纪 70 年代是咨询中心角色重估时期（Lamb 等，1983）。幸运的是，对于这个领域，已经做好了建设性改变的基础工作。1968 年，莫勒尔、艾维和奥廷（Morrill，Ivey，Oetting）提出了大学咨询中心需要的功能改革途径，建议咨询中心需跨出中心，走入校园，开展问题预防活动，调动学校心理健康资源，在发展框架下再度明确咨询中心的角色，从而成为大学生发展中心（McKinley，1980）。这项重要工作使很多中心采用更具发展性理论模式的做法合法化。咨询中心主任专门小组制定将治疗服务和发展以及预防服务区别开来的指南，保持了这种发展认同观（Kirk 等，1971）。

服务和人类发展中心概念的不同，在"立方体"概念框架下显得更为清晰（Morrill，Oetting，Hurst，1974）。"立方体"是一种模式，明确大学咨询师的作用（个人、主要群体、协会群体和学校或校区）、目的（治疗性、预防性或发展性）以及方法（直接、协商和训练或多媒体）（McKinley，1980）。20世纪70年代，也出现了"校园生态"相关概念。这个概念强调学生和环境之间的互动关系。此时，人们开始把"校园环境"概念视为咨询中心的客户，咨询师担负起保护校园环境的任务（Aulepp，Delworth，1976；Conyne等，1979）。除了这些变化，在20世纪70年代，咨询中心发展的其他影响因素还包括外部社会认证机构、相关专业组织以及中心主任会（Lamb等，1983）。最后，要求心理学家、社会工作者和咨询师必须具有执照或资格证书，从而影响了20世纪70年代咨询中心的角色转变。

在20世纪80年代，咨询中心继续发展，不断扩充角色，增加功能（Heppner，Neal，1983）。大多数学校的咨询中心是学生事务团队的重要成员。然而，从20世纪80年代一直到90年代，许多大学面临两个重要现象：第一是入学率下降以及资源相应减少；第二是伴随学生对心理服务需求的增加，人们发现学生问题的严重性增加（Gallagher等，1995，Gallagher等，2001）。这是一个得不偿失（doing more with less）的时代。20世纪80年代到90年代，咨询中心也开始在大学间呈现出不同的形式。有些大学的测试、就业咨询和训练等服务是咨询中心的任务之一，而在其他大学，这些服务是中心与其他办公室共同开展，或者完全由其他部门管理（Stone，Archer，1990）。更特别的是，这10年间，许多就业安置办公室担任了传统职业评估和就业咨询的大量工作，而这些曾经是咨询中心的独家任务。

这10年间，为咨询中心增加压力和挑战的，是管制医保、合并和外包服务问题（Gallagher等，1995—2001；Hodges，2001；Whitaker，1997；Widseth等，1997）。高等教育资金日渐短缺，高校管理者集中大量精力节约资源。管制医保可能限制大学健康服务和咨询中心的支出。同样，学生事务办公室合并是节约资源的又一个管理方式。人们对合并的担心十分普遍，2000 年国际咨询服务公司认证标准（the 2000 International Association of Counseling Services，Inc. Standards）便增加了关于合并的章节（Boyd 等，2003）。在人们关于合并的建议与/或实施中，最常见的是咨询中心与卫生中心，或是咨询中心与职业规划和就业安置中心的合并，前者更为常见。中心领导阶层认为外包服务和合并会带来严重威胁，故竭力加以阻止，采取的方式有：促进咨询中心实习的发展（Boggs，Douce，2000），取得中心和实习认证。自从员工规模扩大、以更少的资金聘请更多具备资格证书的员工后，中心尤其大规模学校的中心的培训越来越重要。此外，咨询中心主任会更加积极利用研究中有利于咨询中心服务价值的客户数据和评价（Archer，Cooper，1998；Bishop，1995；Guinee，Ness，2000；Turner，Berry，2000；Wilson 等，1997），他们也通过大学咨询中心主任协会（The Association of University and College Counseling Center Directors，AUCCCD）这一专业组织寻求发展，该协会旨在创建大学咨询中心影响数据库（Archer，Cooper，1998）。

对 20 世纪 70 年代校园生态的关注，使得很多中心担心与学校其他部门合并和联合（Guinee，Ness，2000）。这个时期，中心更多地开展常驻咨询师培训工作，与员工和其他管理者协商，提供拓展项目和训练。当时的第二个担忧是学生对服务要求的增加以及学生问题严重度增加。中心面临学生提出的大量不切实际的要求，他们的工作对象增多，工作量增大，但问题量更大，问题学生更多（Guinee，Ness，2000）。1990 年，斯通（Stone）和阿切尔（Archer）发表了一篇关于 20 世纪 90 年代咨询中心的文章，具有里程碑的意义。他们在文中提出了许多步骤，中心应该遵循这些步骤解决发生在自己身上的各种挑战（Stone，Archer，1990）。

直到 20 世纪 90 年代，中心也越来越多卷入校园悲剧之中。发生了师生自杀事件、过失杀人，以及意外事故、风暴和火灾等重大事件后，越来越普遍的是中心以整个校园为服务对象（Archer，Cooper，1998；Stone，1993）。2001 年 9 月，纽约和华盛顿行政区遭受恐怖袭击，学生和教职员工因此受到惊吓，彷徨不安。中心为受到重大事件惊吓、困扰、感到迷惑的全校师生提供资源，这些资源和策略在咨询中心主任邮件列表（the Counseling Center Directors Listserv）和大学咨询中心主任协会邮件列表（the AUCCCD Listserv）上实行共享。斯威策针对大多数心理治疗师处理大规模灾难性事件的有限的经验性想象，提出了一个概念模式，用以设计咨询中心处理大型创伤事件的模式；同时，现今的大学咨询中心需要为恐怖袭击、战争和地方灾难等危机事件做好准备（Schwitzer，2003）。

北伊利诺伊大学（Northern Illinois University）和弗吉尼亚理工大学（Virginia Tech）发生了扰乱人心的枪杀事件后，两所学校中有心理问题记录的学生继续疯狂杀戮，全国的大学管理者投入了更多资金和资源防止类似的校园悲剧再度发生。他们更新紧急应急系统，改善危机管理方案，加强咨询中心和心理健康中心员工与学校其他部门之间的合作，以确定危险学生（Farrell，2008）。沃尔克将这些暴力事件引为大学加强大学生心理健康状态监督的理由，并且质疑大学是否有足够的资源和能力满足学生的心理健康需求，建议咨询中心应该寻求其他资源（Voelker，2007）。国际咨询服务协会（The International Association of Counseling Services）是一家非营利性认证机构，它建议大学的咨询师与全日制学生（full-time-equivalent students）的比例为 1∶1500。而根据 2007 年的数据，这个比率是 1∶1969。85％的咨询中心表示，在访问中心的学生中，大多患有严重的心理健康问题（Farrell，2008）。大学咨询中心主任协会（the Association of University and College Counseling Center Directors）发布的 2007 年年度调查（Rando，Barr，Aros 2007）中显示，1/3 的大学咨询中心至少增添了一名新员工，15％的咨询中心计划增加。同时，63％的中心现在除了咨询师外，还有心理学专家，比去年增加了 5％。

除了新一波创伤暴力事件造成的困扰，咨询中心员工必须应对每日由服务千禧年一代（the Millennial Generation）带来的挑战。这一代人的特点是：特立独行，受到呵护，自信满满，注重团队，有行动力，压力大，遵循惯例（Howe，Strauss，2000）。恩德雷斯和蒂辛格描述受到数字化影响而前来咨询的学生所面临的问题时，还增加了一个特点：患网络病（Endres，Tisinger 2007）。咨询中心和员工需要修改协议，解决这一类学生的服务问题，即他们总是上着网，连着线，唯手机、iPods、笔记本电脑、电视、游戏是安（Cohen，Rosenzweig，2006）。

## 使命、目标和目的

怀特利等的一项研究表明，大部分四年制大学设有咨询中心，主要使命和功能是满足学生的需求（Corazzini，1995）。根据国际咨询服务公司认证标准，"咨询服务是学校教育使命的一部分，工作方式多样，如会诊、教学、预防性和发展性介入及治疗"（Boyd等，2003）。中心提供咨询服务，解决学生的个人、学习和就业压力带来的紧张，这些压力可能会阻碍他们获得本可得到的教育机会（Boyd等，2003）。大学咨询师的角色不断发生变化。当然，他们主要支持学生、解决他们的需求，但也参与项目发展、教学、会诊，帮助教师，改善校园环境，负责促进整个校园生活中的心理和情感成熟、发展（Boyd等，2003）。

中心大多提供三大类服务：纠正性、预防性和发展性服务，正如"立方体"模式中的概念化描述（Morrill等，1974）。纠正性服务包括解决当前问题，进行危机介入。预防性服务的目的是帮助学生解决困难。预防性服务活动包括提供学习和焦虑管理技巧。发展性服务旨在帮助学生完成常规的发展任务，包括职业规划、解决群体人际关系问题和决断力训练。

目前，咨询中心个体和整个咨询领域面临的一个常见问题是，每一个目的应该给予多少关注度，然而，很少有人会反对狄默思和米德的说法：

个人咨询和治疗应基于发展和临床基础，也就是说，咨询师应该熟知发展心理学、诊断以及评估程序。由于专注任何单一的理论背景很狭窄，专业人员应该接受多种训练，具备多样化背景。会诊服务很重要，但它们是咨询服务的补充，而后者才是中心的主要任务。

狄默思和米德断言，"无论是个人咨询或者小组咨询，咨询交流中，学生和咨询师直接接触，是心理咨询中心的主要功能"（Demos，Mead，1983）。

当前的许多问题，包括医保改革可能带来的影响，加强了人们长期争论的话题，即直接咨询服务与预防性和发展性功能拓展以及会诊的比例问题（Yarris，1996）。事实上，直接服务和治疗性服务占较大比例难以避免，但是，许多中心发现，使用简明治疗模式（Cooper，Archer，1999）、小组咨询、录音带、自助材料（Guinee，Ness，2000）、计算机程序和其他创造性项目，有助于缓解大量案例的压力。然而，正如学生事务的大多数部门一样，咨询中心一年中会经历服务需求尤其是个人咨询需求的高峰期时期。咨询中心面临的挑战，是平衡发展性和临床性方法，视其互补而非相互排斥（Davis，Humphrey，2000）。

越来越常见的是，咨询中心的一部分工作是促进文化多元性，尊重人性多样性（Guinee，Ness，2000）。许多中心拓展了服务，为弱势群体提供服务，如少数族裔、身心障碍者等（Archer，Cooper，1998；Davis，Humphrey，2000）。他们还开展关于多样性问题引发的多样性、校园纠纷调解等推广介绍活动，把多样性问题与中心的培训整合起来（Boggs，Douce，2000）。

20世纪90年代早期，毕晓普（Bishop）、斯通（Stone）、阿切尔（Archer）建议，咨询中心员工提供更多会诊服务，将关注点从预防转移到治疗上。斯通和阿切尔也建议中心不要放弃就业咨询的功能，继续在一定限度内进行推广和会诊服务。中心应当学会重视多样性，包括物色多样化员工培训客户等。

## 管理和组织结构

### 管理

因为咨询中心的工作性质是私人化的，很少有客户对中心工作表示感谢，且学校和大众的观点可能是错误的（Likins，1993）。此外，咨询中心提供的服务经常并不能与管理结构很好契合（Schoenberg，1992），甚至有些中心的角色在学校组织流程图上还有点模棱两可。中心对学生/客户、学校和专业担负着多样且往往相互矛盾的职责，这可能导致更多的问题（Gilbert，1989）。"自治"一词常用来形容咨询中心。虽然与校内其他部门的关系因组织结构、大学的特殊需求及特定历史而不同，但咨询中心在管理上保持中立、尊重学生的观念（Boyd 等，2003）。

咨询中心通常设在学生事务部门，与学习部门、其他学生服务办公室、校园与社区医疗服务办公室、社区心理健康服务办公室、教师与管理者保持密切工作关系。一些大学同时设有独立的咨询中心和心理健康中心，归学生健康中心管理（Boyd 等，2003）。另一些学校设有一个甚至多个训练诊所，通常与心理系或心理咨询系联合，由实习生开展部分毕业生培训工作。大多数大学的独立咨询中心是唯一服务型中心，主要开展预防性、发展性和治疗性服务。

许多大学分别设置了学业辅导中心、就业安置中心、酗酒教育和预防办公室、学习援助中心以及女子中心，工作很复杂，学生不知道到哪里可以得到咨询类服务。例如，在有些学校，性侵服务中心的协调者可以直接向学校咨询中心报告，而在其他学校，可能向健康服务中心或学校安全部门报告（Gallagher 等，1994），规模小的学校尤其如此。但是，学校不同，上述部门工作的重叠和合作程度也不相同。加拉赫等调查发现，在接受调查的咨询中心中，19％由学生健康中心进行管理，34％的中心主任向学生服务健康中心主任报告，31％的学生健康中心主任向咨询中心主任报告（Gallagher 等，1998）。少数部门进行了合并，就业安排中心和咨询中心合为一体。

咨询中心主任必须花费大量时间发展、保持与顶头上司及其他大学相关管理者的稳定工作关系（Davis，Humphrey，2000）。管理人事和机构上的频繁变动，在学生事务中并不少有，迫使中心主任感到需要定期对中心监管者进行规划和工作方面的教育和再教育。中心模式、使命和收费重构，给中心维持与学校管理者之间的有效关系带来了更大挑战。

### 资助

大学咨询中心资助十分关键，因为资金不足会使学生服务质量下降。咨询中心四大经济支柱是：学校划拨的预算资金、强制性学生收费、收取的学生咨询费用，以及私人和联邦补助（Rando，Barr，Aros，2007）。虽然自 20 世纪 90 年代早期起，就一直有一些咨询中心主任担心学校划拨资金可能减少（Gallagher 等，1994），但 21 世纪初出现了学校划拨预算资金增加新趋势，特别是在弗吉尼亚理工大学枪击事件后（Gallagher，Taylor，2008）。例如，在弗吉尼亚理工大学枪击事件后，咨询中心备受重视，21％的咨询中心已经收到了额外资金（Gallagher，Taylor，2008）。根据 2000 年到 2005 年咨询中心主任调查的结果，增加员工薪资的咨询中心比例从 50.4％（Gallagher，2002）上升到 78％（Gallagher 等，2005）。此外，29.2％的咨询中心主任表示，他们的成本预算增加了，比 2003 年增长了 10 个百分点（Gallagher 等，2005）。大部分咨询中心主任没有报道资金上的增加，这意味着他们的预算至少保持不变。

尽管资金支持不是增长就是保持不变，在接受调查的 230 个咨询中心主任中，63％的表示预算和主任一样都是主要的压力源（Gallagher，Taylor，2006）。再者，在接受调查的 339 名咨询中心主任中，16％的表示学校压力让他们更加自立（Gallagher 等，2004）。这个数据比 2001 年报告的数据增长了 3 个百分点（Gallagher 等，1994），在 1994 年的报告中下滑了 3 个百分点（Callagher 等，2004）。大学咨询中心资金的一个主要来源是强制收费，例如，44％的咨询中心是靠这种资金开展活动的，费用中的23％来自学生健康费用，18％来自学生生活费用，3％来自咨询中心费用（Gallagher，Taylor，2008）。虽然这个数据在 2007 年和 2006 年分别下滑了 3 个百分点和 2 个百分点，但 2000 年后一直保持稳定增长。

在过去 18 年里，大学咨询中心收取学生个人咨询费用情况呈"V"形。在 20 世纪 90 年代初，不足 4％的咨询中心收取学生个人咨询费，截至 1996 年，收取费用的咨询中心达到 17.2％的最高值。之后，比例开始下降，2008 年，只有 7.4％的中心收取费用（Gallagher，Taylor，2008）。低于 20％的中心通过收取学生服务费用来增加收入，这些服务包括职业测试、团队组合、心理测试和评估、会诊、研讨会、教学和精神分析（Rando，Barr，Aros，2007）。只有 2.5％到 5％的中心收取第三方费用（Gallagher 等，2005；Gallagher，Taylor，2008）。

除了上述资助收入，咨询中心也创新性地从联邦和私人项目以及合同中获得资金。例如，21.9％的咨询中心主任表示自己的中心获得项目资金或合同资金（Rando，Barr，Aros，2007）。这些项目资金和合同资金用来聘请学生员工、治疗慢性自杀客户，或保险公司的上门服务（Gallagher 等，2005）。项目资金还可以用在教育推广项目上，如戒酒戒烟、性侵或者暴力预防。

虽然大学咨询中心资金在 21 世纪稳定增长，资金不足的压力和困扰对咨询中心主任和咨询师来说都是迫切的问题（Gallagher

等，2004；Smith 等，2007）。这些压力和困扰可能是大学生心理健康需求增加导致的结果。

**物质条件**

咨询中心办公室应该集中在一起，与管理办公室、学校警卫办公室和法律办公室分开，向全校学生开放，包括残疾学生（Boyd 等，2003）。国际咨询服务公司认证标准建议，一人分配一个隔音的办公室，办公室安装电话，各办公室间安装通信系统，配备音频或者视频记录设备，配备家具，给学生营造一个轻松的环境。今天，咨询中心也要求配备计算机和其他恰当设备保存记录、研究成果和出版活动，要求技术资源进行媒体展示，以及其他治疗辅助设施。建议所有中心配备一个接待区，在接待区提供一个舒适的私人等候区，以及一个安全保存所有客户记录的办公区。此外，也有必要提供图书资源储存区、个人和小组测试区、小组咨询和员工会议区。开展培训活动的中心除配备直接观察设备外，也可能需要配备音频和视频记录设备。

**技术**

咨询中心和其他大学部门一样，深受技术的影响。咨询中心主任、咨询师和其他 21 世纪大学咨询中心人员越来越依赖技术计算机，尽管现代技术运用只是近年来的事情（Baier，1993）。根据大学咨询中心主任年度 2007 年年度调查，咨询中心在很多方面利用计算机，如制订计划（占接受调查的咨询中心的 79%）、收发电子邮件（83.7%）、建立服务/活动数据库（69.4%）、维护客户案例记录（60.9%）、开展在线服务（49%）、编制临床医生待处理案件输出和周转活动率程序（33.9%）、付账（9.6%）和其他（5.8%）（Gallagher，Taylor，2007）。

很明显，过去 15 年来，咨询中心在技术使用方面显著增加。例如，1993 年，只有 34% 的咨询中心使用计算机（Gallagher 等，

1994）。随着新的科技发展潮流，最新国际咨询服务协会标准也强调，咨询中心要了解基础技术，并适当应用，其中特别包括采取客户记录系统安全措施。例如，私密信息不能通过电邮、无线或手机传播。当使用电子邮件与客户交流或者传递信息时，一定要告知客户信息技术潜在的危险，一定要告知并征得客户的同意。使用传真机时，系统必须要保护资料免受非授权者的入侵。更重要的是，技术支持人员必须经过私人信息保护培训（Boyd 等，2003）。

发给各个利益群体的邮件列表，包括咨询中心主任、临床医生和培训导师，是咨询中心开展工作的基本工具。2001 年，大多数接受调查的主任（90％）表示加入了中心主任邮件列表，从列表寻求帮助（71％），并得益于提供的帮助（91％）（Gallagher 等，2001）。建立咨询中心网站也成为普遍现象，大多数中心已拥有某种版本的主页。

## 项目和服务

### 服务范围

咨询中心提供的项目和服务取决于学校规模大小和类型、中心的模式、主任的定位和学校其他服务部门开展的服务（Yarris，1996）。一些咨询中心会为教师、员工和团体其他成员提供服务（Gallagher 等，1994）。为非学生人员开展会诊、提供参考意见很普遍，然而，为教师、员工和团体其他成员提供直接服务的中心数量却在减少。

国际咨询服务协会标准要求中心履行下列职能：①开展个人和集体咨询、治疗服务，满足学生需求；②直接进行危机干预和应急处理，或者安排与其他资源共同进行；③推广项目，注重学生的发展需求；④与学校团体成员合作开展会诊；⑤推荐资源；⑥提供研究服务；⑦开展服务评估；⑧为员工、实习生、实习学生和学校其他成员开展培训和专业发展活动（Boyd 等，2003）。拥有众多员工的中心、公共机构的中心以及通过国际咨询服务协会认证的中心，执行上述大范围的职能可能性更大（Whiteley 等，1987）。在秋季和冬季，全职咨询师 62％的时间开展直接服务，包括个人和集体咨询、吸纳人员、评估、危机干预、开展研讨会；20％的时间用于间接服务，包括进行监督、开展朋辈、临床培训、会诊、案例研讨、记录案例，进行专题研讨；14％的时间用于管理服务，包括举行员工商务会议、开展中心管理和专业发展工作；4％的时间用于开展其他活动，如研究和培训等（Gallagher，Taylor，2008）。

就业咨询自古以来是大学咨询中心的基础，成为满足日渐增多的心理服务需求的方式之一。就在 1994 年，67％的中心开展就业咨询（Gallagher 等，1994）。2005 年，67％报告，就业咨询大都在独立的办公室进行；22％报告，就业咨询在咨询中心开展；6.3％报告，就业咨询和咨询中心平分管理职责，比 1999 年报告的 13％相比下降了（Gallagher 等，1999）。过去 10 年中，20.4％的咨询中心交出了权责，而只有 1.1％的咨询中心获得了权责（Gallagher 等，2005）。在咨询服务开展系统进行这些变革是否明智，一直受到严肃质疑（Guinee，Ness；Stone，Archer，1990）。是否在咨询中心开展就业咨询的讨论，无疑会持续下去，成为前沿话题。

为解决个人服务需求增加的问题，许多中心限定个人会话数量（Gallagheret，1994；Magoon，1994；Stone，Archer，1990）。2007 年，52％的中心限定客户会话数量（Gallagher，Taylor，2007），2001 年上升了 8 个百分点（Gallagher 等，2001）。限定会话的趋势上升，成为服务需求增加的一个普遍对策（Bishop，1995；Stone，McMichael，1996）。许多咨询中心不开展长期咨询和治疗，而是推荐合适的小组项目来替代或补充个人服务（Stone，McMichael，1996）。同时，进行小组咨询也直接回应了这一事实，即 97％咨询中心主任报告，越来越多的学生患有严重心理问题，让人担忧（Gallagher，Taylor，2007）。要么是治疗组达到治疗的效果，要么是心理教育组达到旨在促进学生发展和预防问题的目的。虽然报告中这些小组的工作十分有效，但许多咨询中心主任称，很难组成小组（Gallagher 等，1994）。

为了服务更大的学生群体，许多咨询中心已经转向推广项目，为学生提供预防性服务，没有这种服务，学生可能会寻求传统的咨询服务（Boyd et al.，2003）。一些普通推广项目，如学生技能、时间管理、自信交流、决策责任以及性侵犯相关问题的防护、酗酒或者吸毒、网络上瘾等问题。预防项目目标人群也可能是学生家长，因为更为普遍的是，咨询中心代表与新生家长讨论学生发展，特别在环境熟悉与适应阶段。

直接学生服务（个人和小组咨询、吸纳人员、评估、危机干预、心理教育小组和研讨会）占用了咨询中心员工 62％的时间（Gallagher，Taylor，2008），但在规模小的中心，任何时间都可以开展直接服务（Gallagher 等，1994）。非直接服务（监督、朋辈等临床培训、会诊、推广）占据员工 20％的时间（Gallagher，Taylor，2008）。大多数中心（67％）提供某些自助资料，如书籍或视频录像带（Gallagher 等，1994；Guinee，Ness，2000）。

咨询中心员工经常发挥咨询师的职能，总结、阐释学生的需求，代表学生向学校教师、员工和管理者提出倡议（Boyd 等，2003）。会诊常常指帮助他人应对学生问题，然而，仍然有部分会诊活动关注组织的动态发展。会诊必须要承诺保护私密性，这并不容易。主任和副校长阐明他们的知情权比学生的私密性权利更为重要（Gallagher，2001）。许多中心与学校保卫处、学生宿舍管理部门、学习或者体育部门保持长期的会诊关系。中心在推广和会诊活动中花费的时间增加（Guinee，Ness，2000）。

危机干预通常指的是，要求学生在经历严重情感打击、对自己或他人可能造成潜在危险、需要立即住院治疗时，需要立刻采取措施的情形（Boyd 等，2003）。大多数中心（76％）为学生紧急情况提供电话服务，69％的中心认为这是日常工作责任之一，不用另外采取补偿行为（Gallagher 等，2001）。许多中心至少有一位代表参与学校危机干预小组。2008 年，76％的咨询中心主任发现，人们更有志于发展或规划各系部的危机管理小组（Gallagher，Taylor，2008）。

尤其是在大型咨询中心，培训是一个额外项目。除了辅助性专业人员的培训（如长期咨询师），许多中心开展过早期专业培训项目，包括研究生和博士毕业生在心理咨询、临床心理、咨询和指导，以及大学学生事务部门的实习安排。中心也开展正式、有组织的培训项目，提供博士前和/或博士后的专业心理实习。尤其是，若该培训项目得到美国心理协会（the American Psychological Association，APA）认可，那么概率更大（Yarris，1996）。1997 年，19％的中心开展通过美国心理协会认证的博士前实习项目；64％的中心报告，他们的培训项目在过去 5 年数量增长了（Gallagher 等，1997）。2007 年，37％的咨询中心接受博士前实习生，而 20％中心主任称有博士后培训学员（Rando 等，2007）。学校经常请咨询中心员工为没有咨询经验的专业人士提供培训。例如，培训教师和其他人，以有效处理学生问题，推荐有效解决方法。

大多数咨询中心提供某种测试服务，包括兴趣量表（interest inventories）、性格评估等的使用，或者全国测试项目管理，例如托福（TOEFL）、美国高考（ACT）、美国研究生院以及商学院入学考试（GRE）（Yarris，1996）。这些可能是中心的重要使命，较好地融入中心的职能之中。然而，这与 20 世纪 30 年代和 40 年代的咨询中心相比，差距悬殊。当时，测试服务通常是中心最重要的项目。

许多中心开展形式多样的学习辅导活动。一些中心进行学业辅导，一些提供学习技巧辅导和服务，一些中心的员工教授环境熟悉与适应、学习技能课程，一些中心提供课桌和家教。身为专业咨询师的中心员工应该担任提出倡议、进行评估、实施问责制等本领域专业指南提出的任务（Boyd 等，2003；Guinee，Ness，2000；Stone 等，2000）。

### 问题类型

历史上，研究者和从业者努力对大学生到咨询中心寻求解决的问题进行分类、预测。提前理解和预想一些学生问题，中心员工能更好地帮助他们。对 1910 年普林斯顿大学（Princeton University）设立第一个大学心理健康中心以来的文献进行研究后表明，过去一个世纪里，预期的学生问题发生了翻天覆地的改变。中心人员除仍然关注学习和社交适应性方面的传统问题外，还处理更加严重的心理病状（如急性病和慢性病），也越来越关注时代思潮。

威廉森（Williamson，1939）总结了早期的学生问题，主要表现在社交不适应、话语失调、家庭矛盾、学生纪律、环境熟悉与适应和学校成绩、职业定位和经济状况等方面。虽然 21 世纪这些学生问题仍然存在，但就目前这一代学生而言，他们还有许多其他问题，其中大多是发展性问题。青春后期和成年早期这一段时间是一个艰难时期，可能对完成下列新的发展任务带来困难：①适应新环境；②选择专业或未来职业规划；③确立独立于父母的身份认同；④学会管理时间，学习大学学习技能；⑤建立亲密的人际关系；⑥探究性别认同；⑦明确价值观（Yarris，1996）。同样，非传统年龄大学生更多，为后期的学生发展带来很多新的挑战。咨询师需要注意人口结构的变化，考虑年龄、性别、学科专业、种族、过去的情况、群体和能力水平等面临的各种相关问题。

大学时代充满压力，这一事实具有充分依据，而且大学生的压力越来越大（Dunkel-Schetter，Lobel，1990）。毫不意外，许多研究报告表明，学习、职业规划、社交问题（包括谈恋爱）、家庭问题（包括家庭酗酒史），以及经济问题是大学生最常见的问题（Bertocci 等，1992；Carney 等，1990；Dunkel-Schetter，Lobel，

1990；Heppner 等，1994）。其他研究报告称，吸毒酗酒、贪吃和肥胖、性侵和性骚扰、各种形式的暴力以及艾滋病等方面的学生问题也越来越多（Bertocci 等，1992；Roark，1993；Stone 等，2000）。今天，大学生也面临网络/电子上瘾、网络色情、自残以及失眠等问题（Kadison，DiGeronimo，2004）。

大学生也可能发生意想不到的危机事件，如朋友或家人死亡或自杀；家人、朋友或自己患慢性疾病；父母离婚和再婚；性侵；法律问题和暂缓监禁；车祸或其他创伤性事件造成残疾；遭受各种骚扰，包括被跟踪等（Yarris，1996）。当前全球危机为大学生带来的时代思潮也在大学生中间催生了新问题。霍特林（Hotelling，1995）列举了现代社会造成学生情感脆弱的集中方式：接触更多的暴力，在更多样化的环境中不知如何作为，缺乏积极行动，选择社会需求不大的专业或四年制学位带来的经济压力。此外，卡迪森和迪杰罗尼莫（Kadison，DiGeronimo，2004）引用了 2001 年 9 月 11 日恐怖袭击及其随后的反恐活动和战争为国家带来的恐惧，也催生了学生问题。最近的大学校园暴力事件加重了这些担心，迫使学生承认，大学并不是避难所，青少年并非坚不可摧。虽然经济问题被视为大学生年龄群体的标准问题，但美国经济环境变得不稳定，加重了当代大学生群体的问题。对毕业生（年龄通常比传统年龄学生大）进行的调查发现了相似问题（Bertocci，等，1992；Hodgson，Simoni，1995）。卫、斯库杰德和韦尔奇（Vye，Scholljegerdes，Welch，2007）指出，目前的大学生群体经历了恐怖袭击、自然灾害、学校枪击事件、金融危机，更不要说他们处在翁格（wenge）所称的"焦虑年代"（the Age of Anxiety）。

在过去 20 年里，越来越多的报告称，除预期的发展问题、危机情形和环境压力外，入学时就患有慢性病的学生更多。最近的研究记录的案例包括学习障碍、遗传生化失衡或抑郁、未治疗的强迫行为、幻觉、饮食紊乱（Gal lagher 等，1994；Guinee，Ness，2000；Stone，Archer，1990）。在 20 世纪 80 年代，到咨询中心解决饮食失衡问题的学生数量增加，而在 20 世纪 90 年代由童年时期身体和性虐待引发的问题增多（Gallagher 等，1994；Stone，Archer，1990）。加之大学生活不可避免的压力，这些慢性问题加速了抑郁和焦虑、自杀想法、滥用药品、身体问题、人际关系障碍和学习注意力集中问题（Heppner 等，1994；Miller，Rice，1993）。

除了要了解学生带来的特殊问题外，咨询中心员工还要研究客户使用咨询中心服务的模式。在 20 世纪七八十年代研究中使用的模式表明，10％～25％的学生利用咨询中心（Heppner，Neal，1983）。1997 年，马贡（Magoon）发现，规模大的学校中，10％的学生成为中心客户，规模小的学校中，14％的学生成为中心客户。早期的研究报告显示，学生更喜欢到中心寻求职业规划、处理经济和学习问题（Carney 等，1979），并后来逐渐将中心视为讨论个人和人际问题的最佳地点（Heppner，Neal，1983）。在 20 世纪 90 年代，大量报告声称咨询服务需求越来越多（Guinee，Ness，2000）。2008 年年度调查显示，咨询中心主任报告，9％的在校学生过去一年中寻求咨询，而 29.6％（约 100 万）在其他环境中与咨询师见面（专题研讨会、环境熟悉与适应课程、课堂呈现等）（Gallagher，Taylor，2008）。在这份调查中，95％的中心主任也报告称，学校面临更多学生患有严重心理疾病的趋势。

除了面临的上述问题外，人口结构因素也影响着大学咨询中心的使用情况。性别和文化等因素会影响学生对咨询中心的使用。女生比男生更可能需要咨询服务，白人学生比起其他少数族裔或少数民族学生更多地使用咨询服务，本土学生比国际学生更多地使用中心解决学习、社交和个人问题（Hyun，Quinn，Madon，Lustig，2006；Zhang，Dixon，2003）。

以上是学生到咨询中心寻求咨询的使用模式。文献中还没很完善记载其他模式，但包括推广活动，如咨询中心员工到学生宿舍与学生和员工讨论宿舍杀人带来的影响（Waldo 等，1993），或者在校园悲剧发生后，动员全校力量给予和开展咨询工作（Archer，Cooper，1998；Stone，1993）。

2008 年，95％的咨询中心主任报告称，患有严重心理疾病的学生数量大大增加（Gallagher，Taylor，2008）。一些著者（Sharkin，1997；Erickson Cornish 等，2000）对此进行了实证研究，他们的发现质疑了病状愈发严重这个观点。然而，他们确实认同，一些心理障碍在大学生中常见，有证据显示患有严重抑郁症的学生人数有小幅增加，咨询中心主任关于病状增加的看法具有长期性和一致性。为解决预期的患严重心理疾病学生人数增加的问题，许多中心采取了行动，如增加教师和其他人员的培训时间，以更有效地应对学生问题，推荐恰当解决方案（68％）；为校园学生援助委员会提供服务（62％）；增加员工处理复杂案子培训，在中心网站上提供心理教育帮助（55％）；扩展外部引荐网络（48％）；增加咨询中心员工（42％）；增加精神病会诊时间（32％）；增加繁忙时节兼职咨询师（26％）；增加员工有限时间治疗的培训，在学生新闻中刊登心理类文章（47％）（Gallagher，Taylor，2008）。虽然许多高等教育管理者继续争论，学校应该对学生心理健康担任多大的职责，尤其在经济压力越来越大的情况下，但大多数专家一致认为，整个学校都会得益于强大优质的心理健康服务（Kadison，DiGeronimo，2004）。

## 人员配备

2000 年国际咨询服务协会标准（IACS Standards）声明，"人力资源对咨询服务有效运作十分必要，在很大程度上，取决于学校规模大小、性质以及该领域内其他心理健康和学生支持资源的便捷度"（Boyd 等，2003）。国际咨询服务协会指南建议的最小人员配置比例是一个全职当量（FTE）专业员工对 1000～1500 名学生（Boyd 等，2003）。加拉赫和泰勒（Gallagher，Taylor，2008）调整了比例，在规模大的学校中，使一个全职当量心理健康专业人员对学生的比例接近1∶3557；在小规模学校，比例为1∶918。

传统上，大学咨询中心员工由专业个体组成，他们来自不同的学科、专业，接受的训练程度不同，或为实践/实习学生等专职人员助理。大规模咨询中心更加趋于发展多学科背景的员工队伍，包括心理学家、社交工作者或咨询师、精神分析学家。如果中心有培训项目，这尤其有益，因为培训学员可以探索不同领域，有机会见识跨专业工作。下一节将概述初级专业员工资格。

2008年，大多数咨询中心主任（63％）拥有博士学位，拥有硕士学位的主任人数相对较小（22％）（Gallagher，Taylor，2008）。同时，在2008年，42％的主任是心理咨询专家，23％是临床心理专家，约15％是专业咨询师，7％是社会工作者（Gallagher，Taylor，2008）。监管数量较大的员工，管理公共机构管理中心和/或管理通过被国际咨询服务协会认证中心的中心主任更可能拥有博士学位（Whiteley等，1987）。国际咨询服务协会标准认证建议，主任应该拥有博士学位，没有博士学位的主任推荐达到等效标准（Boyd等，2003）。

咨询中心女性专业人员和女主任的数量有明显变化。加拉赫和泰勒（Gallagher，Taylor 2008）报告称，接受年度调查的主任中，55％是女性，而这一数据在1982年只有19％。1989年到1995年间，新聘用人员中，具有博士学位女员工与具有博士学位男员工的比例几乎是2∶1，具有硕士学位女员工与具有硕士学位男员工的比例则几乎是3∶1（Affsprung，1997）。同样，2006年，咨询中心全薪专业员工中，68％是女性（Gallagher，Taylor，2006），导致35％的主任表示，招聘合格的男员工困难越来越大（Gallagher等，1999）。

马贡（Magoon，1994）报告称，自从1980年来，中心主任在大型机构任学术职位的人数在减少。然而，同年，根据加拉赫等人（Gallagher等，1994）的调查，在接受调查的主任中，大约一半的人依旧担任学术职务。2000 年国际咨询服务协会标准提出的希望是："薪资、福利和职业发展机会方面与机构其他人员相当，资格要求、职责任务和专业能力方面与同一地区其他高校相似（Boyd 等，2003）。"

设有博士前实习培训项目的中心，常常会指派一名工作人员担任培训指导，许多规模较大的中心为临床服务主管、评估研究、职业服务、项目推广和会诊部门分配职责。此外，一些提供测试服务的中心配有心理测试专业员工，许多中心配精神病专家员工或者参与会诊。2005 年，35％的大学报告称咨询中心配有精神病专家，14％称学生健康服务中配有精神病专家，8％称咨询中心和学生健康服务中精神病专家都配。而 36％的报告称，除非私人引荐，否则不能进行精神病专家咨询（Gallagher 等，2005）。

既然员工帮助在学生对咨询服务的印象中占据重要位置，对员工应该精挑细选，让他们不仅接受服务开展方面的培训，还接受私密性和有限职权方面的培训（Boyd 等，2003）。同时，2000 年度国际咨询服务协会标准主张："学生兼职者不能接触到客户资料和私密性办公记录，不应该参与客户工作安排（Boyd 等，2003）。"

## 模式

咨询中心模式部分取决于人们所希望的中心项目和服务类型、主任的观念、其他主要管理者的观念和工作压力。其他与每个中心模式有关的概念有员工规模、中心认证（Boyd 等，2003；Whiteley 等，1987）、大学或社区的同类服务、学校专业培训项目以及与中心的关系、与学生健康服务和中心的关系、与就业安置中心和服务活动的关系、与学业辅导者的关系、学业辅导是集中型或分散型、学生获得性侵、酗酒和吸毒预防治疗服务的地理便利性和范围大小。

20 世纪 60 年代，职业指南是大多数咨询中心的基础。1970

年，奥廷及其同事（Oetting，1970）报告称，"最初的咨询中心"仍然遵循《职业指南模式》（*vocational guidance model*），主要强调测试和职业选择。上述调查（Oetting 等，1970）也确定了咨询中心的其他 6 个模式：人事服务模式、学习事务模式、心理治疗模式、培训模式、研究模式和传统咨询模式。奥廷等（Oetting，1970）报告，发现有些中心采用"传统"模式，这些中心的主任采用了最初的咨询中心主任的组织结构，作为学校的一个独立部门发挥职能，以提供职业咨询、短期情感问题治疗和较长期咨询。服务客户是主要定位，虽然有些实习和实践培训活动还在开展（Yarris，1996）。在 20 世纪 70 年代确定的模式中，传统模式受到咨询师、长期助理、教师、学生和管理者的一致好评（Gelso 等，1977）。

在奥廷等工作之后，下一步确定咨询中心类型的重要工作是 20 世纪 80 年代进行的一项调查（Whiteley 等，1987）。著述者能够确定 5 种主要中心类型。大型咨询中心（占调查取样的 21%）服务范围广，提供大量的咨询和就业服务、测试服务，并执行推广和培训等特殊职能。就业型中心（16%）的咨询及相关服务最少，主要开展职业规划，帮助就业安排。咨询型中心（29%）与大型中心相似，但更多关注个人咨询任务，较少关注职业服务。普通型中心（20%）通常更多设在私立学校，提供较普通的服务，职责类似于学生处的职责（如学生组织、兄弟联谊会和女生联谊会咨询的相关责任和服务）。小型中心（15%）提供一些咨询服务及少量其他服务（Yarris，1996）。为对社区学院采用的咨询模式感兴趣的人，克尔（Coll，1993）提供了相关论述。

在快速变化的社会环境中，因为有限的资源和不断增加的需求，关注咨询中心问题、功能和解决经济问题的模式（Bishop，1990；Keeling，Heitzmann，2003；Steenbarger，1995；Stone，Archer，1990）和学生保留问题一直是一种趋势（Sharkin，2004；Van Brunt，2008）。例如，柯瑞苟（Crego，1990）告诫，咨询中心领导避免"简单增添项目、平衡项目……优化项目"，表明咨询中心服务模式的对象仍然为白人、中产阶级、全职、标准年龄、自我指导的学生（Yarris，1996）。咨询中心采取新的模式和方式时，不能被忽视大学生多样性和持续变化的需求（Resnick，2006）。

对心理咨询中心运作模式重新概念化的一个工作，就是提出了"完美立方体"。根据帕斯等人（Pace 1996），最初的立方体把咨询中心呈现为一个独立的、固定的结构，拥有封闭单一系统，主要进行内部决策。立方体概念不解决资源分配问题，而是表现为一种非合作风格。帕斯等（Pace，1996）为咨询中心提出了一个"球形"模式。该模式包含一个"互动"立方体，把学校视为一个系统，并且与系统相依存，结构不固定，具有灵活性和多向性，与学校团体一起协商决策，努力实现资源和服务的自我平衡、与大学平等合作（Yarris，1996）。博伊德等（Boyd，2003）进一步支持了这种互动网络概念化，因为它更加准确地反映了国际咨询服务协会（IACS）设立的认证标准。

## 职业发展

国际咨询服务协会标准（IACS Standards）明确职业发展是咨询项目的一个根本方面，建议为员工提供释放时间和财政资源，达到职业发展目的（Boyd 等，2003）。咨询中心人事进一步遵循国际咨询服务协会职业标准，参与职业组织，参加地区、州和全国性会议，参加在职培训，从事专业研究和担任学术职位，参与相关社区活动（Boyd 等，2003）。

专业组织为学校间互动、职业发展、信息收集和传播、出版著作、提供讲座、设立委员会，也建立和维护标准。

大学咨询中心主任协会（AUCCCD）是一个重要的中心主任专业社团（Gallagher 等，2001），主要关注作为大学不可或缺的一个部门的咨询中心的职责（Archer，Bingham，1990）。大学咨询中心主任协会年会的召开旨在制定指南，审视责任问题，为传播创新咨询项目开展信息交流，积极应对咨询中心面临的挑战（Yarris，1996）。

1994年，马贡（Magoon）报告称，许多大学咨询中心的咨询师选择美国心理协会（the American Psychological Association，APA）作为专业社团。此外，已有加入美国大学人事协会（the American College Personnel Association，ACPA）的。美国大学人事协会的委员会是一个活跃的组织，在社区大学、学院和大学拥有大批咨询和心理服务专业人员。根据马贡的调查（Magoon 1994），参加美国咨询协会（ACA）（前美国人事和指导协会）的员工数量下降，特别是规模较大的学校的员工。美国咨询协会专门为大学咨询师设立了一个分支，即美国大学咨询协会，提供博士前实习培训的中心通常加入咨询中心培训机构协会（the Association of Counseling Center Training Agencies，ACCTA）和心理实习中心协会（the Association of Postdoctoral and Psychology Internship Centers，APPIC）。除了召开协会年会，这些机构包括大学咨询中心主任协会（AUCCCD），经常在美国心理协会（APA）和美国大学人事协会（ACPA）年会上见面。值得注意的是，在这个快速变化的时代，传统的专业沟通方式，例如出版著作和召开会议，随着网络交流的使用得到补充（Yarris，1996）。为从事咨询中心人员提供博士前和博士后培训的中心需要开展培训，使专业人士更加精通短程疗法、危机干预、小组工作、会诊和推广、职业和学生发展理论和实践、有关大学人群的公共卫生问题，以及多元文化、研究和评估能力（Bishop，2006）。

国际咨询服务协会公司（the International Association of Counseling Services，Incorporated）制定了大学咨询项目正式认证标准（Boyd等，2003）。15 000多所大学的咨询中心一半通过了国际咨询服务协会标准认证（IACS Gallagher et al.，1994）。

美国心理协会（the American Psychological Association）主办

的杂志有《心理咨询师》（*the Counseling Psychologist*）、《咨询心理学杂志》（*the Journal of Counseling Psychology*）和《职业心理学：研究与实践》（*Professional Psychology：Research and Practice*），刊登发表有关咨询服务问题、理论和研究的文章。其他相关的期刊还有《大学生发展》（*the Journal of College Student Development ACA*）、《咨询和发展》（*Journal of Counseling and Development*）、《多元咨询和发展》（*Journal of Multicultural Counseling and Development*）、《大学生心理治疗》（*the Journal of College Student Psychotherapy*）、《大学咨询》（*Journal of College Counseling*）、《高等教育纪事》（*Chronicle of Higher Education*），由一些州的机构和专业组织出版（Hood，Arceneaux，1990；Stone，Lucas，1991）。虽然咨询中心主任报告称，由于过多服务需求，研究难以进行（Stone，Archer，1990），但对与咨询相关的杂志的调查结果发现，与咨询中心有关的作者、参与者和话题在文献里得到充分展示（Stone，Lucas，1991）。

此外，各种数据库可供使用，例如薇薇安·博伊德博士（Dr. Vivian Boyd）在马里兰大学（the University of Maryland）收集的大学咨询中心主任协会数据库（the AUCCCD Data Bank），罗伯特·兰多（Robert Rando）在莱特州立大学（Wright State University）发动的大学咨询中心主任协会咨询中心主任调查（AUCC-CD Survey of Counseling Center Director），罗伯特·加拉赫博士（Dr. Robert Gallagher）在匹兹堡大学（the University of Pittsburgh）收集的全国咨询中心主任调查（the National Survey of Counseling Center Directors），以及由大卫·德拉姆博士（Dr. David Drum）在得克萨斯大学（he University of Texas）组织的高等教育咨询和心理服务研究联合会（The Research Consortium）。

最后，咨询中心和高等教育管理专业人员负责继续发展其专业技能，增进了解，特别要根据持续变化的学生文化和需求（Davis，Humphrey，2000）。有些州制定法律，要求专业人员证明接受过继续教育，以保持在该领域的从业资格。继续教育学分可以通过参加专题研讨会（如关于艾滋病携带者咨询会议）获得，和/或通过在美国大学人事协会（ACPA）、美国心理协会（APA）、大学咨询中心主任协会（AUCCCD）、咨询和发展杂志（ACA）和咨询中心培训机构协会（ACCTA）等召开的大会上做报告取得。这些资格要求成为一些新近的讨论话题，因为各州的管理董事会努力充分适应新兴的职业问题，涉及职业流动性、跨辖区临时工作、远程学习/咨询、行业行为（disciplinary actions）、新进执业专业人员能力评估等（DeMers，Van Home，Rodolfa，2008）。

## 入门资格

回顾学生服务人员的发展历史，胡德和阿森努科斯（Hood，Arceneaux，1990）表示，咨询中心员工是第一批接受规定培训的、加入专业组织团体、获得认证/资格的员工，被视为该领域的"专业人士"。雅力士（Yarris，1996）总结了一项针对 310 个咨询中心主任的调查（Gallagher 等，1994）后发现，在 85％的中心的员工中，有一位执业精神病专家，32％的中心报告称其员工是社会工作硕士，51％报告称是注册专业顾问。在招生人数超过 15 000 的大学里，约 97％的拥有执业心理学家员工。具有临床或者咨询心理博士学位是大多数学校的普遍要求，特别是规模较大的四年制大学里的咨询中心员工。维斯皮亚（2007）调查了小型学校（500～4000 学生）的咨询中心主任，发现 9％的中心聘用的心理治疗师具有硕士学位，48％的中心的咨询/临床心理部门员工具有博士学位，11％的中心聘用其他相关专业的博士生，77％的中心聘用的专业咨询师具有咨询和临床心理学硕士学位，26％的中心聘用其他专业硕士生，68％的员工拥有执业证书。许多中心的初级员工需要获得执业资格证书或具有执业资格，这意味着要完成美国心理协会认证的博士项目，或者符合州要求的参与执业资格考试的要求，这包括 1 年的博士前实习，以及至少 1 年指导下的博士后工作。大型中心可能会要求或者更喜欢心理学专家通过美国心理协会认可的实习。成为一名执业社会工作者或者注册专业咨询师（Social Worker or a Certified Professional Counselor），需要做类似的工作（Yarris，1996）。

国际咨询服务协会大学咨询中心认证标准（IACS Accreditation Standards for University and College Counseling Centers）（Boyd 等，2003）中声明，专业员工应至少具有教育咨询、咨询心理学、临床心理学、精神分析学和社会工作等专业硕士学位。博士员工应该取得专业工作的执业资格和认证资格，非博士员工鼓励取得同类资格证书。为大学生提供咨询服务，需要学习相关课程，在指导下进行实际工作。负责管理或监管他人临床工作的人必须有博士学位，或者具有相应的硕士学位和培训其他专业人员的经历。心理治疗师应具有医学学位，完成了住院实习。

如上所述，许多大学咨询中心员工属于咨询心理专家专业（Phelps，1992），然而，一些资料预测，大学咨询中心将会雇佣更多具有硕士学位的咨询者和社会工作者（Baron，1995；Hotelling，1995；Toth，1995），更多咨询中心正朝着建立一支具有多学科背景员工队伍的方向发展。

## 学生发展理论作用与应用及学生学习必要性

咨询中心的发展历史与咨询心理学的发展历史平行（Sprinthall，1990；Tyler，1992；Whiteley，1984）。鉴于咨询心理学的特征在于关注发展和生活规划（Tyler，1992），咨询中心一开始就注重学生发展（Yarris，1996）。不同于普遍意义上的治疗性服务，"咨询从一开始是为所有人服务的""我们必须面对选择如何过好我们的生活"（Tyler，1992）。正如斯通和麦克米歇尔（Stone，McMichael，1996）指出的，"本质上，与咨询中心相关的心理健康政策的制定，因以学生需求为基础的理论而得以修订，包括 SPPV 学生发展观（美国教育委员会，1937），最近也受到大学生发展（Chickering，1969）和幸福健康提升相关思想的影响而得以修订"。

除了强调人生中的选择，咨询心理学也是个人心理差异的研究结果（Tyler，1992）。因此，咨询中心员工不仅开展传统年龄段大学生工作，还会开展成年学习者和不同背景的学生工作（Yarris，1996）。

在 20 世纪 70 年代到 80 年代，大学咨询中心重点在于作为学生发展的身份和功能（McKinley，1980）。如"问题类型"章节中所述，大多数咨询中心是为了帮助学生解决后青春后期和成年早期的重要发展问题。此期间，许多大学咨询师致力于学生发展和校园生态（Aulepp，Delworth，1976；Conyne 等，1979；Hurst，1978）。相关研究显示，学生的咨询需求因年级、年龄、性别和种族而变化（Carney 等，1990），少数群体和弱势群体的学生需要服务的可能性更小（Brinson，Kottler，1995）。关注学生发展中的难题以及学生需求，是为大学生提供有效咨询或治疗的先决条件（Whitaker，1992）。大多数咨询中心在应用学生发展理论方面非常出色。

然而，由于出现了越来越多的功能失调性和病理性家庭、创伤性童年和青春期经历，一些大学生咨询者质疑"正常"发展问题的含义。因此，斯通和阿切尔（Stone，Archer，1990）总结，"许多学生面临的发展问题包括学习克服严重的心理问题"。雅力士（Yarris，1996）概述了几项研究，认为大学生的早期生活经历会使预期的大学生发展任务方案复杂化。例如，怀特和斯特兰奇（White，Strange，1993）在对女大学生抽样调查中发现，被强迫的童年性经历，对以后发展亲密关系这一社会心理任务以及职业规划造成重大影响。同样，当经历身体、性、心理、身份和道德发展时，大学生普遍尝试新奇行为，可能增加药物滥用、暴力和艾滋病感染这些严重问题的风险（Rivinus，Larimer，1993；Triggs，McDermott，1991）。

同样，咨询中心也在实践《学生学习须知》（*the Student Learning Imperative*），在学生学习驱动应用方面树立了出色榜样。对学生学习和个人发展关注增加，与教育同事的合作，咨询中心员工从开展与学生性格相关的工作和研究获得的专业知识，成果数据评估和评估数据的增加，这些都符合学生学习驱动。许多大学长期努力，也将继续努力，使咨询中心为无缝学习、第二课堂做出贡献（Kahn 等，1999）。咨询中心其他发展趋势与《学生学习须知》相契合的证据是，中心努力开展研究和评估，这些研究和评估展示咨询成果与学生学习之间的关系（Schwitzer，Metzinger，1998）。

20 世纪 90 年代也让我们意识到一个新问题——网瘾。许多学生无节制，在网站上花费大量时间，包括聊天室和色情网站。这些与信息技术依赖相关的异化和孤独等问题一起，将会在 21 世纪继续存在。随着技术的进步，新的人类问题也随之产生。由于学生帮助需求数量的增长及其问题严重性的增长，人们极为关注未来这些问题的管理，并进行了讨论（Stone，Archer，1990）。咨询中心主任表示主要担心以下问题：①患有严重心理问题的学生增加，导致咨询师面对很多困境，如倦怠、高峰期人手短缺、忽视学生常规发展问题、提前结案；②增加危机事件咨询；③为需要长期帮助的学生会诊；④资源缺乏与服务需求同步增加；⑤自我伤害案报告增加（砍伤自己以减轻焦虑）；⑥有关处理患有严重精神错乱学生问题的管理问题；⑦饮食紊乱的学生数量增加；⑧行政管理的边界问题；⑨办公室人员数量不足；⑩性侵案例增加；⑪技术支持不足；⑫咨询服务客户增加（Gallagher，Taylor，2008）。由于目前经济下滑，这些问题很可能在未来 15～20 年持续存在。

为处理这些增加的服务需求，大学咨询中心已经采取了以下行动措施：①增加教职工和其他人员的培训时间，以有效帮助处于困境中的学生，做好正确引导；②担任学校学生援助委员会工作；③增加员工处理困难案例的培训；④在中心网站提供心理教育帮助；⑤扩展外部引荐网络；⑥增加精神病会诊时间；⑦增加高峰期兼职咨询师数量；⑧增加短期治疗员工培训；⑨在学生新闻上刊登心理类文章（Gallagher，Taylor，2008）。其他处理学生需求的工作还包括增加精神病者咨询时间，开展更多的授权自杀评估，对学生、教师和员工开展守门员培训，增加晚上工作时间，以及更多利用朋辈学习小组（Gallagher，Taylor，2008）。法律和道德问题会继续处于咨询中心的优先位置。然而，学生和家长控告个人、中心和学校的诉讼日益普遍。根据咨询中心的调查，在过去 6 年中，有 23 起对大学咨询中心的诉讼案件（Gallagher，Taylor，2006，2008；Rando 等，2007）。所有法律和道德问题中，私密性经常被心理学家、咨询师和社会工作者视为引发道德困境的根源（Archer，Cooper，1998；Pope，Vetter，1992）。调查研究表示，客户和普通大众认为，私密性在咨询关系中至关重要（Kremer，Gesten，2003），从道德上，咨询专业人士应该保护客户信息的私密性。然而，这从法律上并非在任何情况下都具有优先权（Archer，Cooper，1998）。许多州，但不是所有州，客户、心理学家、咨询师或者社会工作者之间的交流在法律上具有优先权。然而，这通常在法律界被视为是司法而不是立法特权。因此，心理学家、咨询师和社交工作者需要声明交流中的法律优先权，但不能保障所有法院都会尊重这种声明。简言之，在 5 种例外情况下不遵守私密性原则：①客户有自杀倾向，或对自己造成危险；②客户对他们造成伤害；③虐待未成年人或老年人；④一些法律程序要求传唤客户记录材料；⑤保险公司要求审核客户诊断记录和服务收益。尽管如此，在道德意义上，咨询中心专家应该保护客户隐私。

　　由于现代技术、艾滋病和艾滋病第三方付费以及社会暴力事件和恐怖主义增加，隐私和其他法律和道德问题也越来越复杂。需要精神病专家诊断和第三方付费来增加财政预算的保险报销模式和医保模式导致的复杂性，使隐私和坚持学生发展模式在现代咨询中心受到威胁（Crego，1995；Gilbert，1994）。这些模式允许大学咨询中心以高效成本的方式提供更多深层次服务，然而，记录审查的可能性以及强制的活动限制，引发关于大学咨询中心长期治疗关系中的道德问题（Lilly，Weber，1993）。

随着患有严重情感问题的学生人数增加，行为障碍风险也随之增加（Dannells，Stuber，1992）。在过去 20 年中，咨询中心员工一直处于学生介入工作前线，这些帮助需求得到其他人的关注。在这种角色扮演中出现了互相矛盾的忠实和隐私困境（Amada，1993；Gilbert，1989）。一些咨询中心主任对近来要求咨询中心开展授权咨询和评估的趋势感到非常矛盾（Margolis，2000；Stone，Lucas，1994）。对隐私保密构成威胁的还有：需要告知他人客户具有自身或他杀倾向，需要报告儿童和老年人虐待案例，以及与 HIV 病人同居而未采取性保护措施是否造成达到需要报告程度的伤害这一问题（Gallagher 等，1994）。电子沟通使用的增加，使得国际咨询服务协会和许多个体咨询中心制定政策声明，告知学生咨询中心的员工不得在邮件上回答个人问题。

除了前面提及有关服务需求增加的挑战，大学咨询中心也须解决中心利用不足的问题，这些问题适合那些因历史原因不好联系的人群，如国际学生、少数民族学生和许多谋划伤害/杀害自己或别人的学生（Atkinson 等，1990；Brinson，Kottler，1995；Oropeza 等，1991；Shea，1995）。

暴力和仇杀是大学咨询中心专业人员面临的重大挑战。在 2006 年的调查中，超过 30％的咨询中心主任认为，针对学生的暴力事件在过去 5 年内有所增长（Gallagher，Taylor，2006）。虽然大学生成为暴力犯罪受害者的概率小于同年纪非学生人群，但遭受暴力犯罪的学生平均人数无法想象（U. S. Department of Justice，2003）。2007 年弗吉尼亚理工大学（the Virginia Tech）屠杀事件和 2008 年北伊利诺伊大学（the Northern Illinois University）枪击事件，导致 38 人死亡，多人受伤，引发了全社会的震惊。2000
年，60％的中心咨询了接受逾期追诉案件，其中 50 人受伤，5 人
被杀害；接受调查学校中的 30％报告称，2000 年咨询了一宗学生
自杀案件（Gallagher 等，2001）。虽然大学生自杀率小于 24～25
岁的非学生美国公民，但自杀仍然是大学生死亡的第二主要原因
（第一主要原因是意外事故）。每 12 所大学生中，有 1 名有自杀企
图（Kadison，DiGeronimo，2004）；在接受调查的 284 名咨询中
心主任报告中，有 118 名学生试图自杀过（Gallagher，Taylor，
2008）。《校园安全法》（the Campus Security Act）等联邦法律要
求大学公布犯罪数据，积极采取措施，满足大学暴力事件受害者的
需求（Garland，Grace，1993）。2009 年 2 月 4 日，美国国会众议
院通过法案《大学安全监管和保护发展中心》（the Center to
Advance Monitor and Preserve University Security），创立大学校
园安全中心。虽然在大学校园内发生的杀人事件数量少，但此类校
园惨案的影响深远，要求专家实施即刻干预（Allen，1992）。

对自己的服务进行评估的咨询中心越来越多（Magoon，1995；
Guinee，Ness，2000）。在这个资源竞争、评估、问责和战略规划
日益加强的年代，中心必须获得需要的资源（Guinee，Ness，
2000；Stone，Archer，1990）。

最后，吉尼和内丝（Guinee，Ness，2000）研究了中心对斯
通和阿切尔（Stone，Archer）在 20 世纪 90 年代提出的建议的反
应后总结，中心对 20 世纪 90 年代的挑战反应积极，也积极吸纳了
二者的建议。

同时，他们的结论是，"咨询中心主任及其员工必须做出重要
抉择，决定中心的优先事项是什么，资源如何分配，精力如何分
配。我们希望，未来的研究能够让咨询中心员工更多地审视咨询中
心做出改变的时间和方式，这种改变将来可以加强中心的活力，增
强安全（Guinee，Ness，2000）。"

## 21 世纪面临的问题和发展趋势

大学心理健康问题和高等教育变化同时存在。21 世纪最初 10 年，美国大学中，女生、少数族裔学生、残疾学生、非传统学生、来自社会经济地位低的家庭的学生和兼职学生增多。因此，大学咨询中心面临着文化多样性这一复杂难题（Hodges，2001）。除了外包和商业化服务（如设施维护、商业服务和学生服务），大多数学校采用的方式是聘用一个新的工作队伍，包括兼职、助理、全职、无终身教职教师和研究生（Kirp，2002）。大学咨询中心在 20 世纪后期遇到的问题，如服务要求和资源短缺，将一直持续到 21 世纪。因此，达维斯和汉弗莱（Davis，Humphrey，2000）确定的下列趋势，很可能成为 21 世纪咨询中心的发展趋势。

第一，相比过去，出现问题的学生更多，问题更复杂。技术发展激增、随机暴力事件增加（如弗吉尼亚理工大学屠杀事件、北伊利诺斯大学枪击事件）、仇杀、全球经济动荡以及 2001 年 9 月 11 日的恐怖主义袭击事件，让全球的人们陷入了困惑、恐惧和焦虑中。无可非议，大学生会继续经历更多的压力和心理疾病，未来对大学咨询中心服务的需求必然会持续下去（Archer，Cooper，1998），但这些中心如何规划、管理和筹资，仍无从知晓。

第二，学生群体将逐渐多样化。美国教育局 2007 年的统计数据表示，2005 年，美国人口的 33％ 是少数民族；2005 年到 2020 年间，预计少数民族人口将增加 32％，同期，白人人口将增加 4％；到 2020 年，少数民族人口将占总人口的 39％。美国南部学生中，超过一半来自低收入家庭。2006 年到 2007 学年间，南部 15 个州的 54％ 的学生有资格享受免费午餐或减免午餐费用。在南部以外的三个州，即加利福尼亚、新墨西哥和俄勒冈，大多数公立学校的学生来自贫困家庭（Viadera，2007）。这些人口结构变化无疑会影响美国高等教育，给大学咨询中心带来新的挑战。

第三，咨询中心将在开展服务中更多使用网络和沟通技术。55％的中心主任报告，他们在中心网站上提供心理教育帮助，帮助患严重心理问题的学生（Gallagher，Taylor，2008），49％的咨询中心提供在线服务（Rando 等，2007）。其他通过网络和沟通技术开展的服务包括调查、评估、创建网页信息和在线群体（Rando 等，2007）。咨询中心网络和互动技术的使用，将随着 20 世纪 90 年代出生的大学生入学而增加。

第四，在资源有限的情况下，问责制的需求也将会增加。需求咨询中心心理服务的学术人数急剧增加，部分原因是新的精神病处方药物让许多在过去不能上学的学生进入了大学（Blom，Beckley，2005）。根据 37 所大学 20 507 名学生参与的 2007 年全国大学健康评估（the 2007 National College Health Assessment），大约 43％的大学生有心理问题，如抑郁、焦虑、饮食紊乱、季节性情感障碍。95％的主任报告，近年来出现了患有严重心理问题的大学生数量持续增多的趋势。咨询师管理的案例越来越复杂，给他们带来的压力，导致了各种各样的问题，如员工职业倦怠、高峰期缺人手、忽视学生正常的发展问题、必须贸然完结过多案子以及更多担忧赔偿问题（Gallagher，Taylor，2008）。为解决增加的需求问题，咨询中心可能使用更简洁的治疗、创造性地管理等候的客户、提高客户时间安排效率以免遗漏预定客户、增加小组咨询、建立单独的紧急应急程序、提供员工评估和转介程序培训以及实行自动终止政策（Murphy，Martin，2004）。同时，所有咨询服务应该出具一份知情同意声明，准确描述所在学校制定的咨询服务和隐私保密范围（Bishop，2006）。

除了上述达维斯·汉弗莱（Davis Humphrey）总结的 4 大趋势外，目前人们争论的焦点是，在快速变化的世界和经济发展不稳定时期，咨询中心既要继续努力实现咨询中心为学生服务的使命，又必须继续生存，有什么必要条件？似乎高校决策者更倾向于咨询中心有专门的心理健康服务，在校园里发挥越来越广泛的作用，而非只是一个长期的治疗设施（Bishop，2006）。咨询中心员工需要精通更简洁的治疗、危机干预、小组工作、会诊和推广、职业和学生发展理论和实践、多元文化问题、研究、评价和有关大学人口的公共健康问题（Bishop，2006）。

值得注意的另一个趋势是，女性和少数民族员工的增加以及推广和会诊时间增加（Gallagher，Taylor，2008；Guinee，Ness，2000；Rando 等，2007），这是因为美国高等体系使得女毕业生比男毕业生多，少数族裔博士毕业生数量一直以来是最高的（National Opinion Research Center，2007）。同时，20 世纪 90 年代发生最为巨大的变化，包括咨询服务中心与大学合并、开展优质培训及多种服务类型（Guinee，Ness，2000）。这个趋势还将在 21 世纪继续。

将来实行外包和兼并的动力看上去日渐减弱，虽然 16% 的咨询中心已经完全与健康服务整合（Rando 等，2007）。2001 年，97% 中心的主任报告称，没有也不可能发生咨询中心外包和私有化（Gallagher 等，2001）。同样，更重要的是，更多中心报告称员工数量和预算增加而非减少，特别是在弗吉尼亚理工大学枪击事件之后（Gallagher，Taylor，2008；Gallagher，Weaver-Graham，Taylor，2005；Rando 等，2007）。

预计咨询中心会继续这个趋势，聘请具有多学科背景员工和更多兼职员工。20 世纪 90 年代中期，咨询中心朝着与学生健康中心合并或失去职业咨询的功能的趋势发展。现在，这一趋势似乎在减弱，许多人更强烈地认为，需要扭转第三方报销的医疗模式趋势，为回归到更加全面的发展方式让位（Crego，1990，1995）。其他人认为，为了生存，咨询中心必须参与计划医疗市场的竞争（Drum，1995；Steenbarger，1995）。同时，前咨询中心主任汤姆斯·马贡博士（Dr. Thomas Magoon）长期从事专业活动，建议咨询中心参与大学学术研究是搭建两者的桥梁（Dressel，1995）。他也建议咨询中心员工需要积极加入专业组织，特别是正在制定心理学管理法规的州级组织。

尽管未来充满了不确定性，但清楚的是，在复杂时期，大学咨询中心在管理危机、帮助招生和保留学生以及减少责任风险中起着关键作用（Bishop，2006）。随着更多的依赖技术，手指一动就能获得惊人数量的信息，人类之间的交际会变得越来越重要。咨询中心一定不能忽视他们的最大财富，即员工能够与学生面对面坐下来，建立相互信任和支持的工作关系。

## 技术资源

下面是可供使用的咨询中心和咨询中心信息网站相关信息：

咨询中心职位

http：//www2. kumc. edu/people/llong/picc/

http：//www2. kumc. edu/people/llong/picc/list. asp

大学咨询者资源

http：//www. collegecounseling. org/resources/links. html

心理健康许可证资源

http：//www. mentalhelp. net/poc/view ＿ doc. php? type ＝ doc&id=2589&cn=145

咨询中心村

http：//ub－counseling. buffalo. edu/ccv. html

网上咨询中心

http：//ub－counseling. buffalo. edu/centers. html

虚拟手册汇总

http：//www. dr－bob. org/vpc/

大学咨询中心主任协会（AUCCCD）网址

http：//www. aucccd. org/

国际咨询服务协会（LACS）网站

http：//mason. gmu. edu/~iacs/

咨询中心邮件列表

http：//ccvillage. buffalo. edu/Village/Staffdev/lists. html

结构化/专题小组和创新项目交流中心

http：//www. utexas. edu/student/cmhc/chindex. html

http：//www. cmhc. utexas. edu/clearinghouse/index. html

ACS Website

http：//mason. gmu. edu/~iacs/

# 第七章　学生行为

约翰·卫斯理·罗维瑞

## 引言

大学是一个纪律严明的团体，是个人接受并履行集体义务教育之地，学校以明确的管理规定指导学生行为，实现共同利益（卡内基教学促进基金会，1990）。

学生行为是一个合时宜、复杂且容易引起争议的话题。称其合时宜，是因为也许比美国高等教育史上的任何阶段，现在的大学校园在校园暴力和对他人权利漠视发生时，依旧寻求基于共同价值观的文明规范（Carnegie Foundation，1990；Paterson，Kibler，2008）；称其复杂，是因为它有许多不同且似乎相互对立的特征，包括哲学、法律、立法、教育和组织问题；称其易引起争议，是因为它恰好处在团体需求和个人自由的交界面上。

## 发展历史

美国大学学生纪律的发展历史和演变反映了高校自身的发展（Smith，1994）。在早期的殖民大学，校长和教师对学生行为实行全面控制，这是进行严格的道德、伦理和宗教教育的一部分。这种教育与古典课程的开设，是大家认可的学校职责和使命所在。加兰和格瑞斯（Garland，Grace，1993）指出，"规训学生是这一时期学生事务工作方式……"为了能够管控这些十来岁的学生，殖民大学制定并实施了特别严格的行为准则和严厉的惩罚措施，包括公开忏悔、自嘲、罚款和体罚，这些准则和措施经常且不受限制地施用（Smith，1994）。学生如果犯了较为严重的违纪行为，老师要与董事会协商处理，情节较轻的，校长常常授权老师处理（Leonard，1965；Schetlin，1967；Smith，Kirk，1971）。但毫无疑问，学生并非完全无质疑地接受这种制度。一些学校努力应对学生动乱，普林斯顿大学校长阿什贝尔·格林（Ashbel Green）将动乱归因于严苛的学生纪律制度（Rudolph，1990；Thelin，2004）。

18世纪晚期，家长式纪律管制减弱。19世纪早期，随着公立大学的诞生，大学目标和目的得到拓展，普通高校逐渐世俗化和多元化，招生人数增加，对学生的家长式规训、管制方式发生了改变，对学生的惩罚不再那么严厉，体罚几乎不再使用，董事会参与处理学生违纪事件减少，出现了违纪学生咨询服务。在这段时期，几所学校也开始尝试学生自我管理制度（Bruce，1920；Smith，1994；Wagoner，1986）。校长逐渐专注于扩大课程设置、处理财政和行政管理事务、开展外部关系联络，学生的非学习行为问题交由学校从教师中选拔出来的专家处理。

南北战争数年后，美国引入了以学生知识发展为唯一关注点的德国大学教育模式。同时，工业革命要求学校发展自己的学科专业，导致从严格的行为管制到自我约束和自我管理的重大转变（Brubacher，Rudy，1968；Durst，1969；Schetlin，1967），学校采用了更人性化、更个性化的规训方式，在发展学生自治和荣誉制的同时，发展了学生更民主参与的制度（Smith，1994）。随着高校招收的女生人数增加，学生管理遇到了新的挑战。"未婚年轻男女坐在同一个校园餐厅用餐，这种大胆的行为必须受到监管"

（Fenske，1989），使得当时的学生纪律管理更加复杂。

19世纪末20世纪初，任命了首批女主任和男主任，以"减轻管理者和教师纪律管理问题"（ACE，1937）。20世纪早期，许多大学都设立了主任职务。布里格斯罗素男爵（Le Baron Russell Briggs）是第一批学生事务管理者之一，当他1897年担任哈佛大学学生事务长时，发现学生纪律管理是工作的重要组成部分（Brown，1926；Fley，1974）。这些早期的主任发展了高校的哲学理念和纪律观念。对于能够培养什么样的学生，他们持理想和乐观的态度。在纪律方面，他们制定了学生自我控制或自我约束这一终极目标，采用更个性化、更人性化和预防性的措施。霍克斯（Hawkes，1945）指出，事务长不是"一位穿着学术服装的警官"，主张纪律不只是严格地强制执行规则，而是要求考虑学生个体。整体来看，学生全面发展观得到发展（Durst，1969），咨询作为一种行为纠正方式开始受到人们欢迎（Fley，1964）

不幸的是，在学生事务专业的发展史上，纪律不幸成为早期主任们和新兴学生人事专业人员的一个分歧点（Appleton，Briggs，Rhatigan，1978；Knock，1985）。尽管他们之间在目标和方式上有许多相同之处，但是，"学生事务员工往往认为事务长对学生的纪律管教不利于学生的自我发展"，因为他们只从惩罚的意义上看待主任作为纪律实施者的作用。当然，这种观点拉开了"'实施处罚'的主任与'促进发展'的学生事务工作者"之间的距离（Knock，1985）。随着大学精英主义和平等主义观念的传播，高等教育不断发展，学校群体增多，异质性增强，致使主任要处理的纪律（惩罚）事件增加，而学生人事工作者则"成为人类发展专家"。主任被视为"坏蛋"，他们更大的兴趣在管制和惩罚，而学生人事工作者的形象则更积极，成为学生兴趣和发展的真正促进者，两者之间的隔阂更深了（Appleton等，1978）。不久，拉体甘（Rhatigan，2000）提醒我们，早期的主任也具备真正的人文主义目标。

随着第二次世界大战的结束，退伍军人进入校园，校园设施和制度受到大量年龄较大、生活经历更丰富的学生的考验，退伍军人"无法吸收消化主任为学生行为和纪律合理性提供的传统药物"（Smith，Kirk，1971）。但这场涉及面广的危机得以避免，因为退伍老兵高于一切的就业目标使他们专注于学习。他们既没有时间了解事务长的纪律制度，也没有时间或兴趣抵制这些制度。但是，少数大学发生了老兵和其他学生抵制当时的家长式管理制度事件（Lowery，1998）。

从 20 世纪 50 年代到 60 年代，纪律问题中惩罚减少，监控和专制性减弱，民主性、教育和恢复目的性增强。受过专业训练的咨询者承担了更大的责任，设立了由员工和学生组成的纪律听证委员会（Smis，1971）。发生于 1964 年的校园学生抗议活动是促成这一转变的重要因素之一。马里奥·赛维奥（Mario Savio）是伯克利的言论自由运动（the Free Speech Movement at Berkeley）领导者，他强有力地表明了言论自由运动和民权运动之间的联系，以及学生对校园规章制度和政策的新的期待：

去年夏天，我为了参加民权运动来到密西西比。这个秋天，我参加了同一运动的另一个阶段，这一次在伯克利。这两个战场似乎非常不一样，但实际并非如此。两个地方，同样的权利都受到侵犯，即作为民主社会公民的参与权和参与法律过程的应有权利。我们要求我们的活动由我们朋辈组成的委员会审判。我们要求规章制度的实施只能通过被管理者的同意才具有合法性（Warshaw，Leahy，1965）。

20 世纪 60 年代和 70 年代的显著特点，是更多学生参与纪律制度制定及实施过程，从法律和教育角度拓宽了学生权利和责任概念，在不当行为中引入恰当的过程保护措施。这些进步的推动因素是：年龄较大的学生进入校园，绝大多数学生的年龄降低，社会更加宽容，民权运动发生，许多学校发生学生激进主义和学生骚乱，法庭介入纪律惩罚（Gibbs，1992；Smith，1994）。

法庭的介入和对学生宪法权利的真正关注，使许多大学在 20 世纪 60 年代建立了正式的、合法的"司法制度"来裁定不当行为，确定恰当的制裁方式。这引起了人们的担心，因为这种制度是从刑法中借用的对抗性制度，重点关注实施纪律处罚过程的机制，可能危及教育目标（Dannells，1978；Gehring，2001）。过去 30 年学生纪律方面的文献，以及行为管理的当代实践表明，人们的兴趣点又回到了纪律概念与学生发展目标的重新整合上，且这种兴趣具有持续性。这种整合旨在保护学生合法权利、对所有参与该过程的学生实施教育的学校行为制度框架下进行（Ardaiolo，1983；Caruso，Travelstead，1987；Dannells，1997；Gehring，2001；Greenleaf，1978）。如此，人们不再过度使用类似刑法的程序（Dannells，1990），而是更倾向于一种折中的方式，既可以保证公平，也可以保护教育环境，促进学习（Bracewell，1988）。

但 20 世纪 60 年代法庭的介入引起了学生发展方式和纪律的法律处理方式之间的矛盾，这一矛盾现在仍然存在（Lake，2009；Lancaster，Cooper，1998；Smith，1994）。

另一个表明学生行为发展为学生事务的一个专业的是第十五委员会（Commission XV）的建立：20 世纪 70 年代早期建立的校园司法事务（Campus Judicial Affair）、美国高校人事协会法律问题（Legal Issues of the American College Personnel Association）以及 1987 年建立的学生司法事务协会（the Association for Student Judicial Affairs，ASJA）。作为学生行为管理协会（the Association of Student Conduct Administration，ASCA）的前身，学生司法事务协会（ASJA）成立后迅速发展，现发展成为学生行为管理协会（the Association of Student Conduct Administration，ASCA），清晰表明了学生行为管理已成为一个学生事务领域的一个专业。大量学生行为管理研究也反映了这种趋势（Dannells，1990，1991；Lowery，Dannells，2009），如兰卡斯特和威赫（Lancaster，Waryold，2008）指出的，学生行为"发现了我们的专业声音"。

## 学生行为定义、目标和范围

任何其他学生服务领域都不可能像纪律一样，引起如此多的争论、分歧和纠纷（Fley，1964），正如阿普里顿等（Appleton，1978）所言，"在学生人事管理发展史上，纪律一直是一个渗透性最广、最令人头疼的主题"。它带来了高等教育的目标、学生人事工作在高等教育中的地位和我们对学生的看法等根本性问题。

许多关于学生行为的争议和分歧与其他几个不同的含义与目的有关。在大学学生人事工作的背景下，纪律的定义可被定义为：①自律，或是被视为教育本质的美德（Appleton 等，1978；Hawkes，1930；Mueller，1961；Seward，1961；Wrenn，1949）；②再教育的过程，或是改过自新（Appleton 等，1978）；③惩罚作为一种外部控制行为的手段（Appleton 等，1978；Seward，1961；Wrenn，1949）.

### 纪律管理权力和学生—学校关系

与学生纪律的密切相关的是学校纪律管理的权威问题。关于学校拥有维持学生纪律权利的理据，已经有 7 种不同的理论可以进行阐释。这些理论在某种程度上阐述了学生与学校的关系的本质（Dannells，1977）。但只有 3 个理论，即父母代理论（the doctrine of in loco parentis）、契约论和教育目的论，值得描述。

"在家长的位置，或代替父母"是一条普通法律条文，意思是从家长的角度通过学生行为看待学校。这种理论认为，学校应该最了解学生的需求，在纪律管理方面享有很大自由（*Gott v. Berea College*，1913）。该条款本身曾用来作为实施家长的、非正式的、有时很随意的规训权利的依据（Ratliff，1972）。在阿普里顿等看来，"该条款得以形式化成为法律条文，经历了很长一段时间"。自从用于大学纪律管理之后，它就带来了问题，因而受到人们的批评，认为作为一个教育概念，它是不实际的、错误的，具有误导性（Penny，1967；Ratlff，1972；Strickland，1965）。当今，"学生发展"理论与实践表明，重新提倡关注学生整体发展时，仍然还有家长制残余（Gregory Ballou，1986；Parr，buCHANAN，1979；Pitts，1980）。而一个普遍的观点是，父母代理论是对学生与学校之间关系的一种法律性描述，要么不合适，要么站不住脚，要么不可容忍，要么已经完全过时（Grossi，Edwards，1997；Henning，2007；Nuss，1998）。

根据契约理论，学生与学校之间是一种契约关系，学校的目录、其他出版物或口头日程都阐明了契约条款。学生通过签署注册文件、缴纳学费，并因此接受行为规则和学习规章制度，与学校建立了契约关系，违反这些规则，就可能受到契约中列出的条例的制裁。该理论曾一度主要在私立学校和学习事务领域中应用，现在因为大多数学生的年龄降低，非适龄学生增多，消费主义日渐盛行，社会上官司盛行，越来越多的人开始接受并使用这种理论看待学生—学校关系（Barr，1988；Grossi，Edwards，1997；Hammond，1978；Shur，1983，1988）。以此类推，处于公共机构中的学生机构之间也确立了另一种契约，即美国宪法和各州宪法建立的契约。

教育目的理论认为，学生—学校关系是教育性的，因此，对学生行为规范进行限制，不利于学校完成其教育使命。鉴于学校存在的目的是教育，这是学校与学生关系得以存在的理由，许多人认为该理论是学生纪律管理唯一的现实合法依据（Gallis，1967，1989；卡耐基委员会，1971；Penney，1967；Van Alstyne，1966）。它得以产生的前提是，学院是一个特别之地，拥有独特的氛围。其中，教育者努力塑造一个"对话、争论、思想交流可以自由进行，不受束缚"的地方，"人们重视课堂圣殿，保护学术自由"（Gehring，Bracewell，1992）。

为了维护秩序，或促进学生个人或学生群体教育目标的实现，学校有权处理违纪事件。教育目的论也承认，历史上，法院曾在法定的教育事件中采取非介入政策或司法限制，这可以免去学校不必要的官司，保护学校（Ardaiolo，1983；Travelstead，1987）。此外，教育目的论提醒我们，通过积极手段实施学生纪律管理具有内在优越性，特别在一个富于宽容的社会中（Georgia，1989）。

建议读者参阅比克尔和雷克（Bickel，Lake，1999）的著述，了解一种新式、合法的学生—学校关系模式，即"作为促进者的大学"模式。雷克在利用这种模式基础上，将其发展到学生行为。

### 学校管辖权限

学校管辖权限涉及两个基本问题：①首先，学校是应该实施内部制裁，还是寻求外部制裁（即刑法），抑或既实施学校规则又使用刑法？（Sein，1972）②学校是否应当关注学生的校外行为？近年来，人们普遍从教育目的论的角度来看待纪律。关于这两个问题，他们认为，无论是校园行为还是校外行为，一旦学校使命受到了影响，所有情况下，都要采取适当的校内行为。法庭明显赞成扩张学校的权力，有权处理校外行为（Hill v. Michigan State University，2001；Kaplin，Lee，2006；Krasnow v. Virginia Polytechnic Institute，1977）。丹农思（Dannells，1990）对1978年至1988年的违纪案件处理工作的变化进行了研究，结果显示，关注学生校外行为的大学数量有了显著增加。2007年至2008学年开展的后续研究表明，在随后的20年内，处理学生校外行为的大学数量再度显著增加（Lowery，Dannells，2009）。根本上，对学生使用刑法应另当别论，特别在学生是法律意义上的成年人和犯罪行为性质严重的情况下（Sims，1971；Stein，1972）。

与管辖权限相关的一个问题是双重危险问题。有时，学生争辩说，因为同一行为，受到学校的纪律管制和犯罪审判，构成了双重危险。但是，已经得到公认的是，双重危险只适用于同一罪行的两个刑事诉讼，而不是同一罪行的刑事诉讼和学校纪律处分（Fisher，1970；Kaplin，Lee，2006；Paine v. Board of Regents，1973；Rhode，Math，1988）。尽管如此，仍然建议学校注重诉讼的教育性方式以及产生的反应，以此避免对刑法惩罚手段的简单复制（Ardaiolo，Walker，1987；Fisher，1970；Stoner，Lowery，2004）。

### 法定诉讼程序

虽然具有时间上和情况上（Bracewell，1988；Gehring，2001；Janosik，Riehl，2000；Lowery，2008；Stoner，Lowery，2004）的巨大灵活性（Ardaiolo，1983），法定诉讼程序可以定义为"当决定个人对其错误行为负有责任并对其实施惩罚时，对个人权利的恰当维护"（Fisher，1970）。它是第五修正案、第十四修正案赋予联邦政府的宪法权利。当学生违纪事件中产生法定诉讼程序问题的时候，法院采用的明确标准是基本公平标准（Ardaiolo，1983；Bakken，1968；Buchanan，1978；Fisher，1970；Young，1972）。认识到只有公立大学的学生具有诉讼程序宪法权利非常重要。私立大学中，学生和学校之间的合同明确了学生的权利与义务（Kaplin，Lee，2006，Lowery，2008；Stoner，Lowery，2004）。

程序性法定诉讼程序是指个人在案件宣判中的权利。为确证公平，要清楚在特定情况下什么是"应享有的"或应付出的，这取决于被断定的案件的严重程度和可能采取的制裁措施的严厉性。法定诉讼程序本质上与规定和法律的性质、目的或施行有关。同样，规则要采用公平标准，必须清晰，不能过于宽泛，目的是必须公平合理，执行必须公平、坚决（Young，1972）。

1960年以来，法院根据法定诉讼程序审理了大量违纪诉讼案件，特别是退学听证会。1960年之前，利用契约论和代理父母论两种理论，法院通常认为学校的做法是公平的，符合学校和学生的教育目标。但民权运动引起了法律和哲学观念的重大变革，一些学生因参与示威游行被迫退学（Ardaiolo，1983；Bakken，1968；Bickel，2008；Dannells，1977）。在具有标志性的狄克森对亚拉巴马州高校委员会一案（1961）中，法院基于教育如同所有权的观念，取消了州立大学的退学处分权，并根据第十四修正法案中法定诉讼程序一款，裁定学生享有宪法赋予的接收通知参加听证会的权利。审理该案件的法院继续执行以下几种保护程序，确保类似案件能得到公平处理：听证会通知应该收取一定费用；听证会应当考虑案件双方；被告方应当了解指控自己的证人以及他们的证词；学生应该有机会为自己辩护；学生有权知道听证会的结果；"听证会应该遵循法定诉讼程序的要求，必须做到基本公平"（Dannells，1977）。狄克森一案后，许多法庭判决都以该案件为先例，并进一步细化了为大学生退学以及其他严重行为举行的听证会程序性法定诉讼程序保障措施。所有这些措施规定，所有刑事诉讼要求的程序性保护措施在学生违纪行为听证会中不是必需的（Carletta，1998；Correnti，1988；Gehring，2001；Gehring，Bracewell，1992；Kaplin，Lee，2006；Lowery，2008；Shur，1983，Stoner，Lowery，2004；Bracewell，1988；Buchanan，1978；Lowery，2008；Travelstead，1987；Zdziarski，Wood，2008）。审理埃斯特班对中央密苏里州立大学（*Esteban v. Central Missouri State College*，1969）案件的法庭规定，"学校制度不要求以刑法和刑法诉讼程序盛行的标准衡量"。

在实质性法定诉讼程序中，有以下几条明确的原则（Arndt，1971；Buchanan，1978；Kaplin，Lee，2006；Lowery，2008）：①学校有权利制定并实施学生行为规则，以维持纪律，保障秩序；②用于规范校外行为的行为标准，也包括行为规则，必须与学校目标和功能保持一致，但前提是这些目标和功能是合法的；③行为规则必须具有宪法规定的公平性和合理性，不变化无常，也不显得随意；④行为准则应当是书面的，所有人都可以看到；⑤学校可以对学生享有的受宪法保障的权利进行限制，但不允许全面禁止；⑥准则必须非常具体，十分明确告诉人们所期待的行为是什么，也可以让学生根据准则就别人对自己的行为指控进行辩护。模糊不清或过度宽泛的准则，如对"不当行为"或"与作为一名斯瓦什大学的学生身份不相符合的行为"等类似的表述，人们都不赞成或支持（Gehring，Bracewell，1992）。

　　法院还没有要求私立学校执行这些法定诉讼程序，因为这些学校不参与州诉讼，不用遵守第十四修正法案（Buchanan，1978；Carletta，1998；Kaplin，Lee，2006；Lowery，2008；Stoner，Lowery，2004；Shur，1983，1988）。教育如财产所有权的观念还没有波及私立学校，学校与学生的关系在很大程度上仍然是契约性的。尽管在 20 世纪 70 年代，许多人预测，法院在违纪案件审理中取消公立学校和私立学校的差别，但在法律上，私立大学明确和处理学生不当行为时，仍然具有更多的回旋余地（Carletta，1998；Correnti，1988；Lowery，2008；Shur，1983，1988）。诉讼改革在高校中趋向于标准化。现在，许多私立大学与学生签订协约，提供基本的法定诉讼程序保护措施，与公立大学的要求一样。协约签订后，就要求学生根据协约遵守学校制定的规则和程序（Carletta，1998，Lowery，2008；Pavela，1985，2000，2006；Shur，1983，1988；Stoner，1998；Stoner，Cerminara，1990；Stoner，Lowery，2004）。同时，20 世纪 60 年代以来，法庭更严格地审查这种合同关系，并且采取用来检查其他不平等双方之间合同的标准进行检查。

　　法院一般要区分因学习不好退学和因行为不当退学两种情况（Rhode，1983；Rhode，Math，1988），尽管这种区分"有时很难做到"（Ardaiolo，1983）。在密苏里大学管理董事会对哈罗维兹这一标志性案件（1978）中，美国最高法院对因学习不好退学事件要求的法定诉讼程序进行了限制：不用举行听证会，只通知学生具体在哪些方面学习不足，并且告知他们，如不补救这些不足，就要承担诸如退学的后果。一旦发出这种警告，决策者或决策机构必须根据"收集信息的专家评估"做出"认真的、深思熟虑的"决定。法院声明，这个程序"不便适用于司法或行政决策"，拒绝受理因学习退学的案件。应当强调的是，学生退学案件涉及学生的学习评价，不是如同弊或抄袭等学习上的不当行为问题。这些行为可以受到违法行为指控，且收集事实证据对于违纪案件十分关键。在很难区分不当行为（如抄袭）和学习成绩差（Travelstead，1987）的情况下，或者穿着、个人卫生、人际关系行为标准是专业/临床培训评估标准的情况下，这两者之间的区别有可能被忽略，从而引发问题。法庭表明，在关于教师指控学生学术作弊而非学术缺点的案件中，应让学生获得与在其他纪律案件中同样的权利（Kaplin，Lee，2006；Kibler，1998）。

**受宪法保护的学生权利**

另一个常见的问题是学校在多大限度上限制学生的行为。关于宪法规定的公立院校学生的权利，有 4 大确定原则：

（1）学院不能完全限制第一修正案规定的学生拥有集会和言论自由的权利，但它可以限制对教学和管理职务造成实质影响的集会与言论（Bird，Mackin，Schuster，2006；Gibbs，1992；Kaplin，Lee，2006；Mager，1978；Pavela，1985；Schuster，Bird，Mackin，2008；Sherry，1966；Young，1970）。

（2）学院不能限制、禁止或审查言论内容，除非理由十分充分，如出于某人的安全考虑（Kaplin，Lee，1997；Mager，1978；Pavela，1985；Sherry，1966）。关于仇恨言论的特别问题本章将会稍后加以说明。

（3）大学必须秉着公正无歧视的原则执行规章制度（Sherry，1966）。

（4）学生受第四修正案的保护，不得非法搜查与扣押（Bracewell，1978；Fisher，1970；Keller，1985；Parrish，Fern，Dickman，1998；Smith，Strope，1995；Young，1970）。

**学生不端行为：原因与应对措施**

什么样的行为构成不当行为？这是学生纪律管理目标必须要明确的，也是确定目标后制定的规则和规章制度必须要明确的（Foley，1947；Seward，1961；Williamson，1956，1961；Williamson，Foley，1949；Wrenn，1949）。学校中其他影响学生不当行为发生的频率与性质的因素，包括校园环境条件的各个方面。可以理解，与通勤或非住读学校相比，招收大量非适龄学生的住读学校学生违纪行为数量之所以要多，是因为住读学校的学生在校园和宿舍楼里待的时间多得多。

就个人来说，学生不当行为的原因可归为病理性和非病理性。由非病理性原因引发的不当行为是因为缺乏信息、缺乏理解，或发展不足或发展不完善，过去称为不成熟或青春期恶作剧和精力过剩（Williamson，1956）。源于病理类原因的学生不当行为已引起更大兴趣和关注，因为患有严重精神病的大学生人数似乎在上升，至少目前在性骚扰、熟人强暴、其他形式的约会暴力、酗酒和"跟踪"等行为中很明显（Gallagher，Harmon，Lingenfelter，1994）。然而，人们在更多地关注病理性原因引起的不当行为的同时，人们所期望的此类纪律案件发生的频率并没有显著上升（Dannells，1991）。

学校采取的措施可分为处罚型、修复型（如今更流行使用教育型或发展型）或环境型（针对外界原因引发的不当行为的措施）。一种制裁行为在多大程度上被归为惩罚性的而非发展性的，是一个有关教育哲学和教育目标的问题。虽然当时可能认为制裁是处罚性的，尤其对被制裁者，但对于许多适龄大学生的问题行为而言，它们是一个适当且有效的发展或治疗工具，这些学生中很多人处于学习如何抑制冲动阶段（Frederickson，1992）。在埃斯特班对中央密苏里州立大学案件（*Esteban v, Central Missouri State College*，1968）中，法庭评价了纪律处分的教育性质：

除了不可撤销驱逐案件外，教育共同体发生的学生规训是教育过程的一部分。在不当行为的不可撤销驱逐案件中，法律程序不是刑法意义上的惩罚或威慑，而是一种裁决，即学生没有资格继续成为教育共同体的一员。即使此时，惩戒程序也不等同于联邦或州法律的刑法程序。

常见的制裁方式包括各种形式的"告知性"惩戒，如口头和书面警告或告诫，附有一个通知，如再发生违纪行为，会受到更严厉的处罚；留校察看；限制相关权利或自由，如限制课外活动或设施使用，通常作为察看条件；赔偿损失，或者金钱赔偿造成的损害或伤害；罚款；取消资助（现在已经很少）；影响学生身份的行为，如休学（学生暂时休学，有期限或者无限期）和开除（永久休学）。近几年，许多学校增加纪律处分方式（Bostic，Gonzalez，1999），常见的有增加社区服务和其他教育性处罚，但纪律处分和修复性措施的真正使用几乎没有什么改变（Dannells，1990，1991）。

对以恢复或个人发展为目的的学生违纪处理，可以采取以下措施：移交进行药物或心理治疗；开展一个公众服务项目，以提高个人责任感。提供纪律问题咨询服务的咨询师，需要接受专业训练。学校的其他专业人员，如熟悉学校司法制度或学生宿舍活动的管理者或教师；校外援助人员，如家长、牧师、社工、社区其他可以提供援助的专业人员，也可以提供帮助。

对于由外界原因引起的学生不当行为，采取的措施包括改变生活安排并寻求资助或就业。其他可能的措施包括提供学业帮助，如进行辅导或学习技能发展，以及修订政策。"不当行为"更多只是一种过时的或没有限制必要性的规则的一个要求。

学校纪律处分措施选择受众多主观因素的影响：一个人对不断改变的人类行为的看法，学校制定的行为标准中体现的学校教育使命，学校制定的行为标准与学生的行为标准之间的偏离度，违纪行为本身，被判决为重要的被告相关信息，政策确定的应对措施，决策者的创新性（Janosik，1995）。

### 解决冲突

除了正式案件审判外，提出更多的学生行为问题系列解决方法引发了更多的关注（Schrage，2009；Schrage，Thompson，2009；Willenbrock，2009）。施拉格（Schrage，2009）对这些系列解决办法的描述是"关注教育，重视多样性和文化能力，从社会司法框架内进行思考，同时也提供了冲突解决指导、沟通指导，修复性司法实践和穿梭外交/协商"。多年来，研究文献中建议思考是一种可行的办法（Fischer，Geist Giacomini，2006；Serr，Taber，1987；Sisson，Todd，1995；Warters，2000；Zdziarski，1998）。近来出现的修复性司法是解决冲突和进行制裁的另一个办法，值得关注。它替代了以惩罚为主的处理，强调学生问责和社会康复。规定被控违反校园行规则的学生担负责任，道歉、赔偿、努力弥补对校园共同体造成的损失（Karp，2004；Karp，Allena，2004；Sebok，2006；Warters，Sebok，Goldblum，2000）。这些解决学生行为问题的新模式以社会正义论为基本理论（Holmes，Edwards，DeBowes，2009；Lopez-Philips，Trageser，2008）。诸如调停、解决冲突指导、修复性审判等并不意味完全取代正式的裁定，只是为学生行为管理者和学校在面对学生行为问题时提供更广泛的选择。本章不包括对这些方法进行全面考察，如果读者想了解更多信息，可参阅施拉格和贾科米尼（Schrage，Giacomini，2009）以及卡普和安伦娜（Karp，Allena，2004）的相关著述。

## 管理和组织

学生行为管理分为3个方面：①学生事务专业人员在学生行为管理中的角色和作用；②校园行为系统的类型与范围；③违规记录的处理。研究发现，在处理学生违纪的方式上，学校与学校之间存在巨大差别（Dannells，1978，1990，1997；Durst，1969；

Dutton，Smith，Zarle，1969；Lancaster，Cooper，Harman，1993；Lowery，Dannells，2009；Ostroth，Hill，1978；Steele，Johnson，Rickard，1984）。影响学校制度类型的校方因素有：学校的教育哲学即学校使命、学校规模、管理类型（公立还是私立）、住读还是走读（Lancaster 等，1993）、学校需求、学生参与管理的程度（Ardaiolo，Walker，1987）。

### 学生事务专业人员在学生纪律管理中的角色和作用

维纪过程中，学生事务管理人员可以扮演很多角色，发挥很多作用。他们可以扮演巡视官或调解者角色，独立解决或通过非正式方式解决冲突，处理小型违纪事件。这种方法的优点是简单，可使问题在造成的影响在尽可能小的情况下得到解决，且在某些情况下采用教育而非对抗的方式解决争端（Hayes，Balogh，1990；Serr，Taber，1987；Sisson，Todd，1995）。也可以专设一个听证官或司法案件人员，精心组织一个或一个以上审理委员会，负责整个纪律制度和管理，调查并处理严重违纪案件。这种方法的优点是能够保证制度的连续性、公平性和过程管理质量（Steele 等，1984）。规模小的大学很少有专门的司法案件人员。斯蒂尔在所调查的学校中发现，有 18 所学校（占回答者中的 12%）报告称设有专门的司法案件人员，而其中的 10 所学校规模都较大（10 000 名学生）。也可以设一个专家，通常是一个听证官或学生不当行为案件人员，负责整个纪律制度和管理，包括精心策划一个或一个以上的审理委员会或董事会的活动方式，处理所有处理记录，调查并处理严重违纪案件。这种方法的优点是具有专业性，把其他员工从处理职能中解放处理，专家们认为它保证了制度的连续性、公平性，提高了过程管理质量（Steele 等，1984）。规模小的大学很少有专门的学生不当行为处理人员。兰彻斯特（Lancaster 1993）发现，非住宿学校、公立学校和规模大的学校雇用学生行为专家的可能性大得多。

最普遍的纪律管理模式是让中层学生事务专业人员负责纪律，

他们通常与学生处办公室或宿舍管理办公室有联系，可以采用管理的方式处理情节相对较轻的违纪事件，而把情节严重的案件提交给听证会做出最后裁决。在规模较大的学校和住读学校，情节较轻的住宿学生违纪行为可以由宿舍管理办公室主任或其他宿舍管理人员负责处理。多年来，在规模较小的学校和私立学校，一直到现在也是由学生处处长主要负责裁决学生不当行为（Dannells，1978，1990；Lancaster 等，1993；Ostroth，Armstrong，Campbell，1978；Steele 等，1984）。

参与纪律管理的学生事务工作人员可以在多个方面发挥其教育作用。他们可以充当协调员、辅导员、校园行为董事会成员培训师，可利用很多机会促进学生在道德、伦理和法制观念方面的发展（Boots，1987；Cordner，Brocks，1987；Pavela，2008；Waryold，1998）。在开展问题行为学生的工作中，学生事务专业人员可以利用教学和咨询技能，帮助学生认识并理解自己的行为和责任。同时，通过帮助保存一个安全的、具有教育传导性的环境，带领全校师生员工明确并传播体现学校关于教育环境和环境中学生责任的共同信念和价值观，学生行为管理人员可以促进学校的学风建设（Boots，1987）。

卡鲁索（Caruso，1978）根据米勒和普伦斯（Miller，Prince，1976）概述的学生人事基本功能，明确提出了学生纪律管理专业人员要发挥的重要作用。第一，确立目标。这对于使纪律制度符合学校大目标、以发展性方式开展个人工作、为学生司法董事会策划以成效为重的培训项目都非常重要。第二，评估学生发展。可以为所有相关学生提供用以评价违纪处理有效性的重要但常常缺乏的信息。第三，进行教育。可以采取开设学分课或非学分课的形式进行约束力教育，如讲解如何管理愤怒情绪等主题，也可以开展学生领导力培训或司法董事会成员培训，还可以与别的专业院系进行合作式或小组教学，开设一些"主流"课程，课程主题包括道德发展、高校法制、议会程序，或某种生活技能，如父母有效性。第四，会诊。与学校纪律政策/规则制定委员会、司法董事会及学生宿舍专职辅助人员合作，帮助各院系处理学习不当行为。第五，环境管理。对行为问题采取应对措施，用以减少甚至根除任何导致该问题产生的条件，如在学生宿舍安装救火器，增加校园灯光，在校园出售、配送酒精饮品。最后，项目评估。它非常重要。通过评估，违纪处理者可以检视自己，以提高自己，合理利用资源。

纪律咨询是纪律发挥其教育作用的另一个基本功能，威廉姆森（Williamson，1963）定义为"一种移情性但坚定的咨询，帮助个人认识自我，并愿意接受对自身自由和行为的限制"。引用频繁的纪律咨询目标包括：修正、改变行为，增强自我认识，促进发展和成熟，保持情绪稳定，做出道德判断，独立，控制自我，理解并接受个人行为造成的后果并担负责任（Dannells，1977）。

### 学校司法制度性质和范围

正如不同学校的学生事务专业人员在维纪中扮演的角色和发挥的作用不同，不同学校的司法制度也存在较大差异，这主要由上述一些关键要素（如学校的哲学观、规模大小等）不同所致。规模较小的学校和私立学校往往建立更多非正式的、集中的制度，而规模较大的学校和公立大学往往建立更多正式的、合法的、分散的、专业化的模式（Dannells，1978，1990；Lancaster 等，1993；Steele 等，1984）。

过去 40 年来的研究发现，学生纪律管理中有下列一些趋势（Bostic，Gonzalez，1999；Dannells，1978，1990；Durst，1969；Dutton 等，1969；Fitch，Murry，2001；Leslie，Satryb，1974；Lowery，Dannells，2009；Ostroth 等，1978；Steele 等，1984；Van Alstyne，1963；Wilson，1996）：

（1）20 世纪 60 年代，行为规则与程序、不当行为的判决中（司法董事会），大量增加了学生。这个趋势继续改变学生司法事件，大多数学生参与度保持较高。

（2）类似的情况出现在程序性法定诉讼程序和实质性法定诉讼程序制度中，始于近年来学校处理违纪事件的程序更加法律化这一重大变化。其后果为退学的违纪行为事件，可能要求更正式的法律程序。而情节较轻的，则采用更加非正式的程序。

（3）纪律咨询仍然是最受欢迎的恢复行为。但近年来，尤其在规模较大的学校，到纪律管理专业人员办公室或咨询中心进行咨询的可能性越来越大。但是，在规模较小的学校，违纪处理包括听证后咨询，仍然在学生处处长办公室进行。

（4）违纪往往采取较为温和的制裁措施，而非更严厉的惩罚手段。口头或书面警告以及留校察看，一直是惩罚学生不当行为的两种方式。

（5）尽管大多数学校没有打算变革，但那些表面有必要做出改变的学校提出建议，程序应该流水化、简单化，使听证会没有那么法律化。

（6）纪律事务管理仍然呈现出多样性特点。

利用美国司法服务标准发展委员会（the Council for the Advancement of Standards for Judicial Services）、学生司法事务协会原则声明（the Statement of Principles of the Association of Student Judicial Affairs）以及相关课题研究，兰彻斯特（Lancaster，1993）提出了下列组织和管理职能模式：

（1）首要责任是，分派一个员工单独负责所有纪律管理，即使存在着多个听证机构的学校也如此。

（2）赋予该员工直接向校长或首席学生事务官报告相关事务的职位。

（3）针对该员工的工作和纪律制度建立一种理论，培养发展性纪律管理方式。

（4）经过适当的证明，为司法人员和其他经常参与者建立一个正式的培训和评估程序。

### 违纪记录管理

1974 年颁布的家长教育权利和隐私法案（the Family Educational Rights and Privacy Act，FERPA），也称巴克利修正法案（the Buckley Amendment），旨在对学生记录进行保密，不向第三方公开，保证学生获取自己交易记录的权利。但是，交易记录保护从来都不是绝对的。例如，法律一直允许学校与拥有法律教育权利的学校官员或对立学生的家长共享信息（Baker，2008；Gregory，1998；Lowery，1998，2008）。

巴克利修正法案颁布以及大多数学生的入学年龄降低之前，作为例行公事，学校会告知家长有关他们子女在校的违纪记录，其他机构和将来的用人单位可以查看学生记录，包括违纪档案。告知家长本身就是一种明确的违纪行为制裁，可用作确保学生改变其行为的常规有效手段。巴克利修正法案通过后的几年间，丹尼尔斯发现，接受调查的绝大多数大学遵守法律，对学生的学习和违纪纪律进行保密。80％的学校称单独保管违纪学生的记录，违纪记录属于高度保密文件，不经过学生本人同意，几乎没有学校向校外机构和将来的用人单位公开，除非征得学生的同意。只有 8％的学校报告称向家长公开记录。37％的受调查学校报告说，如果学生是未成年人，那么学校要告知家长其子女违纪情况。30％的受调查学校称，无论学生年龄大小，他们都不向家长通报。10 年后进行的后续研究发现，这些做法几乎没有什么变化。

20 世纪 90 年代产生了激烈争论，关于将是否为学生违纪提供隐私保护作为是否是校园犯罪的一部分（Gregory，1998；Lowery，1998a，2004）。自 1998 年通过联邦高等教育修正案（the federal Higher Education Amendments，HEA），"通知家长"成为校园纪律管理的一个重要问题（Lowery，2000；Palmer，Lohman，Gehring，Carlson，Garrett，2001）。

1998 年实行高等教育修正案（the Higher Education

Amendments，HEA）修改了家庭教育权利和隐私权法
（FERPA），允许学校告知当时未满 21 岁学生的家长，但不是必须
的（Gehring，2000；Lowery，2000，2005）学校对该项联邦法律
以及后来制定的指南反应不同，主要视学校规模的大小、类型、学
生群体性质、学校办学思想以及各州的法律而定（Lowery，
Palmer，Gehring，2005；Palmer 等，2001；Palmer，Lowery，
Wilson，Gehring，2003）。洛瑞等（Lowery 等，2005）发现，
45.8%的受调查者制定了家长告知政策，但私立大学（55%）比公
立大学（40%）更普遍。

1990 年，学生的知情权和校园安全法案（the Student Right-
to-Know and Campus Security Act of 1990）作为对家庭教育权利
和隐私权法的修正，向被指控暴力罪受害者或非暴力性侵受害者告
知校园违纪处理程序结果，也修改了克莱利法案（the Clery Act），
规定性侵案中必须告知受害者处理结果（Lowery，1998，2000；
U. S. Dept. of Education，2005）。两年后，议会修正了克莱利法
案，规定性侵案件中必须告知被害人案件处理结果（高等教育法修
正案，1992），这由美国教育部受理几起投诉后进行的裁决，规定
告知必须是无条件的，后来增加了无语言障碍，使家庭教育权利和
隐私权法最终结果告知生效（美国教育部，2008）。

1998 年，高等教育修正法案同样修改了家庭教育权利和隐私
权法和校园安全法案，涉及对指控犯有暴力犯罪或非暴力性侵学生
的纪律处分结果的汇报问题。若学生判定有罪，那么处理结果可以
公之于众。在这种情况下，州制定的记录公开法律和隐私保护法会
影响公共机构公布信息的多少和公布对象（Gehring，2000；
Kaplin，Lee，2000；Lowery，1998，2000，2007，2008）。2008
年高等教育机会法案修正了家庭教育权利和隐私权法，要求除了暴
力犯罪受害者递交书面申请可被告知案件处理结果外，性侵受害者
不包括在内。

## 学生行为和学生发展理论

看来，狄克逊案件（the Dixon case）之后，人们觉察到过度程序主义，对此，过去 10 年间，学生人事专业人员开始逐渐关注纪律的教育特性，并将人类发展理论用于违纪事件的处理。他们不仅关注维护学生的权利和学校自身的权利，也逐渐意识到，纪律的首要意义在于它具有教育作用。这并不意味着，满足学生的合法权利与促进他们的发展互相矛盾，实际并非如此（Greenleaf，1978），而是违纪诉讼诚程序具有越来越强烈的对抗性质，这会引起学校维持纪律制度的学生人事工作人员流失，分散他们的精力或注意力。寻求学生人事观（Caruso，1978）得以生存下来必需的平衡更加困难，这一平衡对于学生的人事角度至关重要（Caruso，1978）。随着关于认知、道德和伦理发展的理论、研究和文献越来越多，人们对应用这些理论、研究和文献解决学生纪律问题越来越感兴趣（Boots，1987；Healy，Liddell，1998；Patton，Howard-Hamilton，Hinton，2006；Saddlemire，1980）。

一直以来，学生行为是开展促进学生发展活动的绝佳领域。传统的学生处处长当然知道这一点，但是，由于在实践中缺乏有益的正式学生发展理论，特别是那些强调道德和伦理发展、适用于纪律管理的理论。纪律工作大部分与教学（Ardaiolo，1983；Ostroth，Hill，1978；Travelstead，1987）和咨询（Foley，1947；Gometz，Parker，1968；Ostroth，Hill，1978；Stone，Lucas，1994；Williamson，1963；Williamson，Foley，1949）有关。运用发展理论，个人可以更好地理解学生，更科学、更准确地设计咨询的、发展的介入发展活动（Boots，1987）。

近年来，大量发展理论用于指导违纪活动以及对学生个体的影响研究（Boots，1987；Greenleaf，1978；Ostroth，Hill，1978；Smith，1978）。文献中这些观点和理论具有下列共同因素和目标：

①都把发展洞察力作为目标之一，视之为促进"违纪"学生成长的一种方式（Dannells，1977）；②行为受到质疑的学生和接受司法董事会违纪审理的学生，都要发展自我认识，或明确自己的身份认同、态度和价值观，特别是对于权威的态度和价值观（Boots，1987；Greenleaf，1978；Harper，Harris，Mmeje，2005）；③把发展学生自我控制能力、承担责任和义务的能力作为目标（Caruso，1978；Pavela，1985；Travelstead，1987）；④在面对个人行为的影响及其道德意义时，在审视规则的公平性时，要采用道德对话的方式（Pavela，1985；Smith，1978）；⑤因为纪律与偏见、健康、幸福、性别主义、种族主义、性等一些当代社会问题有关，学生纪律管理的范围和目标被扩展到更大的道德、伦理发展领域（Baldizan，1998；Dalton，Healy，1984）。

在对咨询中心主任进行的一项调查中，斯通纳和卢卡斯（Stone，Lucas，1994）发现了下列各项纪律管理目标出现的频率：评估/评价，28%；行为变化，27%；学生洞察力，16%；教育，10%；确定适当目标，5%；"其他"，14%。当受访者被问及"向咨询中心员工推荐用于纪律处理的参考文献"时，没有一位辅导中心主任能提出发展理论或理论家。缺少参考发展理论，证明屡屡哀叹的学生事务中理论与实践之间存在的过大差距，可能让人们相信那些批判学生发展理论对于学生事务工作实践的有用性的观点（Bloland，Stamatakos，Rogers，1994）。

虽然如此，权威的观点明显在于支持布茨的主张（Boots 1987），认为发展理论可以成为"整个教育过程中的一个积极要素"。丹农思（Dannells，1991）举例说明了如何利用发展理论。例如，在处理学生具有破坏性的行为和未成年学生在宿舍举行的活动中喝酒的行为时，学生事务专业人员可以利用科尔伯格的模式（Kohlherg，1969）进行非正式评估（King，1990），认定学生的道德推理水平在初级（前习俗道德）的第2阶段（相对享乐主义）。同时，利用齐克林（Chickering）的理论（1969），可以认为学生在努力发展人际交往能力，进行情绪管理。这种针对性可能很普遍，有利于开展小组介入，关注校园学生喝酒制度，发现制定这些制度的依据，以及探讨学生能不以喝酒的方式进行社交。

发展理论也有助于思考学生的相对成熟度（Thomas，1987）和所有学生的积极成果。齐克林和莱赛尔（Chickering，Reisser，1993）的阐释是：学生可能了解学校的价值观和道德原则，当违反行为守则时参加司法系统的活动。后一种情况提供了一个发展正直的机会。在参与案件听证过程中，通过审查违纪案件处理程序，进行制裁，学生以一种具体的方式思考道德困境……通过担任听证委员会成员，学生也受益于观察教师、管理员和员工处理争论的方式。对规则的需求并没有消失……现在的挑战是让学生承担更多维护安全、积极的学习环境的责任，并认识到学校的行为准则，尊重执行和修改法规的程序。

## 学生行为当前面临的问题

### 合法权利和教育目之间的平衡

1961 年狄克森裁决（the Dixon decision）之后，许多公立和私立大学都争先恐后建立了纪律制度，为学生提供"应该的"保护。有些学校甚至做出过度反应，其纪律制度远远超越了法院的规定，从而"深陷法律争端"（Lamont，1979）。人们对这种"小心翼翼的律法主义（creeping legalism）"或程序主义进行了批判，认为它损坏了高校违纪诉讼的非正式性以及独特的教育性，致使诉讼过程复杂化，费用昂贵，耗费时间，并让学生和学校处于不必要的对抗之中（Dannells，1977，1997；Gehring，2001；Pavela，1985；Travelstead，1987）。歌林（Gehring，2001）认为，"丹尼尔斯（1997）描述的'小心翼翼的律法主义'指学校为了为学生提供法定诉讼程序，超越了法院的实际规定，学校不用也没有必要采取那么正式的程序"。从文献中经常出现的提醒话语来判断，似乎需要定期提醒学生事务管理者，让他们意识到，"法定诉讼程序"概念实际上很灵活，它允许在处理大多数违纪案件时可以不用那么正式和法律化，特别当违纪惩罚或后果还没有严重到要退学的程度（Ardaiolo，1983；Bracewell，1988；Gehring，2001；Pavela，1985；Travelstead，1987）。就像布鲁斯维尔（Bracewell，1988），指出的，"20年之内，高校都在自己的规章制度和纪律处分中贯彻了这个法律概念"，但是"法律主义和咨询出现了一种奇怪的融合"。这种"奇怪的融合"，以及创造这种融合的两个对立力量之间的斗争，持续考验着许多从事纪律工作的学生事务专业人员（Smith，1994）。博斯蒂克和冈萨雷斯（Bostic，Gonzalez，1999）的研究发现表明，法律主义和发展主义之间的紧张关系可能在专业中逐步缓和，尽管法律语言仍出现在学生行为准则中（Martin，Janosik，2004）。

### 加强学生监督的需求

有些人可能会发现，具有讽刺意义的是，在"学生权利与自由联合声明"（Joint Statement on Rights and Freedoms of Students）（Bryan，Mullendore，1992）发表25周年庆典后不久，"学校从严格控制学生行为，转变为视学生为成年人而对其行为不再过多控制，到现在让学生位自己的行为承担更大责任的压力"（Pavela，1992）。根据帕维拉（Pavela，1992）的看法，推动了学生维护自身权利的消费者保护运动，并赋予学生同样的义务，包括学生为自己承担更多的责任。如果学生被其他同学所伤，他要问责于学校会变得更加困难。学生作为消费者保护法规，如犯罪意识和校园安全法（the Crime Awareness and Campus Security Act），通常远远超出了制定向学生提供信息的指南，而往往或明或暗地要求具体的纪律管理制度，如学校制定、执行、监督未成年人饮酒限制规定，以保护学生和公众人员。

帕维拉指出，除了立法机关，其他社会力量正共同努力，促使大学"在最糟糕的时刻"，学生为自己的行为承担更大的责任，不论学生是在校内还是在校外。他呼吁院长和校长在制定和执行学生行为准则时带头创新，使得学生行为更具有责任感，更文明。

帕维拉是在校园犯罪和学生安全关注度达到历史新高时提出上述职责的。斯隆（Sloan，1994）研究了 1990 年美国国会校园犯罪听证会（the 1990 U. S. Congressional Hearings on Campus Crime）结果后报告称，1985 年至 1989 年，校园犯罪稳步上升，超过 80％的校园犯罪涉及的学生既是加害者又是受害者，95％的校园犯罪涉及酒精或其他药物滥用。最近，美国教育部后中等教育办公室（the U. S. Department of Education Office of Postsecondary Education，2001）基于 2000 年各高校在线提交的犯罪统计资料进行了研究。与 1998 年高等教育修订案一致，该办公室提交给国会一份关于校园犯罪的报告，报告结论是：美国教育部收集的校园犯罪统计资料显示，美国大学校园是安全的。针对每种犯罪收集的数据，与整个国家的同类数据相比，大学校园犯罪显示的比例都较小。

虽然"大多数关于校园犯罪的研究显示，大学校园比其周围的社区要更为安全"（Lederman，1995），一份《高等教育纪事》（*Chronicle of Higher Education report*）（Lederman，1995）却显示，学生人数超过 5000 的学校中，"暴力犯罪的数量持续上升"。面对此类报告带来的压力，大学不得不制定预防措施，惩罚犯罪者，进行处分。

### 学习不端行为当前面临的问题

处理这一问题时，区分学习评价和学习不端行为非常重要。学习评价是指教师对学生的课程学校和专业培训活动中的表现所做的评价性判断。法院一直不愿意处理这类涉及专业评价的案件。在进行此类案件裁决时，基于学习不足而做出退学裁决，学生不需要提供违纪案件所要求的法定诉讼程序保护。

学术不端行为是指违反了学术诚信或正直的原则，如考试作弊或者剽窃，"在学习练习中学生为别人提供或接受未经允许的帮助，或接受他人工作带来的荣誉"（Kibler，1993a）。学术不端行为案件中的法定程序标准通常都与非学术性或社会不端行为案件的法定程序要求相同。

因为偏离和破坏了学习诚信的核心观念，学习不端行为一直是高等教育关注的重点，但近年来，关注度越来越高，即使缺乏实际证据，作弊现象也越来越多（McCabe，Bowers，1994）。大学生作弊程度的估计具有差异。梅和劳埃德（May，Loyd，1993）在20世纪80年代研究文献后发现，"作弊的大学生占40%～90%"。基布勒（Kibler，1993）观察后认为，作弊大多，尽管不是全部，发生在大学，虽然很难证明作弊人数实际上在增加，"人们普遍认为，学习不诚信对于高校所有部门来说，是一个严重问题"。

造成学习不端行为的原因及其可能的众多解决办法十分复杂，超出了本章范围。然而，有一个普遍的方法值得一提。格林（Gehring，1995）指出，全国学生人事管理者协会（the National Association of Student Personnel Administrators）的"合理期望"和美国高校人事协会（American College Personnel Associations）的"学生学习须知"共同呼吁，加强学生事务部门和教师事务部门之间的合作，以促进学生学习。而促进学生学习的方式之一，就是培养他们的学习诚信。导致学习诚信缺失的问题较多，包括校园环境、要求、规章制度、道德认知、法律权利和责任。学生事务工作者必须具备解决这些问题的专业知识，可以利用这些知识帮助教师改善与学术诚信息息相关的校园风气。

对学生事务专业人员来说，将专业知识融入许多教师认为是自己独有的领域是不容易的。教师往往忽略正式的学习欺骗政策和程序（Aaron，Georgia，1994；Jendrek，1989）。尽管有些不愉快，但教师在此领域有强烈的责任感，当面临学生学习成绩差而使得该问题带来麻烦时，教师具备更多的专业知识来应对。但格林（Gehring，1995）指出，许多教师根本不了解要求法定诉讼程序的学习评价和学术不端行为判决之间的差异，而"这是学生事务专家在过去三十五年中一直被教导入门的东西"。德利南和加兰特（Drinan，Gallant，2008）确定了几个因素，这些因素使学生事务专业人士在最近几年出现的学习诚信问题处理中发挥了更为重要的作用：①采用荣誉制度，历来由学生管理，教师参与度降低到最少；②学生可以投诉教师没有为学生提供恰当的法定诉讼程序而进行评价和判决；③教师担心费时的诉讼程序或者对学生学业和未来职业产生影响，这导致他们对学习不当行为不予处理；④教师不接受，产生愤怒。

如同布鲁斯维尔（Bracewell，1988）观察到的，通常情况下，由学生事务专业人士制定的流程与程序非常适合裁定学习欺骗行为。贝克尔（Baker，2008）确定了大学应对学习不诚信的几项常见方法。

### 纪律咨询

如前文所示，纪律咨询是针对学生不端行为而采取的一种修复性或教育性应对措施，在学生纪律研究文献资料中有着悠久的历史（ACE，1937，1949；Gometz，Parker，1968；Snoxell，1960；Williamson，1956，1963；Williamson，Foley，1949；Wrenn，1949）。从 1900 年，它已成为一个普遍接受的手段。但是随着大学专业心理健康中心的兴起，负责纪律管理者的人们开始让学生去咨询，作为一种自我恢复形式，往往作为继续学习的条件，并且期望咨询者提供学生洞察力发展进度报告，预测学生未来的行为。根据定义，纪律咨询是强制性的，或是非自愿的，除非有人支持这一论点，即学生可以选择退学而非咨询，在这种情况下，至少它是强制的。

纪律咨询转介量正在增加，纪律咨询方式被广泛实践

（Consolvo，Dannells，2000；Dannells，1990，1991；Stone，Lucas，1994），尽管在两个方面备受争议：道德和有效性。接受斯通纳和卢卡斯（Stone，Lucas，1994）进行的咨询中心主任调查中，几乎一半的（48%）的主任报告称，咨询中心不应该开展纪律咨询，他们列举了道德（涉及强迫、隐私保密和角色冲突问题）、管理和有效性问题等几个保留意见。

在对四年制大学纪律咨询政策与实践研究中，康索隆和丹农思（Consolvo，Dannells，2000）确认，将纪律咨询确立为政策的做法日渐增加，但关于政策阐述、结构和道德冲突等相关重要问题也存在。例如，他们确定的是，每 10 所学校中，几乎就有 3 所学校的咨询中心主任和主要司法官不同意参与这种实践，20%受调查的中心主任认为具有重大组织性冲突，25%认为产生了道德问题。他们发现在纪律咨询目标方面具有较大分歧。康索隆和丹农思推荐了多种教育型/发展型方案替代纪律咨询。

## 第一修正案问题

到 20 世纪 80 年代末，高校中越来越多人关注校园种族事件的上升趋势。一部分学校通过制定禁止某种形式的种族言论政策解决这个问题，即后来被通称为的仇恨言论制度（Hate Speech Codes）。这些政策的根本性宪法缺陷在于其含糊性和过于宽泛（Bird，Mackin，Schuster，2006；Downs，2005；Heumann，Schurch，1997；Hodges，1996；Paterson，1994，1998；O'Neil，1997；Schuster，Bird，Mackin，2008；Silverglate，Lukianoff，2003）。一些著述者也指责，仇恨言论制度与在公立或私立高校中与可以自由交流思想背道而驰（Downs，2005，Hentoff，1992；Kors，Silvergate，1998；Silverglate，French，Lukianoff，2005）。

与仇恨言论制度相关的问题远远超出了其法律意义。支持美国方式的人警告说，通过第一修正案寻求一条解决不宽容这一目标的学校忘记了促进接受度的责任，即创建一个宽容和公开争论的环境。事实上，这种捷径放弃了这种责任，相当于举白旗表示，我们最多能够做到的，就是我们之间绝口不提最关于我们的最糟糕的事。

支持美国方式的人们及他人提出了更重要的问题，即仇恨言论制度实际上是否改善了校园的种族环境（O'Neil，2003）。面对堆积如山的问题，一些学校采用了不涉及相同宪法问题的方法。同时，威斯康星大学和密歇根大学发展他们的仇恨言论制度时，南卡罗来纳州大学（the University of South Carolina）制定了卡罗来纳信条（the Carolinian Creed），积极表达学校的价值观，以此应对日益严重的不宽容和不文明问题（Lowery，1998；People for the American Way，1991；Pruitt，1996）。

## 专业协会

高校违纪处理专业人员参加专业协会至少有 4 点好处：①学生行为管理协会（the Association for Student Conduct Administration）前身为学生司法事务协会（the Association for Student Judicial Affairs）专门处理学生行为制度管理员面临的问题；②美国高校人事协会（the American College Personnel Association）是一个委员会，包括学生行为和法律问题委员会（the Commission for Student Conduct & Legal Issues）原十五委员会、校园司法事务和法律问题（Commission XV，Campus Judicial Affairs and Legal Issues）；③学习诚信中心，重点关注学校解决学习欺诈措施；④美国学生人事管理者协会（the National Association of Student Personnel Administrators），解决高级学生事务人员和其他负责纪律管理人员的领导力提升和专业发展问题。

## 入门条件

美国标准发展委员会（CAS，2006）学生行为项目标准和指南规定，从事司法项目和服务的专业人员需"获得与其职业相关的专业硕士学位，或必须具有相关教育资格证书和相关工作经验"。"必须指定一个合格的校园社区成员负责学生行为项目"，该人员具备的资格如下：应具有行为科学教育背景（如高校学生事务管理、心理学、社会学、学生发展包括道德和伦理发展、高等教育管理、咨询、法律、犯罪学或者刑事司法）；应清楚了解真实的、合乎程序的法定诉讼程序的法律要求；具备丰富的法律知识，能够与律师协商学生纪律诉讼程序及学生行为服务其他制度；有广泛兴趣且愿意为参加董事会或参与案件的学生谋求福利和发展；具有真正的决策技能和冲突解决技能；具有适用于教育、建议和协调参与听证会群体的教学和咨询技能；能够与学生交流与沟通，无论其种族、性别、是否残疾、性取向和其他个人特征；理解有关学生行为项目文件的私密性和安全性要求；能够营造一种让学生自由提问、寻求帮助的环境。

## 技术

对学生事务感兴趣的学生事务专业人员可能会发现以下网站十分有趣。

学生行为管理协会（Association for Student Conduct Administration）

http://www.theasca.org

ASCA 是最重要的学生司法事务专业人员专业组织，其网站为对该专业感兴趣的专业人员提供有价值的信息，包括协会的道德原则和行为标准声明（Statement of Ethical Principles and Standards of Conduct)。该网站的会员专区还提供更多的资料。

校园法律信息中心（Campus Legal Information Clearinghouse）

http://counsel.cua.edu/

校园法律信息中心由美国教育委员会（the American Council on Education，ACE）与美国天主教大学总法律顾问办公室（the Catholic University of America's Office of General Counsel）共同创建，提供有关高等教育法律问题的全面信资源与信息。

学习诚信中心（Center for Academic Integrity）

http://www.academicintegrity.org/

学习诚信中心旨在促进学习诚信，有效解决学习不诚信问题。该网站会员专区提供更多的资料。

高等教育法律委员会（Council on Law in Higher Education）

http://clhe.org/Council on Law in Higher Education http://clhe.org/

高等教育法律委员会关注高等教育的法律和政策问题。该网站会员专区提供更多的资料酒精及其他药品滥用问题国际专门工作小组。

http://www.iatf.org/

酒精及其他药品滥用问题国际专门工作小组是一个合作组织，致力于解决大学生酒精及其他药品滥用问题。网站提供大量有关解决这些问题的资源。

恢复性司法在线（Restorative Justice Online）

http://www.restorativejustice.org/

由国际司法中心与和解中心（The International Centre for Justice and Reconciliation）资助的通讯网站，促进恢复性司法原则在众多共同体中的应用。

托马斯：网上立法信息（THOMAS：Legislative Information on the Internet）。

http://thomas.loc.gov/

托马斯：网上立法信息是国会图书馆（the Library of Congress）的一个项目，涉及广泛的立法信息，包括待立法的搜索数据库。

美国教育部校园安全（U. S. Department of Education，Campus Security）http://www. ed. gov/admins/lead/safety/campus. html

美国教育部校园安全网站提供关于珍妮·克里利校园安全政策和校园犯罪统计公开法（the Jeanne Clery Disclosure of Campus Security Policy and Campus Crime Statistics Act）立法和规章制度方面的有用信息。

美国教育部家庭政策执行办公室（U. S. Department of Education's Family Policy Compliance Office）

http://www. ed. gov/policy/gen/guid/fpco

美国教育部家庭政策办公室网站提供有关家庭教育权利和隐私法案（the Family Educational Rights and Privacy Act）的立法和监管的有用信息。

美国教育部高等教育酒精和其他毒品、暴力预防中心（U. S. Department of Education's Higher Education Center for Alcohol and Other Drug and Violence Prevention）

http://www. edc. org/hec/

美国教育部高等教育酒精和其他毒品、暴力预防中心网站提供解决大学生酗酒、吸毒和暴力等相关问题的大量资料。

## 纪律事务的未来

纪律事务未来的发展不可避免地与学生事务和高等教育的发展密切相连。学校会承受更大的影响，使得纪律管理可能成为一个危险的，也许还很愚蠢的行当。

但如山登和瑞提根（Sandeen，Rhatigan，1990）所述，"难以

准确预测，但不能阻止人们进行预测"。

推荐读者阅读本章中关于纪律事务未来的内容，并进行大同小异的预测，都很具有吸引力。很多情况下，策略很可能证明准确。但是，在思考高等教育纪律工作的未来时，要考虑到一些新的、不同的、持续的趋势和迹象。

### 不断变化的法律和立法环境

人们逐渐认识到并接受一个事实，即大学既是现实世界的一部分，也是广大社会的一个缩影，学生与学校的关系逐渐被认为是一种消费者与商家之间关系，个人接受契约规定的众多要求与限制，如同其他任何的买方与卖方、地主与佃户之间的关系。社会、学生甚至部分学生家长，不再期望学校在违纪事件中根据一套模糊不清的社会或家长式规则。特别是年龄较大的学生，几乎无法容忍家长式的政策和处理方式。相反，他们希望确切知道，作为成年学生，学校对他们的期望是什么。毫无疑问，这一点影响了许多大学。它们仔细审视了相当于部分招生合同的目录和各种官方文件，包括行为准则。这种趋势将持续下去，有益于那些管理学校纪律制度的人员认真审视制定的规则和实施规则的方式，确保对待学生像对待法律上的成年人一样。

与此相关的是这种预测（Hodgkinson，1985；Kuh，1990），即除了未来学生平均上学年龄上升外，非全日制学校会增多，城市通勤学校学生将增多。这表明，学生不当行为相对发生率应随着时间的推移而降低，希望取得好成绩的压力可能导致更多的学习欺骗。这两个假设都可以在未来进行研究。

关于未来学生事务的规定和法律问题的预测，芬斯克和约翰逊（Fenske，Johnson，1990）指出了7个关键问题，其中两个与学生纪律事务最直接相关。一个是"学生事务专业人员将越来越多地参与平衡学生的宪法权利、根除偏见和增进宽容精神"；另一个是"法院的裁决和国家义务法要求密切监管校内和校外提供酒精的社会活动，以及更加愿意采取行动打击非法毒品和酒精滥用"。这两个问题对行为准则及其实施具有深刻意义。

第三个重要问题在过去二十年中就已经出现，即联邦立法迅速发展，影响了学生司法事务。除了之前讨论过的 1998 年高等教育修正案中家庭教育权利和隐私权法的修改之外，校园安全法（the Campus Security Act）也得以修订，要求高校提供因酗酒、吸毒、违法使用枪支而受到法律处分的学生统计情况（Lowery，1998，1999，2000，2006）。2008 年高等教育机会法案（the Higher Education Opportunity Act）中的条款规定涉及受害者告知、消防安全、失踪学生、对等文件共享以及对违规饮酒的制裁，增加学生行为管理工作的深刻意义。

### 对项目评估的持续需求

如其他学生事务项目一样，维纪项目应该得到定期的、系统的评估，确保有效达到确定目标（CAS，2006；Emmanuel，Miser，1987；Janosik，Stimpson，2009；Schuh，Upcraft，2001；Zacker，1996）。项目目标应该明确，目标声明包含可测量的结果，可根据事先确定的标准和过程进行评估。项目的各种要素，如出版物、司法董事会成员培训活动、制裁一致性、程序和执行以及参与项目实施的人员，都要一一进行全面审查。评估方式根据每个项目的性质和要求不同而不同，但许多可采取面谈、直接观察、写书面报告、调查、学校反馈、专门调查小组以及问卷调查（Emmanuel，Miser，1987）和学生文件夹（Zelna，2002；Zelna，Cousins，2002）等形式。必须承认，因变量难于确定、控制，也难于从持对抗态度的项目参与者处收集资料，难以达到法律和道德上的保密要求和同意告知要求，学生纪律管理领域的科学研究一直存在问题，且这些问题将会继续存在。文献中几乎找不到马兰（Mullane，1999）和豪厄尔（Howell，2005）等类似的研究成果。同样，如费希和穆雷（Fitch，Murry，2001）所做的关于司法制度有效性的研究很罕见。建议读者参阅斯廷普森和斯廷普森（Stimpson，Stimpson，2008）和斯文顿（Swinton，2008）的著述，了解学生行为领域相关研究。

### 寻求共同价值

最近，许多学校致力于澄清学校价值观的长期工作，价值观反映在使命陈述、行为准则以及学习诚信政策等文件中。许多学校还没有开始开展这一系列艰巨的任务，但它们必须且大多数都会这样做。

校园构成的多样性使发现和实施共同价值观这一任务更具挑战性。文化差异可能使纪律管理复杂化，关于什么是可接受行为的共识可能不会再被视为理所当然。因此，更重要的是，已经很久没有审查自己行为守则的大学需要审查，且在审查过程中，考虑到来自不同背景的学生、教师和员工，以制定一套尽可能被接受的行为准则。

学生作弊明显增加，以及对学生作弊的关注或再关注，为促成学习事务和学生事务领导人合作提供一个重要且有用的基础。行为准则应包括明确的学习诚信的政策声明，政策对教师具有可接受性，对学生具有可理解性，对教师和负责学生行为管理的人员具有可执行性。

加兰和格蕾丝（Garland，Grace，1993）列出了 12 条"学习事务和学生事务负责人之间合作的可能的重点"。其中至少有 4 个重点属于学生纪律领域，或对其有直接影响，它们是：

（1）以统一的而非单一的模式管理纪律问题。

（2）解决校园酗酒和吸毒，防止个人体衰和学习精力不足。

（3）解决校园暴力加剧问题。

（4）解决加重的精神病问题，平衡问题学生和学校的需求。

### 纪律事务的专业化

学生纪律一直是而且也将是引起专业人士关注和争论的一个主题，极大地反映了我们对学生特点、师生关系以及我们在学生发展中的作用的态度和看法。专业发展史上，曾经有一段时期，学生纪律完全被忽视，出现学生违纪事件引起尴尬时，学生道一下歉，教师匆匆处理一下，然后此事就被遗忘了，教师转而追求更有吸引力、更"正面的"角色。

当时的卡耐基教学发展基金会主席（the Carnegie Foundation for the Advancement of Teaching）额里斯特·波尔（Earenest Boyer）对美国大学学生行为经过仔细分析后，写道：

我们发现特别的困扰因素是，高校管理者就自己对学生行为的总体责任感到一种矛盾情绪。我们采访的校长大多有明显的忧虑感，或者说是焦虑感。许多人不确定他们期望或需要什么样的标准。大学的责任从哪里开始，在哪里结束？学生的个人"权利"与学校关注之间的平衡点在哪里？……不知道学生的生活保持什么样的标准，以什么原则来判断，许多管理者试图忽视而不是面对这些问题。

学生事务领导，尤其是那些负责纪律的领导，必须积极主动承担责任，促使校园内必要的意见交流，确保纪律问题不被忽视或是敷衍了事，乃至最后处理效果很差。

### 学生纪律、核心课程和人文教育

关注学生行为和司法制度的人应在高等教育界的共同努力下得到鼓励，发展一个综合核心课程，该课程重申传统的人文教育原则，有助于创造一个有利于个人整体发展的校园气氛，包括道德发展。这再度成为首要任务，表明学生事务专业人士可能"重返校园"，令人兴奋（Brown，1972）。

许多学校正在思考可用来进行小组上课的跨学科主题，这将对日渐物质化、非哲学化、职业化的学生群体带来挑战。有没有可能开设一门名为"学生在大学和社区中的权利和义务"的课程，由法学院、政治学院、社会学院、心理学院、教育学院、哲学院等众多不同的学院合上，甚至学校的纪律管理、司法人员主管也可以参与进来。如此，就可以将学生行为和道德、伦理发展这一主题置于公民职责和社区参与的大框架内进行思考，把从发展性视角处理纪律问题这一方式所固有的道德对话（Pavela，1985）引进课堂，学生事务专业人员也成为合作教学关系和过程中不可或缺的一部分。

# 第八章　多元文化事务

贝蒂娜·C. 舒福德

## 文化和多元文化主义

我们肩负着谈论文化的艰巨任务。但这世上没有比这更难以捉摸的事了……试图用语言涵盖它的含义，就如同想将空气握在手里一样，你会发现它无处不在，但就是不在你的掌握之中。（Kuh，Whitt，1988）

有多少人试图定义"文化"，那么文化就有多少种定义。然而，关于构成文化的各种要素，人们似乎达成一致，大体上为共同的历史、语言、饮食、服饰、器物、符号、传统、习俗、仪式、礼节典礼、其他惯例或行为模式、信仰体系、观念、哲学或意识形态、价值观、规范、道德标准、伦理原则和其他方面的共识（Kuh，Whitt，1988）。大学生受诸多限制，这使得他们与其家庭、朋友、家园社区、宗教机构和他们进大学前生活的其他方面捆绑在一起。他们进入大学，多多少少带着受其文化生活影响的期望、需求和抱负。

刚踏入校园，学生就会遇见与自己截然不同的其他学生。一些学生会接受这种多样性，而另一些学生则会寻找与自己文化特征类似的人。与类似于自己的人建立关系，可以让学生获得社会支持，培养一种群体或亚群体身份认同或忠诚。学生感觉受到欢迎，感到舒适。学校对包罗万象的校园团体及其文化的真正支持度，以及让其中所有成员产生真正的"归属感"或"重要性"的程度，决定了学生是否可能产生类似的学校认同感和忠诚。尽管如此，上大学之前和大学期间的文化经验，无疑都提供了"一个用来解释校园内外事件和活动意义的参考框架"。（Kuh，Whitt，1988）

考虑到大家都会认为这种对文化的介绍不完整，希望提供一个充分的定义，即什么是多元文化主义，怎样界定多元文化机构，杰克逊和哈迪曼（Jackson，Hardiman，1994）在多元文化组织发展的 发 展 阶 段 模 型 （Multicultural Organization Development Developmental Stage Model）中，对多元文化组织的定义是："在其使命、运作和服务产品中反映不同文化和社会群体所做的贡献和获得的利益。它的行动基于一种承诺，即消除制度中各种形式的压迫，容纳不同文化和社会团体的成员成为全过程参与者，特别是参与形成制度的各种决策。最后，它承担着更广阔的外部社会责任，包括支持消除一切形式的社会压迫，以多元文化的视角教育别人。"（Jackson，2005）该模型具有 6 个发展阶段，从单一系统一端发展到多元系统的另一端。

因为每所学校在多元文化组织的发展阶段模型中所处的阶段不同，所有学生对带入校园的文化经验和期待的接受方式就可能不同，特别对于有色人种学生（Harper，Hurtado，2007；Hurtado，Milem，Clayton-Pedersen，Allen，1999）。成立多元文化事务办公室和中心，在校园创建一个空间，让因文化背景不同而被边缘化的学生感受到肯定，与学校有联系，以此协调学生经验的异质性。

多年来，虽然多元文化事务办公室和中心的角色已经在服务对象和工作重点方面得到了发展，但协调文化的基本要素仍然处于使命和目的的核心地位。最初，办公室使用单一文化模式，重点支持单一身份群体。20 世纪八九十年代，服务的范围产生了变化，采用多元文化模式，满足其他弱势群体在大学日益增加的需求。除了为弱势群体提供直接服务，这些办公室和中心也通过开展面向全体学生的项目和专题研讨会，提升学生的跨文化意识。目前，文化关注点朝跨文化模式发展，旨在发展一个包容的环境，其中，个人和群体的差异受到重视。

## 包容校园的福音与挑战

维勒（Willer，1992）引用了一句中国谚语："宁为太平犬，莫作乱离人"。学生事务管理者很幸运，有机会与日益多样化的学生群体打交道。当然，这是幸事也是挑战。简言之，多样化往往增加了冲突的可能性。比如，当不同种族、宗教信仰、社会背景、性取向、价值观和情感的学生彼此非常靠近地生活在宿舍里，"无法避免的是，人际关系紧张、误解、不文明行为和不和谐将会出现"。（Amada，1994）因此，高等教育需要具备知识技能和强烈意识的专业人员，以促进跨文化理解，从事校园不同学生群体工作。

营造包容性校园环境具有挑战性。而帮助创建一个"校园实验室，学生学习如何在一个复杂的世界里生活和交往"（Spees，1986），教育学生为世界做出重大贡献，也是一个人可以获得的巨大奖励。皮科尔特（Pickert，1992）强调，大学毕业生需要"熟悉其他文化及其历史、语言，学校……愿意从不同文化背景的人的视角考虑问题"。因此，学生事务专业人士有机会提升意识和敏感度，培养有助于人类理解和发展的跨文化沟通技能，以及通过其他方式，帮助"大学经验成为它应该成为的普适经验"（Thielen，Limbird，1992）。

虽然本章提及的许多概念适用于不同群体，但由于篇幅限制，不能讨论有关妇女（Jones，1997；Whitt，Edison，Pascarella，Nora，Terenzini，1999）、走读生（Likins，1991）和残疾生（Hitchings，Luzzo，Retish，Horvath，Ristow，1998；Hodges，

Keller，1999；Jones，Kalivoda，Higbee，1997）的问题。因此，本章以下内容重点讨论美国弱势族群、双种族和多种族学生、女同性恋、男同性恋、双性恋和跨性别（LGBT）学生、国际学生、宗教多样性和成年学习者。

## 弱势族群/少数民族的多样性

2008 年高等教育中的少数民族报告中，隆（Ryu，2008）报道称，在过去的 10 年，大学生入学人数大幅上升，尤其是弱势族群/少数民族的学生增多了。从 1995 年到 2005 年，这些学生的增长率从 24％增加到了 29％。同一时期，非裔美国学生入学率从 10％增长至 20％，拉丁裔学生入学率从 7％增长至 10％，亚裔学生入学率从 5％增长至 6％，而美国土著学生入学率保持稳定。体现在总人口中的多样化现在渗入了高等教育。

即使非洲裔美国人、亚裔美国人、拉美裔美国人和土著美国人组成了四大种族（少数民族）群体，每个群体内部都有相当大的差异。例如，亚太地区和拉丁美洲的美国人受到了许多不同国家文化的影响，代表不同的民族或宗教团体，讲不同的语言，穿不同的服饰，吃不同的食物，有不同的价值体系，有不同的传统，过不同的节日（Chan，Wang，1991；Chew，Ogi，1987；Kodama，McEwen，Liang，Lee，2001；O'Brien，1993；Quevedo-Garcia，1987；Torres，2004）。同样，美国印第安部落也有"语言和习俗的差异"（LaCounte，1987），而非裔美国人不属于这一群体，他们所有成员具有相同的背景、信仰体系、期望、理想、行为标准或其他文化特征。

即使特定文化群体里的许多成员会共享某种经验和观点，但也有例外，一些群体会区分成员。讨论群体内部和群体之间的共性，有助于促进小组成员相互理解，但不应该用来对所有成员进行模式化，或对某一个人预先做出判断或毫无根据的臆测。

## 美国弱势族群高等教育发展史

文化群体在不同程度上受其历史的影响。美国弱势族群的高等教育有怎样的历史？

### 非裔美国人

一些非裔美国人自学，担任学徒，少数人出国留学（Thomas，Hill，1987），但南北战争之前，只有 28 个非裔美国人获得美国高校的学士学位（Bowles，DeCosta，1971）。内战之前他们只在几所以白人为主的学校受过高等教育（Predominately White Institutions，PWIs）。这些学校接受亚裔美国人，因为那时只有几所黑人学校（Historically Black Institutions，HBIs）。内战到 1890 年间，新增了黑人学校（Bowles，DeCosta，1971）。1890 年第二个莫里尔法案（Morrill Act of 1890）允许"根据'公平公正的基础'分配黑人教育基金"（Ranbom，Lynch，1987/1988）。1896 年，美国最高法院审判普莱西对弗格森案件（*Plessy v. Ferguson*）时，裁决"隔离但平等原则"具有合法性。

直到 1954 年，最高法院才在布朗诉教育委员会案（*Brown v. Board of Education*）等案件中，裁定"隔离但平等原则"（或公共教育中的种族隔离）违反了宪法规定（Bowles，DeCosta，1971；Ogletree，2004）。一些州仍继续采用非裔美国人和白人双重教育体制（Williams，1991），直到 1964 年《第六民权法案》（Title VI of the Civil Rights Act）表明，"没有人在美国会因种族、肤色或者国籍而不准参与联邦财政援助项目或活动、被剥夺从这些项目或活动获得利益，或参加这些项目或活动受到歧视"（Malaney，1987）。这项立法成为向非裔美国人开放以白人为主的学校、对白人开放以黑人为主的学校的主要依据。虽然黑人为主的学校只占所有美国高校的 3%，但 2008 年，其招收的学生约占非裔美国大学生总数的 12％，同年授予学士学位人数占当年授予学士学位人数总数的 19％（Ryu，2008）。

## 亚太裔美国人

亚太裔美国人是最近一个以前所未有的人数移民到美国的种族。由于许多军事、经济和政治事件（Min，2006；Spring，2007；Wright，1987），1970 年和 1980 年间，美国接收了"稳定的亚洲移民和难民潮"（Hsia，Hirano-Nakanishi，1989，第 22 页）。在那段时期，亚裔美国人的人口翻了一番多，以"超过美国全部人口 10 倍"的速率增长（Chew，Ogi，1987）。1987 年至 2006 年间，亚太裔美国人的高等教育入学率增长了 61％，几乎 61％ 的人入读四年制大学（Ryu，2008）。

如同其他少数群体成员，亚太裔美国人与其社区，尤其是他们的家庭紧密联系在一起。传统价值观的影响力取决于环境和情境因素（Kodama，McEwen，Liang，Lee，2001）。身世情况、移民经历和文化适应等因素都增加了亚太裔学生群体的多样性和复杂性（Kodama，McEwen，Liang，Lee，2001）。如同一些拉丁裔和土著美国人，一些亚太裔美国人讲英语很困难，部分原因是他们很少在家，或从不用英语交谈。

虽然常常描述非洲裔美国人和白人之间的校园种族事件，"其他肤色的学生，包括西班牙裔和亚裔，也受到了大学内部不断增强的种族紧张的影响"（Chan，Wang，1991）。亚太裔美国人有时受到非亚洲同学的袭击或排斥。教室、宿舍楼或校园其他地方可能只有某一个"唯一"的亚太裔美国人（或极少数中的一个）。

由于具有许多共性，亚太裔美国人常常与其他弱势族群一起，请求或要求为有色人种开展项目或提供服务。例如，1968 年至 1969 年的学生抗议活动之后，发展了美国亚裔研究项目，以探索"能突出美国社会中非白人群体的历史和当代生活经历的民族研究项目，对抗现有的欧洲中心论课程（Eurocentric Curriculum），这些课程没有包含任何关于有色人种的信息，或更糟的是，严重扭曲后者的历史"（Chan，Wang，1991）。

亚太裔美国学生所面临的一个相当独特的挑战：他们被定性为一个"模范少数族裔"（Chan，Wang，1991；Suzuki，2002），部分原因是许多亚裔美国人在学校表现得很好。然而，这种刻板印象最大限度地隐藏了这样的事实：像许多其他学生一样，他们必须在学习上非常努力。进一步说，这种定性把亚太裔学生为成功而付出的辛勤劳动打了折扣。尽管他们在学校很成功，亚太族裔学生报告却显示，他们对学校经历的满意度较低（Tan，1994）。亚太裔学生招生率高、学校保持率高，但不应该遮蔽这样的事实，即他们仍需要特别援助。

### 拉丁裔美国人

麦克唐纳德和加西亚（MacDonald，Garcia，2003）在关于拉丁裔的高等教育接受史（Latino Access）的论文中，阐述了1848年到1990年间拉丁美洲人的高等教育。他们叙述了拉美裔高等教育发展的五个主要阶段。第一阶段是1848年至20世纪20年代。1848年《瓜达卢佩伊达尔戈条约》（Treaty of Guadalupe Hidalgo）签订之后，居住在新领域的拉丁美裔特权贵族进入学校。此间，加利福尼亚大学于1869年录取了40名拉美裔学生。第二阶段是1898年至1980年，帝国征服了波多黎各，创建了重点开展教师培训和工业教育的波多黎各大学。20世纪20年代至50年代（第三阶段），由于1944年《军人安置法案》（GI Bill）的颁布和其他慈善组织的创立，第一代工人阶级出身的拉丁裔学生接受了高等教育。随着民权时代的到来，1960年至1980年间（第四阶段），大量拉丁美洲人开始接受高等教育。据莱特（Wright，1987）所说："西班牙裔美国人的大学发展史在第二次世界大战后才开始。即使他们被招收，但为了被录取，也往往不得不否认他们的文化身份。"直到1968年，主要是由于民权运动，特别是"La Raza"运动和本章之前描述的民权立法，大量拉丁裔学生才能接受美国的高等教育，主要进入两年制大学（Wright，1987）。加西亚和麦克唐纳德所描述的最后一个阶段，发生在 20 世纪 80 年代和 90 年代。通过努力游说，联邦政府开始制定支持拉丁美洲接受高等教育的政策；在此期间，也制定了拉丁裔服务学校。

最近，拉丁裔美国人是四大弱势族群中大学招生增长率最大的族群。1985 年至 2005 年上升至 66％（Ryu，2008）。2005 年，获得学士学位的拉丁裔美国学生占所有获得学士学位学生的 6.8％，获得专科学位的拉丁裔美国学生占所有获得专科学位学生的 10.7％（Ryu，2008）。尽管拉丁裔美国人是美国增长最快的弱势族群，但在高等教育中仍然处于弱势（Llagas，Snyder，2003）。

黑人学校和部落学院已成功招生、保留学生，并培养了大量少数民族毕业生。其中许多学生的社会经济背景较差，他们的入学证书表明他们可能成为学习落后的大学生。这种成功可能与这些大学提供的与学生文化身份一致的学习课程、学生服务和心理帮助体制的程度相关。

## 美国土著人

毫无疑问，美国土著部落民族在发展历史中将自己的成员社会化、同化，并进行培训和教育。当西班牙传教士在如今的佛罗里达州建立学校对美国土著人进行基督教化时，非美国土著人对土著人的教育至少早在 1568 年初就开始了。此后的许多年里，欧洲殖民者对美国土著人进行了零星的训练或教育（Ranbom，Lynch，1987/1988）。例如，1723 年威廉玛丽学院（William and Mary）为美国土著学生提供专用设施，"1773 年大陆会议（Continental Congress）批准拨款五百美元给达特默思学院（Dartmouth College）的印第安学生"（La Counte，1987，第 65 页）。尽管做了这些早期努力，但"只有在最近几年才有白人学校带着少许热情接收印第安学生"。（Wright，1987）

部落学院在美国土著学生的教育中起到了重要作用。第一个部落学院建立于 1968 年。目前已有 32 个部落学院，其中大多数是社区学院（国家教育统计中心，National Center for Education Statistics，2008a）。这些学院分别位于 12 个州，"从加利福尼亚到密歇根，从亚利桑那州到北科"（Boyer，1997）。像其他的许多两年制学院一样，为了使更多的大学在校生在熟悉的环境（如自己的居留地）接受教育（La counte，1987），部落学院正努力增加与四年制院校的交流。

土著美国人在高等教育中仍处于弱势（Darden，Bagakas，Armstrong，Payne，1994）。他们较低的入学率，特别是在非自留地的四年制本科院校的入学率，与约 45% 的高中辍学率、上大学准备不充分、财力不足、申请资助获得的援助不够有关。与家庭和社区的紧密联系、在远离原住民的环境中生活带来的文化冲击、环境熟悉与适应课程参与度低、学校对美国土著学生的个人和学习支持制度不充足，以及缺少印第安人专业人士模范等，也影响他们对大学环境的适应（La Counte，1987）。

### 小结

历史上，尽管黑人院校（HBIS）和几所几乎只接受白人的学校为相对较少的有色人种学生提供本科教育，但直到 20 世纪 60 年代，即哈佛大学建校 300 多年后，有色人种学生才大量接受美国的高等教育。许多学生目前都入读黑人院校、黑人院校、部落管理院校、城市走读院校和两年制社区学院。由于历史和现实的诸多原因，少数种族、族裔仍在高等教育中呈现弱势，尤其是在以白人为主的院校、住读院校、四年制院校和研究生、专业类院校。

## 少数族裔学生服务和多元文化事务

### 发展历史概述

20 世纪 60 年代，当大量不同种族的学生，特别是非裔美国人开始入读以白人为主的学校时，学校几乎没有采取措施满足他们的特殊需求（Pounds，1987；Young，1986）。教师和管理者的放任态度，可能基于不成熟的想法，认为处于弱势的少数民族学生会轻易地融入学校文化，而学校并不需要努力满足这些学生的需求（Gibbs，1973）。根据克维多·加西亚（Quevedo-Garcia，1987）的研究，同化需要"放弃自己的文化认同"（第 52 页），发展新的文化认同，与新的或主流文化一致。这些弱势族群的学生，大多不愿意为了"融入"校园文化而牺牲自己的文化认同，"感觉被隔离、孤独、异化、剥夺了权利"（Fleming，1984；Gibbs，1973；Young，1986），意识到他们"身在这些大学而不属于这些大学"（Stennis Williams，Terrell，Haynes，1988），或仅仅是别人房子里的一个客人（Turner，1994）。许多人的反应要么是无动于衷，要么是义愤填膺（Young，1986）。

为了应对学生的抗议和社区压力，以及法院执行产生于民权运动的新法律规定，高校设立了少数民族学生服务办公室（Wright，1987），办公室被许多有色人种学生视为"陌生环境里的安全港"（Young，1986）。大约同一时间，黑人之家和黑人文化中心成立（Patton，2005），与少数民族学生服务办公室的职能相似。少数民族学生服务不限于本科生服务。职业学校也建立了类似的办公室（Ballard，2003）。同时，按照政府指令，也开展了新生适应期活动（TRIO and Upward Bound Programs）（Pounds，1987）。这些办公室旨在让低收入或社会地位低下家庭的学生能够进入大学，而且在他们在学期间为他们提供帮助（Shuford，in press）。这些特殊服务项目的参与者多是第一代弱势族群大学生。如今，在这些早期活动的基础上，增加了新的活动形式，包括全天或暑假的校园体验，学生入学后，为他们提供有用的服务（J. A. Taylor, Jr, 1995）。

虽然一些少数民族学生服务办公室中的专业员工协助或负责大学预科发展和少数民族招生活动，但大多数被指控忽视了在校的有色人种学生的需求。许多人为越来越多样化的学生群体提供领导力发展和辅导活动（例如，拉丁美洲学生会、美国原住民学生协会、黑希腊字母社团），开展学习辅导、资助辅导、个人咨询、职业发展和就业服务、学生活动和文化活动等（J. A. Taylor, Jr, 1995）。在某些方面，这些办公室发挥了少数民族学生的小型学生事务部的作用，它们关注单一文化模式，重点为学校中的最弱势群体提供服务。目标群体因地理差异而不同。在南部大学，非洲裔美国人是主要目标群体；在西南地区，拉丁裔美国人和美国土著学生是主要服务对象（Shuford, in press）。

在过去几年中，许多少数民族学生服务办公室发展为多元文化事务办公室，"部分原因是其他弱势群体的需求增加，以及社会对这些群体的关注提高"（Shuford, in press）。虽然这些办公室大都还在为弱势族群学生提供许多有价值的服务，但其内容已开始包括更广泛的学校社区的推广项目，并开始服务于学校的其他弱势群体（Shuford, in press；Sutton, 1998）。例如，许多为少数民族学生服务的工作人员开始帮助其他学生事务部门的同事识别、警惕文化问题并采取适当的应对措施，如学业咨询中心工作人员可以为多样文化学生开展有效的学习咨询。随着少数民族学生服务转变为多元文化事务办公室，这些办公室的使命扩大了，包括为同性恋学生、国际学生、不同宗教信仰的学生、双种族学生、第一代（移民）学生和成人学生开展活动和提供服务。随着服务扩展到一个更广泛的团体，多元文化事务办公室开始转变为一个多元文化模式，包括所有学生的跨文化学习。

在少数民族学生服务办公室或多元文化事务办公室里工作的学生事务专业人士帮助开发重要项目（如与黑人历史月有关的项目）、建立校园文化中心（如 La Casa 拉丁文化中心），努力满足弱势群体和大多数学生的教育需求。此外，他们经常帮助同事开设个人课程（如亚裔美国史），建立系部（如黑人文化研究系），开展有关民族研究的跨系部项目，这些课程、系部和项目在 20 世纪 60 年代末至 70 年代（Chan，Wang，1991）的许多大学校园出现，20 世纪 80 年代和 90 年代里得到继续发展。

## 服务拓展

其他社会正义运动随着民权运动而开展，其他弱势群体开始在社会和校园里发出自己的声音，多元文化事务办公室不再采用只针对一种文化身份群体开展工作的单一文化模式，而开始采用多元文化模式，关注个体和群体的差异。本节将列出部分群体。

### 双种族/多种族学生

2000 年的人口普查中，超过 680 万人选择了一个以上的种族或民族身份。这些人中，40％未满 18 岁，这对高等教育有着重要影响（Jaschik，2006）。由于泰格·伍兹（Tiger Woods）和贝拉克·奥巴马（Barack Obama）等人公开谈论他们的混血血统，人们对双种族人群的关注度显著上升。贝拉克·奥巴马在《父亲的梦想》（*Dreams of My Father*）一书中，谈到了缺乏归属感以及作为一个局外人的恐惧（Obama，2007）。有作为一个局外人的感受这在双种族/多民族人中并不少见。塔尔伯特（Talbot，2008）的研究表明，受访者很难表达清楚身处单一文化世界中的一个双种族学生的状态。

在大学校园，双种族/多种族学生有时被迫只能选择其中一个身份（Talbot，2008），否则不被校园单一种族世界接受（King，

2008；Renn，2003）。混血学生与其他弱势族群的学生一样，需要校园内有一个让他们感到安全和受到支持的空间（Renn，2003）。多元文化事务办公室和中心可以通过在使命宣言中承认双种族/多民族学生，建立一个双种族/多种族学生组织，开展多种族活动（Wong，Buckner，2008）等。

**女同性恋、男同性恋、双性恋和跨性别者**（LGBT）

许多学校的非异性恋学生已在多元文化领域发出了自己的声音。在过去的 10 年中，高校对于女同性恋、男同性恋、双性恋和跨性别的支持度有所上升，更多的教职员工和学生冒着风险公开性取向和性别认同，表明自己是女同性恋、男同性恋、双性恋或跨性别，并努力增加学校对非异性恋需求的关注（Evans，Wall，2000），支持范围视学校不同而不同，包括承认女同性恋、男同性恋、双性恋和跨性别学生组织，多元文化事务办公室或文化中心的支持和教育活动，指定特别办公室处理女同性恋、男同性恋、双性恋和跨性别问题（Sanlo，2000）。

一些多元文化事务办公室为女同性恋、男同性恋、双性恋和跨性别学生提供服务。然而，这些学生需要的支持和服务，往往与其他弱势群体不同（McRee，Cooper，1998；Rankin，2005）。他们不仅要面对普通大学生常见的发展问题，还必须应对与自己性身份相关的发展问题（Bilodeau，Renn，2005；Wall，Evans，1991）。虽然"大多数同性恋的成年人承认早在青春期就确认了性取向"，但通常到上大学才显露出来（D'Augelli，1991）。除此以外，同性恋学生还得应对骚扰、恐吓、宗教反对以及家庭和社会关系（D'Augelli，1991；Levine，Love，2000；Rhoads，1997）。

多元文化活动应同时针对女同性恋、男同性恋、双性恋和跨性别学生与异性恋学生（Evans，Wall，2000）。支持服务应包括为因身份认同问题而挣扎的学生建立学生社交网络，树立能够分享出柜过程中的思想与经验的角色榜样，建立特殊旨趣宿舍和社交活动，开展出柜和女同性恋、男同性恋、双性恋和跨性别身份发展活动（Evans，Wall，2000；Herbst，Malaney，1999；Rhoads，1997）。为这些学生提供的活动和服务也应注意同性恋团体自身存在的多样性（Evans，Wall，2000）。

### 国际生

美国高校中的国际学生人数大幅增加，超过 60 万的国际学生就读于美国高校（国际教育学院，2008a）。学生的国际交流改变了许多美国校园（Ping，1999）。国际生已经开始融入校园生活，有助于让美国学生了解全球生活（Ping，1999）。国际生乐于分享自己国家的信息、民族史以及民族文化（McIntire，1992），困难是创立一个美国学生和国际生都能分享自己文化背景的论坛。除了国际生为校园带来的文化多样性，招收国际生已用于提高学校入学率（Dalton，1999）。因为需要联邦政府维护、更新学生及交换访问学者信息系统（Student and Exchange Visitor Information System）中的学生信息，这样的努力更具有挑战性（Starobin，2006）。美国校园内国际学生的存在，增加了校园经济来源。根据门户开放（the Open Doors）报告，"国际学生交付的学费和生活费，给美国经济的贡献超过 10 亿美元"（国际教育学院，2008b）。

尽管招收国际生对学校有好处，但国际生来到一个新的环境也会遇到不同的挑战，包括相关的心理问题、学习和需求问题、社会文化问题、住宿过渡问题、咨询和健康服务问题、学费问题、文件问题、安全威胁问题、饮食限制和职业发展问题等（Anderson，Carmichael，Harper，Huang，2009）。因此，他们需要各种支持服务，以顺利过渡到一个全新的环境。许多学校有一个专门办公室或工作人员负责处理国际学生事务。多元文化事务办公室也开始为国际学生和国际学生活动提供支持。有数百名国际学生的学校，其国际学生服务办公室作为一个小型的学生事务部门运行（McIntire，1992）。无论是由国际学生服务办公室还是多文化事务办公室协调，有效开展国际学生校园活动的一些优秀工作包括开展跨文化指导活动，提供家庭朋辈指导，聘请国际学生宿舍工作人员，在宿舍开展国际学生活动，在校园和社区内增加饮食选择，在入学时和入学前开展环境熟悉与适应活动，提高本土学生对国际学生需求的关注，创建一站式服务店，供国际学生休息、交流和解决自己的问题，使用不同语言宣传校园事件，聘请具有文化能力的健康专业人士，提供就业服务中心帮助国际生寻求就业机会，聘用国际学生辅导本土学生学习另一种语言，开展国际学生对支持服务的评估（Anderson，Carmichael，Harper，Huang，2009）。

可以为所有学生开展国际学生活动。例如，十一月的国际教育周（International Education Week）是由美国国务院和教育部为美国人了解全球社会而开展的（美国国家和美国教育部，2009a；Starobin，2006）。国际教育周的活动包括举办国际职业日、组织国际主题研讨会、邀请有国际经历的个人谈谈国际教育和交流的重要性、举办国际节（美国国家和美国教育部，2009b）。多元文化事务办公室的工作人员不仅为国际学生组织提供支持，而且在主办或合办这些活动中也发挥重要作用。

### 宗教多样性

在美国历史中，宗教一直在许多公民的生活中起着重要作用。宗教信仰是美国文化多样性中一个必不可少的因素。"美国一直都存在许多不同的宗教"（Uphoff，2001），但它们长期被低估（Griffith，2008）。例如，"欧洲人来美洲时，美国印第安人的宗教已经存在了"（Uphoff，2001）。随着1965年的《移民和国籍法》（the Immigration and Nationality）的颁布，宗教开始多样化（Griffith，2008）。"新来美者，特别是来自亚洲、非洲、拉丁美洲和中东地区的人，引发了美国历史上主流宗教之外的宗教热潮。"美国现在是一面"反映世界宗教的精神镜子"（Griffith，2008）。

大学必须具有宗教多样性的意识。这有助于我们了解、学习团体内部的人类多样性。虽然许多大学校园越来越世俗化，但是灵性和宗教仍然受到许多学生的重视。2004年初，位于加利福尼亚大学洛杉矶分校（UCLA）的高等教育研究所（the Higher Education Research Institute）进行了一项全国性研究，表明入学新生对精神活动的兴趣和参与度都很高。报告还称，学生在宗教方面也有很高的参与度。81%的受访学生表示，在过去一年内他们参加过宗教仪式，或与他们的朋友讨论过灵性与宗教。他们有宗教价值观，也显示出了对非宗教学生的高度宗教容忍和接受。自由派学生相比保守派学生而言，在基督教的世界观等级中排名高一些（反映对不同的宗教传统的兴趣）。8%的受访者明确表示自己信仰犹太教、佛教、印度教、伊斯兰教或其他非基督教的宗教（Astin，Astin，2005）。

当宗教信仰、习俗和传统不被其他群体理解时，矛盾就发生了（Uphoff，2001）。和弱势族群的遭遇类似，宗教的弱势群体也体会到了在校园内被边缘化的感觉（Mahaffey，Smith，2009）。宗教弱势群体面临的问题包括感到孤立、饮食限制（缺乏犹太教合法的食物和伊斯兰教合法的食物）、重大的校园活动和考试安排在宗教节日里、没有特定校园住宿和祷告空间、缺乏足够的角色榜样和支持（Mahaffey，Smith，2009）。

多元文化事务办公室对帮助学生了解不同宗教团体的习俗和信仰起重要作用。马哈菲和史密斯（Mahaffey and Smith，2009）制定了以下策略，以便为来自弱势宗教群体的学生创造一个具有包容力和吸引力的社区。

（1）与学生开始交谈时，只简单询问他们的经历。

（2）与其他人合作提供支持服务，包括与能满足他们宗教需求的校外组织合作。

（3）通过分发宗教节日日历提高自身的宗教意识，制定适应宗教仪式并满足其他特殊需求的政策和程序。

（4）在新生熟悉和适应校园活动的过程中，帮助他们加入宗教团体。

（5）学校工作人员提供支持和建议，为宗教组织提供帮助，并开展领导力培训，维持这些宗教组织。

（6）鼓励、指导教师、职工和校友。

（7）提供无酒精环境（宿舍和社交场合）。

（8）赞助服务于特定宗教团体的主题住宿。

（9）对宗教多样性有清醒的认识。

（10）意识到交叉身份（种族、文化、性别、性取向和宗教信仰）同样适用于基督教（Stewart，Lozano，2009）。

（11）开展多信仰活动。

（12）提供满足宗教需求的校园空间。

（13）考虑健身设施布局和安排的可选择性。

### 成人学生

尽管学生满了 18 岁就被视为成年人，但根据年龄、成熟度、竞争角色和肩负的责任，成人学生仍不同于典型的传统学生（Kasworm，2003）。成人学生的特点有高中毕业后延迟入读大学、兼职上课、经济独立、没有配偶或伴侣、单亲父母、拥有普通高中学历（Horn，1996）或大学辍学了一段时间。

1971 年至 1991 年间，成人学生数量开始大幅增多。在这期间，成年学生从总招生人数的 28％增加到 43％。20 世纪 90 年代，由于传统年龄大学生增多，成人学生增加的速度开始下降。近年来，成人学生的增长率开始再次发生变化。2006 年，与 34.3％的成人学生相比，34.9％的传统年龄大学生已经至少获得了肄业证书和一个学士学位（Ryu，2008）。

成人学生的特点不同于传统年龄大学生，这要求建立一套不同的服务和支持体系，而传统高等教育模式中还没有这种体系。一些为成人学生提供的特殊服务：开展环境熟悉与适应活动、满足他们的特别需求、为他们提供照顾儿童和老年人的资源、提供技能学习和其他支持服务、开展全家参与的活动、成立支持和讨论组、为学生服务延长办公时间（Rice，2003）。

## 多元文化事务办公室和中心的作用

虽然负责多元文化事务的办公室和中心的名称和机构场地、办公室服务的客户、服务项目的广度和深度，因学校不同而不同（Shuford，in press；Stewart，Bridges，in press；Wright，1987），但这些办公室专业人员通常担任教育者和顾问，为学校协调多元文化，同时，为校园弱势群体提供有价值的服务，开展活动，树立榜样。

## 使命

多元文化事务办公室的使命分为三个层面：

（1）办公室应为文化弱势群体提供支持：进行评估，满足弱势族群学生的社会心理、学习及其他需求，与学校其他部门交流这些需求，并提出满足这些需求的建议，开展活动，提供服务，加强学生的个人、社会、教育和文化发展，鼓励弱势文化群体参与和促进校园生活。

（2）办公室应对全体学生提供多元文化教育。教育教学活动应该帮助大多数学生确定他们的共性，并认识、理解、接受、尊重和重视差异。学生应该学会与不同群体的成员进行有效的跨种族或跨文化交流，并将这些技能运用到各个方面（Hoopes，1979）。

（3）办公室应推动促进校园文化多元化的制度改革。多元文化/跨文化事务的专业人员应与各个部门的同事合作，发展一个多元的、文化组织（本章另有描述），从不同角度考虑学校的每个方面，包括招生、聘用工作、管理政策和程序、学习课程以及课程活动（Jackson，2005）。只有当校园内每个部门和单位连接为一个整体，以最佳方法解决多元文化问题时，多元文化办公室才没有存在的必要了。

## 行业标准

高等教育标准发展委员会（Council for the Advancement of Standards in Higher Education）（Dean，2006）强调，多元文化学生活动和服务必须包括下列目标：

（1）促进学习进步和个人成长。

（2）创建一个公正的社区。

（3）提升弱势族群的权利和公平，开展校园多样性教育活动。

标准进一步声明，多元文化学生活动和服务必须促进学生学习和有目的的、全面的学生发展（Dean，2006）。

## 管理和组织结构

美国标准发展委员会（The Council for the Advancement of Standards）（Dean，2006）提供了与多元文化事务办公室组织和管理有关的指南。根据这些指南，多元文化事务办公室"必须有目的地构建且实施有效管理，以实现既定目标"：制定书面政策和程序，对员工明确工作要求，公开声明目标。部门负责人必须准确做出决策，确定可通过学生学习成果评估达成的目标。标准进一步声明，必须建立一个组织机构支持多元文化事务办公室的服务和针对学生的活动。

2008年，布里奇斯等（Bridges，Cubarubbia，Stewart）进行了针对多元文化学生服务的一项调查，调查了学校类型、大小、活动总体信息、人员信息、开展服务的范围和组织有效性（Stewart，Bridges，in press）。舒福德（in press）考察了多元文化事务办事处的历史。两项研究的结果表明，这些办公室和中心在高等教育环境中发挥了重要作用（本节都在强调这种作用）。当被问及如何定义校园内的多元文化人口时，所有受访者都表示，种族和种族性是决定谁接受服务的决定性因素。一些多元文化办公室也表示支持异性恋学生、国际学生和残疾学生，反思信仰和宗教、社会阶层、英语作为第二语言、退伍军人、第一代移民身份、收养年轻人（Foster Youth）和出生地（农村或城市）等问题（Stewart，Bridges，in press）。

### 组织结构

两项调查的大部分受访者表示，他们的办公室位于学生事务处，小部分受访者表示他们的办公室位于学习事务部门，向院长或校长汇报工作，在学习事务部门，他们可以从更宽泛的学校角度开展多样文化学生工作。高级职位包括副校长、校长助理、院长、校长特别助理（Williams，Wade-Gordon，2006）。许多办公室都是在近十年内发展起来的（Shuford，in press）。

### 管理作用

多元文化事务办公室的作用因所处的部门不同而不同。位于学生事务部门的多元文化事务办公室，工作重点是为学生提供社会、文化和学习支持。位于学习事务部门的办公室，履行的主要职能是为学生的学习提供支持（Stewart & Bridges，in press）。就多元事务首席官（the Chief Diversity Officer）而言，其管理往往涉及整个校园，履行如下职能：

（1）功能视角：构思、策划和评估学校的多样性和包容性问题解决方案。

（2）协作：发展多元化和包容性校园，已远远超过一个人或一个办公室的能力。多元文化首席官担任跨界者，连接学校众多部门，通过协作努力整合各种举措。

（3）地位和影响带来的领导力：虽然多元文化首席官有权领导

多样文化化工作，但担任此职位的人往往没有正式权力惩罚或奖励其权力范围之外的人。然而，由于职位显眼，多元文化首席官可以运用职位赋予的权力来影响结果，并保持多元文化工作议程向前推进。

（4）促进变化：多元文化首席官也充当一个变革推动者，领导各项工作，促进学校文化的多元性和包容性（Williams，Wade-Golden，2006）。

## 活动和服务

参加了多元文化学生服务调查的人表示，他们校园提供的一系列服务分为三类。大部分受访者通过他们的办公室或中心提供文化和社会活动。不到一半的受访者开展学习活动。

美国高等教育标准发展协会（the Council for the Advancement Standards for Higher Education）确认了应由多元文化事务办公室提供一系列更广泛的活动与服务。据此，多元文化事务办公室提供的活动与服务必须是有意识的，要以学生发展理论为基础，满足目标群体的需求（Dean，2006）。多元文化事务办公室提供的活动与服务要求如下：

（1）教育活动和服务的重点在于培养跨文化意识。

（2）促进学生学习成功。

（3）促进学生个人成长和提升自我意识。

（4）提倡学生参加领导力发展活动，有权获得导师辅导并成为榜样。

（5）促进社区公正。

（6）开展活动，强化多元文化意识、知识和技能，为多元文化培训和发展提供资源。

（7）帮助学生全面体验校园生活（Dean，2006）。

### 人员配备

多元文化学生服务调查受访者报告称，多元文化事务办公室的人员编制：少至全校只有 1 名全职专业人员，最多的学校有 35 名专业工作人员。大多数办公室除主任外，平均有 2 或 4 名工作人员。当受访者被问及办公室高级工作人员的职称和教育水平时，大多数人表示，高级工作人员具有硕士学位，担任主任职务（Stewart，Bridges，in press）。

美国标准发展委员会（The Council for the Advancement of Standards）（Dean，2006）制定了一套多元文化学生服务办公室专业工作人员指南。指南规定，一个多元文化学生服务办公室必须由可以实现使命和目标的个人组成，并进一步声明，办公室专业工作人员必须具有相关专业学位或者相关教育和工作经验（Dean，2006）。该职位所需的具体工作经验包括：

（1）具备多元文化知识、意识和技能。

（2）了解认同发展和多重认同交叉发展。

（3）能鉴别和评估校园环境问题。

（4）维护社会公平，推动变革（Dean，2006）。

## 专业发展

### 专业协会

下列专业协会、会议和培训机构提供了建立关系网、进行合作、发展专业、建立高校多样性和社会公正问题工作者论坛的机会。

（1）黑人文化中心协会（Association of Black Cultural Centers，ABCC）成立于 1987 年，开展庆祝、促进活动，以及批判性研究非裔美国人文化的论坛。协会通过提供专业发展机会、活动支持、主课程及辅助课程改进和社区项目，给予支持（http://provost. ncsu. edu/oldsite/offices/diversity/abcc/）。

（2）高等教育文化中心加利福尼亚理事会（California Council of Cultural Centers in Higher Education，CACC CHE）成立于1994年，旨在促进多元文化/跨文化中心面临的共同问题的信息交流和讨论。该组织有三个目标：宣传网络化、提供支持和促进发展（http://www. caccche. org/about _ us. html）。

（3）全国高等教育多元文化办公室工作人员协会（National Association of Diversity Officers in Higher Education，NADOHE）于2007年举行了第一次全国会议。协会的任务是通过研究表明和传播实际工作经验，以此宣布多元文化工作举措，确定和传播优秀工作方法，促进当前鼓舞人心的多样文化工作人员的专业发展，宣传和影响国家和地方政策，创造和促进工作关系网（http://www. nadohe. org/mc/page. do?sitePageId=92823&orgId=nadohe）。

（4）俄亥俄州高等教育多元文化中心联盟（Ohio Consortium of Multicultural Centers in Higher Education，OCM CHE）成立于2008年，旨在使多元文化事务办公室和中心共享资源，与其他中心建立联系，加强州内的多样文化性工作以及创造专业发展机会（http://www. ocmche. org/index. html）。

**会议**

（1）全国种族与族姓会议（National Conference on Race and Ethnicity，NCORE）。

（2）差异世界研究所——反偏见教育和多样性培训（http://www. adl. org/education/edu _ awod/default. asp）。

（3）全国联合共建研究院（National Coalition Building Institute，NCBI）（http://ncbi. org/）。

（4）社会正义培训学院（Social Justice Training Institute）（http://www. sjti. org/home _ professional. html）。

（5）南方贫困法律中心——宽容学习（Southern Poverty Law Center—Teaching Tolerance）（http://www. splcenter. org/center/tt/teach. jsp）。

**期刊**

（1）《高等教育多样性问题》。

（2）《高等教育多样性期刊》。

## 多元文化事务工作技术

就像其他负责学生事务的职能部门一样，多元文化事务办公室和中心设法在服务于学生时采用技术支持。根据江口和马斯托迪卡萨（Junco，Mastrodicasa，2007）所言，"网络一代（又称千禧一代）是入学学生中使用技术最先进的群体"（第 17 页），他们使用网络和手机的人数超过 29 岁及以上的成年人（Pew Research Center，2010），尽管与年龄较长的学生在使用技术方面有差距，但网络一代持续逐年下降（Pew Research Center，2010）。例如，脸书和推特用户的年龄中位数分别为 33 岁和 31 岁（Fox，Zickuhr，Smith，2009）。

种族与性别差异也体现在技术使用中。皮尤研究中心的千禧一代计算机使用报告（2010）显示，拉美裔学生比其他种族学生更少使用互联网，女性比男性更经常使用社交网站，并且比男人更不太愿意在网上发布自己的视频。在大学生中进行的一项研究显示，为了学习，男性比女性更频繁地使用电脑，而女性在以下几个方面的得分明显不同于男性：使用脸书、手机通话、发短信和写博客。研究也发现黑人和白人学生在电脑使用方面存在差异。为了学习，有色人种的学生比白人学生更经常使用计算机、网络、手机以及电视等（Lloyd，Dean，Cooper，2009）。

学生在日常生活中不断采用新兴科技的同时，也期望学生事务专业人士提供服务时融合当前的新技术（Junco，Cole-Avent，2008；Junco，Mastrodicasa，2007）。网络一代学生希望在非传统工作时间里与学生事务工作人员和部门保持联系、交流和沟通，尽管联系不局限于面对面的交流（Heiberger，Harper，2008；Junco，Cole-Avent，2008）。这一代学生几乎不区别"真实世界"和在线交流，他们把面对面和在线沟通都视为有意义的交流形式（Junco，Cole-Avent，2008）。既然技术是学生生活中如此重要的一部分，多元文化事务专业人员需要接纳各种不同形式的技术，促进学生参与服务、校园联系等。一些学生使用的更常见的技术包括社交网站、博客、视频、短信、文件共享和虚拟世界等。多元文化事务办公室和中心将技术融入服务的例子如下：

### 互动网站

部门网站可以具有许多对学生来说更具互动性、更有趣的特点。应定期提供新内容，让学生定期浏览网页。电子通信、播客的讲座和活动、学生证词、在线资源、在线专题研讨会和视频可以发布在网站上或通过网站链接。通过网络给更多学生提供教育资源，并 24 小时开通访问信息渠道。

一些多元文化事务办公和中心在其网站上建立了一个虚拟多样性资源中心（Virtual Diversity Resource Center）。这些网站相当于虚拟互动社区，促进重视、理解人类多样化问题。这类网站可包括互动意识活动，如模拟游戏、视频、校园事件播客、博客、测验、概念阐释等。"在线资源"栏目下列出一些虚拟多样性资源中心的网络资源。

许多多元文化事务办公室和中心在校园事件发生后发起多样性对话，或每月开展关于多样性某一方面的话题讨论。建立线上博客或讨论版，可以达到与多样性对话同样的目的，只不过这是虚拟的。列出多样性某一方面的话题，学生可以把他们的博客感言当作发展性电子文档的一个人工制品来确定。

开展第二课堂（Second Life）的学校可以为学生创造一个虚拟世界。在这个安全的虚拟世界中，学生探索自己与他人的众多认同交叉点。

## 其他服务模式

随着在线交流模式的盛行，与学生的人际互动不再局限于面对面交流。如本章前面所说，网络一代学生不区分电子和面对面交流，这为开发其他学生服务模式提供了机会。一些学生事务人员已使用即时通信和其他形式的技术来联系学生，设立开展学生服务的虚拟办公时间。多元文化事务办公室和中心应寻求使用电子和网络资源的新方式，作为与学生面对面交流的补充。

## 宣传和交流

校园内多数学生每日都使用脸书（Facebook）等社交网络（Pew Research Center，2010）。因为以发电子邮件等传统方式来联络学生不那么有效，所以学生事务专业人士正在寻找替代方法（Junco，Cole-Avent，2008）。脸书和短信是一些比较流行的替代模式，学校从业人员正使用这种模式，并改进程序和服务。一些学生认为用脸书进行管理打扰了他们。现实是，在线社交世界是校园文化的一部分（Martínez-Alemán，Wartman，2009），因此，无法避免。然而，在使用脸书和其他社交网络方式与学生接触时，管理者应注意界限。多元文化事务办公室和中心的工作人员可以发挥作用，帮助学生有效管理他们的在线个人资料，发展个人认同，推动学校社区建设，参与校园活动。

推特（Twitter）也是有效促进校园活动的方法。脸书和推特也能作为工具来收集学生对校园事件的实时反馈。演讲和校园事件期间学生在推特和脸书网发布的帖子，可以用来判断学生如何运用面对的素材。

## 关于多样性事务的网络资源

（1）美国大学人事协会/社会正义教育者委员会（American College Personnel Association，ACPA）/（Commission for Social Justice Educators），http://www. myacpa. org/comm/social/。

（2）美国大学人事协会常务委员会/残疾、同性恋、男性、女性、多元文化事务常务委员会（American College Personnel Association，ACPA）/（Standing Committees-standing committees on disability，LGBT）/（awareness，men，women，multicultural affairs），http://www. myacpa. org/sc/sc _ index. cfm。

（3）多样性网站——一个推进高校多样性工作的互动资源中心（Diversity Web—an interactive resource hub for higher education advancing campus diversity work），http://www. diversityweb. org/。

（4）跨宗教日历（Interfaith Calendar），http://www. interfaithcalendar. org/。

（5）多元文化平台——多元文化意识小测验、意识活动、概念和引述等活动交流中心平台（Multicultural Pavilion—a clearinghouse of multicultural awareness quizzes，awareness activities，definitions，quotations，etc. ），http://www. edchange. org/multicultural/index. html。

（6）全国多元文化教育协会——多元文化社会正义交流中心（National Association of Multicultural Education—a clearinghouse on multicultural resources on social justice），http://nameorg. org/。

（7）全国学生人事管理者协会知识委员会（National Association of Student Personnel Administrators Knowledge Committee）。

（8）非裔美国人、亚太岛民、残疾人、男同性恋、女同性恋、双性恋和跨性别者、原住民、拉美裔人、学生事务中的女性等问题提供资源，http://www.naspa.org/kc/default.cfm。

（9）种族：幻想的力量（Race the Power of Illusion）。

加利福尼亚新闻短片在线指南，记录种族社会、科学和历史 3 个部分。

http://www.pbs.org/race/000_General/000_00－Home.htm。

（10）社会正义培训机构（Social Justice Training Institute），一个与社会正义有关的在线资源链接，http://www.sjti.org/stude nt_resources.html。

（12）学会宽容——对隐形偏见的测试（Teaching Tolerance—a Test for Hidden Bias），http://www.tolerance.org/activity/test-yourself-hidden-bias。

（13）理解偏见（Understanding Prejudice），http://understandingprejudice.org/。

## 学生发展理论和学生学习

学生发展理论相当于一个指南，帮助学生事务专业人士理解校园个人和群体（McEwen，2003；Pope，Reynolds，2004）。然而，一个被发现的事实是，许多早期的理论没有涉及性别和种族视角（Patton，McEwen，Rendón，Howard-Hamilton，2007；Pope，Reynolds，Mueller，2004；Torres，Howard-Hamilton，Cooper，2003）。为了填补这一空白，20 世纪七八十年代引进了与种族、性别和性取向有关的身份发展模式，以处理不同学生群体的发展问题（Patton，McEwen，Rendón，Howard-Hamilton，2007）。一些理论家，如克林和莱赛尔（Chickering，Reisser）随后修正了他们的原有理论，以使理论更适用于多样化的学生群体。然而，一些学者认为，这些理论仍然没有抓住不同学生群体的经验，转而提出了新的理论（Kodama，McEwen，Liang，Lee，2001，2002）。这些新理论能更充分地解决不同的学生经验问题，或在现有理论中补充新内容（McEwen，Roper，Bryant，Langa，1990）。最近，研究种族如何植根于社会的批判种族理论（Critical Race Theory，CRT）被视为高等教育背景下"凸显种族、社会和教育不公平问题的一个框架"，对多样性学生群体的发展产生了始料不及的影响（Patton，McEwen，Rendón，Howard-Hamilton，2007）。

了解学生发展理论，包括了解它的缺点，多年来一直有助于指导学生事务工作实践。"学习反思"（Learning Reconsidered）描述的改良性教育模式（The Transformative Education Model）（Keeling，2004）将学习重新定义为一种"全面、整体、改良性活动，整合了学业学习和学生发展"。其中，学生的个人发展有助于学习过程。这种新范式改变了学生事务工作人员促进学生成功的方式。就学生事务活动和服务的成果而言，更强调意向性，也更重视连接学生课堂内外经验的活动（Keeling，2004）。

## 未来多元文化事务面临的挑战：问题与趋势

如本章所述，高校多样性学生群体数量正稳步上升。现在，有些学校的少数民族占了多数，多样性群体的人数预计在未来将继续增长。注意到结构上的多样化，一些人可能会质疑学校是否还需要直接支持特定身份群体。对校园氛围的感知研究表明，弱势族群学生和白人学生有不同的看法（Harper，Hurtado，2007；Hurtado，Milem，Clayton-Pedersen，Allen，1999），与美国白人学生相比，非裔美国学生、拉美裔学生和亚裔学生有较少的归属感（Johnson，Alvarez，Longerbeam，Soldner，Inkelas，Brown-Leonard，Rowan-Kenyon，2007），还存在非异性恋学生的生活质量问题（Rankin，2005）。这些表明校园并不像杰克森和哈迪曼（Jackson，Hardiman，1994）描述的一样，需要创造一个多元文化组织。多元文化事务办公室和中心应该继续利用其资源来帮助解决目标人群的认同问题，还是应该集中注意力和资源来改变组织结构或增强学生的跨文化理解意识？对于这个问题，不需要做出非此即彼的回答。多元文化事务办公室和中心能够且一直在做这些事（详情见本章列出的三步骤任务）。如何完成这项工作？他们正采用一种跨文化模式，这种模式支持一种重视、包容个人和群体差异的氛围。

跨文化模式更专注于创造机会，使全体学生参与跨文化活动。研究表明，这些类型的互动"影响诸多教育成果范围"（Chang，2007）。专注于跨文化并不阻碍多元文化事务办事处或中心为其传统的服务对象提供支持和直接服务。对校园氛围的研究表明，对这些学生的支持仍有必要。跨文化模式侧重于通过互动的多样性体验（与其他文化经验）和辅助课程的多样性经验（文化意识课程）来改善校园氛围（Hurtado，Milem，Clayton-Pedersen，Allen，1999）。

跨文化模式提供的课程和服务应遵循特定的目的和意图，并且要让学生参与有意义的学习活动（Keeling，2004）。詹金斯和沃尔顿（Jenkins，Walton，2008）设计了一种使多元文化活动更具意向性的结构。在他们的模型中，多元文化活动围绕三个关键领域展开：文化教育、文化参与和文化发展。文化教育活动"让学生交流需要充分了解批判性知识，且专注于不同文化的历史、实践和基础结构"。文化参与活动属于社会领域，包括表演和其他形式的娱乐。文化发展活动解决学生的全面发展问题，因为它涉及学生对自己文化的理解和对有别于自己文化的别人文化的理解。如果以系列活动方式开展，而非以单个、"一刀切"的形式开展（Jenkins，Walton，2008），该模型更有效果。

俄亥俄州立大学提供了跨文化实际模型的应用例子。2008 年，俄亥俄州立大学多元文化中心（the OSU Multicultural Center，MCC）改变了活动和服务开展模式，采用了跨文化模式。在这个新模式里，中心组建了一个跨文化专家团队，开展学生工作。虽然中心工作人员仍然对所有的文化和认同群体提供帮助，但其新的目标是促进所有学生的跨文化理解。该文化中心的使命是"增加学生包容、共享的学习经验，其中，全体学生可以进行对话，突破障碍，建立合作关系"（俄亥俄州立大学多元文化中心网站，2008）。该中心确立的价值观包括：

（1）改良性教育：我们通过增加思考和参与性学习经验来达成大学的学习使命。

（2）团体：我们积极为俄亥俄州立大学团体的所有成员主动营造一个包容和积极的环境。

（3）合作：我们认识到，当我们汇集集体智慧和资源时，代表学生利益的多元文化事务这一重要工作最为有效。

（4）创新：我们通过开放、寻求和创造性地实施新想法来不断提高我们的服务，实现梦想。

（5）社会正义：我们鼓励个人和团体监督。

（6）赋权：我们鼓励个人和团体为改变社会发展自己的赋权感（俄亥俄州立大学多元文化中心网站）。

上述使命和价值观声明中使用的语言反映了本章前面讨论的"学习反思"文件中描述的改良性教育方式。价值观声明假定了学生教育过程中的共享伙伴关系。该模型也使学生在包容性校园环境建设中承担起个人责任。在这个模型中，俄亥俄州立大学多元文化中心在继续鼓励和支持该部门服务的原有特殊认同群体的同时，也欢迎所有学生参与到活动中来（俄亥俄州立大学多元文化中心）。关于跨文化模式的更多信息，可访问俄亥俄州立大学网站：http://multiculturalcenter.osu.edu/。

在跨文化模型中，多元文化事务办公室和中心必须与校园的其他部门合作，"为有意义的跨文化活动创造空间和机会"（Harper，Hurtado，2007）。多元文化事务办公室和中心必须致力于全校性的体制变革。当学校在各层组织结构上都真正更具包容性的时候，也就是这些办公室和中心的工作人员无事可做的时候（Shuford，in press）。与此同时，关于包容性和社会正义问题，仍有大量工作有待完成。

## 结语

增加校园结构的多样性并不保证多样性学生群体能充分参与大学活动。多元文化学生事务工作人员及其他职能部门人员必须继续确定包容弱势群体成员的障碍，并通过满足多样性学生的具体需求和创造多样性群体之间沟通与合作的条件来消除这些障碍。开展多元文化校园社区活动，获得最大限度的社会融合和跨文化理解，同时尊重和欣赏个人和群体的差异，既是当今学生事务专业人士面临的挑战，也是他们的福音。

# 第九章　新生学前适应活动

万达·I. 奥维尔兰德，奥德里·L. 伦兹，玛格丽特·L. 萨尼基

## 引言

　　由于新生需要经历一段过渡时期才能适应新的教育环境，新生学前适应活动已经成为美国高等教育的一部分。这些学前活动，无论是正式还是非正式组织的，其目的是帮助初入大学的学生适应大学环境。17 世纪 40 年代，哈佛大学新生的学前适应活动由老师以及一名研究生或助教协力完成，研究生或助教的职责是"为年轻人提供建议、建立友谊"（Morison，1936）。据厄普克拉夫特等（Upcraft，Gardner，Associates，1989）的观点，哈佛大学的教师认识到协助学生进入学院的重要性，于是制定了一个制度，让高年级学生帮助新生度过适应期。19 世纪，越来越多的高校开始让教师负责课堂以外的活动，其中便包括新生学前适应活动（Upcraft，Gardner，Associates，1989）。第二次世界大战后，高校招生人数增加，学生群体构成迅速改变，引发了新生适应活动的修正（Strumpf，Sharer，Wawrzynski，2003）。随着时间的推移，学前适应活动采用多种方法和策略，例如，从录取开始到整个第一学年，带领新生适应学校学习环境。而为了创建一个有意识的学习环

境，学习事务和学生事务之间也出现更多的协作（Kezar，2009；Miller，2005；Strumpf，Wawrynski，2000）。

尽管高校一直保留学前适应活动的形式，但它的侧重点在过去几十年中不断发展变化。学前适应活动的许多变化是由新技术、多元化学生的需求、更多的家庭和家长参与、学校新的发展趋势和更大的国家责任（Mullendore，Banahan，2005a）引起的。美国高校开始侧重为学生创建综合、无缝的学习体验，这让学前适应活动更具目的性。为应对不断变化的学生人口，高校需要在招生、学生保持、学生成功举措等方面更富有经验，更具目的性（Kezar，2009；Mullendore，Banahan，2005a；Murdock，Hoque，1999）。如今，学前适应活动成为一项有效的保留生源策略，同时也是学生入学管理环节中的关键活动（Gardner，Hansen，1993；Hadlock，2000；Penn，1999）。研究发现，学生参加学前适应活动与学生满意度、学习持久度之间存在正相关关系（Kuh，2001；Tinto，2000）。大学申请者之间的竞争和当今学生的日益多样化，为从事学前适应活动工作的专业人员带来前所未有的机遇和挑战。鉴于学前适应是影响学生保持力、学生学业以及个人发展的一个重要因素，许多学前适应活动的负责人也是高校招生管理团队的成员。也正是因为这一身份，负责学前适应活动的专业人员能够利用他们在入学管理中积累的丰富经验，帮助高校形成一种大学生生活整体发展观念。

20世纪20年代，本科生被视为同质化群体。而在今天的大多数高校中，本科生群体变得多样化。出现越来越多的非适龄本科生、18到24岁之间的学生，也出现非全日制或通过在线网络上课的学生。为保证学前适应活动的有效性，专业人员不再认为单一、普适、基础广泛的学前活动能够满足所有新生的需求。

为帮助读者理解学前适应活动的动态本质，本章将重点讨论以下主题。在每一节中，材料将尽可能按时间顺序呈现，方便读者熟悉学前适应活动因哲学和社会事件变化而产生的变化。

## 历史

在学前适应活动的历史中存在两个明确的重要节点。第一个出现于 1888 年，波士顿大学（Boston University）为新生制定了新生学前适应日。这样持续一天的活动旨在重点帮助学生适应大学生活，而不是介绍具体的学科或高等教育领域（Butts，1971；Drake，1966）。随着教师职责扩大到课外活动，教师也被要求承担指导学生熟悉学习环境的责任。教育孩子的责任，由父母转移到教师身上，为"父母代理论"的发展提供了契机（Johnson，1998年）。

学前适应活动的第二个重要节点是 1911 年，里德学院（Reed College）开设了一门名为大学生活的新生学分制课程（Brubacher，Rudy，1958）。数月之内，华盛顿大学和密歇根大学（the University of Washington and the University of Michigan）纷纷发起活动，让新生每周集会，并以学分的形式奖励参加的学生（Butts，1971）。早期的这些课程通常安排 25 次课，内容包括图书馆使用方法、学习技巧、职业咨询以及参与校园生活，意在指导学生在学业上取得成功（Fitts，Swift，1928）。很快，这种系统化的学分制课程受到全国高校的欢迎。1915 年到 1916 年间，对这种活动模式感兴趣的高校仅有 6 所，仅 10 年后便发生了显著变化，采用这种模式的高校增加到 82 所（Brubacker，Rudy，1958）。

在《新生入学建议》（*Advice to Freshmen by Freshmen*）一书中，密歇根大学校长 M. L. 伯顿（M. L. Burton）表达了他对处于这一过渡期的学生的期望：

> 你们要记住，从高中到大学的变化是巨大的。你不再是高中生，现在你是一个大学生。大学是一个自由的地方，你自由利用自己的资源。你要独立。但是，我请求你们，一定不要忘记，独立和自由并不意味着无组织、无纪律或者肆意妄为。自

由是对法律的服从（Crocker，1921）。

第一次世界大战后，大学入学率急剧上升，让"谁才是上大学的人"的看法发生了改变。同时，学前适应活动的责任由教师转向员工。学生事务管理专业人员将学前适应活动看作其管理领域内的专门责任。到 1930 年，近三分之一的高校开设学分制课程（Mueller，1961）。20 世纪 30 年代，在 E. G. 威廉森（E. G. Williamson）的指导下，明尼苏达大学（the University of Minnesota）为新生发起一个学前适应活动，其中涉及以下几个学生关注的方面：个人生活、家庭生活、职业导向和公民取向（Bennett，1938）。20 世纪 40 年代初，要求 90％的新生必修这些入学前学分制课程（Mueller，1961）。20 世纪 40 年代末完成的研究表明，43％的高校已经开设学前适应课程。虽然大多数课程侧重于过渡和适应问题，但是也有一些专注于学习体验（Bookman，1948；Strang，1951）。学前适应课程主要采用授课形式进行，通常还包含一个召集活动，表示学生正式进入大学这一学校共同体。

尽管上述两种学前适应活动模式对当代学前适应活动的发展起到关键作用，但也并非未受到批评。一些人就活动的时间长度展开辩论。例如，自 20 世纪 20 年代中期以来，学前适应活动的最有效时长，便是最热烈的辩论主题："……一些学生事务工作者建议，一个真正有效的适应活动应贯穿于随后几年的大学生活，以帮助学生避免学习、健康、社会、经济、职业以及情感方面的问题"（Doermann，1926）。30 年后，斯特朗（Strang，1951）以及穆勒（Mueller 1961）表达了他们的观点，认为学前适应活动不应该是一件一天或两天内就完成的事，而应该是一个连续动态的过程，从高中开始，到大学毕业结束。在此之后约 80 年，马伦多尔和巴纳汉（Mullendore，Banahan，2005a）指出，一个多样性的学前适应活动应从学生录取那一刻开始，一直到第一学年结束，它对于学生的成功至关重要。根据上述观点，学前适应活动是一个发展的过程，帮助新生解决过渡时期的具体问题，并帮助学生实现自我指导和互助互帮的目标。

高校中负责学前适应工作的专业人员逐渐增加，他们感到有聚集在一起分享想法和讨论共同问题的必要。1948 年，24 名学前适应工作负责人聚集在俄亥俄州的哥伦布，召开了第一次专业协会会议，现称为全国新生适应办公室主任协会（the National Orientation Directors Association，NODA）。1976 年，协会得到特许。该协会的目标是为学前适应工作专业人员和学校提供服务，促进学前适应活动相关主题的交流和讨论。随着协会的发展，建立了区域网络结构，支持通过业务通信、会议和便捷专题研讨会（Drive-In Workshops）等形式交流思想。协会目前提供的服务和活动遍布美国和加拿大各地。协会的核心价值观为共同体、多样性、诚信、学习、学术和服务（全国新生适应办公室主任协会，2009）。

1943 年，标准和人事协会委员会（the Council of Guidance and Personnel Associations）建议在高中和大学推行学前适应活动，学前适应活动得到正式认可以及广泛支持。委员会提出三个主要活动目标：一是增进学生对职业和社会问题的了解，二是个人适应，三是提高对身体健康（包括社会卫生）重要性的认识（标准和人事协会委员会，1943）。中北部院校协会（the North Central Association of Colleges and Secondary Schools）全体学校成员纷纷响应，承诺开展学前适应活动，内容包括非通识讲座、测试、社会活动、校园游览、宗教活动、咨询、注册详情、建立良好师生关系以及学业成功指导课程（Bookman，1948；Kamm，Wrenn，1947）。

20 世纪 60 年代，在学生激进主义浪潮和高等教育责任的新浪潮中，学前适应活动再次成为审查和批评的对象。新生周被标记为"非学前适应周"（Riesman，1961）。学前适应课程不再包括在大学课程中，除非有文件可以证明这些课程在大学校园中具有实用性和意义（Caple，1964）。几乎没有研究能够确定和评估与学前适应活动相关的具体教育成果。学前适应活动参与性的研究尚未出现在专业文献中，更不用说它与学生满意度和留位率的关系了。此外，由于学前适应活动缺乏理论基础的支撑，一些人批评学前适应活动是"源于希望、善意、教育者的猜测，我们愿意相信是新生所需"（Grier，1966）。

然而，学前适应活动变得更加普及，并被认为是有效保留生源的举措（Mann，1998）。从1966年到1976年，学前适应活动方案进行了一些修改：在两天或三天的24小时适应活动中，参与者不仅有新生，学生的父母或其他家庭成员也参与进来。一些小型高校在开学前五到十天，开设迷你课程，由新生教师顾问执教，为新生提供学习生活的总体介绍。其他大学采用小组授课形式来教授训练小组技能（T-Group）以及其他人际关系技能。同时，这些高校还设立"友谊日"（Friendship Days），强调社会需求的重要性（Cohen，Jody，1978；Foxley，1969；Hall，1982；Klostermann，Merseal，1978）。在20世纪60年代，高年级学生作为适应活动学生负责人参加学前适应活动。他们需要具备多方面的能力，包括帮助新生熟悉学校、促进新生向大学学习环境过渡、担任朋辈导师。

20世纪60至70年代，预期中的大学申请人数下降，让学前适应活动工作人员的努力显得更具价值和重要性。除此之外，20世纪70年代，大学生群体从同质化向多样化的转变，导致学前适应活动需要改变（Barefoot，Gardner，1993）。学生满意度和留位率对许多大学管理者而言非常重要。因此，人们认为学前适应活动对许多高校的经济稳定性产生了重大贡献。在研究文献中出现越来越多的观点，支持学前适应活动与学生满意度和学习持久性之间的关系（Beal，Noel，1980；Feldman，Newcomb，1969；Hossler，1999；Pascarella，Terenzini，1991；Ramist，1981）。

20世纪80年代，学前适应活动的数量大大增加。许多高校在第一学年开设了一整年的学前适应活动，以延长新生在大学中需要的过渡时间（Miller，2005；Strumpf，Wawrzynski，2000）。学前适应活动增加最多的是第一学期的课程。1990 年初，三分之二的四年制大学提供了新生课程（Pascarella，Terenzini，1991）。帕斯卡雷拉和特伦兹尼（Pascarella，Terenzini）在文章中（2005）指出，"第一年的研讨会似乎能让所有类别的学生都获益"。

如今高校更趋向于提供一个多方面的学前适应活动以及一学期或全学年的新生课程。高校现在通常会为特定人群提供一系列入学前、入学中或入学后模式的专门课程。然而，学生和学校之间仍然需要达成"相互适应"的一致性，同时平衡适应活动的内容，既满足新生的学习需求，又解决他们的课外问题（Miller，2005；Pascarella，Terenzini，1991；Perigo，Upcraft，1989）。

随着父母和家庭成员越来越多地参与教育活动，单独的父母活动项目也添加到学前适应活动中。这些项目的重点内容包括家庭成员的过渡以及学校相关信息。由于家长参与教育活动，许多大学便拓展出了家长和家庭适应活动。

自 20 世纪 70 年代南卡罗来纳大学（the University of South Carolina）开设第一学年体验（First Year Experience）运动，学前适应活动变得越来越显著和重要。集会和生活－学习社区便是典例，旨在促进学生学习，整合课外、课堂学习经验。要达到上述目的，就要转变招生模式，实行公共问责制，采取留位举措，将教学的哲学观念转变为学生整体学习环境创建观念（Cutright，2002）。

从 20 世纪 90 年代开始，高校将注意力和资源集中于技术发展方面，例如将电子数据库、视频会议和数据管理系统用于学前适应活动（Byrant，Crockett，1993；Mullendore，Banahan，2005a）。对许多学生而言，在线虚拟校园成为现实。

过去几十年间，开发或引进了一些学前适应相关的出版物和资源（Ritchie，2001）。杂志《大学新生适应和过渡》（*The Journal of College Orientation and Transition*）在 20 世纪 90 年代末发行，每年出版两期。《新生学前适应评论》（*The Orientation Review*）是一本季度性实事通信刊物，也重新开始发行。1996 年，全国新生适应办公室主任协会（National Orientation Director Association）建立邮件列表，为协会成员提供分享想法和信息的电子工具。2000 年初，家长服务网络（the Parent Services Network）建立，提供有关家长、家庭活动的信息，还出版了《大学第一学年成功家长指南》（*Helping Your First-Year College Student Succeed：A Guide for Parents*）一书。基于该书，家长服务网络在 2004 年推出《通勤学生家庭指南：助你学业成功》（*A Guide for Families of Commuter Students：Supporting Your Student's Success*）一书。针对父母出版的书籍包括《大学一年级新生家长成功指南》（*Empowering Parents of First-Year College Students：A Guide to Success*）（2007 年出版）。2003 年，家长服务网络携同国家第一学年体验以及过渡期学生资料中心（the National Resource Center for the First-Year Experience，Students in Transition）出版了专著《制定成功过渡计划：大学新生适应活动指南》（第二版）（*Designing Successful Transitions：A Guide for Orienting Student to College，Second Edition*）。第一学年体验专著系列丛书第五版《过渡期研究生：助力研一》（*Graduate Students in Transition：Assisting Students through the First Year*）于 2008 年出版。

只要提到环境熟悉与适应项目，大多数人的头脑中就会出现一两个形象，当然，依据年龄不同而不同。20 世纪 20 年代和 30 年代流行的是，新生穿着浣熊毛皮衣，以黄色绒球做配饰，举着足球场上的小旗；50 年代的标志是新生戴无檐小便帽；60 年代要求穿运动衣、T恤，戴校徽。所有这些都使得新生成为校园里一个看得见的人物形象。这些装饰和穿戴与哈佛大学早期教师和学生穿的具有典型特征的黑色长袍完全不一样：教师的长袍长及脚踝，高年级学生的长袍长及膝盖，新生的则至大腿中部。整个大学期间，新生特定的服装物品、风俗和仪式将他们与其他学生区分开来，同时也是新生适应大学和社会化过程中必需的要素。这些传统已经成为高等教育史的一部分，新的传统和象征已经植于明确高校使命和价值观的新生适应活动中。

## 定义、目的及目标

在最广泛的意义上，"新生学前适应活动可以定义为一项通过帮助学生及其家庭过渡到新的大学环境，增强学生成功的可能性的高校协作性工作"（Mullendore，Banahan，2005a）。以下是 30 年来的文献综述中归纳的新生学前适应活动的代表性目标声明：

1. 学会看待问题，培养意义感，平衡大学生活需求和机会（Strang，1951）。

2. 提高学生对高等教育经历的接受度（McCann，1967）。

3. 以人性化方式完成招生程序（Butts，1971）。

4. 促进同伴群体的发展，创造一个舒适、焦虑感低的环境（Krall，1981）。

5. 收集信息以便高校更好地了解学生（Smith，Brackin，1993）。

6. 提供与老师进行非正式互动和讨论的机会（Mullendore，1998a）。

7. 让学生熟悉学校各种设施、服务和成员（Hadloc，2000）。

8. 在开展学前适应活动中找到与课外体验相关的学业成功要素和主题的平衡点（Miller，2005）。

20 世纪 50 年代，人们认为夸大了学前适应活动中学生的社会和个人需求的重要性，为回应这一现象，随后的一些作家强有力地争论，要回归到学习纪律和高等教育使命的重点（Drake，1966；Miller，2005）。1960 年，美国教育委员会提供了一个对学前适应活动的权威定义，认为学前适应活动是一个让学生融入校园学习共同体的过程（Brown，1972）。然而，利维茨和诺埃尔（Levitz，Noel，1989）认为，学前适应活动必须从社交和智力方面帮助学生过渡到大学。在过去几十年中，学前适应活动一直侧重于强调学习。研究表明，成功的学前适应活动对"第一年社交和学习生活一体化具有强大的影响力"（Rode，2000）。因此，学前适应活动的目标已经扩大，包括对学生在课堂内外对学习和价值观批判性思维的整合。这个视角认识到活动中实现互补性学习、融合高校对学生的所有期望的机会。学前适应活动应该对学生学习有整体观念："学前适应活动应该给新生这样一个印象，即他们的人生将开始一个重要的、从本质上有明显区别的全新一章。"（Kuh，1996）

为应对不同的高校使命和高校提供的日益多样的学前适应活动，现基于以往的经验做法，为学前适应活动策划者提出四个活动目标：一是帮助学生在学习上适应新环境，二是帮助学生在个人生活上适应新环境，三是帮助新生家庭了解大学生活，四是协助学校收集入学学生的数据（Perigo，Upcraft，1989；Upcraft，Farnsworth，1984）。

人们尝试制定适用于所有高校学前适应活动的、通用的使命或共同目标。高等教育标准发展委员会（CAS）制定的《高等教育专业标准书》（*The Book of Professional Standards for Higher Education*）第七版中表明了最近人们在这方面所做的工作。该委员会在文件中声明：

> 学前适应活动的使命必须包括：促进新生成功过渡到大学；让学生了解大学的教育机会和学生责任；让新生融入学校智力、文化和社交环境，并帮助新生的父母、伴侣、监护人以及孩子。

高等教育标准发展委员会制定的高等教育专业标准指出，在制定一个综合的学前适应活动时，确定学生的学习和发展成果的重要性非常重要。学生学前适应活动必须：

融入大学的生活；目的明确，一致连贯；以学习和人类发展理论、知识为指导；反映学生群体的发展和人口结构；满足个人、多样性和特殊人群以及相关群体的需求。

为充分实现活动目标，各高校开展了各种活动，从招生开始，一直持续到第一学年。适应活动可以包括课程、冒险或户外活动、暑期阅读活动、衔接课程、学习团体、在线和网络活动。其中一些活动可能是学分制，也可能是非学分制；活动时间一般在夏季或学年初，时长一天或多天；可以是入学前活动、入学中活动和入学后活动。此外，活动内容可以由大学中的各个部门确定。

最后，高等教育标准发展委员会高等教育专业标准推荐了一个包含 13 个目标的列表，以帮助学前适应活动工作人员制订计划和设计活动。目标清单包含学前适应活动应在高校中起到的广泛作用。学前适应活动必须：

（1）基于公开的目标和目的。

（2）与高校其他部门的相关项目和活动协调。

（3）适用于所有新生及其家庭。

（4）帮助新生及其家庭了解高等教育的目的和高校的使命。

（5）阐述学校对学生的期望……并清楚明确地提供相关管理政策、程序和活动信息，使学生能够做出十分理性、明智的选择。

（6）为新生提供学习和个人自我评估的信息和机会。

（7）选择合格的教师、工作人员或朋辈导师来解释课程安排、注册过程和校园生活。

（8）向新生及其家庭提供保护教育记录和其他信息的法律和政策的相关信息。

（9）让新生及其家人了解可接受和参与的服务和活动。

（10）帮助学生及其家庭熟悉校园和当地环境。

（11）帮助新生及其家人熟悉各种可用的电子和信息资源以及使用要求。

（12）为学生提供熟悉新环境的时间。

（13）为新生提供与新同学以及高年级学生、教职员工交流互动的机会。

## 管理及组织结构

随着新生逐渐多元化，学前适应活动工作人员必须设计能满足不同学生人群特定需求的课程（Habley，2004；Harbin，1997；Johnson，Miller，2000）。这需要专业人员熟悉学生分组和注册模式（Eimers，Mullen，1997）。开展哪一类活动，应根据所需的学习成果，高校研究分析、评估和学校资源而定。

20世纪六七十年代开始出现对学生满意度的研究。一些研究侧重于选择专业的时间或观察学生在校年限，单纯从学习方面测量学生满意度（Schmidt，Sedlacek，1972；Sturtz，1971）。

由于在20世纪70年代后期，一些大学招生人数开始下降，学生留校变得更加关键。大一学年有了新的意义，特别是在最初几个月，对新生的态度、价值观和大学学校情况的影响最大（Butts，1971；Chickering，Havighurst，1981；Feldman，Newcomb，1969；Lowe，1980）。管理者逐渐意识到大一学年与学生满意度和学生留校率之间的联系。

早期关于学生留校的研究工作确定了导致学生流失的因素。其中一个结论是，在大一学年期间或大一结束时，学生人数减少最严重（Sagaria，1979）。以下是四年制大学从学生问卷中收集到的学生流失相关因素：（1）许多学生不具备课程需要的学习习惯；（2）班级人数多；（3）校园环境不个性化、不舒适；（4）不适应学习和社交规定（Beal，Noel，1980；Hall，1982）。这些信息证明了学前适应活动的合理性有助于保留学生。学生留校与适应活动紧密联系，这几乎成为适应活动存在的主要原因。然而，廷拖（Tinto 1985，1997），一位受人尊敬的学生维系文献作者建议，新生学前适应体验最重要的目标应该是教育，而不单单是留住学生。对学前适应活动目标的讨论仍然活跃，因为各种讨论与学生成功、维系和学生学习相关（Mullendore，Banahan，2005a；Rode，2004）。关于学前适应活动的重要性，罗德如是说：

> 学前适应活动是高校招生工作和维系学生策略的交叉点。精心设计的适应活动将有助于巩固学生报读学校的决心，同时帮助新生很快适应大学环境，指导学生如何在学业上取得成功（Rode，2004）

学前适应活动的组织报告受到更多的关注，因为人们认识到学前适应活动在维系学生方面起到作用，并且与学生取得学习成功具有牢固的联系（Abraham，Nesbit，Ward-Roof，2003；Mullendore，Banahan，2005a）。传统上，学前适应活动一直由学生事务管理人员单独负责。全国新生适应办公室主任主办协会（NODA）数据库显示，大多数学前适应活动设在学生事务部门（Strumpf，Wawrynski，2000）。高等教育标准发展委员会高等教育专业标准建议"大学的规模、性质和复杂性应对学前适应活动的管理范围和结构起指导作用"（The CAS Professional Standards for Higher Educatio，2009）。

## 人员配置模式

人员配置模式也反映了时代和观点的不断变化。在学习价值关注度高的年代，教师也会参与到学前适应活动的规划和人员配置中。教师重新加入活动规划和实施，促进学生参与并形成合作关系（Student Engagement Partnerships）。一般来说，学前适应活动应由新生管理主任负责。根据高校规模和使命，学前适应活动负责人可能有额外的职责（Strumpf，Wawrynski，2000）。工作辅助人员的作用是学前适应活动能否有效开展的一个重要因素。工作人员通常会是学生和家长见到的第一个人，他们也是回答学前适应活动相关问题的人。他们和学生及其家庭成员的互动，以及做出决定的能力，可以对学生及其家庭的学前体验质量产生重大影响（Abraham，Nesbit，Ward-Roof，2003）。为了促进学前适应活动的协作性质，全校的学前适应活动委员会在制订活动目标、学习成果和活动内容方面提供帮助。

学前适应活动是由学校成员（包括学生）中的志愿工作者完成的。在 20 世纪 60 年代中期，本科生在活动规划中担任参与者和协作者以及同伴促进者的角色。学生专业助理不仅有经济上的收益，自身从活动体验中也受益匪浅（Holland，Hubba，1989）。1989年，对上述学生参与的研究报告显示，参与学前适应活动的学生专业助理，与控制对比组相比，在相互依赖和容忍的发展任务中，差别显著，得分更高（Holland，Hubba，1989，2005a）。

有效的学前适应活动需要目的明确地规划和协调。确定所需的学习成果，进行学习评估，是学前适应活动中有价值并且重要的组成部分。为向参与学前适应活动的学生专业助理和新生提供优质体验，活动需要有效的人员选择、培训和指导策略（Abraham，Nesbit，Ward-Roof，2003；Mullendore，Banahan，2005a）。

许多专业工作人员在本科生时参加或领导过学前适应活动，具有活动初始经验。一些研究生负责学前适应活动或在一年级课程所在系部中担任助教，相当于初级职位。全职主任通常具有硕士学位（Strumpf，Wawrzynski，2000）。在一些大学，特别是较小的学校，设置一名全职专业工作人员负责学前适应活动，他可能还监督学生事务或学习事务的其他部门。

专门从事学前适应活动的学生事务工作人员需要具备技能基础，能够计划和实施有教育目的的学前适应活动。当然，工作人员除了要对与学生成长、发展相关的复杂问题有敏感性之外，还需要具备沟通技巧、编程能力、领导力和管理技能。学前适应活动工作人员必须具备与各种不同成员和利益相关者合作的能力；在学校信誉好，受人尊敬；能够兼顾多项任务、项目和决策；能保持冷静，充满热情（Mullendore，Abrahamn，1993；Mullendore，Banahan，2005a）。由于学校处于不断变化的状态，专业工作人员必须充分理解当今学生的多样性。

## 资助模式

高等教育标准发展委员会（2009）建议，高校应为学前适应活动管理部门提供资金。注册费、学生费用、赞助、销售以及捐赠是学前适应活动的其他潜在资金来源。工作人员能制定、管理预算，管理多个资金流，以及吸引其他来源的资金，是至关重要的。最后，应制订、实施一种机制，来帮助无力承担学前适应活动费用的学生。

## 评估与评价

认证机构、州政府、联邦政府部门就评估所得的结果交换意见（美国教育部〈DOE〉，2006）。学生事务的一些代表性出版物，如《学生学习须知》（*Student Learning Imperative*）（ACPA，1996）、《学习反思：聚焦校园学生体验》（*Learning Reconsidered：A Campus-Wide Focus on the Student Experience*）（Keeling，2004），为学生事务工作人员重新梳理了学生学习在所有职能部门中的重要性的讨论。这种哲学观念的转变，让学前适应活动在设计时必须有意识地注重学习成果。

利用大学研究数据以及学前适应活动评估结果，有助于了解大学和新生动态和及其关注点。需要考察的数据包括基本的人口趋势以及一些具体信息，如学生事务全职工作或兼职工作、全日制学生或非全日制学生状况，以及与其他学生的区别。其他如学生留校情况、注册班级、学生维系与流失情况、学生人口统计情况等数据，也有助于决定学前适应活动的内容。按以往经验，学前适应活动会进行一些细微调整，以反映前一年的评估结果。吉斯（Zis，2002）建议，若想改变高校的学生人口情况和趋势，需要不同的评估方法。工作人员需要更积极地评估和评价学前适应活动的有效性和学习成果，并让校园成员更多地参与决策过程。

马伦多尔和巴纳汉（Mullendore，Banahan，2005a）建议采用定性和定量方法来收集数据。工作人员除了利用高校收集的大学调查和国家调查信息之外，还可以考虑在第一学年设立新生焦点小组（Focus Groups），以评估学前适应活动的有效性和成果。基准研究以及高等教育标准发展委员会高等教育专业标准提供数据，为评估学前适应活动的各个方面提供了宝贵的信息。

对学前适应活动进行评价至关重要。评价应由参与活动的所有利益者相关者和成员完成。学前适应活动的所有方面都应定期进行评价，包括（但不限于）活动的时间和时长、活动内容、参与教师和工作人员、为学生及其家庭带来的困难和提供的帮助之间的平衡情况、对过渡和发展阶段的关注情况、学习和社交活动的融合情况，以及信息传播情况。学前适应活动的设计应受到严格审查，应该考虑"留位、课程注册和校园生活中的技术运用，以及社交融合的问题。最重要的是进行规划，思考学生体验的预期成果，这将大大帮助学前适应活动"（Zis，2002）。

## 活动模型

以下三类活动原型或模型奠定了如今众多学前适应活动的基础：入学前或学前适应活动模式，在夏季开设；新生日或新生周模式，安排在第一学期；学分制课程模式，安排在第一学期或整个第一学年（McCann，1967；Strang，1951；Upcraft，Gardner，Associates，1989）。

此外，20世纪60年代出现的两个哲学观点也影响着学前适应活动的内容。第一个是"微观"的观点，主要侧重于测试、校园游览、信息会议和课程注册活动。第二个是"宏观"的观点，侧重于学习生活的智力挑战、认知发展和高等教育的使命等相关问题（Fitzgerald，Evans，1963）。以上两个观点提到的内容继续指导着大多数学前适应活动的内容。

学前适应活动的结构应与高校的使命和价值观相辅相成，应体现新生群体的需要，以及包含促进学生成功的校园环境的众多方面（Smith，Brackin，1993）。如今，许多大学综合采用多种模式，比如预入学活动、拓展性学前适应活动、新生或学前适应课程，以及针对目标人群开设的专门课程（如夏季衔接课程），这些活动都很常见。

### 入学前或学前适应活动模式

入学前培训班（Pre-college Clinic）最初是由密歇根州立大学（Michigan State University）在 1949 年开设的一种夏季课程，为期两到四天，开展测试、咨询、信息发布和社交活动（Goodrich，Pierson，1959）。该培训班帮助实现大型大学环境个人化，为加快学生入学适应、提高学生成绩提供一种途径，其作为公共关系工具的价值很快就显现。

入学前活动通常由招生办公室和大学相关部门配合完成。这些活动作为招生规划计划的一部分，旨在宣传并吸引学生报考学校。活动类型多样，包括大型校园访问活动，以及与教师见面、校园游览和推介会等小组活动（Upcraft，Gardner，Associates，1989）。

入学前活动也可能针对已申请和录取的学生。这样的活动其主要作用：为学生及其家庭介绍校园服务，帮助学生适应、融入大学学习和社交生活，提供与教师、工作人员和学生进行正式和非正式对话和讨论的机会，指导学生选择专业以及第一学期或第一季度的学习课程（Rode，2000）。

活动开展取决于高校的类型及其使命。例如，一些拥有大量来自州外学生的大型高校，将在美国的一些重要地方举办学前适应活动。有通勤或年纪较大学生的高校，会在晚上开展一些学前适应活动，以适应学生的日程安排。无论学前适应活动的性质如何，它们都是全校参与的学生招募和学生留校举措。

### 新生课程模式

传统的新生课程模式的目的在于让新生接触学习，并帮助他们应对与新生相关的问题（Drake，1966）。这些课程起源于高校咨询运动，同时，促成于新生适应全新大学环境最初阶段需要帮助这一事实。1960年以前，全美大学中超过一半的学校开展了侧重解决新生适应问题的活动。然而，到20世纪60年代中期，由于当时处在学生激进主义时期，侧重适应环境的模式被认为不合适（Drake，1966）。教师强烈反对重视乐趣和游戏、社交活动和个人调适。他们据理力争，要求学前适应活动回到关注学习、关注大众教育使命（Dannells，Kuh，1977）。为此，学前适应活动负责人设计一门学习课程来满足学生的学习、个人和社交需求。

20世纪六七十年代，以下三种情况的同时出现，导致管理者不得不寻求新的活动，教导新生如何有效地度过大学生活。首先，大学出现许多第一代学生，他们对"学生时代的技能"一无所知（Cohen，Jody，1978）。其次，由于课程修改和制度变化，新生的选择变得更加复杂。最后，对新生有巨大帮助的朋辈文化，"似乎失去了帮助学生适应的大部分潜力"（Cohen，Jody，1978）。正如布鲁斯特·金曼（Kingman Brewster）在耶鲁大学所观察到的，管理者不太可能发现新生在一年之中就能"从傲慢、自我怀疑、自怜进步到重振自信，以至最终雄心勃勃，胸有成竹"（Brewster，1968）。在这个背景下，约翰·加德纳（John Gardner）在南卡罗来纳大学（the University of South Carolina）建立了一个有影响力的新生研讨会项目，在1986年这一计划发展为"国家新生体验研究中心"（National Research Center for the Freshman Year Experience），并在1995年更名为"国家新生第一学年体验及过渡资源中心"（National Resource Center for the First Year Experience and Students in Transition），一直使用至今。

新生研讨会采用小班模式，由教师和高年级学生授课，融合了两个要素：一是共享信息，以帮助学生理解入学过渡期；二是建立一个支持社交的环境（Gordon，Grites，1991）。2006 年全国第一学年研讨会调查（The 2006 National Survey on First-Year Seminars）报告称，课程有三个重要目标：发展学习技能、让新生熟悉校园资源和服务、重视自我探索和个人发展（National Resource Center for The First-Year Experience and Students in Transition，2006）。第一学年（体验）研讨会可能是如今大学校园最受欢迎的活动模式。尽管课程的性质和内容各不相同，研讨会课程的首要目的还是帮助学生做出必要的学习和社交调适，以及帮助他们发展批判性思维技能（Upcraft，Gardner，Associates，1989）。课程既让新生能全面认识大学，同时也专注于学生个人和学习技能的发展。一些高校提供主题式或学科课程，这些课程注重相似的主题，但采取一种具体学科或跨学科的视角。

## 多样化学生需求

高校不仅吸引了传统意义上的学生，还吸引不同的学生群体（Edmondson，1997；National Center for Educational Statistics，2007）。这便要求大学审视其学前适应活动，确保其规划、实施和评估综合考虑了来自不同背景的学生的具体需要和观点。为这些学生提供专门的学前适应活动，作为对全面活动的补充，能够容纳特殊观点，满足特殊需求。

### 通勤学生

过去，相比住校学生，高校对通勤学生的关注更少（Pascarella，2006）。通勤学生在校园中待的时间更少，校外责任更多，与校园接触的机会更少（King，2004）。通勤学生在交通，儿童看护，与老师、同事、同学联系，以及了解和访问校园资源等方面，都面临独特的挑战。对于一些学生而言，获取和使用技术同样也是一个问题。因为通勤体现出的多样性非常显著，我们对他们生活的认识仍然不完整。不过，为高校通勤学生群体的需求量身定制学前适应活动仍旧是必不可少的。

### 非传统学生

非传统学生的定义各有不同。国家教育统计中心（the National Center for Educational Statistics）的定义为：延迟招生、非全日制、全职工作、经济独立、有除配偶以外的家属、没有高中毕业文凭（国家教育统计中心，2002）。根据这个定义，大约有75％的本科生符合上述标准中的至少一条，这与固有的典型大学新生印象远远不同（国家教育统计中心，2002）。面向传统学生的学前适应活动可能无法吸引非传统学生，但是非传统学生仍然需要与同伴、老师联系，获取学习和课外资源信息，了解大学文化，得到学习成功指导。同时，高校应考虑专门为他们开展计划安排、儿童保育、技术使用等方面的适应活动。

### 转校生

在美国，越来越多的学生在高中毕业后，开始在社区大学接受后中学教育，期望能转入其他高校获得学士学位。学分转换、适应新校园、引导融入校园文化都是转学生学前适应活动应有效解决的问题。克劳斯（Krause，2007）发现，转学生将学前适应活动看作一种与其他学生交流的方式，指出"朋辈既可做朋友，又可为伙伴，非常重要，其中，后者对于大学学习事务管理发挥尤其重要的作用"。学前适应活动可以帮助转学生融入新的大学文化，特别是在新学校的规模、使命或类型与之前的大学差异巨大时，尤其如此（ATownsend，Wilson，2006）。

随着美国变得更加多样化，大学学生群体种族和民族也逐渐多样化（Rendon，Garcia，Person，2004）。有色人种学生可定义为：历史上，美国教育中处于弱势、受到不公平待遇的种族/民族成员；少数群体（Rendon，Garcia，Person，2004）。有色人种学生在过渡到大学期间，需要对自己学习能力有信心，在大学生活的不同要求和家庭现实之间达到平衡，并且在树立大学生身份认同时增强自尊（Rendon，Garcia，Person，2004）。亚拉莫（Jalomo）和伦登（Rendon，2004）确定了"从以前的现实或家庭生活中转移到以大学生活为重点的新环境所涉及的三个关键过程：分离、验证和参与"。分离过程始于学生认识到大学体验，并学习如何管理两个潜在不同的世界或生活体验。验证过程发生在学生掌握大学所需的基本技能和信息时。同学、教职员工的支持和肯定能够增加学生的信心。最后，参与过程出现在当学生开始在学习和社交方面为自己寻找立身之处时。学前适应活动可以在这个过渡时期为学生提供支持，并让学生了解获得成功的服务和资源。

### 国际生

超过 50 万的国际生前往美国大学求学（Hoppenjans，Semenow，2007）。他们带来了不同的观点，促进校园学习的丰富性，促进跨文化理解。当他们回到自己的国家时，对美国有了更好的了解。在学前适应活动中，国际生面临的许多问题与本土学生面临的问题类似。他们需要在学校里找到方向，无论是从字面还是比喻意义上；了解校园服务；与其他学生建立联系；建立安全感；找工作；与朋友和家人交流（Hoppenjans，Semenow，2007）。

然而，国际生也有独特的需求。例如，语言障碍可能让他们大学生活的各个方面变得复杂。政府法规和要求则加深了这种复杂性。因此，适应不同文化成了许多国际生要面对的重大挑战。学前适应活动工作人员应与校园国际生办公室密切合作，以确保上述问题在常规学前适应活动中得到解决，或开展另外一个专项活动解决。"适应活动的目标不应该只是简单地复制照搬国内学生适应活动模式，而是为了增强和扩大现有的活动，以吸引更广泛的学生群体" Hoppenjans，Semenow，2007）。

### 在线学习生

远程学习者或在线学习者被定义为接受正规教育过程中，未与教师在同一地点的学生（National Center for Educational Statistics，2007）。2006 年到 2007 年，美国第 6 条资助项目（Title Ⅳ）规定的两年制和四年制学位授权高校中，66%开设了大学远程教育课程（National Center for Educational Statistics，2007）。研究表明，在线课程的学生留位率明显低于传统学生留位率，但是学前适应活动仍是保持其留位率的有效策略。具体来说，让远程学习者不仅熟悉学校，也了解学校的在校要求，对学生成功至关重要（Harrell Ⅱ，2008；Nash，2005）。这种双重关注的方法让在线教育更具现实意义，同时也加强了学生与大学的联系。学前适应活动也可以成为学习者网络社区的基础。

### 退伍军人

高校中一直存在退伍军人，但随着退伍军人的教育福利增加，以及估计约两百万军事人员从海外任务中返回美国，大量退伍军人涌入大学攻读学位（Cook，Young，2009）。这一现实已经并将继续推动高校扩大专门为退伍军人群体提供的服务。2009 年，一项对 763 所高校进行的调查显示，超过 55%的高校表示他们提供退伍军人服务，其中的 65%高校表示，他们从 2001 年开始，已经增加了对退伍军人活动的关注（Cook，Young，2009）。曾经开设专门面向退伍军人办公室的高校，现在或许能够更快地为退伍军人提供专门服务，比如学前适应活动和再融入活动。该项研究发现，帮助退伍军人向大学过渡的适应活动仍存在不足之处，只有 22%的高校为退伍军人提供专门的过渡活动（Cook，Young，2009）。学前适应活动可以帮助退伍军人以积极的方式从军队生活过渡到学生公民生活。最后，学前适应活动可以帮助退伍军人找到同伴群体。

### 研究生

传统学前适应活动将重点放在指导本科生校园生活上。然而，最近，人们认识到研究生也可以从学前适应活动中受益。他们的一些需求与本科生一样，例如寻找住处、获得校园医保以及获得资助。研究生还可能需要更多的服务，如儿童保育资源和社区信息。通过与校内其他部门合作，学前适应活动工作人员可以帮助研究生适应校园文化，并在他们研究生学习的早期获得帮助服务。由于研究生学习的是特定专业课程，各院系开展学前适应活动，让学生了解所攻读学位的具体信息和要求是非常有益的（Gansemer-Topf，Ross，Johnson，2006）。研究生学前适应活动的目的主要有两个层面：帮助学生适应学校，也适应所在院系。最有效的实现方法是为他们提供了解学校的学前适应活动以及针对院系的学前适应活动（Poock，2008）。

### 社区大学学生

每个大学的学生都有不同的背景、需求和挑战，而社区大学从传统意义上有更多是非全日制学生（Center for Community College Student Engagement，社区大学学生参与中心，2008）。他们年龄更大，拥有全职工作，成立家庭，社区大学的学前适应活动通常持续时间较短，时间灵活多样以配合学生工作安排，并且是非强制性的。最近研究表明，强制性学前适应活动的益处更多，但也发现，接受调查的每五个社区大学学生中，就有一个学校的学生不知道学前适应活动，只有44％的学生表示他们参加过校园学前适应活动。此外，不到三分之一的新生在上课三周后才知道大学的重要资源（社区大学学生参与中心，2008）。那些能够帮助社区大学学生学习如何在学校中找到方向，以及如何获得服务的学前适应活动将变得必要。随着社区大学的快速增长，高校必须开展有效的活动，如学前适应活动，让新生过渡到大学生活中（Younger，2009）。

### 父母及家庭成员适应活动

学前适应活动提供了机会，在学生教育过程中让家长和家庭成员加入、参与、合作，帮助学生、家长、家庭成员和校园工作人员树立起参与教育过程的信心（Ward-Roof，Heaton，Coburn，2008）。父母和家庭成员越来越多地参与整个大学生活体验，这主要是由家庭和校园环境结构不断变化、消费者定位、家长和学生的沟通更多（Merriman，2007）、政府支持家长的参与（Carney-Hall，2008）以及学生自己的鼓励等多方面原因促成（Howe，Strauss，2007）。虽然"直升机父母"①的标签成为父母侵入孩子生活的流行象征，沃尔夫、萨克斯和哈珀（Wolf，Sax and Harper 2009）将父母参与定义为一种"多维度构建，意味着参与孩子大学生活的各个方面，包括学习和课外活动，以及对大学生日常生活情况表现出来的兴趣"。

针对家长和家庭成员的适应活动很重要，原因很多。第一，受到家庭和学校支持的学生更有可能成功，这对他们的学习满意度有着重要影响（Cabrera，Nora，Terenzini，Pascarella，Hagedorn，1999；Hatch，2000；National Survey of Student Engagement，2007；Sandeen，2000）。第二，父母和家庭成员是学生教育过程中的重要伙伴。"在孩子与新同学、朋友、室友、教师和工作人员建立联系之前或之后很久一段时间内，学生依靠家庭/家族成员的反馈、鼓励和指导。"（Austin，1993）第三，学前适应活动承认和传

---

① Helicopter Parent，也称作"怪兽父母"，这类家长犹如直升机，整天在子女头顶盘旋，为他们护航、戒备，甚至凡事代劳，这种过分操控的管教方式令子女的自理能力低下——译者注

达的信息是，父母和家庭是教育过程中重要的合作伙伴。学前适应活动还为学校提供了一个机会，让家长了解联邦法律，特别是《家庭教育权和隐私法》（the Family Educational Rights and Privacy Act，FERPA）中明确规定的对学生信息的限制。让家长了解学校对父母参与的期望，也是父母适应活动的一个重要方面。

在最近的全国调查中，95％的高校报告称，他们为家长和家庭提供适应活动（Savage，2007）。父母适应活动解决了学生和家庭成员在学习生活中和情绪过渡时期的问题（Jacobs，With，2002；Mullendore，1998b）。马伦多尔和巴纳汉（Mullendore，Banahan，2005b）鼓励高校尽早让父母参与学前适应活动，这能促进学生参与学前适应活动的积极性。因为父母可以影响学生的成功和保持力，他们对大学以及大学生活的理解至关重要。研究证实，学生经常与父母沟通（College Parents of America，2006；National Survey of Student Engagement，2006；全美学生参与度调查，2007），如果家长了解大学的服务和活动，就能够在学生遭遇个人和学习困难时提供帮助。

调查研究表明，对于有色人种学生而言，家庭支持对他们坚持学业和学习成功更为必要。研究人员指出，家庭支持一直是菲律宾裔美国大学生（Maramba，2008）、柬埔寨裔美国大学生（Chhuon，Hudley，2008）、美洲原住民大学生（Okagaki，Helling，Bingham，2009）和非裔美国大学生（Love，2008）大学生活中至关重要的因素。第一代学生的家长受益于对大学基本情况的了解，所以他们可以更好地理解和支持他们孩子的学习体验。非传统学生更可能有配偶、伴侣和孩子等家庭成员。高校必须考虑到今天学生多样化带来的家庭概念的扩展。

沃德鲁夫（Ward-Roof，2005）提供了以下 12 条父母适应活动设计指南：

（1）适应活动目标应与大学以及活动所在组织部门的使命保持一致。

（2）教师、工作人员和管理人员应评估大学学生父母人数，以尽可能了解他们的人口情况。

（3）学前适应活动工作人员不仅要关注学生的发展问题，还要关注家长的发展问题。

（4）让在读学生和在读学生家长参加家长适应活动。

（5）让入学过渡期的教师、工作人员和管理员加入父母学前适应活动，帮助开展活动。

（6）无论大学或学前适应活动的规模如何，保持活动的个体性。

（7）设置父母活动范围，坦率地告诉他们学校中可以做什么，不能做什么。

（8）慢慢告知家长，大学教职工将如何与他们长期互动，商讨家长遇到问题时在何处寻找信息、可以联络谁以及能够做些什么。

（9）解决校园难题，讨论酒精、毒品、性侵和校园安全等问题。

（10）让学生了解大学的独特方面、学习要求、校园课外生活内容。

（11）以书面形式向父母提供资源材料。

（12）让参加者评估活动。

## 技术

2009 年发布的《地平线报告》（The 2009 Horizon Report）证明，"信息技术对人们工作、娱乐、获得信息和合作的方式有重大影响"（Johnson，Levine，Smith，2009）。报告作者确定了当年和未来人类生活中的一些重大趋势和挑战。当然，技术飞速变化便是其中一个重要挑战。这对高校的财政预算造成压力，大学需要赶上最新技术趋势，利用技术，还要为教师、员工和学生提供适当的技术培训。

趋势表明,高校学生希望能积极融入学习环境。许多学生是玩在线游戏长大的,他们参与多种社交网络,同时希望以数字的方式获取信息。或许我们能确切推测的是,学生希望通过移动设备交流的期望有增无减。学前适应活动工作人员有很大的机会使用这些技术,甚至在学生尚未录取入校之前,便以全新和有趣的方式来接触他们。举例来说,一些大学已经开始使用游戏作为学习和交流工具来接触学生。其他学校在他们的学前适应活动中加入在线内容(Moltz,2009)。

脸书拥有超过3 000万的订阅者,和其他社交网络一样,已成为社会和文化主流的一部分。许多报告(Arrington,2005;HERI Research Brief,2007)已经证明,在参与大学调查的学生中,85%到94%的学生有脸书账户,近60%的学生每天查看他们的账户。如今的大学新生在参加学前适应活动前,便已加入在线校园社区。他们中的许多人已通过在线方式建立了朋友圈,与他们的室友进行了对话,并且探索了与大学相关的其他社交网站。校园部门和学前适应活动已经建立了脸书账户,与新学生和在读学生分享信息。虽然电子邮件已经成为与学生交流的普遍模式,但它已经变得不那么有效了。兰哈特、马登和希特林(Lenhart,Madden,Hitlin,2005)表示,"当问及在线青少年最常使用哪种通信模式时,他们在各种选项中均一致地选择了通过即时消息而非电子邮件"(Kruger,2009)。一些作者(Bugeja,2006;Eberhardt,2007;Farrell,2006)还提出了将技术纳入学前适应活动的建议:一是将关于社会网络群体的信息作为与安全和未来职业有关的主题,纳入学前适应活动;二是在线学前适应活动使用脸书等社交网络模式;三是评估全校范围内的使用情况,以及它对环境和文化的影响。

新兴技术面临的一个挑战便是,学生在信息素养、视觉素养和技术素养等方面获得正规教育的需求日渐增长(Johnson,Levine,

Smith，2009）。虽然一些学生喜欢使用新技术，但其他人则可能不习惯或使用受限。另一个问题便是，许多教职员工不善于使用新技术或未接受过相关训练（Junco，2005）。

管理中使用新技术，旨在减少管理费用和人力时间，凸显学校各方面的情况，提高学校服务和适应活动的质量。例如，参与学前适应活动的个人可以进行电子注册支付活动项目费用。学生可以通过在线旅游、在线项目和特定主题光盘（CD-ROMS）来熟悉学校。其他技术服务可能还包括在线入学分班测试、学位审计软件程序和在线课程安排。高校各部门和项目建立了基于互联网的信息活动。正如哥伦比亚大学的健康服务项目"去见爱丽丝！"（Go For Alice!），成为向学生提供有价值信息的常见形式（Columbia University，哥伦比亚大学，2007）。

在线学前适应活动是大学提供服务和活动，以缓解学生过渡期困难的另一典型案例，其中许多方案是对面对面适应活动的补充。在线活动的例子包括学生订制信息在线文档、虚拟顾问和在线课程（Kruger，2009）。

怎样利用技术更好地为学生提供服务，取决于工作人员的创造力和想象力。但是，"……技术本身不应该是讨论的主题，真正应该关注的是使用技术的过程、技术是如何起作用的，以及技术是如何影响学生学习和学生服务活动实施的"（Kruger，2009）。

## 问题与未来

对高等教育研究文献的研究证明，学前适应活动的价值在于，它将新生引入大学生活，并为他们提供学业成功和社交成功的途径。现在的学前适应活动工作人员必须比以往任何时候更熟悉描述新学生的研究文献。以下趋势或问题将成为未来几年学前适应活动专业议程的一部分：

（1）由于强调学生学习，整个大学需要加强合作和伙伴关系，特别是在学生事务和学习事务部门之间。

（2）可能会出现更多以学习为重点的学前适应活动，以帮助学生取得学业成功和学习成果。

（3）因为更多地强调学习要求和了解学习环境，教师对适应活动的参与将继续加强。

（4）学前适应活动和第一学年活动将受到由计划招生向管理、订制入学（Managing and Designing the Enrollment）转变的影响。

（5）人们对就读大学的关注，将促使大学开展更多工作，开设夏季衔接课程，与高中和学区开展合作项目，以及为特定学生人群开展录取入学前特别活动等。

（6）由于成本的增加以及政府对高校的支持减少，学生保留和学生成功活动的措施将更加重要，从招生开始一直持续到第一学年。

（7）学生群体不断变化的性质和人口的多样性，导致学前适应活动工作人员需要审视活动开展情况和学校的实际工作，以保证校园环境能满足所有学生的需求。

（8）父母和家庭更多地参与家庭成员的教育，要求活动满足他们的需要。

（9）对高等教育资助的更多关注，要求开展目标明确的合作，提供资助来支持学前适应活动。全校性合作、成熟的招生录取管理模式和举措将成为标准和要求的模式。

（10）尽管新技术的使用越来越广泛，有助于学生及其家庭更容易进行注册等程序的操作，但新科技也存在消除人与人互动的可能。学前适应活动工作人员需要更加重视重要感和归属感的概念，它们是未来学前适应活动的基石。

（11）在开学最初几周，开展同伴、工作人员和/或教师的帮助下的小组活动，为学生提供帮助。这种活动的拓展需求很明显，时长可能会超过第一学年。

（12）随着对评估、问责和学习的日益重视，大学将要求学前适应活动专业人员的评估、评价和研究活动比以往任何时候更具技术性和目的性。活动旨在指导实践，帮助大学更多地了解学生。

（13）确定的学习成果将是有效的学前适应活动的关键组成内容，这些成果将用于衡量学习，确定以后的活动，提高学生反思和学习整合的能力。

（14）新技术将增加学前适应活动使用电子工具进行沟通、开展在线适应活动以及创新适应活动方法（如视频会议）提供服务的机会。通过新的沟通方式帮助新生建立一种认同感和对学习的责任感，很有必要。

# 第十章　学生宿舍

凯西·阿肯斯，杰夫·诺瓦克

## 引言

大学学生住宿正随着高等教育模式的转变而改变。高等教育模式的转变是由一系列因素引起的，如对学习会发生在课堂之外的认知、对学生参与度的重视、高等入学率的暴涨、翻新或更换现有宿舍的需求、当今大学生和家长的消费主义以及学校对学生保持力的担心（Luna，Gahagan，2008）。

这种转变影响着美国高等教育中学生宿舍扮演的角色。随着大学对学生的学习进行检测，学生活动会对预期结果产生重大影响，他们的目的在教育体制下正发生改变。正如施罗德和梅布尔（Schroeder，Mable，1994）所说："通过注重学生的学习情况，宿舍活动能够与学校组织相互交织，将整合性和连贯性带入传统上片段式的、严格划分的且常常散漫的方式，以获得重要的教育成果。"

本章探讨了与宿舍活动相关的一些问题，包括历史、使命和目的、管理组织结构、人员配置、初级要求、活动和服务、宿舍对学生的影响、特别的法律问题、专业发展、未来和技术资源。本质上而言，因学生宿舍管理具有复杂性，本章节未涉及管理方面的内容，但在其他地方探讨这个主题。

## 宿舍管理发展历史

自从美国高等教育体系诞生以来，学生宿舍便以各种形式存在。学生宿舍最初被称作寝室，源自英国的大学。美国高等教育就是在这个体系的模式上形成的（Winston，Anchor，Associates，1993）。随着美国高等院校数量的增加，学生需要住宿的地方，家长也希望孩子能在离家时得到照顾。随着高等学校学生宿舍变得越来越流行，学生宿舍便开始在校园的总体发展和设施方面发挥重要作用。

通过探索历史上三个显著时期，能最好地追溯美国为住读学生所提供的高等教育设施的情况：殖民时期、19世纪中期到19世纪晚期、20世纪。从一开始，美国高等教育就是仿效知名的英国剑桥大学、牛津大学（Frederickson，1993；Winston，Anchors，Associates，1993）教育模式而发展的。

### 殖民时期

在英国，住宿设施建设旨在满足学生的通勤需要。这些学生从家到学校经常需要长途跋涉。此外，当地的住房市场提供不了更有利的条件。宿舍旨在将教师和学生聚集在一起，充分发挥他们的智力，检验他们的道德品质，并被视作大学经验的本质。舒（Schuh，1996）指出，这种结构试图将课堂内和课堂外的学习融入一个具有包容性的生活/学习环境。设施规模小，学生相对较少。学生之间共享相同的事物、辅导员以及课程，增进了学生和教师之间的伙伴关系（Henry，2003）。在英国，教授负责教学，而其他职工和办公人员等就专注于监督和管理学生纪律。教师的重点在于为学生提供正式教育，而不是对他们进行监督，因此教师与学生形成有意义的关系。

美国高校的管理人员想效仿英国的宿舍设施模式，以实现充分发挥教师智力和道德的作用、促进学生学习、培养他们的道德品质、集聚师生的智力和道德的目标（Schuh，2004）。但是，由于各种因素，这一想法很难实现。美国的学生同英国的学生一样，经常长途跋涉到学校。鲁道夫（Rudolph，1990）的研究结果显示，这使得美国许多地区以学生人口为代表，而非仅仅根据地理区域或当地城镇的编制。家长将子女送去离家很远的地方，期望学校能提供合适的生活和学习环境（Henry，2003）。剑桥大学和牛津大学的教师不会承担家长的角色，而美国的大学不像剑桥大学和牛津大学那样，由于缺乏资金，他们要求教师既要负责教学，也要管理学生纪律（Schroeder，Mable，Asso-ciates，1994）。这促成了代理父母理论（*in loco parentis*）的开端，高校以此行使家长的权力，管控学习各个方面以及学生课外生活的许多方面，培养学生的公民和宗教领导能力。克拉夫特（Upcraft，1993a）断言：

> 自美国开始实行高等教育以来，高校的管理人员和教授就已经知道学生的教育是课内和课外的双重结果。早期美国高校对学生进行课外教育是通过代理父母这一概念实现的，高校以此代表家长，认为学生要形成良好的道德品质，成为一个真正有教养的人，他们必须完全掌控学生的课内和课外情况。

通过宿舍设施建设，美国努力创造一个能比肩剑桥和牛津大学的高校。由于财政困难，设施都被建造为寝室的形式，学生在寝室吃饭、睡觉，与学习的地方分开，像一个生活环境。亨利（Henry，2003）指出，尽管英国体系中宿舍设施的关键是将学生的学习和社会环境融合在一起，但美国式的宿舍模式中几乎没有形成有意义的师生关系，结果出现了吵闹和不良行为，这往往成为对寝室的刻板印象和标志特征。学生宿舍和学校的学习任务之间的关联变得越来越不清楚。纪律问题、不充分的生活条件、教师和学生之间的敌对关系并没有反映出最初按照英国宿舍建立设施的意图（Schuh，2004）。

### 19世纪中期到19世纪晚期

美国住宿设施的第二阶段产生于19世纪。许多高校的校长开始削弱学生住宿的重要性，随之他们的重心转向研究和教学层面。内战爆发之后，许多美国人去了德国，进一步提升自己的教育水平。在德国，各高校首要注重教学和研究，很少重视或不重视大学生活方式（Frederiksen，1993）。因为学校注重的是能够容纳教室和实验室的建筑，所以学生负责安排自己的生活。这些学校的毕业生和教师将这一观念带到了美国，导致课堂内外与住宿生活之间的差距扩大（Frederickson，1993；Schroederetal，1994）。

随着教师花费更多的时间研究各自的学科问题，这种差距也在继续扩大。学生住房不再被视作大学经历的一个重要成分，为学生提供住处的责任也不再是学校使命的一部分。在殖民时期建立的住宿设施继续为学生服务，然而，用于维持宿舍自身的资源却很少（Schuh，2004）。在19世纪建立的许多高校中，宿舍设施不在这些校园的建筑范围内（Henry，2003）。通过赠予和其他捐赠机构获得的财政援助被指定用于建造教学大楼，而学生自己负责找住处。这与德国模式一致，后者提出，学生是成年人，应该能够自己找到住房。

19世纪后半叶，当地社区的住房储备不足以容纳附近学校的学生。这一时期的另一个特征是，为解决女学生和父母的担心，学校修建了一些宿舍。大学校长的回应是，再次强调在校园内建设宿舍设施的重要性。由于学生的涌入和对课外校园生活的重视，包括校际体育和辩论社团，校园住房变得更具吸引力。为男性和女性提供住宅设施，以便他们更易于参与校园活动（Schuh，1996）。

### 20世纪

大学宿舍在19世纪晚期以及整个20世纪有了重大发展。越来越多的妇女和少数民族接受高等教育、大萧条、《退役军人安置法案》（the G. I. Bill）和 1965 年《美国高等教育法》第六条资助项目的实施等导致前所未有的发展，且最终导致了同一时间扩建宿舍楼。

随着大学校长继续推动宿舍设施的发展，这一目标因大萧条而受到财政限制。亨利（Henry，2003）的研究表明，各州颁布法律允许发放学生宿舍楼债券。此外，1933 年成立的联邦公共工程紧急管理局（the Federal Emergency Administration of Public Works，PWA）使许多高校能够通过贷款和助学项目获得额外资金，建造低成本住房（Fredericksen，1993）。1900 年至 1940 年期间，新学校和招生蓬勃发展。虽然在第二次世界大战期间有显著下降，美国高等教育随着《退役军人安置法案》和《1950 年住房法》（the Housing Act of 1950）的通过而得到前所未有的发展。根据施罗德等人（Schroeder，1994）的描述：

> 这一时期见证了女性和黑人的入学现象、课外活动的兴起、公共高等教育的快速扩展。这些趋势推动了学生宿舍的扩建，而《退役军人安置法案》和《1950 年住房法》的通过使得宿舍建设以前所未有的速度进行。

宿舍设施主要是通过学校的商业和财政部门开发建设的，目的只有一个，就是为学生提供吃住的地方。20 世纪 50 年代，人们对校园住宿的需求更大。美国住房和城市发展部（The United States Department of Housing and Urban Development，HUD）创建了学院住房计划，以帮助建造新的住宅设施和翻新现有的宿舍楼、学生会和其他课外活动建筑（Henry，2003）。低利息贷款和长期摊销计划，使得学校具备更大的费用承担能力来建设新设施，改造现有设施（Fredericksen，1993）。

住房建设以低成本迅速发展，但很少关注学生的个人发展。设施往往很大，结构给人一种冷冰冰、缺少个性化的感觉。此外，施工过程几乎没有考虑教育和发展的需求，宿舍楼也没考虑给学生提供活动空间（Schroederetal，1994）。缺乏学习室、公共区域和社区空间，设施没有注重开发生活和学习环境。宿舍规则往往很严格，学生开始质疑权威。也正是在这段时间里，教师不再仅仅从事教学和研究，而学习一些他们视为非学习的技能，如注册、辅导和咨询。同时，学生对课外活动的兴趣增加，比如文学社团、校内体育团队，以及由数十人组成的学生俱乐部和组织（Miller，Winston，Associates，1991）。科米夫斯等人（Komivesetal，2003）提出，课外活动源于学生希望摆脱严格和传统的课程学习。

20世纪30年代后期，招生人数随着失业人数的增加而增加，学生事务再次成为高校结构中的重要组成部分。影响学生事务专业性的最重要和最具标志性的事件之一是《学生人事观》（*Student Personal Point of View*，SPPV）的启动和编纂（Delworth，Hanson，Associates，1989；Guthrie，1997；Komivesetal，2003）。该报告讨论了高等教育的碎片化，鼓励大学同样重视个人发展和精神发展。格斯里（Guthrie，1997）指出，《学生人事观》：

> 规定高校有义务将学生视为一个整体，包括他的智力和成绩、结构、身体状况、社会关系、职业能力和技能、道德和宗教价值观、经济资源、审美爱好。简而言之，它强调学生作为个体的整体发展，而不仅重视智力训练。

该报告鼓励各高校考虑全体学生的教育。1949年，美国教育委员会修改了原来的《学生认识观》。新报告重申了学生的全面发展，制定了学生成长的目标和条件、学生人事活动基本要素、学生事务活动管理和治理职责（Komivesetal，2003）。拟定这份文件，是为了让高校高层管理人员更好地理解学生事务。

在高等教育中，1937年和1949年的《学生人事观》为学生事务在高等教育中的愿景提供了指导方针。在随后的50年中，学生事务领域从早期只有男主任和女主任，发展成为高校的主要管理领域，由副校长率领，负责指导各种为学生开展的校园活动和提供的服务（Sandeen，1991）。这一时期，几大重要事件影响了高等教育和学生事务专业的发展。联邦政府的支持和参与、具有里程碑意义的法律挑战、研究和理论的增长以及专业标准的发展，都帮助塑造了当前的教育制度。因此，学生宿舍及其人员配置模式的组织和结构，反映了这种学生全面发展的新范式。

19 世纪 60 年代后半期和 19 世纪 70 年代早期，人们对住宿设施内创造更多生活和学习环境的关注增加。到了 19 世纪 80 年代，对校园宿舍的需求激增，许多学校为新生分配一定比例的床位，而那些希望每年返回校园住宿的学生采取抽签方式决定（Henry，2003）。20 世纪 90 年代，学校开始建造更小的设施，更多地强调公共空间、社区中心、计算机实验室和其他更多的便利设施，与校外住房的传统公寓竞争（Grimm，Dunkel，1999）。

现今的许多校园住宿设施已存在 50 多年之久，大部分住房部门的预算指定用于维修、建设、维护以及升级现有的住宅设施。住房设施无论是内部还是外部都迫切需要翻新（Ryan，2003；Smith，2000）。当高等教育资金面临前所未有的巨大挑战时，招生人数却在增加。新入学者依靠校园住房提供住宿，对高校增加设施和翻新现有设施提出更多要求。为了满足学生不断变化的需求，包括提高课程、服务和活动质量，各高校被迫采取应对措施，否则学生将到别处寻求住房（Schuh，2004）。2000 年的住宿设施包括安全技术、游泳池、辅导中心、教室、高速数据连接和许多其他设施，以满足学生的需求（Grimm，Dunkel，1999）。

### 使命和目的

在学生住宿部门开始制定其使命之前，探究其在学校中发挥的整体作用是很明智的。最常见的情况是，住宿和宿舍生活活动在学校中起着至关重要的作用，住宿楼的工作人员应该通过其提供的服务和活动支持学校的学习目标和使命。标准发展委员会（CAS）阐述了高校校园学生住房对学校使命的贡献："住宿和宿舍生活是学校教育和学习支持服务必不可少的组成部分。使命必须包括支持教育活动和服务，提供住宅设施和管理服务，并酌情提供饮食服务。"（CAS，2001）

根据 ACUHO-I 大学住宿专业人员标准和道德准则（*ACUHO-I Standards and Ethical Principles for Collegeand University Housing Professionals*，2007 年），住宿和宿舍生活部门的使命如下：

（1）提供价格合理、干净、美观、维护良好、舒适、具备系统支持、安全的生活环境。

（2）通过健全的管理确保有序、有效地开展活动。

（3）提供一个包括活动和服务，促进最广泛学习，强调学习支持、成功和进步的环境。

（4）饮食服务项目提供各种食物，味道可口，环境愉悦，价格合理。

（5）以礼貌、高效和有效的方式提供服务，满足住宿和食品服务客户的需求。

与那些小型和独立的高校相比，那些大型和国家支持的高校强调的重点可能完全不同，它们强调住宿和宿舍生活在其整体学校使命中会发挥的作用。舒（Schuh，2004）指出，在一所小型的学院，大多数学生住在校园宿舍，住房部门提供的活动和服务与住宿学生的教育经历交织在一起。在注重学生住宿的学校，使命往往反映了生活/学习环境的重要性。通勤的学校具有少量的住房设施，可能不会强调学生校内生活的作用。

如上一节所述，高校宿舍在学生的生活中发挥的作用在这些年中发生了很大的变化。住房和居住生活部门的使命反映了这些变化。大多数住房任务和居住生活计划都始于一个基本前提，即为居住在宿舍的学生提供一个有利于学习和个人成长的安全可靠的环境。根据亚伯拉罕·马斯洛（Abraham Maslow），人类有五个层次的基本需求，即生理、安全、归属和爱、尊重、自我实现（Bolman，Deal，1997）。生理和安全的低层次需求必须得以满足和实现，以激励个人追求更高层次的需求，如归属和爱、尊重和自我实现。

许多住宿和宿舍生活活动是以马斯洛发展模式为原则组织建构的。进行良好的设施维护，提供多样的食物选择，以此为学生提供适当的住所和食物，满足他们的基本需求。安全需求能通过一系列措施得以实现：确保宿舍工作人员接受适当培训，采取紧急应对措施，安全、安保措施以及政策要不断审查，经常关注宿舍设施维护。宿舍工作人员面临的挑战是将课内外氛围集中在学生的学习和发展方面，满足马斯洛的归属、爱与尊重、自我实现的需求。温斯顿等人（Winston et al，1993）建议，宿舍楼应提供促进个体成长、学生作为个人全面发展的生活/学习环境、活动和服务。施罗德等人（Schroeder et al，1994）提出，宿舍生活重点发展的技能能够让学生在工作和休闲中运用知识。在宿舍楼进行的许多活动和提供的服务将学生聚集在一个社区，使学生之间的差异得以被接受、尊重和包容，创造一个接纳多样性的环境，从而为学生提供一个最佳的学习环境（Rentz，Saddle-mire，1988），有助于学生的学习和就业。

虽然人们十分注重校内生活的活动和学习，住宿和宿舍生活部门不能忘记物质设施和学生安全舒适度对学生整体体验有着重要影响。诺瓦克（Novak，2008）发现，住宿环境的安保措施和维修要求反应即时性满意度较低的学生，这些学生对校园社区的归属感较低，对住宿生活的满意度较低，且学业成绩水平较低。

多年来，高等院校的使命发生了改变，必须反映所有利益相关者的需求。因此，住宿和宿舍生活在校园中的作用和相应的使命也发生了改变。虽然住房部门的所有职能都很重要，但有些职能的重要性更加突出。舒（Schuh，2004）说道：

物理环境和活动开展相互关联，两者都大大有助于提升宿舍体系。不能要求学生对学习活动感兴趣，除非他们住在足够好的物质设施中。如果没有确定社区生活的准则，那么，设施就有可能得不到尊重，事实上可能会被滥用。

住宿和宿舍生活部门是学生大学生活的根本要素，应致力于培养努力实现使命的、合格的、多样化的工作人员。工作人员应该营造一个友好的环境，其中，学生可以分享和探讨个人差异。通过个人和社区发展，建立学生和工作人员之间有意和有目的的关系，倡导个人责任、问责制和明智的道德决策，开展全面教育活动，应该成为一个持续的工作重点。正如下一节将要讨论的，所有住宿和宿舍生活部门的工作人员都为部门的成功做出贡献。从第一线的学生兼职者到主任，所有人都应该专注于支持学习使命，同时在自己所在学院的使命框架下工作。如果不这样做，可能对部门效率产生深刻影响，导致活动无效，学生服务不符合学生要求（Barr，2000）。

### 管理和组织

美国各地的住宿和宿舍生活活动在外观、结构和观念方面有着惊人的相似之处。然而，它们也存在既细微又明显的差异（Winston et al，2003）。克里夫特（Upcraft，1993a）明确了影响住宿和宿舍生活项目组织结构的背景因素的重要性。第一个因素是学校规模。大型校园的住房部门拥有成千上万的学生，而小型校园的住房部门拥有几百名学生，两者在组织方式上有所不同。随着运行规模的扩大，需要更多专业领域的工作人员。在一个较小的系统中，员工每天可以担任许多不同的角色。第二个因素强调学习使命、住宿和宿舍生活项目发挥的支持作用。第三个因素的重点是学生群体的特征。文科性质的高校，其宿舍设施的结构和组织不同于学科专业性质较强的高校。第四个因素是部门结构考虑了住校学生的年级。同高年级的学生相比，学生大多数为一年级住校生的学校，其宿舍的结构是为了满足初次住校学生的过渡需求或其他需求。第五个因素是学校的住宿规定和相关政策可能影响宿舍的组织结构。一些学校要求学生学习期间只住校一段时间，而非整个学习期间都住校。最后一个因素是住宿学生的种族和族裔结构可能对提供的服务和配备的工作人员发挥重要作用。

这六个因素一起强烈地影响着住宿和宿舍生活部门的结构和组织。东克尔（Dunkel）指出，大多数住房组织可以归类为两种广泛结构，即综合结构和分离结构。在综合或整体模式下，一个组织负责开展所有服务，统一由住宿主管（Chief Housing Officer，CHO）指导。通常，综合模式划分为住宿生活或教育部门、运营和技术部门、行政服务部门、设施管理部门等。在住宿主管的监督下，这些部门共同的职责如下：

- 招聘、选择、培训、监督学生和专业人员。
- 生活−学习社区和学习活动。
- 住宿生行为准则。
- 评估。
- 安保。
- 可收和可付账户。
- 购买。
- 人员和工资。
- 邮政业务。
- 技术，包括计算机硬件、软件、网络数据库和网络设计。
- 餐饮服务。
- 申请和合同程序。
- 房间分配和偏好。
- 宣传和相应的出版物。
- 设施管理，包括场地。

在综合模式中，最可取的是让宿舍主管向分管学生事务的副校长汇报工作（Upcraft，1993a）。然而，主管可以分别向分管学生事务的副校长和分管行政和财务的副校长报告涉及宿舍生活的常规事务和预算、运营业务的常规事务。

分离的住房组织结构通常将住房生活服务和活动与其他部门（运营服务和技术部门、行政服务和设施管理部门）相分离。在这个模型中，不同部门向不同的主管报告并不罕见。宿舍生活和教育部门可以向分管学生事务的副校长报告，而运营服务和技术部门则向分管行政和财务的副校长报告。行政服务和设施管理部门可以向分管其他领域的学校高级领导报告。

学校是受到国家支持还是独立的，住宿部门是全面的还是分离的体系，这些因素都可能影响预算结构。住宿和宿舍生活项目在许多国家资助的学校中是一种辅助职能，实行自我资助，通过学生缴纳房租和其他途径获得预算，生成的资金用于支付工资、维修费、宿舍生活活动费、电信费、未来项目储备金、偿付当前负债以及与其运营相关的其他所有费用。在独立学校，住宿和宿舍生活部门的运营费用可由学校的一般业务资金管理，资金的分配与其他校园部门一样（Schuh，2004）。

东克尔（Dunkel，2010）提出理论，阐明综合系统优于分离系统。第一，综合住房业务具有共同使命，通过共享资源、服务、人员和材料来提高项目质量和效率。第二，工作人员在单位之间共享，一个部门在任务需要时共享工作人员并不罕见。第三，综合性住房运营往往可以去除不必要的人员配置，而具有不同报告路线的分离系统往往会变得复杂。但学校根据其重点事项最终决定适合的模式。

## 人员配置模式

如前面所讨论的，随着高校的扩张，20 世纪中期学生多样性增加，学生事务发展，20 世纪 60 年代出现的学生激进主义活动和抗议，使学生宿舍和宿舍工作人员的角色发生了巨大变化（Frederiksen，1993）。在 20 世纪 60 年代之前，工作人员主要负责为学生提供咨询和建议。工作人员为努力满足退伍军人日益增加的要求，没有强调非学习技能的发展。学校进行了许多不同的人员配置模式试验，以满足人口的多样化需求。

20世纪60年代，早期的证据表明，与走读相比，住校更有价值，人员配置模式开始反映这一思想（Schroeder et al，1994）。学校管理员开始重视学生宿舍工作人员，这些人员提供学生服务，在宿舍中开展教育和个人发展活动。女舍监、咨询者和辅导员被具有大学学位的宿舍工作者取代，他们负责协调大量的组织、服务和活动（Winston et al，1993年）。父母代理概念转向学生—学校关系。

20世纪60年代和70年代，随着学生入学率进一步增加，学生宿舍进一步扩大，学生事务和住房分配更加专业化，以满足不同学生的需求。宿舍人员配置反映了当时学生整体教育的最新趋势（Fenske，1989）。结果，形成了生活—学习社区。之后，学生发展观兴起，呼吁改变学习和学生事务项目。这对宿舍的作用和功能产生了深远影响。宿舍楼现在承担了教育者、咨询者和管理者的角色，满足学生的多样文化需求。为满足学生的需求，增强学生的全面发展，学校实施了一系列项目。

住房项目中许多职位头衔因学校而异，然而，这些头衔对应的职能相对一致（Schuh，1996）。也许大学环境中没有其他部门会如此严重依赖于辅助专职人员的工作，他们通常被称为宿舍助理或宿舍顾问，以满足学生在项目和组织方面的多样化需求（Conlogue，1993）。宿舍助理最常见的是本科工作人员，与学生住在一幢楼，为学生提供直接服务。宿舍助理通常作为行为榜样、顾问和教师，同时也是学生。布理林（Blimling，1995）建议，宿舍助理必须向所服务的学生展示正确的行为和有效的学生工作，成为这些学生有效的行为榜样。他们是社区中有利于学生发展的促进者，帮助学生过集体生活，这种生活有利于个人、社交和学习发展；经常为其楼层、建筑物或整个社区的居住者制订、实施项目，创建和发布教育公告板或其他资源，在个人或社区发生危险和紧急情况时，居住者向宿舍助理寻求帮助。

宿舍助理通常是所有学生事务成员中最难扮演的角色。他们住在工作的地方，电话不断，并且住宅设施中发生紧急情况时往往冲在第一线。宿舍助理通常是现场的第一反应者，在危机时期抚慰居民。他们与学生个人和团体合作，制定项目，以满足所服务的学生的需求。他们经常处理自杀、攻击和建筑维修的问题，同时也处理所服务的学生违反政策的问题。对于本科生来说，担任该职位所需的所有条件可能相当困难，因为要努力平衡自己的学习、社交和个人需求（Boyer，1987）。全校范围内的宿舍助理需学习广泛而详尽的学生发展理论、工作程序和政策、咨询技巧，接受解决冲突以及履行职责所需的职务培训。学生工作人员、研究生工作人员或专职工作人员辅助工作者的主管，通常以宿舍助理作为自己职业生涯的起点，负责指导旨在实现大学宿舍项目的教育和服务（Schuh，1996）。

如"行政和组织"章节所述，无论是国家资助的学校还是独立学校，学校规模及其住房部门的规模、核心任务，都可能对人员配置模式产生深刻影响。通常，在较大宿舍项目中，攻读高级学位的研究生被称为研究生主任或研究生助理，他们负责监督宿舍助理，为宿舍委员会提建议，监督宿舍项目的开展，执行和裁决学生行为，并且通常担任部门间安全程序的联系人，处理紧急情况和危机事件。根据部门结构，研究生助理可以直接监督较小的宿舍设施或帮助管理更大的设施。在这两种情况下，研究生助手通常向初级专业人员报告。这些初级专业人员通常称为宿舍主任、宿舍生活协调员，拥有学生事务、咨询或相关领域的硕士学位。宿舍主任是全职专业人士，他们实施宿舍生活项目，监督各社区的工作人员。通常，这些职位需要申请者住在校内公寓。他们通常住在所负责的社区或地区，有更多的机会与学生和工作人员互动，同时要具备及时、恰当应对事件的能力。

在更大的学校中，处于人员配备下一级的人员可能是区域协调员、综合大楼主任（complex director）或有几年全职经验的助理主任。他们可能监督多座建筑物、研究生助理或初级专业人员。在较小的系统中，研究生助手可以直接向助理主任、主任或助理院长报告宿舍生活（Schuh，2004）。一些较大的部门可能有专门的职位帮助他们实现使命。这些职位可能侧重于：①生活、学习社区；②项目评估和开发；③招募、选拔和培训学生、毕业生和专业员工；④向宿舍协会提供咨询服务。在较小的学校，初级和中级专业人员可以监督住宿生活项目的所有方面。通常，大型学校的下一级人员配置是副主任，他们最终向部门主任（the director of the department）报告。部门主任负责住宿运营、管理和行政事务，负责预算监督、设施规划、延期的维修和翻新计划、新建和现有校园住宅设施的资金规划。

虽然本章的重点主要是住房项目中的宿舍生活，但许多部门，特别是大型学校的部门中，许多人员的重点工作是运营。他们通常负责：新生和在校生宣传和招募管理、房间分配、预算准备和管理、学生和工作人员的技术需求、可付和可收账户核算、设施规划和维修操作、夏季会议、邮政业务。此外，一些部门负责向校内或校外的学生提供餐饮服务。

## 入门要求

许多学生事务专业人员最开始担任的是初级宿舍生活管理员。通常，这个职位要求专业人士住在学生宿舍进行宿舍管理。如前所述，该职位通常称为宿舍主任（residence director）、宿舍生活协调员（residence life coordinator）。在对宿舍主任进行的研究中发现，大多数学校需要硕士学位作为获得初级宿舍职位的基本要求（McCluskey-Titus，2002）。有些需要学生具备人事专业学位或高等教育学位，但许多学校也允许其他专业的学位。"虽然大多数宿舍主任更喜欢学生人员/学生发展培训，但也达成共识，需要进行一些运用和管理理论培训。"（McCluskey-Titus）

初级宿舍职位通常也需要申请者有一些实际工作经验。没有实践经验但有学生人事专业硕士学位的人，没有两者兼备的工作人员受欢迎（McCluskey-Titus，2002）。在担任初级职位之前，会在学生宿舍担任研究生助理。许多人还曾担任过宿舍助理，或具备与学生一起工作的其他经验。一些研究生也利用实习获得经验，如参加完成 ACUHO-I 实习项目（McCluskey-Titus）。

学生宿舍专业人员扮演各种角色，了解这些角色所需的技能很重要。研究人员对住房部主任进行了一项研究，要求他们对研究文献中确定的 49 种能力进行排名。根据受访者的回答，总结出住房部主任排名前 15 的能力：人际沟通、与各种不同人员合作、员工监督、决策、培训、危机管理、员工选择、目标制定、冲突调解、政策制定、道德、约束、法律理解、动机、评价等方面的能力（Dunkel，Schrieber，1992）。

## 项目和服务

大多数教育者都会同意这一点：对校园而言，至关重要的是有一个有目的的、综合的宿舍项目，创造一个学生可以学习和成长的环境（Schuh，Triponey，1993）。住房专业人员可能会影响学生的发展，"简言之，这是因为他们有与学生在其住处进行广泛、大量联系的机会"（McCluskey-Titus，2006）。考赫、舒和维特（Kuh，Schuh，Whitt，1991）发现，学生在大学学习中 75% 的所学都来自于课外经验。对于住校生而言，完全可以认为，这些经验大都将在宿舍楼获得。

为学生提供充实学习环境的最佳实践方面的论述已经很丰硕（Kuh，Kinzie，Schuh，Whitt，2005；Kuh，Schuh，Whitt，1991）。在一个更加需要问责制的时代，宿舍项目如同所有学生服务，需要证明可以使学生的经验增值，并为学校实现使命做出贡献。在不久的将来，住房管理者将继续负责提供数据证明住宿经验的积极影响（Schuh，2006）。

通常有大量的机会让住宿学生参与到宿舍项目中（Schuh，2004）。项目指增强学生学习和发展的任何有目的的事件（Dude，Shepherd Hayhurst，1996）。在许多校园中，规划这些项目是生活在宿舍楼的专职工作人员辅助工作者和专业人员工作职责的一部分。大多数校区将项目作为提高大学整体学习目标的方式，并为住校生培养社区意识。研究结果支持这样的事实：当课外活动有效地补充课堂正规教学时，本科学习得以增强（Astin，1993；Boyer，1987；Kuh，Schuh，Whitt，1991；Terenzini，Pascarella，1994）。"当学生宿舍被设计为有目的的教育环境时，可以促进有效的本科教育。"（Schroeder et al，1994）

施罗德（Schroeder，1993）认为，学校的重点学习事项与宿舍项目和服务之间的联系太少，建议宿舍生活项目必须做到以下几点："促进提高学生的学习质量，促进建立真正的宿舍社区，促进学校招生管理举措，谨慎利用有限资源，展现项目和服务的价值。"要实现这几点，规划宿舍楼的所有元素时就要把它们牢记在心。学校为学生宿舍制定有目的的项目和服务规划时，应该侧重于创造一个学习的、充实的环境。

## 社区

波尔委员会（The Boyer Commission）1998年出版了一份关于本科教育状况的报告。报告声明：研究型大学应该培养一个学习者社区。大型大学必须寻求方法创造一种场所感，并帮助学生在更大的整体内发展小社区……校园必须是一个有目的的学习场所，在该场所中，每个学生都能感到他们之间有特殊的联系，在创造更大的大社区时，即由较小的、个性化的学习者社区合并而成的大社区，共同的仪式发挥强大的作用……通勤者和住校生都有必要知道社区需要并重视他们。

许多研究人员强调社区住宿环境的重要性。"对于住校生而言，社区会给他们一种同群体中其他成员在一起的归属感以及将他们相处的共同经历，使他们成为一个可以相互识别的群体。"（Blimling，1995）宿舍生活专业人士长期以来致力于将社区发展作为发展一个协调、综合和有效生活环境的工具。最近人们对这一观点的态度才发生了转变，更多地想将社区发展作为学生学习和发展的手段。社区可以通过提高学习要求和帮助学生塑造学习认同来加强对学习的重视（Minor，1999）。最初，大部分重点放在社区环境如何帮助学生度过过渡期。斯伯格（Schlossberg，1989）讨论了让个体感受到自身重要的意义，以及认为别人不会关心自身时而产生的负面影响。我们现在知道，社区的好处远非帮助个体学生适应校园。一个经过精心策划的社区，与学校的学习使命联系在一起，可以对学生的学业成就和个人发展的不同方面产生积极影响。独自居住在宿舍不一定能确保有这些积极影响。围绕学生的学习主题、共同兴趣或服务兴趣组织的小型学生群体有助于消除学生之间的距离感和陌生感，并增加学生参与学习工作的可能性，最终引导学生更好地学习（Kuh，Douglas，Lund，Ramin-Gyurnek，1994）。宿舍助理，即宿舍楼的"一线"工作人员，经常被告知，创造社区意识是他们的主要职责，项目规划只是促进社区的一种方法。

## 项目规划模式

人们开发了一些可用于住校学生发展项目的概念模型。这些模型包括学生发展理论、干预模型和校园生态模型（Schuh，2004）。人们持有的批评往往是，宿舍项目不是有意识的，或者往往缺乏理论基础。因此，教育工作者在自己的校园里考虑最佳的运作方法十分重要。舒和崔波尼（Schuh，Triponey，1993）认为，不论学生宿舍管理员采用何种模式，项目实施者都应该考虑一些要素，包括：

（1）了解学校使命，确保项目与使命一致并支持该使命。

（2）规划项目时参照特定模型，虽然没有一个最好的运作模型，但找到一个对特定设置最有效的模型并作为指南十分重要。

（3）定期评估，了解住宿者的需求。

（4）让学生参与项目规划和开展，以便他们能从经验中学习。

（5）提供不同类型的项目，让学生有机会在各个方面发展。

（6）向项目规划执行者提供足够的资源支持，包括预算和工作人员。

（7）考虑评估工作，以确保成功实现既定目标。

莫瑞、赫斯特和奥汀（Morrill，Hurst，Oetting，1980）为学生发展描述了三个方面的干预措施。该模型确定了项目规划的三种类型或目的：补救性干预、预防性干预、发展性干预。根据莫瑞、赫斯特和奥汀，首先，补救性干预通常发生在某事发生并且造成损坏或需要做出应对的事情之后。在宿舍楼中，这可能是解决大量违反政策问题的酗酒管理规定，通过教育项目解决社区内的同性恋恐惧言论问题，或为那些在第一学期中没有成功的学生制订学习发展计划。

其次，预防性干预为某些学生可预测的需求或问题而规划。通常，这些需求可能为学生制造压力。对于学校的新生而言，宿舍的工作人员可以通过学习技能、缓解恋家情绪和时间管理方面的规划来帮助减轻预期中学生从高中向大学转变的问题。预防性干预的另一个例子是对学生进行关于校园犯罪和校园安全的教育。

最后，发展性干预（或规划）不同于其他两种，它不侧重于解决当前或潜在的问题，而是旨在促进学生成长。因此，发展性干预在本质上更具前瞻性。宿舍生活工作人员可以规划下列领域：领导力发展、全球意识或职业规划。大多数教育规划符合这三个类别之一（补救性干预、预防性干预或发展性干预）。工作人员使用这个框架作为指导，可以制定项目满足学生的需要。

除了制定项目外，许多学校已将支持服务融入学生宿舍中，使住校学生在学习方面获得成功。这方面的例子包括辅导、补充教学（Supplemental Instruction，SI）、学习辅导、职业支持、学习社区咨询和朋辈指导（Hyman，Haynes，2008）。在学生宿舍中开展这些服务增强了社区的学习文化，为学生提供了便利的服务，使他们更容易获得这些服务。当学生事务和学习事务建立伙伴关系、与学校使命和文化相一致时，这种学习举措大多会成功（Whitt，Nuss，1994）

## 项目规划和社区发展中的趋势及问题

鉴于各种不同的学校使命和重点工作，我们难以提供最佳项目清单。然而，学校目标和全校学生需求之间存在足够的共性，可以确定宿舍项目中一些常见趋势和问题。

### 安全和安保

安全的校园是校园社区所有成员，包括学生、教师、员工、家长和家庭的基本要求（Perrotti，2007）。对于学生来说，如果他们要在学习环境中感到舒适并茁壮成长，就必须满足这种需求。最近的校园悲剧（即2007年4月弗吉尼亚理工学院和2008年2月北伊利诺伊大学的校园悲剧）提醒人们校园安全计划和教育计划的必要性（Grimm，Day，Atchley，2008）。此外，"校园安全法"（the Campus Safety Act）（后来更名为1998年"校园安全政策和校园犯罪统计法案"，the Jeanne Clery Disclosure of Campus Security Policy and Campus Crime Statistics Act Clery）等立法也加强了对安全的重视。这项联邦法令要求高校每年公布有关犯罪的信息，提高了学生特别是家长对学校安全的重视。学生的人身安全已成为许多校园安全计划的重点。通常，在新生到校前发送的邮件、参加学前适应活动期间、刚住进学生宿舍时、每个社区的宿舍助理召开第一次会议等，都让学生共享教育信息。宿舍工作人员通常与其他校园部门（如学校保安和受害人倡议部门）合作，向居住者提供教育项目，旨在预防犯罪，培养注意个人安全的良好习惯。

### 技术

当代许多学生是网络一代成员，也称为千禧一代。千禧一代指从 1982 年至 2000 年出生的人，是历史上人口最多的一代（Howe，Strauss，2003）。网络一代成员严重依赖"设备"，通常能熟练使用技术（Holeton，2008）。技术影响重大、学生将其作为首选交流方式，都使人们需要对传统项目和社区建设工作重新审视。学生宿舍工作人员面临的另外一个挑战是，如何通过技术和虚拟社区建立一个能让学生之间保持良好联系的最佳社区。"与住宿大学经历长期相关的是建立一个取代高中同伴团体的核心友谊团体。"（Anderson，Payne，2006）通常与某层楼或宿舍楼相关的团体，也被认为是独立于、不同于早期的团体（Anderson，Payne）。

当今的学生可以使用技术，例如手机、即时通信、社交网络、短信等，无论他们之间的距离如何，都能促进个人之间的即时互动。虽然宿舍工作人员继续专注于在住宿很近的学生之间建立社区，但是这些学生中的许多人投入大量的时间和精力来维持以前建立起来的关系。此外，在今天的学生宿舍里，居住者之间的社区建设在学生抵达校园之前就已经开始了。当学生得到录取通知书时，他们会组成社交网络组并开始讨论大学。类似地，当学生开始了解他们将住在哪里时，就形成了宿舍社交网络圈（Holeton，2008）。

有一些学校甚至在学生抵达校园之前，就已经有效利用技术来加强社区发展。霍雷顿（Holeton，2008）认为，这些新工具可以让学校以新的方式鼓励学生学习和发展。

为了利用这些工具，学生事务和宿舍专业人员应该报以主动的态度，而不仅仅是被动接受。他们应该一起制订计划，通过员工培训、研讨会和务虚会，研究如何使用学生拥有的设备、住宅网站、多媒体制作、电子讨论、社交网络和浸入式环境，来达到服务学生的目标（Holeton）。

## 生活和学习社区

校园教育工作者发现，将本科教育目标融入课外活动中的最佳方法之一，是通过发展基于居民的学习社区（Zeller，2006）。在这些社区中，"可以通过创建学生课内外经验的联系实现创新课程和教学实践"（Zeller）。这些项目基于这样的信念：多数学习发生在学生的日常生活中（Pascarella，Terenzini，Blimling，1994）。当大学创建一个小社区时，学生被集中在一起，作为某些教育计划的一部分，会从融合他们的课内外经验的学习中获益（Shapiro，Levine，1999）。宿舍学习社区的例子包括宿舍区新生兴趣小组（FIGs，Freshman Interest Groups）、住宿学院、以主题为中心的生活社区和以专业为主的生活社区（Shapiro，Levine）。

## 一年级/过渡期学生

"第一年经验"旨在创建一个支持学生向大学过渡的学校环境，并有助于确保学生坚持学习到毕业。之前讨论的许多项目和服务是专门为支持一年级学生或过渡期的学生（转学生）而设计的。露娜和戈翰（Luna，Gahagan，2008）强调，宿舍学习措施支持第一年的学习，因为它们"（1）为学生提供一个前期负载学习资源的车辆，帮助学生取得成功；（2）可以创建有意义的、能够提供帮助的社区；（3）可以有效地为一年级的学生融入领导力"。

许多宿舍学习社区的重点是帮助一年级学生过渡到大学生活。通常，第一年的学生被分配到一起生活，受益于特别项目、服务、课程、工作岗位人员配备，以帮助他们取得成功（Upcraft，Gardner，1989）。

## 学生发展理论的应用

宿舍生活专业人士有机会塑造学生校园生活的学习环境。他们能否做到这一点，在一定程度上取决于他们对学生成长和发展以及环境如何影响这一过程的理解。发展理论解决了"人类个体发展的性质、结构和过程"问题（Pasarella，Terenzini，2005）。学生发展理论"帮助宿舍工作人员了解学生的变化和成长，担任组织干预的指导者。无论呈现出的环境是简单还是复杂，学生发展理论在帮助学生学习中有助于建构'教育反应'"（Schuh，2004）。专业人员应该熟悉各种发展理论，以及如何在实践中使用这些理论。

了解学生发展理论的专业人士可以用它来指导监督工作人员、对团体和个人提出建议、制定项目规划政策和咨询额外需求资源等工作。那些不熟悉理论的人有义务熟悉这些理论，以增强他们的实践能力。实践者必须在实践中使用理论，而且须向校园社区展示其价值（Baxter Magolda，1993）。

现有的发展理论可以分为几类，包括社会心理理论、认知结构理论、类型学理论和人与环境理论（Evans，Forney，Guido-DiBrito，1998）。社会心理理论研究个体的个人和人际生活（Evans，1996）。认知结构理论描述了人们思维方式的变化，但不描述他们的想法（Evans）。类型学理论"探讨人们如何看待与世界相关的个体差异"。人与环境理论包括描述学生与环境相互作用的交互模型（Evans，1996）。另外的一些理论，如过渡理论和学生持久性理论，虽然不像其他理论那样专注于学生成长，但在宿舍环境中有助于建设促进学习和发展的宿舍环境。

然而，对于理论是否得到了足够的运用，人们对此心存疑虑。"……从业者制定政策、做出决定、解决问题、提供服务和项目、管理预算，一般而言，这就是他们的工作。"（Upcraft，1993b）部分原因可能是人们相信许多"主流"发展理论往往最适合 18 至 22

岁的白人男性（Upcraft，2005），较早理论中许多都是以白人男性为基础。从业者经常质疑，这些过去的理论是否适用于当代学生，他们比许多发展理论创立时的大学生更具多样性。幸运的是，在反映当前学生多样性的发展理论方面取得了进展。文献中出现了更多适合特定弱势群体的理论：年龄较大的学生、妇女、男同性恋、双性恋、残疾学生和其他群体等（Upcraft，2005）。

宿舍生活可以是培养和支持学生个人发展的理想场所，但是只有当学生宿舍工作人员与学生的一切互动活动具备主动性和目的性的时候才是如此（Winston，Anchors，1993）。

研究表明，仅仅住在宿舍不会对学生的学习或个人发展有直接影响。如果要使这种环境对学生的生活产生有意义的影响，就需要对宿舍环境进行更多主动和系统的干预（Winston，Anchors，1993）。

温斯顿和安可儿（Winston，Anchors，1993）为实现学生发展目标的住宿项目提出了以下建议：

（1）有目的地组织宿舍，向居住者和潜在居住者清楚传达：宿舍生活是课堂学习的延展或加强。实现这些目标的最有效的方法之一，是建立一个具有社区意识的居住单元，其居民具有超越个人的共同利益。

（2）认真关注弱势群体学生的需求，如有色人种和第一代大学生的需求。宿舍工作人员应明确承诺要创建一个欢迎不同背景学生的社区。

（3）寻求和认可那些愿意为课外学习努力并取得成就的个人和团体。

（4）正如考赫、舒、维特等（1991）所述："了解你的学生，了解他们如何学习，了解影响他们发展的条件。"只有当专业人员经常与住宿生开展非正式交流，并制定系统，收集来自学生的关于学生的信息时，才能做到这一点。

（5）清楚地声明，选择住在大学宿舍的学生应该是积极的公民。他们可以以多种方式参与项目，如加入学生宿舍、学生会，以及参与项目发展或社区服务活动。

## 宿舍对学生的影响

与宿舍生活相关的活动和机会有可能带给学生挑战，让学生从中接受教育（Schroeder et al，1994年）。他们可以在课堂知识与每天的生活之间建立联系。如果活动对宿舍生活认识充分，结构合理，促进和鼓励个人价值观、文化理解和欣赏，其结果与有效的本科教育相关，可以促进有效的教育（Fenske，1989）。宿舍生活可以通过创建有利于学生学习的环境来满足学生的多样化需求。宿舍社区通常被设计为一种专注于学生学了什么、如何学习，以及什么因素激励他们这样做的场所。虽然大学内许多部门为学生提供教育机会，但没有一个部门像宿舍生活部门一样，能够影响如此众多的学生（Winston et al，1993）。

宿舍设施、员工和项目可以影响学生的教育和个人发展的质量（Blimling，1999；Chick-ering，1974；Murray，Snider，Midkiff，1999；Zheng，Saunders，Shelley，Whalen，2002）。研究人员已经开展了一项研究，以证明住校学生的学业表现好于那些住在家里或往返于学校的学生。研究结果显示，住校学生在毕业率方面一贯高于没有住校经验的学生。阿斯汀（Astin，1993）报告称，在大一和大二期间住宿舍具有积极影响，增加了大学生完成大学课程的概率，增强了学生自信心。奇克林（Chickering，1974）关于住宿生和通勤学生的研究一致表明，住校生修的学分更多，平均成绩更高，保持力和毕业率更高。他发现，即使控制学生入学时固有的差异，如社会经济地位、学习能力和过去的学业成绩，之前存在的差异现在仍然存在。巴娄、拉威尔和舒尔兹（Ballou，Reavill，Schultz，1995）发现，第一年住校的学生完成本科教育的可能性高出12％。此外，阿斯汀（Astin，1993）指出，到目前为止，与大学持久性有关的最重要的环境特征是在大一期间住校。

也许学生在大学取得成功的最大因素之一，是参与课外活动和参加住校生举办的其他校园活动（Astin，1993）。住在学校能最大化参加社交、文化和课外活动的机会，解释了宿舍生活对学生发展的影响。与通勤学生相比，住校生对学校和自己的教育经验的满意度更高。奇克林（Chickering，1974）的研究表明，住校学生与同学和教师有更多的交往，更有可能参与课外活动，使用校园设施。考虑到学生能更大程度地参与社交和课外活动，与住在校外的学生相比，住校生对学校的社交环境有不同的看法，并且对学校表现出不同层次的满意度，这不足为奇（Schroeder et al，1994）。

虽然没有大量的证据，但一些研究表明，住校生在社会心理发展方面比校外学生取得更大的积极成果。奇科（Chickering，1974）指出，与住校学相比，通勤学生在大一学年结束时对学习自信心、公开演讲能力以及领导能力的自我评价较低。休斯（Hughes，1994）认为，宿舍生活具有强大的力量，促使学生接受多样性的环境，其中开展的活动和项目，使得学生能够与处理多元问题的同学和同事互相交流。还有一些研究发现，与校外学生相比，住校生通常表现出更高的自尊（Winston et al，1993）。这可能是因为校园里的学生与教师、管理人员和同伴之间有更多的交流。施罗德等人的研究（Schroeder，1994）发现，住校生可能会比住在校外的走读生经历更多的价值观的变化，尤其是在审美、文化智力、社会和政治自由主义，以及世俗主义方面有说服力。

学生宿舍工作人员应通过开展服务和项目，增强学生作为一个整体的人的成长和发展，从而支持学校的学习目标和使命。施罗德等人（Schroeder，1994）提出，宿舍强调的技能，与学生在工作和闲暇时间中运用知识的能力同等重要。在宿舍中进行的许多项目和服务，旨在通过将学生聚集在一个社区，创造一种容纳多样性的环境，其中差异性受到包容、尊重和重视（Rentz，Saddlemire，1988）。

宿舍工作人员协助学生将课堂上学习的内容同日常生活之间建

立联系。组织好目标清晰的宿舍生活，可以促进学生的当代价值观、文化理解和欣赏以及其他与本科教育相关的有效成果。宿舍工作人员促进学生学习，同时保持学校的教育目标处于最前沿，为学生的整体发展做出贡献。也许最重要的是，与住校学生相比，住在私人校外公寓的新生对他们的大学经历最不满意，而且也不太可能在下学期回到学校（Chickering，1974）。帕斯卡拉和特兹尼（Pascarella，Terenzini，2005）回顾以前的研究后得出结论："我们早期的论述提出了非常一致的证据，即相比于通勤学生，住校生更可能坚持和毕业。即使考虑了与持久性和教育程度有关的一系列入学前特征，包括大学前的学习成绩、社会经济地位、教育愿望、年龄和就业状况，这种关系仍然是积极的，具有统计学意义。"

在过去 20 年里，美国各高校几乎没有什么问题比学生在校率更受到管理者的关注（Barefoot，2004）。以前认为学校可以选择学生而获得荣誉徽章，而现在，把与学校质量相关的这些数字包括在内，扭转了这种观念（Barefoot，2004）。在校率通常被认为是学生成功的指标。如果学生能够坚持度过大学一年级和二年级，他们最终成功和毕业的可能性就会增加。由于高校继续将在校率作为衡量成功的标准，第一年的校园生活将继续发挥关键作用。

## 重要法律问题

校内宿舍管理需要了解与宿舍日常运作有关的法律问题。奇林（Gehring，1993）警示说，学生宿舍承担法律责任的可能性很大，它可能比学生事务的任何其他领域重要得多。他进一步说明："从事宿舍工作的学生事务专业人员必须处理好物质层面的问题，如建筑物、学生会、活动及其规划、纪律、人际冲突和各种个人问题。这些责任都充满了潜在的法律问题。但是，专业人员可以管理这些风险。为了尽量减少潜在的责任，宿舍专业人员必须熟悉每日宿舍运作所涉及的法律参数。管理风险的最佳方法是在潜在危险成为问题之前确定潜在危险。"

虽然很难做到熟悉与校内住宿有关的所有法律，但对最相关问题的大致了解可以帮助员工识别潜在风险，并实施政策，展开行动，从而最大限度地减少法律责任。当然，如果时间允许，工作人员应该考虑向他们的法律顾问寻求建议（Gehring，1993）。然而，由于工作人员往往处于必须立即采取行动的状况，因此有必要对法律参数进行大体上的理解（Gehring）。

本节不可能涵盖与住房运营相关的所有法律问题，但可以提供其他资源和指南，以供人们广泛了解。影响住房运作的问题众多。首先是住房协议的性质。协议通常明确住房分配的条款和条件，让学生与学校之间建立独特的关系。一般来讲，法院将这种关系定性为契约关系（Gehring，1993）。1974 年"家庭教育权利和权利法案"（The Family Educational Rights and Privacy Act of 1974）俗称"巴克利"（Buckley）正案，或 FERPA，涉及保护学生的记录（1995）。这项法律与住房操作有关，因为收集或维护的信息与学生相关。住宿和宿舍生活工作人员还必须熟悉"美国残疾人法案"（Disabilities Act，ADA）（Kaplin，Lee，ADA），以确保法律规定的有需要的学生获得适当的住房。有许多问题影响宿舍运行，但是值得进一步讨论的有三个重要问题，分别是消防和安全、物理设施和项目监管。这三个领域早先由舒（Schuh，1994）确定，今天仍然具有重要意义。

### 消防和安全

住宿和宿舍生活工作人员关心的一个领域是火灾和安全问题。舒（Schuh，1994）认为火灾是在校学生最大的危险之一，并强调工作人员了解消防安全的重要性，以及在没有采取适当的程序时应承担的潜在责任。

大多数州都有关于消防设备、烟雾探测器、消防演习等的法律和法规，因此，住宿和宿舍生活工作人员熟悉这些法律法规至关重要，并应明确需遵守这些法律和法规。工作人员应进行例行检查，应与器材工厂的工作人员密切合作，以确保所有设备运作良好。未能参与这些安全程序将导致校园产生众多的法律问题。

如上一节所述，校园里的学生安全是日益引起关注的问题，也是学校可能面临的问责。校园安全法案后来更名为 1998 年校园安全政策和校园犯罪统计法案（Grimm，2008），要求各高校每年公开有关校园犯罪的信息。住宿和宿舍生活工作人员必须持续不断地评估宿舍的安全程序，并教育学生如何最大限度地减少人身安全风险。学生还应该获得如何在火灾时离开建筑物、如何操作灭火器以及在各种紧急情况下如何处理的教育（Gehring，1993）。

2008 年 7 月 31 日，国会通过"高等教育机会法案"（the Higher Education Opportunity Act），完成了对"高等教育法案"（the Higher Education Act，HEA）的重新授权。该法案于 2008 年 8 月 14 日签署成为法律，提供了宿舍火灾报告准则和宿舍楼内失踪人员处理报告程序。美国教育委员会（the American Council on Education，2008）撰写的法律分析声明，具有校内宿舍的学校每年必须出版一份消防安全报告，详细说明火灾、死亡、人员伤害、火灾演习、火灾相关财产损失以及每个建筑物中的火灾探测器类型。该法案还要求参与任何联邦高等教育和保持校内住宿的学校，必须建立学校住校生失踪通报制度，保安调查确定为失踪后 24 小时内完成。

### 物理设施

住宿运营部门负责维修物理设施及其设备，以满足学生需要，并提供一个相当安全的环境。但经常在不适当的时候，"有些事情会发生，使物理设施不能操作或发生危险，从电梯出现问题到暴力天气的任何事，都会导致物理设施不可用"。（Schuh，1994）学生宿舍工作人员有责任采取行动，保护住宿者免受伤害。必须制定相关程序，以便及时报告和及时处理问题。除了以合理的方式维修建筑物外，还必须定期检查，发现设施缺陷（Gehring，1993）。"完善记录、定期检查和后续维修对于避免疏忽至关重要。"（Gehring，1993）

### 项目监督

在大多数校园中，许多学生宿舍项目可以由工作人员主办或赞助。虽然大多数活动对参与者不构成风险，但有一些，特别是那些需要一定参与技能或涉及酒精饮料消费的活动，会对参与者构成较大风险（Schuh，1994）。

通常要求涉及参与技能的高风险活动遵守学校活动开展及风险管理政策。风险管理或法律顾问人员通常可以作为活动资源，帮助工作人员确保风险最小化（Dunkel，Schuh，1998）。建议规划者遵循"行业标准"，这可能与运动和娱乐事件，以及需要专门设备的事件或水上运动事件有关。

涉及酒精消费的活动通常按照大学酒精政策管理。一些大学或宿舍活动政策禁止学生活动饮用酒精饮料，毫无疑问，这是让风险降到最低的最佳方式。但是，如果活动中要提供酒精饮料，工作人员必须谨慎对待他们承担的风险。舒（Schuh，1994）提出以下关于酒精活动的规划建议："若要将风险降到最低，就必须了解州立法律。如果学生没达到法定饮酒年龄，就不允许饮用酒精饮料。学校不应该成为赞助非法活动的一部分……购买的酒精量应该是有限制的。规划者应该购买与预期参与者数量相当的数额，应提供食物和替代饮料，在规划提供酒精饮料活动之前，应咨询校园酒精信息中心或健康中心，了解有关酒精饮料规划的相关信息。"

东克尔和舒（Dunkel，Schuh，1998）还建议雇用商业供应商来举办活动，允许专业调酒师管理酒精饮用方面的活动。

学生宿舍工作人员担负巨大责任，采取有效方式开展活动，让学生尽量遭受最低的风险和最少的伤害。宿舍工作人员要了解相关法律问题，要向校内法律顾问和其他专业人员咨询，这样有助于尽量减少风险。

**专业发展**

成熟的专业人员是成功组织的关键资源。已经有许多文章描述关于专业人士持续发展的需求，这些发展超出了最初的教育储备。

尽管学生事务专业人员比大多数人更了解学生持续性学习和课外活动的重要性，但我们常常忽视了这些活动对于我们自身的价值。在这个不断变化的全球社会中，我们必须跟上变化，跟踪前沿知识，并在这一过程中保持心理和身体健康（Batchelor 1993）。

对宿舍生活管理专业人士发展的投资，应视为是对学生发展的投资。没有为专业人士提供强有力的监督和持续发展的可能性，意味着为学生提供的服务都是一些劣质的服务（Barr，1993）。

当有一系列明确的目标作为行动的基础时，就能获得最好的学习效果。制定具体目标并致力于实现这些目标的专业人员，更有可能成功地实现他们的目标。正如关注点从教学转向与学生教育相关的学习一样，专业人员还需要在制订专业发展计划时考虑自己的学习目标。只有确立一系列清晰的目标，包括学习、工作或活动目标，才能获得学习成果，在已有的技能和知识基础上获得发展。专业发展规划常需每年完成，并且作为工作人员及其主管之间进行规划和讨论的工具。

专业发展包括指导、阅读、正式课堂教育、员工发展活动、志愿者和委员会工作、参与专业协会、网络和会议。专业活动参与是专业实践的一个重要方面。参与校园宿舍生活管理项目的个人将从参与专业协会中受益。专业组织服务于多种目的。纳斯（Nuss，1993）确定了个人和学校参加专业协会的几个原因："专业发展的机会，受益于所提供服务和活动的途径，测试专业能力的机会，与具有相似兴趣的人一起影响协会或专业未来发展方向的愿望，以及一种帮助发展专业、资助有助于专业活动的专业责任感。"

应有几个多个宿舍专业人员都参与的专业协会。与大多数专业协会一样，这些组织由选举产生的办公室人员组成，设有一个中心办公人员支持工作。专业协会参与的决策应基于职业目标、才能适应学校的需要（Nuss，1993）。国际高校住宿办公人员协会（The Association of College and University Housing Officers-International）（ACUHO-I）是为住宿专业人士提供服务的主要专业组织，主要目的是鼓励高校校园实施高质量的住宿项目。ACUHO-I会员由各学校组成，因此任何拥有会员资格的住宿部门内的专业人士都可以获得会员福利和资源。同时，该协会还认可14个区域协会（其中有些是国际区域），其中许多区域协会除了赞助年会外，还有 ACUHO-I 年会、许多其他专业机构年会、讲习班和会议。国际高校住宿办公人员协会也于 2005 年出版了一套标准，即"大学生宿舍标准"（Standards for College and University Student Housing）。该文件确定的宿舍管理标准涉及运营和管理、实体工厂、教育和规划、餐饮服务、道德和专业人员资格等。

宿舍生活专业人员通常归属于更大和更全面的学生事务组织，如美国大学人事协会（ACPA）或全国学生人事管理者协会（NASPA）。这两个组织通过专业发展项目、出版物和年会，努力满足学生事务中个人的专业需求。美国大学人事协会包括委员会，旨在代表协会成员受雇于有兴趣的工作/职能领域或专业领域。住宿和宿舍生活委员会由住宿和宿舍项目领域工作的人或对此感兴趣的人组成。

### 未来发展

住宿和宿舍生活专业人士努力制定五年和十年战略规划，之所以这样做，一定程度上是因为他们对学生宿舍的未来发展不确定。各高校在联邦和州一级都面临着严峻的经济挑战。预算严重削减、裁员和休假仅仅是学校采取措施抵消金融负担的一些方式。随着住宿和宿舍生活专业人员深入研究这些不断变化的问题，对未来的规划变得越来越困难。当前和未来的工作人员面临着这些挑战：消费者需求和社区发展的挑战、经济挑战、技术发展和人员配备挑战。

### 消费者需求和社区发展

预计未来十年，招生人数将增加，学生间的竞争也更激烈 (DeCapua，2006)。管理人员认识到住宅设施的重要性，因为它成为人们是否选择该学校的一个重要因素。

当今的学生与三四十年前的学生相比，有着非常不同的背景。今天的新生大多成长于养育一个或两个孩子的家庭，自小就有自己的卧室。他们更多属于消费型，很可能"购买"几个高校。学生将来的居住之处正在对择校过程产生重大影响。今天的学生可能需要在大一期间共享房间，但是他们住校不太可能如同上层阶级的人那样，除非校园可以提供类似于校外住房的公寓或私人房间。以前被认为是奢侈品的设施，如厨房、私人浴室、学习休息室和社交空间，现在被认为是必需品。(schoolfacilities.com，2002)

学生要求提供更多方便的设施，如学习活动和娱乐设施，与校外住房市场能够相比美，住宿和宿舍生活将根据学生需求做出相应回应。

越来越多的学生怀揣着更多的需求，包括心理和生理方面的需求，进入大学。住宿和宿舍生活项目受到特殊住宿要求的影响。一些申请特殊住宿的学生在校园残疾办公室注册，而其他学生则不必如此。学生提出的要求包括要有私人房间、私人浴室、一楼的房间等。住宿和宿舍生活专业人士必须了解什么要求可以接受，什么不能接受。学生对私人住宿的需求增加。重要的是，要了解与传统的宿舍生活相比，住在私人卧室的学生往往更多地孤立自己，减少自己的社交互动机会。根据 2008 年美国大学健康协会（American College Health Association）的一项调查，在过去一年里，30％的大学生表示感到非常抑郁，难以正常参与活动，49％感到压力和焦虑。此外，10％的学生还报告称被诊断患有抑郁症或正在接受抑郁症治疗，超过 6％ 的学生曾经认真考虑过自杀（www.healthyminds.org，2010）。

只为学生提供一张床睡觉的宿舍概念已经是过去式了。住宿和宿舍生活专业人员必须熟悉学生的兴趣和未来新建筑的标准。国际大学宿舍协会（ACUHO-I）21 世纪工程（The 21st Century Project）提出的倡议之一，旨在帮助专业人士识别和满足消费者对未来的需求。21 世纪工程旨在为高等教育机构建立新的、先进的住宅设施标准，融合了可持续性、灵活性、社区和技术的原则，充分发挥"宿舍大学生活中不断变化的作用"（ACUHO-I，2008）。

### 经济挑战

早期的高等教育在获得完全资助以前，并没有建校园宿舍。宿舍从来都不是依靠借款（Bartem，Manning，2001）而建成的。过去十年中，高等教育管理人员越来越多地利用、实施通常的商业做法，如服务外包，通过寻求私营企业修建新宿舍，并最终为新宿舍支付费用，来降低成本。

宿舍存在老化问题，部门预算越来越集中于维修、预防性维护和现有住宅设施升级等。为了通过建设新设施和改造现有住房来满足学生住房市场不断变化的需求，高校正在寻找新的工程资助方式。

传统意义上，增加租金和减少宿舍生活项目支出被视为有助于支付翻新和新建住宅设施成本的方法（Stoner，Cavins，2003）。在当前经济条件下，随着高校继续寻找替代资金来源，许多人开始动用辅助储备。诸如住房等部门被迫提高租金，以履行财政义务和资助新项目。为了努力降低生活成本，建造更多的住房，一些高校采取了私人化住房形式作为解决方案。1997 年几乎不存在私有化住房（Van Der Werf，1999）。2000 年存在约 5 亿美元的私有化大学住房项目，2007 年其变得更受欢迎，私人住房合同金额超过了数十亿美元，仅在美国的大学校园，就有 214 个私有化住房项目（Moneta，Dillon Bekurs，2007）。也许大学校外住房资源的增长可能与蒙塔和迪伦（2001）所称的"合作"有关。当学校和校外供应商合作提供服务或活动时，协作就成了另一种形式的私人合作。通常，这些富有想象力的计划和房地产开发项目旨在提供住房、餐饮、零售和商业设施等服务。

在私有化繁荣之前，住房资助最常见的方法是通过发行债券来实现债务融资。在这种结构中，大学出售债券，以获得新项目建设或现有设施翻新收入。学校以这种方式掌握最大的控制权，但会承担最大的风险和额外债务负担（Henry，2003）。由于高校在经济上陷入困境，要考虑现有的债务能力和新建筑的债券评级，于是，他们探索了其他融资建设住房的途径。许多校园选择与私人开发商合作设计、开发、建设、融资，并在某些情况下，管理所有新住宅设施。虽然招生人数激增，但与私人开发商合作可以加快建设项目进程，避免官僚主义障碍，债务偿还能力，克服现有债务契约的限制（Bekurs，2007；Cirino，2003；Short，Chisler，2006）。虽然公寓发展历程相对较短，但是宿舍私人化可以追溯到私人公司，它们利用来自西北共同人寿保险公司（North-western Mutual Life Insurance Company）的股本资本，在北卡罗来纳大学的教堂山校区（the University of North Carolina at Chapel Hill campus）开发、建造和管理住宅设施（Short，Chisler，2006）。许多私人开发商有能力定制住房、最小化风险，同时获得最大化的收益。

私有化住房模式的一个根本性原则是地租契交易（ground lease transaction）的存在，高校将所有的土地租给私人开发商或非营利组织，以建造新住房（Henry，2003；Short，Chisler，2006 年）。有一小部分资金充足的房地产投资信托商（REITs）已经垄断了与大学合作建立住宿的市场。这些大公司主要是资金充足的公共贸易组织，它们渴望同那些寻求新方式融资和建设住房的高校合作（Zaransky，2006）。在选择开发商之后，学校通常同意将用于住宅项目的土地租赁给公司。学校最终希望保留的控制和监督水平决定着这种公私关系的程度。

国家机构对私人开发商的一个主要好处是，高校能够使用免税债务，不用支付财产税（Bekurs，2007）。公私合作为私人开发商提供利用国家机构优势的机会，为所有人都节省了开支。公私合作伙伴关系通常称为免税公司模式，在学校基金会的帮助下形成，有助于为项目发放免税债券（Henry，2003；Van Der Werf，1999）。学校根据《国内税收条例》（the Internal Revenue Code）第 501 条 <c>部分第（3）点（the Internal Revenue Code 501）〈c〉、合作政策（corporation policy）确定住房工程。根据这一点，非营利组织不是一个应税实体，其活动领域涉及慈善、宗教、教育、科学、文学、公共安全检查等。资助类型及其获得方式通常取决于公私伙伴关系。学校可以建立账外融资（off-balance-sheet financing），任何新住房项目的成本不包括在学校总债务能力中（Henry，Short，Chisler，2006）。

瑞恩（Ryan，2003）说："这些合作伙伴的条款和条件因学校而异，如住房（校内或校外）位置、管理安排、协议时间长短和占用要求（如果有）通常是不一样的。开发商与高校之间的租赁安排或管理协议需经过仔细协商。一些学校将公共－私有住房作为其存货的一部分，留作学生申请、分配和租用时使用。在某些情况下，也提供住宿生活计划。就所有的管理功能而言，学校会将住宿纳入自己的管理范围。"

学校保留的控制权，例如项目中的政策制定、预算监督和日常管理，都增加了将债务纳入学校总体债务能力的可能性（Short，Chisler，2006）。由于预算削减和资金短缺继续影响着高等教育机构，高校管理者必须以创造性的方式确保增加资金和提供服务。虽然一些学校直接提供所有服务，如人员配置，但其他学校将选择外包服务。高等教育继续看到外包服务所带来的经济效益，因为与外包商签订合同是以货币规定的，规定包括保障改进现有设施、建设新设施、每年向学校支付款项等。

### 技术发展

随着时间流逝，技术的运用正在改变提供服务和学生学习的方式。这些变化影响了宿舍管理的未来，因此，立即获得信息至关重要。人们越来越多地使用互联网和有线电视作为教学模式。建造新住宅设施和翻新现有建筑，必须考虑这些先进的技术。正在建设的新宿舍为普通房间和单间提供无线网络。电视是否应通过传统的电缆线路进行传输或基于互联网协议的线路传输，仍然是新建筑项目的一个问题。毫无疑问，高度重视生活/学习社区的高校将为学习设施（如智能教室）纳入宿舍铺平道路。

随着学生增强的个人隐私和独立性，他们对安全和安保方面也有很高的期望。"宿舍生活专业人士必须将校园安全放在组织的优先位置，并有针对性地解决问题。"（Janosik，1993，p. 514）住宿和宿舍生活部门正在且将继续越来越多地使用技术先进的安全系统，将摄像头、电子锁和紧急通知协议融为一体。

## 人员设置面临的挑战

初级工作人员的招聘和保留，在住宿和宿舍生活中以及学生事务中仍然是一个值得注意的问题。"进住"要求（"live-in" requirement）通常与住宿和宿舍生活部门的初级职位相关。在同一地点生活和工作往往会限制个人隐私，压制伴随个人和专业需求相分离的独立性。虽然没有实证数据，但是招聘和保留新的专业人员可能是许多学校的一大挑战。住宿初级管理职位的候选人通常对解决"进住"生活具体问题的学校政策感兴趣，如伴侣和家庭成员是否可以与工作人员居住？是否允许养宠物？是否包三餐？是否还有其他福利？这些问题通常在候选人决定是否申请学校宿舍助理职位方面发挥了重要作用。地理位置和生活住宿条件也可能影响进住职位的申请人质量。招聘工作人员仍然是许多学校的挑战，学校需要加强努力，为其初级职位招聘高素质的候选人。

关于行业的未来，学生住宿和宿舍生活专业工作人员尽管面临着许多问题，但仍需履行学校的重要职能。宿舍生活仍将是大学生整个教育经历中的重要组成部分。面对学生不断变化的需求，住宿和宿舍生活工作人员需要继续适应，为他们提供服务，准备设施。

克里夫特（Upcraft 1993a）认为：“然而，最根本的是，学校若要努力提高学生住房质量，宿舍管理必须有效，费用让学生负担得起，安全性好，维修优质，最重要的是，要有助于个体和所有住宿生的学习发展。如果宿舍不采取积极的措施解决学生发展需求问题，那么，在与当地公寓楼市场的竞争中就可能处于劣势。而如果专业工作人员能够胜任工作，具有爱心，关注学生需求和兴趣，对于学生和家长而言，则可以成为一个出色的‘卖点’”。

## 技术资源

下列网址提供的信息与学生宿舍管理相关：

（1）国际高等院校住房工作人员协会（ACUHO-I，Association of College and University Housing Officers International）：http://www.acuho-i.org。

（2）全国学生人事管理者协会（National Association of Student Personnel Administrators，NASPA）、高校学生事务管理者协会（Student Affairs Administrators in Higher Education）：http://www.naspa.org。

（3）美国学院人事协会（American College Association，ACPA）：http://myacpa.org。

（4）NACURH（National Association for College and University Residence Halls）：http://www.nacurh.org。

# 第十一章　　学生活动

爱德华·G. 惠普尔，凯斯·B. 奥尼尔

## 发展历史

学生活动一直是大学生活的一部分。不过，自从美国实行高等教育以来，学生活动发展了多种不同的形式。学生可以选择参与各种活动，如讲座和电影、社交活动、兄弟会和姐妹会、学生组织、学生会、文化项目、艺术或音乐活动。大多数学生可以通过参加校园学生活动来发展兴趣爱好。

早期的美国高等教育没有为学生提供丰富的课外活动。殖民时代的大学重点将宗教服务设置为学生的日常活动，为学生提供的课外活动有定期祷告、上教堂（特别是在安息日）以及其他为准备当神职人员的人举办的宗教活动。早在1719年，哈佛大学的学生就会成群结队地聚集在一起阅读诗歌、讨论生活问题、享受啤酒和烟草。学生活动中宗教活动逐渐减少，归因于学业课程体系，它是美国高等教育的一个特点。美国教育鼓励学生之间相互竞争，在某些活动中互相打闹。

霍洛维茨（Horowitz，1987）描述了大学生活的起源，发生在18世纪末和19世纪初："在这个崭新的国家里，大学都经历着

一波由家境富裕和世故持重的大学生领导的学生集体起义的浪潮。大学学科与上流南方绅士和北方商人的精英儿子的教养相冲突。享乐主义的年轻人重视品味，公开追求野心，他们反抗大学校长和教职工，后者决定让他们待在应该待的位置。在每一种情况下，暴发都被强行镇压，但冲突会深入地底。大学生从公开的对抗中退出，转而改变表达方式。他们结伴形成了一种意识，与教职工和严肃的学生思想形成对立，并借助兄弟会和俱乐部系统向学校表达。"

在早期的学生活动中，文学团体在 19 世纪后半叶之前的校园生活中发挥了重要作用。这些社团的最初目的是为公众演讲和讨论文学、政治和历史提供机会。社会团体之间相互竞争，在每个组织内形成了强大的学生忠诚意识。随着社团的发展，根据学生家庭的社会地位和等级，它们表现出不同的特点。越来越多的学生加入社团，大学管理者认识到社团对学生生活的重要性，并且正确地认识到，社团不仅仅是课外集会的一种形式，更成为校园里的兴趣中心，由学生资助和学生管控的强大教育企业，与陈旧的大学传统、狭隘的经古典学术活动平起平坐，甚至对它们造成了威胁（Sack，1961）。

一些文学社团演变成希腊文命名的社会组织。第一个组织是美国大学优秀生全国性荣誉组织（Phi Beta Kappa），成立于 1776 年的威廉和玛丽学院（the College of William and Mary）。男性的希腊文社会组织（兄弟会）是以联盟三部曲发展而来的：卡帕阿尔法社团（Kappa Alpha Society，1825）、西格玛菲（Sigma Phi，1827）和德尔塔菲社团（Delta Phi Society，1827）（安森和玛尔凯尼，1991）。越来越多的希腊文社会组织出现在大学校园内，引发许多校园社区成员的对抗，但最终在内战后减弱了。在内战即将爆发前和内战后兴起了女性希腊文社会组织（姐妹会）以及各学科的专业社团，如医学、法律和工程等。这些专业社团也在其名字中使用了希腊字母，类似于其他社交类团体。

学生自治协会和管理委员会在 19 世纪希腊文社会组织早期得

到发展。在弗吉尼亚大学（University of Virginia），托马斯·杰斐逊（Thomas Jefferson）认为学生应该受到自豪和野心而非恐惧和惩罚的驱动。他支持学生自治委员会执行大学规定，而以前这是教师的职责。但是他的计划没有成功，因为州立法机构没有建立所提议的自治委员会，弗吉尼亚大学的学生不能承担这种责任，荣誉准则限制许多学生相互提供不利证据（Brubacher，Rudy，1976，1997）。

内战后，学生组织和体育活动日益普及，随着学校课程的拓展，文学社团的重要性减弱。内战之后出现了一个"不同的"美国："学生开始代表一个比以前更广泛的群体，其中一部分学生缺乏对所有严肃知识或职业前教育的兴趣。其他人上大学主要是为以后在商业和金融业发展做准备。这是一个现代美国崛起的时代。强力意志的企业家正建造一个庞大的工厂，为复杂的都市社会创造经济基础。雄心勃勃的年轻人追求的目标超过了南北战争前时期，主要是唯物主义、有形、务实的目标。这些年轻人的态度往往可能是一种深刻的反智识主义。"（Brubacher，Rudy，1976）

也是在内战之后，教师关心学生课堂之外的生活胜过关心自己，从而鼓励兄弟会的发展，使之成为学生社交活动的合适场所。这些组织试图满足文学社团未能满足的学生发展需求，到19世纪末，他们还为学生提供住宿。对于参加严格宗教机构的学生，希腊文社会组织在学生行为相关规则和规定上放宽了要求。此外，兄弟会和姐妹会的秘密性质吸引了试图挑战学校当局的学生（Brubacher，Rudy，1976）。

随着美国迈入20世纪，对兄弟会或姐妹会不感兴趣的学生（或者负担不起会费的学生）建立了其他类型的学生组织。校园生活开始关注一些新兴的非秘密性组织，如学术俱乐部，它们的重点在各个学科（英语、外语、历史等），也吸纳教师作为会员。其他关注宗教、音乐和运动的学生俱乐部也开始兴起。

第一个学生中心设施是 1896 年在宾夕法尼亚大学（the

University of Pennsylvania）建造的。这个设施为学生发展团体提供了一个重要的场所，使得学生活动和资源出于实用性和便利性考虑而得到统一，其被称为"联合会"，表明它们提倡友谊团结，象征校园学生生活的统一。由于学校看到了学生联合会以及相关活动的重要性，第一次世界大战后建立的联合会数量迅速增加（Stevens，1969）。这些组织开展了各种旨在满足学校和周边社区需求的活动，学校联合会发展了这些活动，将它们与学校的学习使命联系起来，包括文化活动、演讲系列、讲座和音乐活动。许多学校联合会真正成为学校的"起居室"或"炉石"（Packwood，1977）。

第一次世界大战后，管理人员担心课外学生生活和学校的学习任务之间关联疏远，他们与教师齐心协力，整合了两者："当管理者从对抗转向包容时，官方认可学生组织，男、女事务长与学生社团领袖合作，共同规划活动，执行行为守则，学校目标和校园生活目标之间的明显区别消失了。"（Horowitz，1987）

在第二次世界大战之前，管理员致力于更清晰地定义学生校园活动的目标。特别是在大学环境影响到了学生教育时，他们开始认识到它的重要性。随着从第二次世界大战返回的军人回归学校，大学校园的面貌和景观发生了巨大变化。女性和年龄较大的学生数量的增加，为学生活动提供了新的机会和要求。兄弟会和姐妹会重新崛起，重申自己将致力于发展在大学生活中的领导力，取得成就（Horowitz，1987）。

20世纪60年代，随着父母代理理论的衰弱，学校与学生之间的关系发生改变。极端的文化潮流、民权运动和新生的激进政治团体都影响了大学校园里的学生生活。这些运动塑造了大学生的独立环境，学生在选择课内外课程方面变得更加自主。例如，通过传统生活活动（如希腊字母组织活动或者学生自治的学生活动）与同辈社交和合作的个人需求不再受欢迎。因此，这些类型组织的成员人数在全国开始下降，特别是在希腊文命名的社会组织中。

20 世纪 60 年代末和 70 年代初的研究生人事培养项目的演变也影响了学生活动。从事学生事务工作的专业人员与学生共同打造校园环境，使教师、工作人员和学生之间具有更积极的工作关系。在这个充满变化的时期，教师积极为学生组织提出建议，特殊兴趣俱乐部繁荣发展，宿舍更加吻合住校生生活和学习一体的概念，学生会为设计完善的活动提供空间，以解决发展各种课外活动的场所问题。领导力发展和志愿者思想也发展成为深受学生欢迎的课外活动。

在 20 世纪 80 年代，学生群体变得比以往任何时候都更加多样化。越来越多的高龄学生、国际学生、不同种族的学生、妇女和退伍军人改变了校园学生活动的性质。从 20 世纪 90 年代到 21 世纪，高等教育在不断变化的学生人口统计方面面临着持续的挑战，这种人口变化是在 80 年代凸显出来的。20 世纪 80 年代的保守运动和越来越多的学生关注职业和经济成功，使更多的学生试图平衡他们的大学生活与非专业活动。

高等教育的重点大体上经历了从课堂教学到学生学习的转变。如学生学习要求（Student Learning Imperative，1994）、NASPA 合理期望（NASPA's Reasonable Expectations，1995）和学习反思（Learning Reconsidered，2006）等关于学生成功的标志性声明所表明的，学生课外活动的性质开始得到关注。上述这些文件成为学生事务专业人员的参考指南，它们创造条件以促进学生学习，塑造校园课外生活，利用所有的高等教育资源给予全力支持。学生事务专业人员和教师不断探索合作方式，丰富越来越多样化的学生群体的整体教育经验（Komives，1996），并且对后续几代学生采用的新方法将继续适用于不断变化的大学生群体。

和过去一样，在当今时代用人单位很重视学生参与课外活动的情况，他们认为这种参与对于未来就业市场的成功至关重要。出于许多原因，学生通过积极参与学生活动来寻求提高学习成果的方法。

## 定义

学生活动是在大学校园中开展的课堂外和课程外项目、事件，旨在促进学生的学习、专业、社交、身体、精神或情感发展。这些活动包括领导力发展、学生会活动，以及参与学生组织、校园管理、兄弟会组织和特殊组织活动（如回家、家庭周末等）。此外，许多校区都有学生管理的策划组织，通常与学生会设施相关，进行活动策划，如举办音乐会、系列演讲或文化庆典等活动。节目种类繁多，每个校园的活动都不一样。

高等教育文献里没有提供学生活动的定义。相反，它确定学生活动的具体目标。穆勒（Mueller，1961）提出，学生发展通过活动得到增强，成功的学生活动"补充课堂教学或增进学习，发展社交能力，有效运用闲暇时间，发展更好的价值观和更高的标准"。米勒（Miller，1982）提出，学生事务专业人员的首要责任是协助学生个人成长、发展和教育，包括学习如何"学习、处理、领导、跟随、解决问题、做决策、与他人交往、应对压力以及在日益复杂的世界中有效地发挥作用"。今天成功的学生活动仍然包括这些目标，增强课堂以外的学习，促进人际关系发展和学校建设，鼓励社交，增加基于价值的发展经验。这些是成功的大学经验所需的最核心的成果（Keeling，2004）。

学生个人活动和特殊利益团体持续增加，有时参与更多传统、有组织的活动，如学生自治活动、希腊文命名的社团组织以及学生会活动。更多学生参与对他们的工作机会和未来职业有直接影响的活动。

当今的校园活动的规模和种类需要对学生活动和学生生活进行更全面的定义。派克（Pike，2000）建议，"学生生活要关注所有学生，首先致力于让他们了解大学传统，由此培养学生的共同体意识和对学校的忠诚"。学校将学生的学习内容与生活于其中的共同体（包括校园、当地、国家等）联系起来，以此增强学生的学习。

这样的活动有助于使学生的学习基于学生每一天体验的有形的事物，可由学生运行，教师、管理人员和社会成员提供支持。近日来校园和社区中流行的是，学生对服务和志愿者工作开始感兴趣，并且随着在线社交网络的兴起，技术进步为活动参与打开了一个新的层面。面对学生生活的动态维度，学生事务专业人士必须找到方法来适应，共同协作，以确保学生活动实现其支持学生学习和促进学生成功的最初目的。

## 需求

参与学生活动对学生的发展和成长至关重要。根据米勒和琼斯（Miller，Jones，1981）的观点，学生活动是大学生教育发展的必要组成部分。通过参加学生组织，学生获得适用于多种环境的技能。顿克尔和苏（Dunkel，Schuh，1998）将这种可传递性技能定义为"与人们、数据和事务相关，采用普适化或可传递的方式（例如从一个领域、专业、职业或工作到另一个领域、专业、职业或工作）"。帕斯卡里拉等（Pascarella，Terenzini，1991，2005）认为，当学生参与具有教育目的的课外活动时，个人发展和学习能力会得到加强，如学生学会利用冲突调解技巧和时间管理技巧有效完成任务。

总体而言，参与运动、希腊字母社团或其他组织的活动的影响可能错综复杂（Pascarella，Terenzini，2005）。齐克林等（Chickering，Reisser，1993）强调学生的整体发展，帮助他们健全智力、社交、情感和身体维度的重要性。对学生及其发展需求、参与价值的全面认识至关重要。

员工必须了解学生的需求和发展层面，以提供有意义的活动。必须进行资源评估，加强活动。此外，应该采用教育理论明确活动的主题依据，而不仅仅开展单一的活动。在这个理论基础上，活动应该满足不同人群的活动目标（Mills，1989）。随着重新关注明确的学习成果（Keeling，2004），面向目标的学生活动将有助于关注学生的课外学习，帮助学生培养实用技能，促进将来的就业准备工作。

## 目的

标准发展委员会（CAS）提供了可供使用的专业指南（"标准"），用于组织大学的学生活动。根据标准发展委员会标准（2009），校园活动必须"通过发展、接触和参与来提高学生的合作和领导能力，培养学生作为倡导者和公民的责任感，提升学生的整体教育经验"。委员会提倡学生开展活动的环境需有助于学生发展：参与课外和学生自治活动，发展领导能力和良好的人际关系，独立和以小组形式促进学习，尊重背景、价值观和思想的多样性，并为学校教育使命做出贡献（CAS，2006）。

研究集中在学生活动的"学习目的"。例如，学生活动可以帮助学生发展价值观，活动规划可以为学生提供价值观形成和发展的机会（Brock，1991），还可以帮助学生了解道德决策和伦理制度，这些制度反映不同的领导价值观和具体内容，可以被纳入领导力培训模块，用作学生在练习道德领导力时需要学习的基础（Boatman，Adams，1992）。

Astin（1993）发现，学生参与课内外活动，可以提高对大学生活的满意度，更坚信本科教育的有效性。显然，学生活动不仅仅是课堂外的休憩，因为有效的活动规划通过构建综合的校园社区拥有自己的课堂。"当我们谈及高等教育社区时，我们通常指的是宽泛的校园生活，它让学生在充满挑战但安全的环境中学习、成长和发展潜力。"（Maul，1993）如果学生活动被理解，经过充分设计，并融入本科课程，学生学习、领导力发展以及校园和社区活动参与度都能得到加强。

## 管理

学生活动管理可以采取多种形式，取决于学校的使命、历史、规模、学生人口、资助项目以及管控性质（公立或私立大学）。然而，许多活动具有以下一些共同的重点内容：学生组织咨询、领导力培训、学生会规划、音乐会、演讲会、希腊字母社团事务以及许多校园特别活动。此外，学生自治咨询职能通常由学生活动管理组织履行。

虽然没有用于学生活动管理的普遍或优先模式（McKaig，Policello，1979），但是设计一种能够很好地服务于特定校园学生群体和文化的结构十分必要。具有范围广、种类多的活动规划，是"持久力决策过程的核心要素之一"（Pasca-rella，Terenzini，2005），开展此类活动的关键在于能够有效地管理活动。

学生活动工作人员必须提供反映学生组织和学校重点的活动。斯戴尔（Styles，1985）指出，有效的活动规划者应特别注意影响到有效规划的具体领域：最新的研究、特殊人群需求评估、部门之间的平衡、权力和影响管理、内部评估和问责制。此外，学生活动工作人员必须非常熟练地提供校外活动资源，以帮助学校领导做出活动设计和开展的明智决策。工作人员必须参与决定学生活动组织性质和资源分配，否则将会对专业和学生教育造成相当严重的后果（Sandeen，Barr，2006）。

决定学生活动重点的一个主要因素，是活动是否与学校的学生会设施相关。如果存在这种联系，学生活动管理可采取集中人员配置模式。如果没有这种联系，具体活动可以由其他学生办公室或学生生活办公室主任负责。根据学校规模的大小，负责指导学生活动的工作人员可以向高级学生事务工作人员报告。如果活动是学生会设施运营的一部分，学生活动主任可以向学生会主任报告。活动组织结构与学生群体、资源条件或学校情况一样，差别很大。萨丁

（Sandeen，1989）阐述了活动管理责任问题，以及学生事务工作人员平衡管控和自由的必要性。他建议活动规划者对学校重要相关人员，如校长、学生、教师、校外团体和其他学生事务人员等保持敏感性。在制定活动政策时，管理人员应考虑以下事项：学校的教育使命，学校的重点，学生的社交和教育需求，与学校有关的法律事项，教师参与的自愿度，学生事务人员的支持，学生参与制定和修订政策，建立教师－学生政策委员会、审查政策及其应用，特殊学生群体的需求（如音乐会、育儿所、合作生活团体）（Sandeen，1989）。

成功管理学生活动的另一个关键是员工能够与不同的相关人员开展工作，特别是与各种群体的学生开展工作。成功的工作人员必须清楚了解在一个学校中学生活动场所所处的环境，必须全面意识到校园中影响学生的许多变量，并对它们保持敏感性，同时与其他学生事务人员合作，确保学生活动的全面性。根据勒威尔（Newell，1999）的观点，"如果学生从课堂、宿舍楼、协作学习小组以及服务学习等获得一致、鼓励的信息，那么，他们就会互相认可"。一旦校园确定最优先的学习举措或学习成果，学生可以从各种渠道接收到一致的信息。

最后，能够评估和评价帮助学生发展有效领导力以及管理、沟通、决策和解决问题的技能的活动，不仅对学校管理学生学习必不可少，也为开展这些活动所需的管理能力的持续发展提供必要的资源。如果要证明资源需求的合理性，且人员必须表明学生学习进步，通常要求展示活动的有效性证据（定量或定性数据）。最近制定的学生事务评估文件纳入了活动质量的定量和定性评估方法。学生活动可以通过负责任的评估和评价（根据收集到的数据）轻易展示学生学习（以及管理对学习支持的帮助）。评估有助于理解学生学习的方式、内容、时间和地点，往往成为校外的问责要求或校内致力于发展的要求的回应（Keeling，2008）。

## 学生发展和学生活动

### 重要意义

学生活动工作人员必须熟练掌握学生发展理论，因为它体现了学生作为一个整体的教育过程的重要性。如果高等教育的一个预期成果是培养有见识、有责任的毕业生和公民，那么，课程和课外经验同样重要。研究表明课外经验具有重大影响。学生在课外花费了绝大部分时间，因而校园活动对学生情感、社会、道德、身体和精神都具有重要影响（Astin，1993；Chickering，Reisser，1993；Feldman，Newcomb，1969；Pascarella，Terenzini，1991，2005）。此外，学生朋辈的影响也很重要。

奥斯丁（Astin，1993）指出"在数不胜数的总结发现中，最具有说服力的结论也许是……朋辈对个人发展具有深刻影响。学生发展的各个方面，包括认知和情感、心理和行为，在某种程度上受到同伴群体特征的影响，并且通常是受到若干同伴特征的影响。一般来说，学生倾向于改变他们的价值观、行为和学习计划，顺应同伴群体的主流方向。"

奥斯丁（Astin，1993）的研究表明，学生对校园生活（包括学术界）的满意度直接受到课外活动的影响。例如，与其他学生一起参与活动的学生（如校园活动和社交活动）更满意其大学经验。这种参与活动带来的影响使学生在大学学习成功和保持力方面产生显著差异。"大量证据表明，积极参与校园课外生活可以提高留校率。"（Upcraft，1985）。对学生保持力有积极影响的学生活动包括结交密友、参加学前适应活动、加入学生组织、参与社交和文化活动、参加讲座、积极使用校园设施、广泛参加课外活动等（Upcraft，1985）。

根据 2007 年全国学生活动参与调查（the 2007 National

Survey on Student Engagement，NSSE），近 40％的高年级学生表示他们参加了"充实的教育活动"，包括参加课外活动、社区服务或志愿者工作，与不同种族或民族的学生进行交流。库等（1991）研究了学生通过参与课外活动学习到的知识，得出以下结论：

（1）学前适应活动对社交能力和学校忠诚产生积极影响，也影响学生对学校的满意度及其是否留校的想法。

（2）参与活动的学生对本科学习更积极（包括他们的社交生活、生活环境和学科专业）。研究表明，参与大学活动对学生毕业后成功找到工作非常重要。

（3）参加课外活动，使得学生有机会发展领导力、决策和规划技能，这些可以在就业市场中继续沿用。

（4）参与活动可以让学生学习如何建立成熟、亲密的人际关系。

（5）在活动中担任领导职务有利于毕业后在更积极的社会团体中担任领导和公共领导。

（6）预测成年后会成功的唯一因素是参与课外活动。

之后对大量学校进行的调查表明，参加课外活动的学生在毕业后的 NSSE 管理得分一直高于平均水平，"如果不考虑以往学习成绩和准备工作因素，参与活动被证明是学生成功的最佳预测点"（Kinzie，Kuh，2004）。参与学生活动，特别是参与学生学习和发展相关的课外活动，至关重要。对于以活动开展为基础的学生事务专业人员来说，持续的挑战和机会仍然是为学生积极成长和发展提供适当的、相关的活动。学生活动在诠释学生发展理论时，变得至关重要。

## 采用学生发展理论

为了有效促进学生的学习和发展，学生活动工作人员必须要了解发展理论，知道如何将理论用于实践。学生的学习和发展取决于行动或活动发生的环境类型（如专题研讨会、会议、活动、政策）和所期望的成果。

作为高等教育的领导者，学生事务专业人员接受挑战和责任，创造鼓励学生发展的学习环境，因为"学生事务专业人员的主要目标是促进学生的发展……了解和认识与我们合作的个人、团体和机构是我们的职责和道德责任"（McEwen，2003）。对课内外的各种活动进行有目的的干预可以采取各种方式，并且学生之间的互动可能代表"学习沟通、同情、争辩和反思的实验室"（Chickering，Reisser，1993）。促进学生发展的互动活动载体多种多样，由学生事务专业人员有意识地创造，旨在使学生能够在课堂学习与其他经历、事件和影响他们日常生活的个体之间建立联系。

在讨论活动参与、学生保持力和学生学习之间的关系时，提恩特（Tinto，1987）建议："虽然研究远未完成，但很明显，在大学里参与社交和知识活动的学生越多，他们课外与教师和其他学生保持联系、探讨学习问题就更频繁，愿意学习的学生就越多。"

参与校园各种活动可以增加学生课内外学习的概率（Tinto，1987）。

奥斯丁（Astin，1993）提供了综合分析学生活动参与对学习效果的影响。住在校园宿舍对学生自称的领导力和人际关系技能发展产生直接的、积极的影响。学生与教师的互动与学生自称的知识和个人发展呈正相关。学生间的交流与学生自称的领导能力、公众演讲、人际技能、分析和解决问题技能以及批判性思维技能的发展呈正相关。

历史上，学生事务受到批评，因其没有以学生发展理论作为开展活动的基础。缺乏理论或概念基础可能受到专业人员的个人兴趣、技能或知识水平、新出现的危机、专业趋势、政治权宜、特殊利益群体、管理文化和地方传统的影响（Hurst，Jacobson，1985）。

考虑到学生的课外体验的重要性及其花费的时间，学生事务人员采用学生发展理论促进学生学习和发展至关重要。参与学生活动规划的人员必须了解适当的发展理论和相关问题，包括学习理论、群体动态性、学生人口统计学、教育哲学、学校管理、监督和组织化发展（Marin，1985）。了解各种学生发展理论和理论谱系能提供更有效的方案设计和开展方式。理论"极为有用，特别对于了解为什么学生要做他们做的事情。没有理论，理解则不可能"（McIntosh，Swartwout，2001）。在某些情况下，工作人员绝不能低估理论的力量。

最后，学生活动如何既满足一个 45 岁、有 3 个孩子、正在上大学攻读学位的离异母亲的需要，同时也适用于一个只有 18 岁的大一学生？学生活动工作人员必须意识到两类学生的发展需求，他们对课外活动抱有明显不同的要求。学校必须满足学生的不同需求，学生发展理论有助于活动规划，帮助学生提升自我指导、社交关系、领导力、志愿者服务和文化培训等方面的技能（Miller，Jones，1981）。

## 活动

为学生学习提供的课程类型多种多样。无论是否得到学生组织、学生活动委员会、学生会或学生事务工作人员的支持，学生活动种类多样，旨在将教育拓展到课外。活动侧重于艺术、演讲、政治、多样化意识、社区服务和领导力发展。

许多活动在大多数大学校园里都很常见：学生自治咨询、学生组织服务、希腊字母社团活动、学生会活动、多元文化活动、领导力发展和志愿者活动。

## 学生会

学生会是校园生活的重要组成部分，但对于许多从事学生事务的工作人员来说，学生会带来了一个学校与学生会组织的关系问题。这种关系不同于学校与任何其他学生组织的关系。如果学生事务工作人员不理解这种重要的关系，可能会遇到严重的困难。在许多情况下，学生会主席可以直接接触学校校长，因此，高级学生事务官员和学生会联络人员都知道这种特殊关系。学生事务部门的工作人员应该与学生会鼎力合作，确保能提供适当的教育机会，如领导力培训和特别主题研讨会，从而协助学生会成员的发展。此外，工作人员应不断让学生会领导明白其作为学生官方代言人的角色，以及其担负的法律、道德、伦理责任。

在对学生会顾问的调查中，波特曼（Boatman，1988）发现了高效率的学生会的六个特征：

（1）学生会领导对该学校结构以及其他学生团体与学生会的关系有充分了解。

（2）学生会领导定期直接在各种专业和社交场合与学校高层管理者和教师接触。

（3）学生会领导、顾问和学校代表尊重学校并与学校达成共识。

（4）学生会和学生新闻界之间保持积极的工作关系。

（5）学生高度参与学生会的选举、活动和会议，保持力高。

（6）培训学生会领导分析学校组织结构的能力，进行必要的改变，任命学生领导担任学校委员会委员。

波特曼（Boatman，1988）还指出，学生会建议者应该具备的品质包括诚实、开放、较强的人际沟通能力、能处理各种各样的意见和感情。此外，顾问应该为学生提供学校历史、校园文化、政策、政治和当前问题等方面的资源，受到学校管理层的信任，且可以接触管理者。

研究表明，参与学生会对学生有明显的有利作用，包括社交和实际能力、用人单位看重的职场能力的显著提升，毕业后自信、自尊和公共活动参与兴趣的发展（Kuh，Lund，1994）。

## 学生组织服务

由于学生组织成员不断变化，且有时缺乏一致的辅导，员工的支持对于帮助学生度过过渡期和领导更替非常重要。除了学生管理机构和希腊文命名的社会组织，校园学生团体可能不会受到太多的直接关注，荣誉社团、宗教组织、学术俱乐部、体育俱乐部和特殊利益团体等组织可能没有直接的工作人员辅导。对于属于这些组织的多数学生，成为其中的会员使得他们与学生生活保持联系。根据特伦兹尼等（Terenzini，Pascarella，1997）的观点，"如果个人努力或参与是大学影响的关键，那么，一个关键的问题是校园如何创造其知识性和人际交往性环境，鼓励学生参与"。学生组织为学生的参与提供了符合所有学生兴趣的大量的机会。

学校应根据特定学生组织的目标以及学校是否能够提供此类资源，向学生组织提供会议场所、资源供应中心以及办公空间。集中设置的邮箱有助于学生和学生团体之间互相沟通，支持共同体建设工作。

员工必须帮助学生，开展学生组织领导及其成员培训，包括学校可用资源会议、财务管理、会员招募、宣传、激励成员和筹资技巧等的培训。许多校园设有学生组织信息展览会，让新生和在校生更多地了解可参加的课外活动和担任学生组织领导的机会。

由于教师人才济济，学生事务人员应该邀请教师协助为学生提供活动和咨询服务。除了学科专业工作外，课外教师还可以与学生合作，加强学习和学生事务之间的联系，帮助学生获得更加无缝的学习体验。

并非所有学校都享有充足的财政和人力资源，学生组织得益于共同开展活动。合作包括共享资金、人员共用和计划或实施活动的共同资源。共同举办的优点：提高了潜在的活动多样性，学生领导力和规划能力可以得到发展，所有相关群体的公开性得到加强，并且活动共同举办组织之间能够形成积极的协同作用。学生活动工作人员必须尽可能鼓励这种共同建设工作，特别是当财政资源要求这种伙伴关系时。

## 希腊文命名的社会组织（希腊社团事务管理）

希腊文命名的社会组织活动是最有争议的学生活动之一。自从大学校园的兄弟会和姐妹会创办以来，其价值一直备受争论。批评者声称这些组织具有排他性、性别歧视，并且它们的存在与大学希望向学生传授的价值观相反（Maisel，1990）。管理者质疑这些群体与校园生活的相关性，以及希腊社团和学校之间的关系。

学校对兄弟会和姐妹会生活的关注和影响因校而异。兄弟会和姐妹会成员可以是校园传统不可或缺的代表，往往担任许多学生领导职务。成员常常提供重要的社区服务，但同时可能会开展被认为不光彩的、歧视性的甚至危险的活动。欺骗这种刑事犯罪通常与希腊文命名的社会组织关联在一起，有时被用作新成员进入希腊文命名的社会组织的通过仪式。兄弟会和姐妹会的价值仍然是辩论和研究的主题。"蓝丝带"委员会的建立旨在审查希腊社团生活，建议其从校园撤销，或大幅改变与校园主体、兄弟会和姐妹会之间的关系。南加州大学（The University of Southern California）、阿拉巴马大学（the University of Alabama）、博林格林州立大学（Bowling Green State University）、丹尼森大学（Denison University）和盖茨堡学院（Gettysburg College）几所院校研究了希腊社团生活的影响。管理希腊社团生活的学生活动办公室、学生办公室主任、学生生活办公室主任、学生住宿办公室主任或学生宿舍生活办公室主任对希腊社团事务提供管理支持是非常普遍的（1987）。

教师一直在批评兄弟会和姐妹会成员中普遍的反智识主义观点，虽然希腊社团可能在校园内有一些最杰出的学者，也可能有些成员遇到了严重的学习困难（Winston，Saunders，1987）。

学生的价值观和态度影响他们对学习的看法。在对希腊社团价值观和态度的研究中，拜尔等（Baier，Whipple，1990）发现，希腊社团似乎为寻求一致、依赖家庭、冷漠和广泛参与课外活动的人提供了一个"安全港"，此外，还"为学生提供了一个"合法"的校园亚文化，以便与家庭富裕、具有相对不确定性的学习和职业目标的人联系起来，将社会生活置于比知识追求高得多的优先地位"。

许多学校对兄弟会和姐妹会的价值辩论不休，重要的是，工作人员制定与这些组织的学生开展工作的明确计划。当小组不能达到预期和规定的目标时，大学管理人员和组织的主席就必须采取行动，根据他们的标准重新调整学生的行为（Maloney，1998）。如果希腊文命名的社团组织要取得成功，学生要意识到全面了解兄弟会和姐妹会价值的重要性，因为这与学校学习使命相关。

根据高等教育标准发展委员会（2006），为了完成其使命，有效的希腊社团辅导活动必须：

（1）促进学生全面健康发展（智力、精神、社会、道德、公民、专业和身体）。

（2）提供领导力培训和小组动态管理知识。

（3）鼓励参与课外活动。

（4）鼓励社区服务和慈善活动。

（5）培养学生对人类多样性的认识。

（6）重视多样性小组活动的学习机会。

为了提高效率，学生事务人员必须帮助希腊社团组织成员了解他们在校园中的角色和责任（Whipple，Sullivan，1998）。活动应鼓励成员与更大的社会团体的集体感。希腊社团顾问必须在分会领导、校友、学校管理和国家/国际希腊组织之间建立有效的沟通渠道。在处理出现的问题时，这些相关人员之间的合作非常可贵。

希腊社团组织现在依旧与特定话题相关联，包括药物滥用、欺凌、贫穷的社区关系，以及对多样性问题缺乏敏感性。酗酒和欺凌往往是相互关联的，并为学生事务人员遏制非法行为带来了持续的挑战。学校可与执法当局和组织建立健康的伙伴关系，为健康生活寻求策略。当希腊社团组织安置在学校宿舍区域外时，邻里协会通常成为合作伙伴，一同努力。部分希腊社团理事会设立了人类关系委员会，致力于通过开展活动发展更敏感、更宽容的社区。学生必须明白，积极的行为、榜样和对多样性背景的尊重，可以增强团体感。学生事务工作人员应该不断寻找教育机会，树立健康行为模式，并在所有成员之间建立一个敏感的、通情达理的社区。

许多大学努力为其学生、教师和工作人员创造学习社区（Whipple，Sullivan，1998）。学校应该期望课内外所有活动以某种方式促进学生学习。兄弟会和姐妹会提供了极好的机会来发展无缝学习。学生在积极参与学习的过程中，承担了大部分学习责任（Kuh，1996）。

兄弟会和姐妹会生活可以为校园生活增添许多内容，为许多学生提供积极体验。然而，重要的是，学生事务人员需建立制度，学校可以借此评估希腊文命名的社会组织为校园做出的积极贡献。对学校和国家/国际组织提供的支持服务进行评估，也很有必要。

## 学生会活动

许多学校的学生会或学生中心设施是"大学的社区中心，面向学生、教师、管理人员、校友和宾客等所有学校大家庭中的成员"（Packwood，1977）。学生校园活动的建议很多来自学生会的工作人员。无论何时，学生会都应该是学生的重要聚会地点，提供有助于整个校园社区的一系列活动。

高等教育标准发展委员会制定的学生会标准（2009）声明，大学学生会的主要目标必须是"使校园成员团结在一起，共同建立校园社区，支持和举办活动，提供服务，维护和促进学生学习和发展"。此外，学生会必须为学生提供"学习和实践领导力、活动交流、管理、理解社会责任和提升人际技能的机会。作为学习共同体的中心，学生会为来自多样性背景的个体提供了增进交流、互动和理解的场所"（CAS，2006）。这些活动关系到学生生活的各个方面，加强与学习的联系。

学生会活动必须满足今天学生的需要。利维坦等（Levitan，Osteen，1992）提出，动态媒体和先进技术、创造性的领导新项目、人际关系和技能发展需求、更加强调志愿工作和服务、多样性增加和变化中的学生人口，都可能导致活动受到影响。学生会活动发展的重要趋势：调整物理空间并开展课外活动和学习交流，欢迎学生人群变化及其参与模式不同以及促进现实世界和虚拟世界中社交和关系网络的最新媒体和技术发展带来的活动机会。

## 多元文化事务和多样性活动

随着高校学生更加多样化，开展多元文化活动的需求也在增加。多元文化主义可能是当今校园中最需要解决的问题（Levine，Cureton，1998）。学生、教师和工作人员需要开展满足校园社区所有成员的多样化需求的活动。这种多样性源于背景或与生俱来的独特性，在种族、民族、宗教、能力、年龄、方向以及许多其他方面表现出来。学生事务人员将越来越多地被要求提供专门知识来开展多样性活动。他们必须能够定义多元文化主义，并获得适当的学习成果，以扩大学生对多样性的理解，建立尊重和包容差异的文化。胡等（Hu，Kuh，2003）发现，"多样性交流活动对所有高校中的学生都产生积极影响，带来众多令人满意的结果"。学生、教师、工作人员和校园社区其他成员之间的多元文化交流不仅有利于学生的专业学习，还可以提高学生公共活动的参与度和公民意识的发展。"需要开展更多活动，将具有不同政治观点和宗教传统的人士和出生于不同国家的人聚集在一起，进行富有成效的交流。"（Hu，Kuh，2003）

通过各种学生交流以及增进学生群体成员间的互相了解，学生活动可以促进多元文化主义和对多样性的尊重。学生可以从活动、结构和战略中学习，用个人知识替代陈旧观念，观察他们因品质、重要性和发展潜力而体现的差异。工作人员应避免以下常见错误：

（1）尝试为不同的成员开展活动，而没有纳入目标群体。

（2）主观认为特定文化的所有成员都是相同的。

（3）让一个委员会负责多元文化活动的开展。

（4）主观认为某些艺术家对其特定身份群体具有最大的吸引力。

学生事务工作人员必须考虑重新定义校园规范，这些规范已经成为把弱势群体融入校园生活的障碍。赫塔多等（Hurtado，2003）认为，学校"必须把多样性的学生聚在一起……必须为学生创造机会和期待，使他们能够跨越种族和其他社会鸿沟进行交流"。跨文化学习已成为学生参与全球学习的一部分。随着学生越来越熟悉其他文化，他们发现参与多元文化活动更容易，且更富趣味性。阿米洛等（Arminio，2000）警告，学生事务专业人员必须"继续寻求方式，通过这些方式，当有色人种学生参加以白人为主的活动时，不会牺牲他自己的种族认同"。没有人应该放弃自己的身份认同而参与校园生活。

学生事务人员必须与学生领导和学生组织合作，改变校园结构，以消除包容障碍，修正渗透在大多数观点中的等级制度，重建促进体现多样性的活动规划和咨询委员会。

## 领导力发展

领导力发展会直接影响到校园里的学生生活质量。当学生领导掌握领导力基础知识时，学生活动可以更有组织性和发展潜力。在大多数情况下，这种发展将对组织成员产生积极影响，而且学生领导一个组织的有效性往往取决于学生组织的成功。校园是学生实验和学习领导力的地方。

领导力是公民责任的一个要素，可以通过学生组织和课堂学习经验获得……团体领导力活动包括不断的课程学习、团体工作、活动管理、学生研究、与学校高级管理者交流、管理校园和体系范围内学生领导职位选举（McDonald，2002）。

领导力是一个被大量研究和复杂化的要素。在过去二十年里，领导模式发生了变化。以前的大多数研究主要集中在领导者个人而不是领导力的过程（Komives et al，1998）。教育者必须重新定义他们对领导的理解，表明"领导力不是一个领导者所拥有的东西，而是一个与追随者力有关的过程"（Hollander，1993）。在规划将来的活动培养领导力时，学生事务工作人员应考虑追随者力的概念（包括招募、保持合格的追随者）。

目前的领导力被定义为一种社会、关系的过程，领导者和下属之间有一定的交流，他们共同完成一个目标（Komives et al，1998，2007）。领导力还包括社会责任，即"有目的、有意义，其实践具有社会责任感"（Komives et al，1998）。目前的领导力定义相互之间差异很大。马图萨克（Matusak，1996）将领导力定义为"发起、指导并与一个团体合作实现变化"。拉斯特（Rost，1991）将领导力定义为"领导者及其合作者之间的影响关系，目的是实现真正的变化，这种变化反映了他们的共同目的"。这种转变影响了校园环境中设计、推广和实施领导力发展活动的方式。

一些学校指派一名工作人员专门从事领导力发展活动。其他学校可以将领导力培训纳入各种活动，负责每项活动的工作人员处理领导力教育部分的内容。

领导力发展可以在不同的环境中进行。可以就特定主题举办研讨会和讲习班。例如，可以向所有学生组织提供招募会员的会议，或者可以为兄弟会和姐妹会管理人员提供一个提高沟通技巧的活动。领导力发展活动应采取多种形式，如正式和非正式活动，并应以多种方式（即培训、讲习班、服务学习等）开展。领导力咨询委员会可以帮助评估学生需求，提供满足这些需求的资源（Nolfi，1993）。

一些学校的学生事务工作人员可以教授学分和非学分课程。例如，可向兄弟会和姐妹会的主席和学生会领导开设特定领导力培训学分课程。大一学生和大二学生通常会从初级领导力课程中受益，这些课程侧重于基本技能培养，以帮助他们未来在校园担任领导角色。

意识到不断变化的学生人口，学生事务工作人员可以开展学生领导力活动。这些活动促进学生参与校内活动，并反映出传统和非传统学生的共同需求。

## 社区服务

社区服务可以是学生活动的重要组成部分。参与服务组织能帮助学生毕业后成为所在社区的志愿者。"许多高等教育机构通过多种方式成为当地社区的积极成员，与社区共享人力、教育、技术和财政资源。"（Gugerty，Swezey，1996）学生事务人员可以通过阐释自己提倡的公民责任来帮助提供支持服务，活动让学生明白自己在所处社会中的角色。

一部分学生组织只注重服务，而其他学生组织将服务作为其使命的一部分，包括兄弟会和姐妹会、荣誉协会和学生会。鉴于志愿者或服务组织的性质，工作人员必须帮助成员建立参加社区服务的明确目标和期望。此外，他们应该不断与校园社区交流组织的目标和益处。如果没有强有力的学生领导和真诚建议，这些群体就会失去焦点。团队努力的回报有时并不容易看到，而期待立即得到满足的成员可能会失去参与的兴趣。

因为学生参与的积极作用，服务组织对于校园文化很有意义。奥斯丁（Astin，1993）发现，"参与志愿工作也与各种学习成果有着正相关的关系：努力发展有意义的生活哲学、促进种族理解、参与净化环境的活动"。大学生研究表明，同伴参与是影响学生学习和发展的最大因素之一（Astin，1993；Chickering，Reisser，1993；Pascarella，Terenzini，1991，2005）。在志愿者或服务环境中同伴互相帮助，对所有相关人员都非常有益。

高等教育需更新服务和学习的使命，而学习是服务产生的结果（Jacoby，2003；Jacoby，Associates，1996）。不仅要鼓励学生积极从事志愿者工作，服务他人，而且应该采取措施，将服务作为学生的"可教育的时机"（teachable moment）。这种服务与学习之间的新关系被定义为"一种体验式教育形式，其中，学生参与一些满足人类和社区需求的活动，这些活动有组织、有目的，旨在促进学生学习和发展，反思和互惠是服务学习的关键概念"（Jacoby，1996）。

服务学习也可以融入领导力和学生活动中。融合社区服务和领导力发展机会有助于学生组织成员发展为"公民领导者"。

让学生把对慈善的理解提升为对正义的理解，要求一个类似的过程，即把学生的集体感提升为个人主义感，这种个体主义感然后又转回到集体和社区。正是通过这种过程，学生逐渐成熟，发展为"整体人类"，致力于改善身为其中一分子的社会（Delve，Rice，1990）。

服务和领导力活动及其他校园活动的融合，可以通过思考和研讨会、学分课程和非学分课程、学前适应活动和认可等途径实现。高等教育标准发展委员会（2009）建议，"服务学习活动的主要任务是让学生参与满足人类和社区共同需求的活动，这种有组织的活动提供反思的机会，旨在促进学生学习和发展"。

## 学生活动问题和发展趋势

在 21 世纪第一个十年结束时，高等教育继续受到外部因素的影响，包括国际经济、政治场景、不断变化的学生人口数、技术发展和对知识、职业技能的新需求。这些影响因素往往要求学生比以往任何时候更多地参与活动。学生事务工作人员必须意识到当前的问题和趋势，它们影响着大学生的校园活动。

## 不断变化的学生人口结构

### 成人学习者

全国许多高校不断变化的人口结构的冲击正影响学生活动的关注点。因为大学继续招收 18 至 22 岁的传统年龄阶段以外的学生，非传统学生正迅速成为传统学生。美国教育部（2007）提供的数据表明，到 2010 年，38％的大学生将超过 25 岁，其中几乎 60％的学生是女性，约 40％讲师是非全日制学生，只有大约五分之二的大学生能符合美国大学生的传统形象：18 至 22 岁，全日制，住校园宿舍。成年学习者，特别是女性，继续改变着学生事务活动和服务的性质。因此，学生事务工作人员必须了解成人学习者的需求和动机，如育儿等特别服务和符合成人学习者（及其家庭）的专项活动。为这些活动参与者建立一个舒适的环境不可或缺。

瑞恩根博格（Ringgenberg，1989）建议："返回校园的学生和女性学生需要育儿设施、为自己和他们的家庭提供支持的团体、共同的聚会场所以及满足他们兴趣的社会、娱乐、文化和教育活动。为家庭开展的活动不同于传统年龄段学生的活动。如音乐和喜剧爱好可能会截然不同。然而，如果不为这些家庭开展活动，可能使这些学生与校园隔绝开来。"

大多数回到大学的成年人，或第一次上大学的成年人，入学的目的是实现某些目标，发展社会关系以及人际关系，或为获取知识的乐趣而学。然而，最近的世界经济萧条，也促使人们考虑重新接受高等教育，以提高技能，并为新的就业机会做准备，特别当他们的工作环境直接受到经济影响的时候。

回到学校的成年人的发展需求在成年生活早期或中期、中年过渡期或后期阶段都不同。在这些阶段中，自我、智力、道德和伦理的发展水平均不同。学生事务人员必须了解这些阶段，并为每个阶段提供适当的支持。从到校到大学的过渡期，成功获得学位，准备离校和就业，员工必须意识到成人学习者为学校带来的独特经验，他们期望带着新的、先进的专业知识和技能，重新进入职场。

**女同性恋、男同性恋、双性恋、变性者、酷儿（LGBTQ）和不知道自己性取向的学生**

许多学校的学生组织中有女同性恋、男同性恋、双性恋、变性者、酷儿、不知道自己性取向的学生或其他倾向或性别认同。不幸的是，许多学校中，这些学生感到自己不是学生生活主流的一部分。学生事务工作人员可以通过开展满足他们需求的活动，改善此类学生的生活质量，并提议，学校制定政策时要防止性取向歧视。员工应该向学校反映相关问题，处理常常与这类学生生活相关的骚扰问题。

校园环境对 LGBTQ 学生的接受度有所不同。古德（Good，1993）描述了学生事务人员的五个活动开展阶段，这些阶段取决于学校的愿意程度。第一阶段活动侧重于减少仇恨犯罪，教育学生尊重多样性。第二阶段促进学生积极的自我认同。第三阶段积极为学生建立一个校园交流场所，允许他们分享自己的经验。第四阶段是从学生面临的外部环境转向个人调整问题。第五阶段应该提供一个环境，让学生可以在校园内感觉舒适，并帮助他们确认自己的身份。近年来，学生事务工作人员采用这五个阶段作为活动设计框架，涵盖和凸显 LGBTQ 学生的校园体验。因此，工作人员培训项目，如安全空间（Safe Space）、安全区（Safe Zone）和盟友发展活动已经十分普遍。

### 残疾学生

残疾学生进入高等教育的数量正在上升（Weeks，2001）。2006 年秋季学期的大学招生报告表明，报告称 12% 的大学生至少有一种残疾，与 1978 年的调查相比增加了，当时只有 3% 的新生称自己有残疾（Weeks，2001）。

1973 年"康复法"（the Rehabilitation Act of 1973）第 504 节规定："美国符合资格的残疾人不能……单单因其残疾而被排除参与、被拒绝接受由联邦财政资助的任何项目或活动，并遭受歧视。"据此，在规划和实施大学项目和活动时，必须考虑残疾学生。这些项目和活动包括任何"体育、运动、娱乐、交通、其他课外或大学活动"。大学不仅必须提供讲座口译服务和轮椅通道设施，还必须开展满足残疾学生特殊需要的活动（如娱乐和教育活动）。

### 国际生

随着越来越多的国际生来到全国各地高校，他们必须适应学习和社交。照顾国际生不是国际生服务办公室单方的责任，确保国际生成功融入校园社区是每个人的责任。

国际生给努力为地球村上的全体学生提供教育的美国高校带来巨大利益。"国际生带来的丰富经验和独特的跨文化观点，有助于校园国际化，并且给予东道主国学生获得与来自世界各地的人共同学习的第一手机会。"（CAS，2006）

学生事务专业人员应与负责管理校园国际生活动的工作人员密切合作。可以为国际生和美国学生规划活动，以促进形成共同目标。所有学生都可以从这种互动和关系中受益。工作人员面临的挑战是承认和平衡两种重要的活动。一种活动对促进国际生的文化、种族或宗教背景很重要，另一种活动帮助他们融入校园文化，创造一个学生既可以共享目的感，同时又接受和尊重多样性的环境。

### 其他特殊学生

许多不同背景的学生追求高等教育，他们有广泛的生活经验、才能和兴趣爱好。学生事务人员的目标之一，是必须让学生的校园经验与学习专业相关，且有助于学习进步。不考虑能力水平、兴趣范围或资源可用性，有创意的规划和咨询可以帮助学生获得非凡的学习体验。

第一代学生的父母没有上过大学，他们不太可能为高等教育在学习和社交方面做好充分准备，并不太可能有效地了解大学如何运行。开展具体的学前适应活动，可以让这些学生参加课外活动，帮助他们创造一个无缝的学习环境。有针对性的活动、学生组织或其他干预措施，可以帮助第一代学生在适应学环境方面取得成功。

越来越多在军队服役的学生重返校园，特别在 2008 年"军人调整法案"（the Servicemen's Readjustment Act，"G. I. Bill"）颁布之后。最新的发展将传统军人退伍法案提供的福利扩大到符合条件的所有退伍军人，让许多以前的军人有机会攻读学位。然而，离开部队到大学环境，在生活方式、生活环境、日常活动和学习等方面发生剧烈变化，这对于退伍军人来说可能是一个艰难的过程。学生事务工作人员可以采取措施，有目的地设计一些活动，让他们参加，并邀请他们与校园社区的其他成员分享他们独特的经验，通过这种方式帮助退伍军人度过过渡期，获得持续成功。

学生事务专业人员充分了解到一代代人如何塑造高等教育和更宽广的社会。最近，有重要文献描述了千禧一代的学生上大学和毕业的经历。随着千禧年校友开始进入职场，高等教育必须为下一代（有时被称为"Z 一代""网络一代"或"i 一代"）做好准备，找到创新、革新方式，通过技术辅助和战略辅助下的教学方法，让学生参加活动。学生事务工作人员必须要考虑方式，调整活动和服务，适应未来学生的独特世界观。

**法律问题**

像大部分大学一样，在课外开发学生活动时，学生活动工作人员面临着无数法律问题。虽然显然不可能深入讨论所有法律关系和影响，但学校领导必须意识到，在实施与学生活动有关的决定时，存在潜在的法律后果。

学生与其学校之间存在四种主要法律关系：宪法关系、民事侵权关系、法定关系、契约关系（Gehring，1993）。学校领导和学生领导人做出的决定，都可能将学生、活动和学校卷入这四种关系。

对于涉及国家行为的公共机构和私人机构，在授权或拒绝学生组织开展校园活动之前，必须考虑第一修正案。决定邀请有争议的演讲者在校园里进行演讲，在大学剧院演出 X 评级的电影，拒绝学生团队在校园里游行或在校园建筑里集会，这些通常会迫使学校平衡第一修正案的利益与学校领导和学生让校园免于攻击性的、有害的或无礼的言论的希望。第一修正案保护大多数人的言论自由，但并非全部。如果言论淫秽，体现出确定的、迫在眉睫的危险，导致争斗或争吵，或煽动他人陷入恐慌或即刻做出非法行为，学校可以限制个人言论。虽然对学生言论自由的限制可能仅在最特殊的情况下考虑，但学生领导和学校领导应该在校园发生某争议事件时，提供处理反对意见或活动的建设性渠道。

大学经常发现，侵权责任和法定问题存在于学生、用人单位等。侵权行为被广义地定义为"除了违反合同之外的民事过错，法院允许对其进行损害赔偿"（Kaplin，Lee，1995）。在大学中，侵权法常用于与参加学生团体或学校赞助的活动时遭受人身伤害相关的渎职案件中。高校有责任保护学生及其来宾，消除已知的或可能的、可预见的危险。

兄弟会和姐妹会问题与大学校园欺骗、酗酒和学校房屋破坏有关，引发了学生或其家人为侵权行为而提起的民事诉讼。学院必须定期检查并确保：

（1）群体之间没有发生欺凌或暴力关系。

（2）学校房屋（例如兄弟会馆、姐妹会馆和宿舍）没有破损。

（3）没有发生一桩意外事件，警示学校未来可能有更严重的意外发生。（Gulland，Powell，1989）。

与饮酒（例如未成年人饮酒）和禁止淫秽有关的刑法不仅在学生和学校之间，也在学生和国家之间建立了法律关系。因此，学校领导和学生必须认识到自己可能会涉入其中的刑事和民事法规。

此外，联邦法规，如学生知情权（the Student Right to Know）、珍妮·克利里校园安全政策公布法（Jeanne Clery Disclosure of Campus Security Policy）、校园犯罪统计法（Campus Crime Statistics Act，"Clery Act"），在学生和学校员工之间建立了特殊关系。"克利里法"要求学校当局报告立法中规定的所有犯罪事件（杀人、性犯罪、抢劫、严重攻击、盗窃、纵火等）。虽然许多高等教育界的领导人发表了他们的意见，认为这个书面定义过于宽泛，但负责学生和校园活动的管理者被认为是校园当局，按照法律规定报告所有犯罪事件。这种责任可能要求不能保护隐私。学生活动工作人员应咨询其校园法律顾问，了解有关特定情况的其他信息和问题。

最后，学校和学生之间的关系在本质上是契约性的，契约可以是明示或暗示的、书面的或口头的。学校在起草学生手册、小册子和目录中的信息和政策时必须小心，因为法院可以将这些文件视为支持或确定学校与学生之间的契约关系。很明显，法律渗透了整个校园，对学生活动相关的行为产生重大影响。在适当和可能的情况下，应征求合格的法律顾问的建议，以指导工作人员和学生远离事故和责任。

### 资金问题

许多学校的学生活动资金不是来自州立政府，而是来自常称为"学生活动费"或"一般费用"的项目经费。一些学校的学生活动可能由州立政府和非政府组织资助，取决于管理办公室协调活动的人的身份。随着国家预算日益严格，以及公众呼吁教育企业实行问责制，要求对学校支出进行评估和评价。这要求工作人员关注预算的变化情况。参加课外活动的学生获得的福利之一，是有机会处理预算。员工应该让学生学习联邦和州预算的相关问题、来源，以及其对学生活动的影响。

预算的不确定性是所有学生事务活动面临的一个问题，包括学生活动。然而，有许多办法可以帮助节省资源，并将其最大化使用，包括共同赞助和协作、利用当地人才和技术、强调学生和员工技能发展，以及从传统外寻求提供支持的新渠道（州政府、基金会和机构）。学生自身通常可以通过参加创造性筹款活动，提升自己的知名度和社区参与度。无论是学生组织赞助的活动、开展的服务还是其他工作，学生都有可能通过参与校园社区活动获得曝光度、可见度和资源。

## 专业组织

在学生活动中工作的学生事务工作人员有机会加入几个促进活动规划的国家或国际组织，包括国际大学联合协会（the Association of College Unions-International，ACUI）和国家校园活动协会（the National Association of Campus Activities，NACA），两者都提供专业发展和学生活动规划思想。

国际大学联合协会成立于1914年，是美国中西部高校之间的合作会议。国际大学联合协会的目的是帮助大学工会和学生活动改善计划和服务，并为学生的成长和发展做出贡献。目前有536个成员机构，分别来自城乡、两年制和四年制、大型和小型、公立的和私立的高校。协会会员分布在加拿大、澳大利亚、英国、新西兰和日本。协会遍布15个地区。在地区层面，有学生参与的活动，工会和活动工作人员有参加协会计划、活动和获得领导职位的机会。

除了区域活动和会议，协会还赞助国际会议、国家讲习班和研讨会。

国际大学联合协会在每年的奇数月份发行《通讯》（*The Bulletin*）杂志，共六期，并提供关于学生会和学生活动工作趋势的最新信息。在线通讯《联盟线》（*Union Wire*）在每年的偶数月份发行，共六期。协会总部设在印第安纳州布卢明顿（Bloomington），更多信息可以在网站 www. acui. org 上查询。

国家校园活动协会（NACA）成立于 1960 年，为其成员提供与活动规划相关的教育和信息：合作购买、会员教育项目和服务、人才展示、贸易出版物、国家和区域会议和讲习班。成员来自 50 个州和加拿大，有 1000 多个高等教育机构和 650 个下属机构。协会举办了全国大会、地区会议、夏季和冬季讲习班、国家会议，有教育项目、资源库、众多出版物和专业发展机会。

协会每年出版《校园活动规划》（*Campus Activities Programming*）杂志，共八期，涵盖教育文章、新闻、报告、评估和广告招商。协会总部设在哥伦比亚和南卡罗来纳州，其他信息可以在网站 www. naca. org 上查询。

其他协会和学生活动工作人员感兴趣的资源有：

• 兄弟会顾问协会（The Association of Fraternity Advisors）（www. fraternityadvisors. org）位于印第安纳州印第安纳波利斯（Indianapolis），是全国兄弟会和姐妹会顾问资源交流中心。该组织每年秋季举行一次年会，为希腊社团顾问、校园管理人员以及来自全国或者国际的兄弟会和姐妹会总部的代表提供讨论渠道。

• Diversity Web（www. diversityweb. org）由美国学院和大学协会（the American Association of Colleges and Universities）赞助，为多样性活动和教育提供资源。

• 国际大学生教育者协会（College Student Educators International）（www. myacpa. org），也称为美国大学人事协会（the American College Personnel Association，ACPA）和高等教

育学生事务教育工作者（Student Affairs Educators in Higher Education）（www. naspa. org），或者全国学生人事管理员协会（the National Association of Student Personnel Administrators，NASPA），总部设在华盛顿特区，是两个国家"伞"协会，为所有学生事务职能部门的专业人员服务。

• Student Affairs. com（www. studentaffairs. com）是大学生事务在线指南，是关于高等教育的信息交流中心，其中包含学生事务专业人员感兴趣的工作列表和其他网站。

• 《高等教育年鉴》 （*Chronicle of Higher Education*）（www. chronicle. com）是高等教育许多方面的主要新闻来源。《高等教育年鉴》以印刷版或电子版的形式呈现，报告学术新闻、问题发展、教育政治和立法新闻、资助新闻和与该领域相关的思想，被公认为先锋。

## 技术资源

过去十年，由于所取得的许多技术进步，高等教育在向学生提供教学、活动和服务的方式上发生了转变。现代大学生活要求使用个人计算机的工作环境或笔记本电脑，许多校园投资创建计算机实验室，添置软件，使所有学生能够访问互联网、收发电子邮件和学习在线课程。随着社交网站和类似网络社区的日益增多，学生事务工作人员必须策略性地利用这些技术，为学生带来最大的利益。

技术还有助于保持学生参加组织的成员资格和参与情况记录。一些学习用课外活动记录单，通过定期收集更新过的学生组织登记簿生成。电子邮件列表可促进成员之间的大量沟通，网页设计可以通过独特的、风格化的和图形的方法在线共享新闻和信息。软件包可用于帮助组织、评估程序的优点和弱点，并收集跟踪数据，以供将来使用。在过去几年中，这些技术进步促进了学生组织的有效性和高效管理。

### 初级就业资格

虽然对学生活动中的学生事务工作人员没有资格要求，但有意申请这一领域职位的候选人有优先资格。在本科生阶段参加过学生活动、具有领导经验十分重要，包括成为兄弟会或姐妹会成员、担任学生会代表、参与同乡会等活动的规划或管理、参与特别兴趣组织等。参与教师和管理人员的定期工作的经验也非常有用。

在招募学生活动工作人员时，许多学校倾向于具有通过认证的研究生学位证书的人员。在硕士层次，通识背景很重要。潜在的工作人员应该充分利用他们在研究生学习中所学的大量课程。在学生活动、学生会、活动规划、希腊社团事务或团体咨询领域提供过帮助也十分有益。此外，潜在的学生活动工作人员应尝试在各类学生活动环境中获得短期的实习经验。优选的候选人资格还包括有良好的组织和沟通能力、与各种群体（学生、家庭、教师、员工、校友和社区成员）建立良好关系的能力。

在美国高等教育史上，学生活动已经成为一个有效工具，帮助教师和工作人员改善学生的学习环境。学生事务工作人员的知识、技能和态度，与刚刚开始的学生发展过程一起，创造一个真正无缝、具有挑战性和支持性的学习环境。由于这些原因，学生事务工作人员将学生活动视为实现教育学生这一主要目标不可或缺的工具。学生活动可以促进"知识传播，影响技能发展，转变态度，帮助学生发挥潜能，而这是学生事务工作的核心，实际上，是学生事务教育者的灵魂"（Liddell，Hubbard，Werner，2000）。

# 第十二章　学生资助及措施

R. 米歇尔·海尼斯，V. 芭芭拉·布什

## 引言

由于联邦政府和州政府对公共高等教育的支持不断减少，学生及其家庭不得不承担更多的费用攻读大学。随后，以赠款、兼职、贷款和奖学金形式提供资助，在学生选择大学的过程中发挥越来越重要的作用。文献包含了大量大学选择过程中资助重要性的研究实例（Carreras，1998；Chapman，1981；St. John，Paulsen，Starkey，1996；Zarate，Pachon，2006）。资助曾经作为一种资源，为最需要的学生提供低成本或无成本获得大学教育的机会，而现在却成为选择大学的一个变量，受到最可能报考该校学生的青睐，而不考虑其经济情况。

本章首先简要回顾学生资助历史，以及影响资助办公室管理的不同学校的哲学观。接下来介绍学校标准和学生资格标准、资金来源、对联邦计划的描述，以及资助办公室的管理资格和法规。笔者认为，对学生资助发展历史和哲学背景的简要回顾非常有用，因为它展现了资助项目的发展变化，以及社会"谁应该为大学买单"观念的转变。

正如参与资助计划的高校一样，与学生资助管理相关的哲学各种各样。因此，笔者的意图不是赞成或否定一种哲学，而是为当前和未来的从业者提供指导，以便他们能够管理资助办公室。美国教育部（the United States Department of Education）、全国学生资助管理员协会（the National Association for Student Financial Aid Administrators）以及高等教育标准发展委员会（the Council for the Advancement of Standards in Higher Education）制定的标准，为这些指导提供了框架。

## 学生资助发展历史

虽然资助最早可以追溯到 1643 年哈佛大学向学生授予奖学金（高等教育支持服务中心，Center for Higher Education Support Services，2009），但是现代形式的资助起源于第二次世界大战之后。《军人再调整法》（*the Servicemen's Readjustment Act*）又名《退伍军人权利法》（*G. I. Bill*），于 1944 年通过，是美国联邦政府为了帮助二战退伍军人、避免出现一战时因政府未能对从一战返回的军人信守诺言而发生的公众抗议做出的努力。《退伍军人权利法》由美国退伍军人管理局管理，为二战退伍军人提供教育经费，担保家庭或农场所有权贷款（美国退伍军人事务部，U. S. Department of Veterans Affairs，2009）。

1947 年，退伍军人占所有大学招生的 49%。1956 年，在《退伍军人权利法》的原始法案期满时，近二分之一的二战退伍军人接受了某种形式上的高等教育（美国退伍军人事务部，2009）。毫无疑问，20 世纪 40 年代颁布《退伍军人权利法》，比美国历史上的任何其他事件让普通公民更接近高等教育。人们进入大学不再依赖于阶层条件或社会地位。《退伍军人权利法》对新一代的学生打开了高校的大门，他们因为为国家效力，而非因为个人财富或遗产，获得进入大学的资格（Wilkinson，2005）。第二次世界大战后，联邦政府在为上大学的退伍军人消除资金障碍方面扮演了重要的角色。在《退伍军人权利法》之前，大多数联邦资助采用大学预算援助的形式。然而，由于非传统大学生获得高等教育的需求增加，联邦政府直接向学生提供资助的需求也增加了（Center for Higher Education Support Services，2009）。

随后出现的与二战类似的全球现象带来了额外的联邦支持。20世纪 50 年代的冷战，尤其因为俄罗斯政府发射人造卫星一事，促使美国国会通过国防教育法（the National Defense Education Act，Wilkinson，2005）。由于政府需要增加攻读科学、数学的大学生的数量（政府间关系咨询委员会，Advisory Commission on Intergovernmental Relations，1981），美国国防学生贷款计划（the National Defense Student Loan Program）提供了联邦资助项目，资助大学教育。这一计划在 1972 年发展为国家直接学生贷款计划（the National Direct Student Loan Program），目前称为联邦珀金斯学生贷款计划（the Federal Perkins Student Loan Program）。联邦珀金斯学生贷款计划继续提供低利率的财政资助，为那些希望从事公共服务的学生提供轻松的还款条件（Center for Higher Education Support Services，2009）。

同样是在 20 世纪 50 年代，一小部分的教育界同仁，主要代表有美国东北部声名鹊起的常春藤盟校，聚集在一起，共同探讨和解决越来越多的大学申请者的需求问题。大学费用高得令这些人望而生畏。这些常春藤联盟官员看到了第一代大学生这个新群体的不断增长的需求，而这些学生的财政资源十分有限。哈佛大学招生部部长约翰·蒙罗（John Monro）分享了自己相对简单的观念，即努力为学生提供足够的资助，能够合理地满足学生在哈佛教育的年度费用。他还分享了一些基本原则和准则，以及一个简单的公式，以帮助粗略确定个人家庭的支付能力。经过进一步改进，他的概念和理论由学院委员会出版（the College Board，1994）。约翰逊总统大社会运动（Great Society Movement）、1964 年《经济机会法》

（the Economic Opportunity Act）和 1965 年《高等教育法》（the Higher Education Act）几项举措，促进了为低收入学生（通常是第一代大学生）提供更多资金援助这一变化（Office of Student Financial Assistance，学生资助办公室，1988）。《高等教育法》授权的资助计划列于法案的第六条（Title Ⅳ），因此也常常被资助工作专业人士称为"第六条"资助。《高等教育法》建立了联邦大学生勤工助学项目（the Federal College Work Study）和补充教育机会资金（Supplemental Education Opportunity Grant）计划，并将这两项计划与国防学生贷款项目合并，建立了统称为大学项目（Campus Based Programs）（Office of Postsecondary Education，高等教育教育办公室，1996）的资助计划。这些资助由联邦政府向匹配学校捐赠资金，但资金发放和管理则是由高校执行（U. S. Department of Education，美国教育部，2009c）。《高等教育法》还制定了担保学生贷款项目，对确有需要的学生提供另一种低利息补贴。

20 世纪 60 年代《经济机会法》和《高等教育法》的另一个重要成果，便是联邦三项目（the Federal TRIO Programs）。三项目的第一个措施是继续升学（Upward Bound），创立于 1964 年，帮助社会经济地位低的第一代学生完成中等教育，并过渡到高等教育（Laws，1999）。1965 年开始实施的人才搜寻（Talent Search）计划旨在让弱势学生了解大学入学和毕业资源。项目第三个组成部分是学生支持服务（Student Support Services），创建于 1968 年，旨在提供高等教育机构津贴，从学业、经济以及生理方面，帮助学生坚持到毕业（U. S. Department of Education，美国教育部，2009f）。

1972 年《高等教育法案》得到重新授权，成立了基础教育机会助学金（the Basic Educational Opportunity Grant），现称为佩尔助学金（the Pell Grant），以及州立学生奖励助学金（the State Student Incentive Grant），现称为杠杆教育援助项目（the

Leveraging Educational Assistance Program）。基础教育机会助学金的颁布，为"第六条"资助中的大学选择过程引入了新概念。基础教育机会助学金与联邦学生勤工助学和补充教育机会基金计划有所不同，联邦资助基金是分配给各高校的，用于大学的选择过程，基础教育机会补助金可以由学生使用，只要学生来自"第六条"租住资助中规定的高校（高等教育支持服务中心，2009）。

1978 年，《中等收入学生援助法案》（the Middle Income Student Assistance Act）通过，取消了将家庭收入作为能否参与联邦政府补贴的学生贷款项目（Guaranteed Student Loan Program）的标准，立即增加了有资格申请"第六条"资助的学生人数。两年后，《高等教育修正案》（the Higher Education Amendments）通过了"家长学生贷款"（Parent Student Loans），允许家庭贷款的最高金额等级调高到全部上学费用，这是其他形式的援助无法提供的选择（高等教育支持服务中心，2009）。《中等收入学生援助法案》和《高等教育修正案》具有里程碑意义，因为学生及其家庭可以第一次根据其上学费用，以勤工助学、助学金和/或贷款方式，在理论上获得足够的资金援助，用以支付任何满足"第六条"资助条件的大学的全部费用。

1992 年的《高等教育修正案》标志着单一申请开始实施，联邦学生助学金免费申请（the Free Application for Federal Student Aid）让学生可以填写申请，参加任何"第六条"资助项目和大多数州立资助项目（高等教育支持服务中心，2009）。联邦学生助学金免费申请可以通过学生及其家庭的财务信息，生成预期家庭贡献（Expected Family Contribution，EFC），或估计家庭需要付出的年度教育费用。利用联邦学生助学金免费申请生成预期家庭贡献，再减去大学公布的上学预算成本，资助工作人员能够以更统一的方式评估学生申请资格。

1992 年的《高等教育修正案》带来的另一个重大变化，是创建了一个联邦保险学生贷款项目，将"第六条"资助项目参与者扩大至任何学生。联邦非补助斯坦福贷款项目（The Federal Unsubsidized Stafford Loan Program）为学生提供获得额外教育资金的机制，不需要任何要求，或者要求很低（Center for Higher Education Support Services，2009）。

1992年修正案授权威廉·D. 福特联邦直接贷款计划（the William D. Ford Federal Direct Loan Program），这是一个新的"第五条"项目（Title V Program），为学生提供类似于家庭联邦教育贷款项目（the Family Federal Education Loan Program）的联邦管理项目（高等教育支持服务中心，2009）。"福特直接贷款"在当今的援助环境中获得了突出地位，因为经过立法调查，家庭联邦教育贷款计划具备财政可行性，而商业银行无法获得足够的资金用于支付学生贷款。这个项目允许联邦政府作为贷款人，不仅消除了支付给商业银行的补贴利息，而且还减轻了依赖于担保学生贷款基金的高校和学生的忧虑（General Accounting Office Washington D. C，1997）。

2005年，在弗吉尼亚大学（the University of Virginia）举行的会议召集了一些受人尊敬的研究人员，会议试图解决一个关键问题，即美国"旗舰公立"大学（"Flagship Public" Universities）是否真正帮助增加教育机会。研究人员想知道这些领先大学是否能够抵制争抢尖子生的激烈竞争，因为这似乎导致开支巨大，而这种巨大开支又引起学费上升。人们希望这些大学共同努力，减少一些这种竞争带来的浪费，而这不能只靠一所学校，只能通过合作才能实现（College Board，2006）。与会者面临着为公众利益主动接受反垄断局面的考验或挑战，还鼓励努力加强公共与私人间的合作，正如与吉宝委员会（the Keppel Commission）合作这一巅峰时期的做法。当时的合作主导了20世纪70年代的学生资助政策。事实上，此类大学就一些问题开展讨论，而这些问题一旦解决，将为普通大众带来更大利益。这种讨论，经过优质研究和分析得以提升，过去曾是，将来也会是真正专业解决问题的基础（King，1999）。

## 哲学与目的

### 职责

根据高等教育标准发展委员会（CAS 2006），资助办公室（Financial Aid Office）的使命应包括管理学生资助资金和为大学生群体提供服务。具体来说，优质管理的定义：承担学校各级资助项目的管理责任，确保遵守所有规范要求和报告日程。一些学校的资助办公室还负责管理奖学金项目，这些项目通常依据学生学习成绩或能力发放，而非出于学生的资金需求。

由于大学就读成本持续上涨，上大学越来越像买方市场，因此，资助办公室遵守联邦和州的法规至关重要（Scott，General Accounting Office，2007）。越来越多的学生依靠某种形式的联邦或州资助攻读大学。随后，这些资金慢慢成为高校预算中的主要组成部分。因资金管理不当或不按照要求报告而造成的资格缺失，可能对学生和学校造成灾难性后果。

### 学生服务

许多情况下，资助办公室还为学生群体提供全面的资助咨询，包括为学生提供预算、替代性资助方案和健全的研究生贷款债务管理等多种形式的教育资源（Recommendations for Financial Aid Counseling，2007）。然而，道德规范不允许资助办公室人员向学生推荐贷款发放者。随着教育成本增加，学生资助办公室必须向学生及其家庭提供校内财务信息资源，而不仅仅是处理学生资助和奖学金申请。

### 招生管理

虽然学生资助办公室的目的和职责往往出于利他主义，仅仅满足学生需求，但实际上，学生资助通常是高校借以达到各种目的的一个手段，因此，资助与招生管理衔接起来。例如，许多私立大学拥有重要的捐赠基金，可以减轻其参与联邦和州学生资助项目的必要性，它们不仅无须管理那些常常带有限制性标准的、困难的项目，而且也可以自由采用招生管理策略，实现自己的大学使命，如更大的多样性（Hossler，2000）。

资助办公室的使命只受联邦和州成文法规的约束，并且可以随着大学的使命而变化。资助办公室可以遵循先到先得的原则统一发放或授予学生贷款，只需考虑学生的需求这一标准。这种做法可以支持学校早日获得学生入学承诺的策略，从而更好地预测实际入学率。资助办公室的其他方法还包括优先考虑最需要资助的学生，因为这是学生资助的最初目的。虽然联邦和州的法规可以决定谁有资格参加资助项目，项目拨款如何发放，但是资助仍然可以仿效盲招的做法，以吸引更多样化的学生群体，同时保持更严格的学习要求。

### 高校资格

高校若申请参加"第六条"资助以及其他联邦学生资助项目，必须提供证据证明学校符合美国教育部制定的资格标准。美国教育部《学生资助援助手册》（The U. S. Department of Education Student Financial Aid Handbook，2009c）列出了 3 类符合资格的学校：高校、专科院校、高职院校。

高校可以是公立或私立的，但必须一直属于非营利组织。高职院校也可以是公立或私立的，但如果加入联邦学生资助项目，必须保持非营利性质。然而，高职院校是营利性专科机构，并且一直是私立的，具有营利性质。这类学校不符合联邦学生咨询会项目参与资格。得克萨斯大学和密歇根大学（The Universities of Texas and Michigan），以及密西西比州立大学和纽约州立大学（Mississippi State University and the State University of New York）是公立高校的典例。这些学校从国家拨款中获得不同比例的年度预算，使得历史上它们学生的上学费用低于私立大学的学生。私立高校的例子包括哈佛大学、斯坦福大学、贝勒大学和南加州大学（Harvard，Stanford，Baylor and the University of Southern California）。这些高校的资金来源主要是私人性的，如基金会和捐助者捐赠，同时也受益于合格学生获得的"第六条"资助（U. S. Department of Education，美国教育部，2010e）。上述两种类型的大学体现了汉布里克、埃文斯和舒（Hambrick，Evans，Schuh，2002）所定义的不同文化，即包含了校园产品、地标、学校特有的学生观点和规范以及学生、教职员工的价值观。

营利性的专科院校通常为希望在比传统大学教育更短时间内获得针对特定市场的独特技能的学生提供单一特制的学位或培训项目。此类学校的典例包括亚利桑那汽车学院（Arizona Automotive Institute）、加利福尼亚烹饪学院（California Culinary Academy）以及设计和商品时尚学院（The Fashion Institute of Design and Merchandising）（U. S. Department of Education，2010e）。

符合资格的高校还必须经过所在州的合法授权，并通过国家或区域认证的协会认证。下面是美国教育部批准的几所进行认证的协会：

中部各州高教委员会（Middle States Commission on Higher Education）。

新英格兰学校和学院协会（New England Association of Schools and Colleges）。

中北部学院和学校协会（North Central Association of Colleges and Schools）。

南部学院和学校协会（Southern Association of Colleges and Schools）。

西部学校和学院协会（Western Association of Schools and Colleges）。

纽约理事会（New York Board of Regents）（U. S. Department of Education，2010b）。

http：//www2. ed. gov/admins/finaid/accred/accreditation _ pg10. ht ml♯TitleIVRecognition。

关于批准参加"第六条"资助项目的认证高校完整列表，请参阅美国教育部网站：http：//www2. ed. gov/admins/finaid/accred/accreditation _ pg10. html♯TitleIVRecognition。

合格高校只能招收具有高中文凭或同等学历的学生。接受家庭教育而因此没有高中文凭或同等学历的学生，必须证明有能力达到美国教育部（美国教育部，2009d）列出的大学入学标准。规定高校取得资格要达到要求的完整列表，请参见《学生资助手册》（the Student Financial Aid Handbook）（U. S. Department of Education，2009d）最新版本中"学校资格"的相关章节。

## 学生资格

在确定学生能否获得"第六条"资助资格之前，高校须考虑许多标准。以下标准是最重要的：学生必须是美国公民或永久居民，参加了学位或证书课程学习；没有联邦学生资助贷款违约记录或联邦学生资助金未偿还记录（Scott，U. S. Government Accountability，2009）。这些数据和其他与资格要求相关的信息，是在学生完成联邦学生资助免费申请（Free Application for Federal Student Aid FAFSA）后收集的。

在资助早期，学生以纸质形式完成联邦学生资助免费申请，并提交给教育部。教育部出具两个报告：一个是学生资助报告（the Student Aid Report），该报告提供学生家庭支付预算（EFC），确定学生是否需要资助；另一个是学校学生信息记录（the Institutional Student Information Record），向学校提供与学生家庭财务状况相关的信息。在过去，资助工作人员需要花费数小时，人工审查学生信息记录，以计算每个学生的家庭支付预算和每个学生的项目参加资格。现在，学生能够通过教育部网站完成联邦学生资助免费申请，信息则以电子方式发送给双方。

美国教育部（2006）表示，家庭支付预算（EFC）是根据学生的财务状况和家庭规模对学生或其家庭应该能够支付的年度教育费用的估算。家庭支付预算仅根据联邦学生资助免费申请提供的信息计算，包括收入、资产、家庭成员数以及上大学的其他家庭成员等因素。家庭支付预算根据目的将学生分为非独立和独立两类。非独立学生未满 24 岁，未获得第一学士学位，未婚，没有孩子。非独立学生必须在联邦学生资助免费申请中填写家长信息，以计算其家庭支付预算。独立学生 24 岁以上，已获得学士学位，已婚，和/或有孩子。独立学生在计算家庭支付预算时，不需要填写父母的财务信息（U. S. Department of Education，2009d）。

提供给学校的电子记录包含的信息，需要通过几个美国联邦机构验证。首先，与美国公民有关的资助项目申请资格，会通过国土安全部（the Department of Homeland Security）维护的数据库核实；其次，联邦学生资助免费申请信息也会通过社会保障管理记录（Social Security Administration）进行验证，以确保申请人的姓名和出生日期的准确性；最后，18 岁至 25 岁的男学生的联邦学生资助免费申请记录，要经过美国选择性服务系统（U. S. Selective Service System）核实（U. S. Department of Education，2009d）才能注册。

大学学生信息记录（The ISIR）还包含学生在当前和过去就读学校获得的资助信息。国家学生贷款数据系统（NSLDS）记录会验证联邦学生资助免费申请记录，以确定学生是否偿还因失误收到的联邦资助金，或是否未能偿还联邦学生贷款。设定的某一资助项目资格的问题相关的意见代码会提醒财务援助工作人员，在确定学生资格之前，需要进行额外调查。资助专业人员可以访问国家学生贷款数据系统，以获得与还款和/或违约相关的信息，或者获取与学生以前就读学校的联系信息。国家学生贷款数据系统还为接受过联邦佩尔助学金项目（the Federal Pell Grant program）、补充教育机会助学金项目（Supplemental Educational Opportunity Grant program）、联邦帕金斯贷款项目（Federal Perkins Loan program）、家庭联邦教育贷款项目（Family Federal Education Loan Program）和威廉·D. 福特联邦直接贷款项目计划（William D. Ford Federal Direct Loan Program）等的学生保留完整的注册和资金支付记录（U. S. Department of Education, 2009d）。

虽然上述要求仅与入门资格有关，不过美国教育部（2009d）也规定了在之后学习过程中继续保留资格的相关标准。1976年《高等教育修正案》（The 1976 Higher Education Amendments）规定，必须对学生的学习进行定量和定性评价，以确保为成功获得学位而进步。具体来说，要求资助工作人员每年对学生的成绩进行评估：首先，确保他们至少保持C或同等累积平均水平（equivalent cumulative average）。其次，确保他们遵循大学规定的政策，在一个学期内完成规定门数或百分比的课程，如果学生的就读时间超过公布的全部学习时长的150%，学生将失去资助资格。不过，学生可以在工作人员确定他们满足大学政策要求时，重新获得联邦学生资助资格。学生资格要求的完整列表参见《学生资助手册》最新版本第1卷第1章"学生资格"章节（U. S. Department of Education, 2009d）。

## 学生资助项目资金来源

近年来，高等教育费用升高，相应的，学生使用贷款的比例也上升，超过了助学金。这些趋势引发了关于"谁为上大学买单"的激烈讨论。讨论的最后结果是"期望别人来买单"。事实上，有人认为，现有的这些学生资助项目及其他项目不断发展，从一定程度强化了上述观点（Vedder，2004）。学生资助项目资金有很多来源，包括联邦和州政府机构、大学收入和私人捐助。2009 财政年度，学生教育资助费用为 1800 亿美元。除去通货膨胀影响，比 1999 财政年度增加了 90%。

不过，到目前为止，联邦政府以"第六条"资助和"第五条"资助形式的拨款占所有资金来源的最大份额。2009 财政年度，联邦政府拨款超过 1167 亿美元，用于补助、贷款和勤工助学资助。除去通胀因素，联邦政府拨款在十年期间增加了 91%（College Entrance Examination Board，大学入学考试委员会，2009）。2010 财政年度，奥巴马政府提议的学生资助联邦预算达 1129 亿美元（美国教育部，2009e），这一数字与仅隔一年的 2009 年相比，增加了近 11%。

2009 年，大多数联邦资金分配给联邦帕金斯（the Federal Perkins）和斯塔福德（Stafford）项目，金额为 839 亿美元。在十年间，除去通胀影响，这些项目资金增加了近 100%，而勤工助学和助学金项目资金基本保持平稳。2009 年分配给助学金项目的 248 亿美元中，73.3% 用于联邦佩尔补资助项目（the Federal Perkins）。过去十年间，联邦勤工助学金分配实际上从 12 亿美元下降了 5%，变为 11 亿美元（大学入学考试委员会，2009）。有人可能会说，贷款资金的增加一方面反映了越来越多人持有的社会观点和政治思想，即高等教育成为可供使用的用户商品，另一方面反映了越来越少的人相信，人人都能得益于一个受教育的群体。

美国 50 个州都将资源分配给某种形式的学生资助。2009 年，各州拨款 85 亿美元和 9 亿美元，分别用于助学金和贷款项目（大学入学考试委员会，2009）。联邦拨款的资金通常来自税收，而各州的资助项目提供资金的方式种类各异。有些项目资金划拨给学校，就像"第六条"资助项目一样，而有的可能由该学校通过所在州制定的法律提供资金。例如，一些州规定，公立大学学费的一部分需留作用于基于学生需要而建立的助学金和贷款项目。

　　大学资助项目可以基于学生需要和成绩优秀或结合二者发放。通常，基于需求的项目称为助学金，而基于成绩优秀的奖励称为奖学金。这些项目的实际资金可能来自学校自行处理的资金，或最有可能来自私人捐助，如校友捐助或基金会捐助。大学资助项目的标准各种各样，如同评估学生人口方式。例如，大学补助金项目可以严格根据需要，通过完成联邦学生援助免费申请证明，可以将课程学习包含进来，而大学奖学金可以根据预置的大学入学考试成绩或高中平均绩点发放。

　　来自私人捐助的助学金和奖学金项目情况更加复杂，因为它们通常需要反映捐助者的愿望、利益和背景。例如，校友可以资助来自高中母校或家乡的学生，或特定专业的学生，或在学习和运动方面表现出天赋的学生。大多数运动奖学金被称为"助学金"，由私人以支持者或校友协会的形式资助。此外，一些私人资助的奖学金也会设置与大多数助学金项目类似的需求标准。一些州严格限制公立大学的学校资助或私人资助以种族或民族为依据发放，而私立学校则通常没有这些限制（Heller，2000）。与学校资助的助学金和奖学金不同，私人捐赠的资金通常限制性很大，需要尊重捐助者的意愿，学校不能再用于其他目的。

## 联邦学生资助项目

　　联邦学生资助项目虽然范围很广，但可归为贷款、助学金或勤工俭学助学金之一。虽然每个类别中的项目可以采用共同的大学和学生资格标准，但每个类别的本质是唯一的。贷款项目，无论是否基于需求，要求借款学生还款或签订服务协议。贷款项目被归为教育费用的"债务"融资。助学金通常不需要收款人还款，常称为"礼品资助"。也有一些项目例外，如果学生没有达到某些学习和/或毕业后的服务要求，助学金项目就转变为贷款项目。勤工俭学助学金常被视为"自助"式资金，因为是学生在学习期间通过参与学校相关工作挣得的资助。"第六条"资助中的学生贷款项目包括联邦家庭教育贷款项目（Federal Family Education Loan Program）（FFELP）、威廉·D. 福特联邦直接贷款项目（William D. Ford Federal Direct Loan Program）（DL）、联邦铂金斯学生贷款项目（Federal Perkins Student Loan Program）。

## 联邦家庭教育贷款项目

　　大学可以选择参加任何或所有"第六条"资助项目。2009 年，大多数担保学生贷款是通过联邦家庭教育贷款项目（FFELP）提供资金的，这主要是因为：如果一个项目的主要管理者是私人银行，项目更容易管理。联邦政府通过支付利息和预防违约贷款来向银行担保。而私人信托银行负责管理申请过程，获得填写完整的本票，与服务部门合作管理还款流程，由富有经验的实体负责，让学生和学校能够快速有效地获得数百万美元的担保保证贷款金额（Schachter，2009）。

　　联邦家庭教育贷款项目提供了三种产品：补贴性斯坦福贷款（Subsidized Stafford Loans）、非补贴性斯坦福贷款（Unsubsidized Stafford Loans）、联邦家长贷款（Federal Parent Loans）。每种产品提供不同的利率，其中补贴性贷款的利率最低，而后两者贷款的利率则高得多。此外，补贴性和非补贴性项目中有年度和总额限制，在毕业、退学或上学时间低于要求时间的一半，有六个月的还款宽限期。家长贷款没有这样的宽限期，一般在贷款支付后不久就开始还款。此外，家长贷款的标准基于申请人的信誉，而学生贷款则不用考虑（U. S. Department of Education，2009d）。

### 威廉·D. 福特联邦直接贷款项目

　　威廉·D. 福特联邦直接贷款项目（DL）是家庭联邦教育贷款项目（FFELP）的替代方案，它在资助界的作用正不断凸显。

威廉·D. 福特联邦直接贷款项目提供的产品与家庭联邦教育贷款项目的产品类似，然而，美国教育部是贷款人和服务机构，而非商业银行（U. S. Department of Education，2009b）。与家庭联邦教育贷款项目一样，威廉·D. 福特联邦直接贷款项目的利率由美国教育部决定，每笔贷款也会产生按本金百分比计算的贷款发放金额。直接贷款具有与家庭联邦教育贷款项目相同的年度和总额限制，学生贷款金额与其他形式的资助总额不得超过上学所需费用。

### 联邦铂金斯学生贷款

联邦帕金斯学生贷款项目起源于 1958 年，最初是因《国防教育法》而颁布的国防学生贷款项目（National Defense Student Loan Program）。作为一种校园项目，珀金斯项目的管理由高校层面负责，包括申请、发放和收集。联邦珀金斯学生贷款的利率固定为 5％，学生在毕业、退学或上学时间不到一半，有九个月的还款宽限期。该项目为有志于从事健康、教育或公共服务职业的学生提供几种宽容性选择。

### 助学金项目

助学金是一种经常被称为"礼品资助"的资助形式，表明收款人不需要偿还资金。已存在多种联邦助学金项目以及无数的州助学金项目。联邦助学金项目主要有：联邦佩尔补助金项目（Federal Pell Grant Program）、补充教育机会助学金项目（Supplemental Educational Opportunity Grant Program，SEOG）、"飞跃"项目（Leveraging Educational Assistance Partnerships，LEAP）、学习竞争力助学金（Academic Competitiveness Grants，ACG）、国家科学和数学通道人才保留（National Science and Mathematics Access to Retain Talent，SMART）助学金、大学教师教育资助（Teacher Education Assistance for College and Higher Education，TEACH）助学金。

### 联邦佩尔助学金

联邦佩尔助学金的起源可以追溯到 1972 年，《高等教育法案》得到重新授权，创建了基础教育机会助学金（the Basic Educational Opportunity Grant，BEOG）。1980 年，《高等教育修正案》将基础教育机会助学金项目更名为佩尔助学金项目，以纪念参议员克莱本·佩尔（Claiborne Pell），他长期倡导美国联邦资助学生追求高等教育（U. S. Department of Education，2009c）。

除了基本的"第六条"资助资格要求外，满足佩尔助学金要求的学生，必须未获得学士学位，且必须证明学生 EFC 低于联邦规定的阈值。2009—2010 资助年，学生获得佩尔助学金资助的资格，是其最高家庭支付预算为 4617 美元。2010 财政年度的发放金额从 200 美元到 5550 美元不等，取决于学生的家庭支付预算、在学情况（全部在学、一半在学或四分之三在学）以及由资助办公室计算的大学就读成本预算（COA）（美国教育部，未注明出版日期）。

历史上，美国教育部提供个人佩尔助学金支付网格，综合入学状态、大学就读成本和家庭支付预算，以帮助工作人员确定合适的发放金额。现在的技术已经能够维护每年更新的数据库，以适应联邦法规的变化，根据最新要求自动提供佩尔助学金一揽子项目。

虽然教育成本和在学状况可能因学校和学生而异，但是联邦佩尔助学金使用学生的家庭支付预算来确定他/她获得资助的资格，从而确保方便性。因此，符合条件的学生可以自由使用他们的佩尔补资助金，用以支付任何符合"第六条"资助资格规定的学校约 5400 美元的学费（美国教育部，2009c）。此外，一些大学允许将佩尔助学金与不属于"第六条"资助规定的或州资助项目联合使用，超过学生的大学费用。

### 补充教育机会助学金项目

补充教育机会助学金（SEOG）是根据 1965 年《高等教育法

案》创建的。它基于校园资助项目中的"礼品资助"部分，获得佩尔助学金资格的学生可优先获得补充教育机会助学金（U. S. Department of Education，2009a）。与其他校园项目（如联邦帕金斯贷款和联邦学术勤工助学项目）类似，联邦政府直接向大学拨款，大学需要对每笔发放金额给予 1∶0.25 的配套。

### 平衡教育资助合作项目（"飞跃"项目）

由美国教育部批准的"飞跃"项目允许将联邦资金分配给各州，各州转而将这些资金发放给特别需要的学生。50 个州和美国领土都获得该项目资助，要求按 1∶1 配套发放学生资助金。由于项目是由州级部门管理，该项目名称的首字母缩略词"LEAP"出现在州资助项目标题中（U. S. Department of Education，2009d）可有可无。

### 学习竞争力助学金、国家科学与数学人才保留助学金

2006 年，学术竞争力助学金（ACG）和国家科学和数学人才保留助学金（国家 SMART 奖学金）创立，旨在鼓励学生参加必要的高中预科课程，让他们能够在大学攻读科学和技术学位（美国教育部，2010a）。两个项目联合开展，满足以上两项项目资格的学生，在大学第一年和第二年收到学术竞争力奖学金，在第三年和第四年收到国家科学和数学人才保留奖学金。

申请学术竞争力助学金资格的学生，首先必须满足佩尔助学金申请资格，必须完成美国教育部严格规定的中学课程，随后的大学学习科目必须是数学、科学、工程或技术（美国教育部，2010a）。学术竞争力助学金最高为每月 750 美元，学生还必须在大学第一年结束时获得 3.0 的累积平均绩点（以 4.0 为满绩点）（U. S. Department of Education，2010a）。

学生要在第三年和第四年获得国家科学和数学人才保留助学金资格，必须保持一半学时（Half-time Enrollment），累积平均绩

点为 3.0，具备佩尔助学金资格等条件。此外，学生必须攻读以下相关专业学位：物理、生命或计算机科学，工程，技术，数学，或严重短缺的外语（U. S. Department of Education，2009a）。

### 大学教师教育资助助学金

为解决低收入、高需求地区的中小学教师短缺问题，2007 年《大学成本削减法案》（the College Cost Reduction Act of 2007）授权创建了大学教师教育资助（TEACH）助学金项目。满足条件的学生每年可以获得高达 4000 美金的资助，但必须参加课程学习，以保证在毕业后能够担任小学、中学教师。作为回报，助学金获得者必须以书面形式同意，8 年内在规定的学校任教 4 学年（Federal Student Aid，联邦学生援助，2010d）。

### 联邦学生勤工助学项目

联邦学生勤工助学项目（FCWS）是一个自助项目，因为学生通过在校内或学校相关机构工作获得资助，由 1965 年《高等教育法案》创建，联邦学生勤工助学项目由学生所在学校管理，作为基于学校的资助项目的一部分。符合资格的学生必须出具需求证明，并能够每周工作长达 20 小时。雇用联邦学生勤工助学项目受助人的部门，可以补偿受助人工资的 75％。在某些情况下，如辅导和扫盲项目中，可以补偿 100％。

联邦学生勤工助学项目与其他资助项目不同，因为它对学生和大学都有益。学生可以通过校园就业获得经济资助，在大多数情况下，这些工作比校外工作更"有益"。通常，学校雇主对工作时间表的安排更灵活，以错开学生上课时间。学生因为考试或课堂作业需要补假时，也更好处理。另一个好处是学生获得宝贵的工作经验，可以作为他们毕业后填写简历的材料。此外，许多大学将有目的的学习成果纳入工作职责，从而巩固了体验式学习机会。

从大学的角度看，学生勤工助学可以为部门提供有价值的兼职帮助，其成本仅是合格的全职员工成本的一小部分。学生兼职者可以让部门因工作量、特殊项目、人员短缺和中断等原因进行必要的资源再分配。此外，因为部门中学生兼职者的存在，长期工作人员能够担任他们的导师，这可以提升学校员工的工作满意度。

## 学生资助管理

### 健全的资助措施

资助办公室需要对很多相关人员负责：建立学生资格和项目报告标准的联邦和州政府，利用资助办公室实现招生管理战略的学校，重点关注可以收到的资助金额和期限的学生。然而，无论资助办公室在什么时候，服务于哪个目的，其在实施中必须公平，考虑到所有有服务需求的学生，体现出工作的合理性。

为所有资助办公室（不论大学类型或管理方式）提供指导原则的协会有两个：全国学生资助管理者协会（The National Association of Student Financial Aid Administrators）和高等教育标准发展委员会。全国学生资助管理者协会和高等教育标准发展委员会为资助工作人员的专业和道德行为提供指导；此外，高等教育标准发展委员会还为资助办公室工作的后勤提供额外的标准。

1999 年，全国学生资助管理者协会（NASFAA）主任董事会制订了一份包括 12 点内容的道德原则声明，作为资助管理人员的行为标准。具体来说，《道德原则声明》（*Statement of Ethical Principles*）建议资助工作人员应（The National Association of Student Financial Aid Administrators，1999）：

（1）致力于为希望就读大学的人们消除经济障碍。

（2）尽一切努力帮助有经济需要的学生。

（3）了解影响学生的问题，并在大学、州和联邦层面为学生争取利益。

（4）支持人们激励学生在小学时就立下高中后的教育志向并进行规划。

（5）让学生及其家庭了解高质量消费者信息。

（6）尊重学生的尊严，保护学生的隐私，确保学生记录和个人情况的保密性。

（7）针对所有资助申请学生应用全部需求分析公式，确保公平性。

（8）提供服务时不分种族、性别、性取向、宗教、残疾与否、年龄或经济状况。

（9）认识到专业发展和继续教育的需要。

（10）促进思想和意见的自由表达，尊重行业内的不同观点。

（11）遵守最高水平的道德行为，避免利益冲突或对利益有所想法。

（12）保持最高水平的职业精神，体现对国家学生资助管理者协会目标的承诺。

资助办公室工作人员受"道德原则声明"的约束。该声明作为实践指南，涵盖了资助工作人员承担的广泛责任。资助办公室的作用比它的传统印象要复杂得多，并不仅仅接受申请、向学生发放资助。资助工作人员必须参与外展活动，旨在让已注册和要报考的学生及其家庭了解各种可以通过资助项目获得大学学位的资源（U. S. Department of Education，2009d）。此外，资助工作人员必须始终认识到他们作为资助项目管理员的作用，确保所有的业务工作都无可指责。

合理的资助措施和联邦法规要求资助工作人员正确理解并公平运用需求分析标准。需求分析是一个过程，在此过程中，资助工作人员需要确定：一个学生为满足其教育费用，一年内需要多少资助（NASFAA，2007b）。学生的就读成本（COA）预算应包括所有合理的教育相关费用，如学费、强制性费用、住宿费以及交通和生活费用（全国学生资助管理者协会，2007a）。

资助办公室通常遵循联邦方法（Federal Methodology）来确定学生的需求和随后的资助金额。根据联邦算法，学生需求计算公式如下：

所需的资金＝就读成本（由所在大学计算）－家庭支付预算（按联邦学生助学金免费申请计算）－其他资助（校内或校外奖学金、第三方如雇主的支付金）

资助管理人员必须非常谨慎，以确保学生的资助项目不超过其计算的就读成本、家庭支付预算和其他资助相加的金额。当学生获得比他/她需求更多的经济资助时，就会发生过度资助。如果在支付经济资助之前发现过度资助，则必须取消或减少资助以纠正该问题。然而，在许多情况下，由于就读成本或其他资助资源（例如奖学金）支付后发生变化导致的过度资助，已经支付的资助有时无须减免或取消（美国教育部，2009d）。

联邦政府为资助管理人员提供一个范围，可根据情况对需求分析公式进行调整。工作人员根据专业判断可以增加就读成本，重新计算家庭支出预算，或两者都进行。在做出专业判断时，资助工作人员可以审查学生的联邦学生助学金免费申请信息、其父母的纳税申报单或学生专门的经济困难证明文件。所有专业判断都应该慎重，资助信息需要在学生的资助文件中有详细记录（国家学生资助管理员协会，2007b）。

### 职责及作用

根据华盛顿咨询小组（the Washington Consulting Group）和学生资助办公室（1988 年）创建的文件，高等教育资助办公室人员的作用和职责包括：承担资助办公室的基本工作职责；了解与其他管理办公室合作的意义；参加该领域的专业组织，寻求支持和发展。

财务资助办公室的主要职责包括督促学校遵守法规，为学生提供咨询，审查学生申请资格，确定其经济需求，管理助学金项目，管理（学生及家长）贷款项目，管理基于学校的资助项目，聘用校外顾问和服务机构。此外，还必须与学校其他办公室密切合作，包括校长办公室以及招生、营业、注册和学习记录、咨询、就业安置、退伍军人、教务长、数据处理、开发和特殊项目等办公室。在与这些办公室合作时，资助办公室人员需负责建立一个资助委员会，一个与这些办公室联络和合作的网络。资助办公室人员也有责任与校外机构和专业协会建立关系（Washington Consulting Group，the Office of Student Financial Assistance，1988）。

资助办公室提供许多校内外服务。资助办公室工作人员可担任财务顾问、学生倡导者、外展活动协调员、高校领导和管理者。虽然联邦或州没有制定有关资助办公室工作汇报结构的指南，但是有明确规定，接受"第六条"资助资金与把这些资金分发给学生分属不同的职能。虽然资助办公室管理并授权资金的发放，然而，将资金拨入学生账户或直接支付给学生，则是由无附属部门或共享员工（通常是营业部）的一个独立办公室负责（美国教育部，2009d）。

财务资助管理工作者还必须积极倡导增加资助项目。随着政府对高等教育的支持不断减少，学生及其家庭不得不承担更多费用。资助管理工作者必须使用招生和需求短缺相关的数据分析和报告，向这些学生传达信息，让他们了解当前趋势如何导致上述反向关系，且这种关系可能对当前和将来的资助金发放产生负面影响。简言之，资助办公室必须在学费和费用增长方面发挥"制衡作用"，这些费用最终可能转嫁到学生身上。

### 结构及人员配置

没有制度规定资助办公室应向哪个管理单位汇报工作。许多大学的资助办公室向学生事务部门汇报工作，因为办公室的职能是与学生的整体发展有关。然而，在其他大学，资助办公室向负责招生入学管理的院长、副校长汇报工作，更直接地把资助与招生工作联系起来。还有一些大学认为学生资助是一种商业功能，把资助办公室归于财政事务办公室。一项对资助办公室的调查显示，37.7％的办公室向学生事务部门汇报工作，19.0％向招生入学管理办公室汇报，18.5％向一般综合管理部门汇报，10.7％向财政事务部门汇报，7.3％向学习事务部门汇报（Williams，1999；as cited by Coomes，2004）。

高等教育标准发展委员会（2006）为资助办公室的组织和管理提供了明确的指导方针。根据这些指导方针，资助办公室必须确保资助管理相关政策是最新的，同时相关各方均可以获得。资助办公室工作人员需定期记录和审查工作职责和工作要求。资助行业不仅有严格的制度规定，也对大多数学生的大学教育起着核心作用。因此，处理申请和发放资助的工作流程以及处理学生申诉的流程必须目的明确，有条不紊，且有充分记录。

由于资助办公室的工作水平与接受资助的学生数量直接相关，因此，指导方针很难明确规定完成规定任务和目标所需的工作人员数量。然而，美国教育部（2009d）明确指出，资助办公室必须配备足够数量的专业和办公室人员，但须接受高校审计和项目审查。虽然完成适当服务所需的工作人员数量因学校而异，但高等教育标准发展委员会确实提供了如何正确甄选工作人员的若干标准。工作人员应至少拥有学士学位或同等学历。他们必须具备资助规定相关工作知识，并秉承公平公正的态度谨慎地执行这些规定。此外，工作人员必须了解资助规则和条例的变化，需要有意识地定期参考联邦和各州制定的政策（高等教育标准发展委员会，2006）。

虽然资助办公室的人员配置模式因大学情况而异，但雷德（Redd）和米勒（Miller）在2002年进行的一项研究中总结了资助办公室人员配置模式。研究显示，资助办公室的全职工作人员平均数为5.6。较大的四年制公立大学，其资助办公室工作人员人数最多（平均拥有10.7名全职工作人员），而较小的两年制私立大学的资助办公室工作人员人数最少（平均为1.4名全职工作人员）。调查中做出回应的资助办公室管理人员中，有54％表示他们的最高教育程度是硕士学位，34％的人拥有本科学位，仅有 4％拥有博士学位（Redd，Miller，2002；as cited by Coomes，2004）。此外，伯恩（Byrne）在 2006 年的一项研究中考察了得克萨斯州的资助办公室，并根据资助服务确定了 14 个示范学校。这些资助示范办公室的平均人员配置数额为 22 名全职当量（FTE）工作人员。在这平均的 22 名成员中，9 名是专业人员，8 名是辅助人员，5 名是兼职学生（Byrne，2006）。

资助办公室工作人员必须接受培训，并定期学习联邦教育隐私法、家庭教育权和隐私法（FERPA），禁止各级教育机构在未经学生许可的情况下，披露特定的教育和经济信息。然而，在学生年满18 岁时，其隐私权应从父母处转交回学生（美国教育部，2010c）。这一权利转交相对复杂，因为大多数本科生必须在他们的联邦政府助学金免费申请中填写家长的经济信息。工作人员需要完全了解可以向资助受益人家庭披露哪些信息，以防违规。这一点至关重要。

资助办公室领导层必须了解与人力资源有关的法律和学校政策，并管理经营预算。管理人员必须通过有效的评估技术，并酌情参加行业会议和培训研讨会，以确保工作人员的专业发展（高等教育标准发展委员会，2006）。

如前所述，学生工作者在校园部门和办公室的运营中可以提供非常宝贵的服务。然而，由于学生资助的保密性质，学生工作者必须经过仔细挑选，同时需要接受大量资助工作室工作以及家庭教育权和隐私法等客户服务方面的培训（高等教育标准促进委员会，2006）。资助工作室的学生兼职者必须清楚地意识到，他们了解自己的同学，某些情况下朋友和熟人的个人经济信息。在不适当情况下披露资助信息，可能会导致难以处理的局面，在最坏的情况下，可能引起法律问题。

必须为资助办公室工作人员提供必要的资源，以便有效、高速地开展业务。工作人员应定期审查办公室后勤，以确保遵守联邦和各州的准入和安全法。资助办公室应为工作人员和学生提供办公室或会议区，方便他们单独讨论机密信息。应为资助办公室分配足够和安全的空间，以便保存联邦政府规定的文件，且需要上锁，文件柜也应该能防火（高等教育标准促进委员会，2006）。

### 新技术

技术在促进和加快资助申请和发放的过程中发挥了重要作用。学生完成联邦政府学生资助免费申请，只需要一小部分时间填写书面表格。需要处理的信息以电子方式传送给资助办公室，大型计算机系统可以审查数千名学生的申请资格，只需要一晚上的批量操作，就能完成相应的发放过程。资助管理员可以实时访问国家学生贷款数据系统（联邦学生贷款和助学金信息交流中心），以处理冲突的信息或更新注册状态。资助行业融入、发展新技术是一个合理的举措，因为许多过程是分层决策、循序渐进的，而电脑技术十分适合处理这些程序。

需要特别说明的是，尽管技术在管理资助工作高度复杂的规范方面已经被证明非常有价值，但它也已经占用了资助管理人员的大部分时间。用于信息技术的时间，往往以牺牲学生个性化服务时间为代价。此外，资助系统很多时候只是一个更完整和全面的学生信息管理系统（Student Information Management System）的组成部分，这种系统可能需要高度的技术技能设置来理解技术界面问题（NASFAA，2005）。

为帮助工作人员研究软件系统，全国学生资助管理者协会（NASFAA，2005）提供以下问题，系统是否能够：

（1）加强学生服务？

（2）在不大量增加工作人员的情况下，提高学生服务的质量和数量？

（3）减轻工作人员的日常工作，让他们有更多时间接触学生？

（4）软件和硬件无须进行重大的、实质性的修改，也能展示灵活性、适应性和定制能力？

　　国家学生资助管理者协会还建议工作人员考虑与正在使用软件的其他高校人员联系。现场访问提供了一个听取用户评价的很好机会。不过，最后的决定很少完全由资助管理者做出。在一些大学中，决定取决于软件管理财政和人力资源的功能，而非软件服务学生的功能（NASFAA，2005）。

## 政府网站

### 美国教育部（USDOE）

　　美国教育部官网链接为 http://www.ed.gov/，从中可以访问任何级别的教育信息。有关财务资助管理人员的具体信息可以在"资助工作人员信息"（IFAP）页面（http://www.ifap.ed.gov/ifap/）上查阅。"资助工作人员信息"通常被视为资助管理人员最重要的信息来源，它提供了培训活动、"学生资助手册"过去及当前问题、联邦成文法规以及以"亲爱的同事"信件形式更新的联邦信息。资助工作人员应熟悉并定期查阅网站信息，以保证对财务资助办公室进行健全管理。除了详细的资助信息外，美国教育部还提供了与研究主题、教育统计、政府政策和组织结构相关的网页链接。

### 国家教育统计中心（NCES）

　　国家教育统计中心官网链接为 http://nces.ed.gov/。这个联邦网站专门存储了与州、国家和国际层面教育相关的数据。网站除了管理数据系统，如综合性高等教育数据系统（IPEDS）之外，还能生成与美国教育相关的报告，供联邦、各州、教育和商业机构使用。

### 学生资助咨询委员会

学生资助咨询委员会的官网链接为 http://www2. ed. gov/about/bdscomm/list/acsfa/edlite-index. html。该机构是 1986 年由《高等教育修正案》创建的，是美国教育部成员。其 11 个成员委员会因其双重身份，能够为教育部部长及国会提供信息和学生资助建议。成员由众议院议发言人、参议院总统临时代表和教育部长任命。受任命者为高等教育管理、教育机构和资助行业的代表。

### 国家学生贷款数据系统（NSLDS）

国家学生贷款数据系统的官网链接为 https://www. nslds. ed. gov/nslds_FAP/secure/logon. jsp。这个安全网站是为资助工作人员开发的，旨在减轻与资助记录单相关的纸质工作负担。该网站包含详细的联邦学生贷款、佩尔助学金和补充教育机会助学金项目信息和大学注册信息。国家学生贷款数据系统的使用，让资助办公室免于审查转学生提供的纸质资助记录单这一劳动密集型工作，还能让学生信息系统程序化地审查年度和总贷款限额，以及不满足佩尔助学金和补充教育机会助学金条件的相关问题。学生可以通过学生门户 http://www. nslds. ed. gov/nslds_SA/查看他们的个人联邦学生贷款信息。

## 非政府组织及专业协会

### 全国学生资助管理者协会（NASFAA）

全国学生资助管理者协会的官网链接为 http://www. nasfaa. org/Home. asp。全国学生资助管理者协会是国家资助管理人员的专业组织。其使命是促进"参与资助管理的个人和组织的职业准备、有效性、支持和多样性……"全国学生资助管理员协会成立于

1966 年，是一个会员驱动型组织，拥有超过 2 万名成员，代表着 3000 多所高等院校。该组织由董事会、三个委员会和 18 个分委员会管理，位于华盛顿特区。协会的日常运作由 38 名长期工作人员管理（全国学生资助管理员协会，2010）。

### 全国学生资助及资助项目协会（NASSGAP）

全国学生资助及资助项目协会的官网链接为 http://www. nassgap. org/。全国学生资助及资助项目协会致力于促进和改进国家资助项目。该组织还致力于游说政府领导和机构，以获得改善高等教育所需的额外资源。其成员包括来自美国每个州和领地的单一代理机构。这些机构提供贷款、助学金和/或勤工助学金项目。协会同时也是由州管理的资助项目学术研究资源库。

### 国家高等教育贷款项目委员会（NCHELP）

国家高等教育贷款项目委员会的官网链接为 http:// www. nchelp. org/。该组织成员由来自学生贷款行业的国家代表、担保机构、贷款还款服务机构和高等教育机构组成。主要目标是通过联邦家庭教育贷款项目促进人们接受高等教育，由设在华盛顿特区的推选出来的董事会及其官员担任领导。

### 大学入学考试委员会

大学入学考试委员会的官网链接为 http://www. collegeboard. com。大学入学考试委员会或大学委员会，成立于 1900 年，作为一个非营利组织，致力于为学生及其家庭提供必要的资源，以取得就读大学的机会并取得成功。该委员会的 5700 所会员学校、学院、大学和教育机构为学生、家庭和教育机构提供有关大学选择、经济资助和教学的信息。该委员会的产品包括 SAT（以前称为学术能力测试）、PSAT（学术能力倾向初级测试）和大学预修课程（the Advanced Placement Program）（大学入学考试委员会，2010）。

## 普通信息网站

### 资助信息网 （FinAid）

FinAid 的链接为 http://www.finaid.org/。FinAid 是 1994 年由马克·坎罗威茨（Mark Kantrowitz）创建的网站，网站提供全面的资助信息资源，提供有关贷款、助学金和奖学金机会以及大学选择过程的资源信息。FinAid 为学生、家庭和资助管理员提供全面而客观的服务，备受同行称赞。实际上，许多资助办公室在其学校维护的主页上也提供了 FinAid 的友情链接。

### 快网 （FastWeb）

快网的链接为 http://www.fastweb.com/。快网也是由马克·坎罗威茨（Mark Kantrowitz）创建，网站向用户提供有关奖学金、实习、资助和大学选择的信息。用户创建一个账户，并输入个人人口统计数据，快网会利用数据匹配个人信息与奖学金标准。

## 专业发展

### 专业协会

全国学生资助管理员协会（NASFAA）成立于 1966 年，是最大的资助管理人员和工作人员专业协会。协会目标是提供最大的资金和有效的资助方法，以帮助有需要的学生追求高等教育（NASFAA，2010）。全国学生资助管理员协会总部设在华盛顿特区，由董事会和 38 名常任工作人员管理。

全国学生资助管理员协会网站是法律、培训和技术资源的存储库。网站每天都会更新，以反映与资助立法相关的"实时"国会活动。协会的培训链接包括外展活动、处理资助和项目自我审查等资源。协会采用技术，为资助工作人员直接链接美国教育部的联邦政府学生资助免费申请、佩尔助学金和直接贷款等网站。此外，还提供了讨论列表，从一般财务资助到违约预防都有涉及。

全国学生资助管理员协会还出版了一些与时事、意见书（Position Papers）和学术研究相关的期刊。学生资助记录单每季度发布一次，发行量约为5500份。全国学生资助管理员协会专著系列为财务资助工作人员提供与管理资助办公室和项目有关的适用信息。协会的《学生资助》（*Journal of Student Financial Aid*）为会员提供有关学生资助的研究、政策或职位问题（Position Issues）的文章，以供参阅（美国学生资助管理员协会，2010）。

全国学生资助管理员协会每年7月举行年度会议，协会3万名会员中有1800到2000人会出席年会（NASFAA，2010）。会议让所有资助管理层的成员聚集在一起，分享资助的最佳做法，听取立法者的意见，并接受额外的实践培训。

全国学生资助管理员协会为成员提供专业发展和培训。会员可分为四类：高校会员、附属会员、学生会员和委托人会员（公司和组织）。有关成员资格的其他信息和要求，请访问 http://www.nasfaa.org/redesign/JoinNASFAA.html。

### 地区协会

除全国学生资助管理员协会外，资助管理人员还可以加入地区和所在州的协会。目前有六个区域协会：

• 学生资助管理人员东部地区协会，官网链接为 http://www.easfaa.org/。

• 学生资助管理人员中西部地区协会，官网链接为 http://www.masfaaweb.org。

• 学生资助管理人员洛基山地区协会，官网链接为 http://www.rmasfaa.org。

• 学生资助管理人员南部地区协会，官网链接为 http://www. sasfaa. org。

• 学生资助管理人员西南部地区协会，官网链接为 http://www. swasfaa. org。

• 学生资助管理人员西部地区协会，官网链接为 http://www. wasfaa. org。

每个地方协会在结构上都类似于全国学生资助管理员协会，由董事会或执行委员会、成员选举的官员构成。每个协会也会举行年度会议，包括研讨会、培训和专业发展等形式。美国 50 个州、哥伦比亚特区和波多黎各都有管理结构类似的成员组织。

## 面临的问题及发展趋势

资助办公室和所有现代机构一样，继续在一个不断变化的社会中努力，时代精神经常决定最新的方向。高等教育资助管理领域的一些突出问题包括但不限于成本增加、资助项目和"9·11"后的学生资助。

### 成本增加

2000 年到 2010 年间，公立四年制大学的学费和其他费用年平均增长率为 4.9%，超过了生活费的增长率。此外，上述增长在四年的公立和非营利私立机构中尤为明显，分别为 15% 和 20%（2005 年至 2010 年间）（大学入学考试委员会，2009）。事实上，在过去十年中，大学学费的增长速度高于任何其他消费产品（Draeger，2008）。

造成这些增长的原因，可能与过去几十年联邦和州对高等教育的支持日益减少有关。对于大多数州而言，学费高低由高等教育机构的董事会调节。在过去十年中，这些董事会或多或少允许市场设定价格（Field，2007）。虽然国家削弱对高等教育拨款仍然是学费上涨的主要原因，然而 2003 年的国会报告提供了相反的证据。许多州已经减少了高等教育拨款，但在 2002—2003 财政年度，38 个州增加或维持了高等教育的固定拨款，而所有 50 个州的公立四年制大学都提高了学费（Boehner，McKeon，2003）。一旦董事会全部接受将更大比例的成本强加在学生及其家庭上这样一个让人难以接受的想法，他们获得的财富会让他们觉得这个想法令人满意。

即使政府出台公立大学学费相关法规，或在一些州恢复相关法规，仍然不难设想，追求大学学位现在已经成为市场商品。住宿和其他辅助服务由大学自行定价，而且可以提高价格以增加收入。一旦大学体验到供大于求的好处，像任何其他消费品一样，公立高等教育的成本将继续上升。

### 资助项目

2010 年国会考虑立法，以私人银行的利息补贴形式努力抵消部分联邦支出，国会将取消家庭联邦教育贷款项目，并要求所有高等教育机构转而实行威廉·D. 福特联邦直接贷款项目。这项行动将确定联邦政府贷款、服务和收取担保学生贷款的责任。这项提议能够带来长远利益，比如学生贷款不再受到资本市场短缺的影响，以及所有学生能获得同样的贷款利益。然而，在短期内，与政府机构相关的后勤负责支付、收集数十亿美元的贷款，可能还存在问题。此外，这种大规模变革对学生贷款政策的影响，对于私人银行而言可能是灾难性的，因为银行雇用了成千上万的账户代表（Account Representatives）担任大学的联络人。立法可以强制要求高校最快在 2010 年秋季加入直接贷款项目。

在 2000 年，联邦政府还提议取消学校资助项目，特别是取消联邦珀金斯学生贷款项目和补充教育机会助学金（SEOG）的贷款内容。官员指出，这些项目已经达到了最初目的，例如为联邦珀金斯借款人提供贷款免除福利，这些贷款人进入公共服务领域，或将资金分配给大学，大学再以过时的方式发放给学生，比如补充教育机会助学金（美国教育部，2009e）。

### "9·11"之后的学生资助

高等教育也未能免受"9·11"事件的影响。虽然联邦资金显然会因新战事吃紧，但公众做出了善举，将数百万美元的救济金和高等教育奖学金捐赠给恐怖袭击遇难者家属。截至 2009 年，23 个组织及基金会和 50 多所高等院校为"9·11"事件遇难者及家属制定了高等教育资助项目（NASFAA，2010）。

"9·11"事件也给联邦级别的资助系统带来变化。2001 年 9 月 14 日，联邦政府颁布了指导方针，用于管理即时被召唤为军事人员的学生的贷款问题。贷款人和担保人延长学校的延期期限，并为那些在职的人提供津贴。即使在学生贷款违约的情况下，如果学生处于服役期间，也能推延获得收款的时间（美国学生资助管理员协会，2001）。2006 年正式采用的《高等教育法延期法案》，对因恐怖袭击而死亡或残疾的人的配偶和家庭，授予学生贷款免除福利（NASFAA，2006）。

虽然美国退伍军人自 20 世纪 40 年代中期以来，已受益于教育法规，但 2000 年出台新法案，为 2001 年 9 月 11 日以后的军人提供额外福利。"9·11"后的退伍军人法案和黄丝带项目，为在 2001 年 9 月 11 日或以后服役至少 90 天的退伍军人，以学费和住房补助的形式提供财政支持。这些项目和其他退伍军人资助项目之间的主要区别：福利金额是基于每个州的学费率计算的，而不是每月固定金额发放的联邦政府补贴（U. S. Department of Veterans Affairs，美国退伍军人事务部，2010）。

## 小结

本章的目的在于，让当前和未来的高等教育管理人员、学生事务工作人员和资助工作人员了解学生资助发展历史、学校和学生资格要求、联邦学生资助项目和健全资助办公室管理等知识。作者并非旨在为资助办公室在学校使命和目标中的目的和作用设定一种哲学立场。不过，可以合理地预测，为了接受高等教育，越来越多的学生已经并将继续接受联邦、州和高校的资助。

　　所有学生带着不同的目标、愿望、学习成绩和社交能力进入大学。虽然不是所有人都能够受益于高等教育，但资助管理人员有义务捍卫林登·约翰逊（Lyndon Johnson）总统的愿望："……生长在这片伟大土地上的每一个高中毕业生，能够申请 50 个州的任何大学，不会因为其家庭贫穷而被拒绝。"（Johnson，1965）

# 第十三章　学生健康

理查德·P. 基林，特里·艾弗里，

詹妮弗·S. M. 迪克森，爱德华·G. 惠普尔

## 发展历史

学生医疗保健在美国高等教育有着悠久的传统。从 17 世纪 60 年代到 19 世纪 50 年代中期，人们普遍认为学生自己对自己的健康负责。多数大学要求学生向周边的社区医护人员求助（Farnsworth，1965，1988 年引用于 Saddlemire）。

1859 年，阿默斯特学院（Amherst College）被誉为"大学健康之父"（Boynton，1962 年）的卫生学教授爱德华·希区柯克博士（Dr. Edward Hitchcock）是正式提供学生卫生服务的第一人。"身体和心灵应该和谐运作"（Saddlemire，1988）的哲学思想指导着他治疗学生的实践。后来，在 1861 年，阿默斯特学院建立了第一个卫生和体育综合部门。该学院开展年度考试、卫生教育和定期体育锻炼，还收集关于学生疾病和治疗的数据（Boynton，1971）。

教师对校园居住条件、传染病流行的关注度上升，对促进心理健康的兴趣渐浓，导致学校采取了一些措施，如开始检查学生宿舍。随着运动项目数量和规模的不断扩大，一些大学增配了如今被

称作"队医"的人员，建立了学生医务室，为无法自理的学生服务。第一个学生医务室于 1893 年创立于普林斯顿大学，随后，加利福尼亚大学于 1901 年开展了第一个官方组织的学生卫生服务（Boynton，1962）。

20 世纪 60 年代之前，学生经常在校外寻求性传播感染、酒精和其他药物滥用、心理健康和避孕等方面的帮助。1977 年，美国大学健康协会（the American College Health Association）建议大学健康项目包括："（1）门诊和住院服务；（2）心理健康；（3）运动医学；（4）牙科服务；（5）康复和身体医学；（6）预防医学；（7）健康教育和宣传；（8）环境卫生安全和（9）职业健康。"（Saddlemire，1988）布里德韦尔（Bridwell）和肯德尔（Kinder，1993）总结了以下变化：

健康中心的使命保持相对不变。直到 20 世纪 60 年代末和 70 年代初，席卷全国的社会革命彻底改变了大学看待学生的方式。性解放运动、校内使用药物和酒精的普及和强大的学生激进主义，改变了学生健康工作日程。这些新问题需要新的解决方案：药物酒精治疗和教育方案，提供特殊服务，如提供妇科和避孕服务的女性诊所，以及其他措施。在此期间，学生更加强烈地表达了对无法满足他们需求的学校的不满。所有这些力量都化作了催化剂，促使我们在如今的校园里看到的健康中心的出现（Bridwell，Kinder，1993）。

普雷斯科特（Prescott，2007）还提供了关于大学健康项目更为全面和详细的历史。

## 当今的大学健康计划

21 世纪的第一个十年中，大学健康计划为学生提供了广泛的服务：健康发展和预防，心理健康、心理咨询、心理治疗，消费服务（学生的权利和责任、保险），及时、紧急医疗护理，制药、实验室、诊断、影像治疗，急救、手术、麻醉服务，住院、医务室、体育、运动、休闲医学，口腔卫生，环境健康和安全，职业健康服务（American College Health Association，1999）。

如今，学生卫生服务通常被称为大学健康计划，表明这些项目覆盖面广，促进学生全面成长和发展。大多数大学的健康项目只为学生提供服务，少数项目也为学生的家属提供医疗保健，极少数项目则服务于教职人员。随着大学生统计人口的改变，健康计划将他们的重点放在满足多样化的健康需求上。许多健康项目让校园社区领导健康问题方面的工作，负责对流行病和其他社区公共健康突发事件采取管理措施。

大学开展健康项目，以应对学生群体的特殊需要。由于受现有资源的限制，且与社区卫生服务的其他来源的可利用性和可行性有关，不同的大学健康项目在组织结构和服务模式上有很大的不同。不过，其历史都反映了共同的主题（Keeling，2005）。

高校通常委托学生健康服务中心及时对公共健康问题做出反应（特别是传染病暴发时），不管学生的投保情况如何，他们都能获得基本卫生保健；迅速评估和治疗患病的学生（以避免耽误他们学习时间），并弥补附近其他来源的卫生保健的明显缺点（Keeling，2000；Prescott，2007；Turner，Hurley，2002）。校园健康中心，特别是四年制校园的健康中心，经过发展，目前已经可以解决学生生活中的实际问题了。他们专注于提供及时、高成本效益的卫生服务。社区大学和城市通勤大学提供的全面临床服务较少，因为其学生更可能去校外进行医疗保健，也因为其不太可能将大学看作首选社区。除此之外，配置有医疗研究中心的大学可以提供特别稳健的服务项目。卫生服务已逐步发展，满足规定范围内的地方卫生需求。因此，大学健康项目如同提供这些项目的学校一样多样化，且随所在社区不同而不同。

本书将咨询中心问题独立为一章，虽然许多咨询项目实际上是更大的校园健康项目结构和综合规划中的一部分。过去曾通过学生健康服务中心提供的精神病护理（因为精神病医师共享医疗模式）服务，现在也可以通过咨询中心提供。无论是否通过统一的校园健康项目来提供，跨学科心理卫生保健已经更加普及。本章将讨论与传统学生健康中心相关的医疗、护理、辅助治疗（即诊断测试以及药学和特殊治疗，如物理治疗）以及预防服务。然而，无论学校的医药健康和心理健康服务中心的管理或物质组织结构如何，这两者的交点仍会受到人们的关注。对这些交点的关注恰恰反映了公众越来越看重大学健康项目的整体和综合模式（Silverman，Underhile，Keeling，2008）。

## 使命与目的

首先，大学健康项目是支持学习的服务，通过加强学生自身健康、幸福，消除学习障碍等方式，激发他们的学习、智力和个人潜能。优秀的校园健康项目提供了符合学生生活方式、适应学习模式且质量较高的医疗保健。例如，比起其他的项目，大学健康项目提供更多的上门诊断服务，配合大学生评估自己的症状，确定他们是否需要专业护理和获得必要的护理方式。同时，校园健康相关项目培养学生成为有效的、具有问题意识（Issue-Literate）的健康护理消费者。

然而，高等院校并不主营医疗保健业务。他们的使命是教育，目标是提高学生的学习。高等教育机构通过将学生视为"整体"来提供医疗保健，支持其使命和目标。如此，他们支持了学生的学习能力，还揭示了校园医疗保健的双重目的：预防或治疗疾病，并保持或加强学生作为学习者的成绩和潜力。大学健康项目应该注重学生成功，这是高等教育使命的核心（Keeling，2000；Silverman等，2008）。

双重目的保证了大学健康项目比校园诊所更为重要。健全的学生健康中心不仅仅是一个独立的紧急护理中心，为生病和受伤的学生提供临床服务并不是大学卫生的全部。为了保持和加强学生作为学习者的成绩和潜力，大学健康项目必须不可避免地满足很少或从来没有寻求过临床护理的学生的健康需求。他们也必须解决学习环境的质量和学生群体的整体健康问题。有效的大学健康项目不是纯粹的临床手术，无论其服务的质量如何，单独提供临床服务不是大学健康项目的意义所在（Swinford，2002）。

对大学健康项目的设计、组织、运作、开展和结果的任何探讨，都必须考虑到全国大学健康要求和责任方面的趋势、大学健康项目资金模式的变化、健康及健康相关项目和服务对学生学习的意义，以及健康项目促进学生参与、学习和成功的重要性。另外，从神经科学中获取的关于学习方式的数据提供了重要证据，促进更加综合、发展性、整体的学生个人、社交和学习成功（Haier，2009）。从这个角度来看，大学健康项目必须有效且成功支持作为学习者的学生。学生事务专业人员必须意识到影响学生总体健康状况和幸福感的许多因素。了解这些因素后，才能够帮助学生在课堂内外都取得成功（Keeling，2004a）。

## 健康和学习

认识到学生既不会在心理上或情感上濒临崩溃，也不会像主流媒体可能报道的那样身体安然无恙，从理论角度理解学生健康大有裨益。学生对健康的共同看法表明，大多数传统年龄的大学生深感不安，少部分毫无压力，其他都基本良好。一个更加中立且有可靠数据强烈支持的观点是，传统的本科生一般比较健康，但极少数学生患有需要监测和治疗的慢性疾病，如哮喘和糖尿病，大多数学生患有的疾病和受到的伤害不多，也并不严重，通过精神护理或接受简单介入治疗后可以自己解决。常规初级保健问题对于学习任务进展的影响很轻微，但多达 10％至 20％的学生患有一定程度的抑郁症或其他精神疾病，许多人需要精神药物治疗（ACHA，2009b）。

最近关于学习的神经生理学研究得出的最紧迫和最根本的结论是，学习过程是基于大脑的物理有机过程，需要工作。脑力不是一些无常、抽象的实体，而是活器官（大脑）运行中所固有的。事实上，近年来，使用脑成像等神经科学工具和科学哲学探索学习的学术文献数量大，且越来越多（Bechtel，Mandik，Mundale，Stufflebeam，2001；Churchland，1989；Sousa，2006）。思维、学习和创造是依赖能量且消耗氧气的过程，此过程发生在一个活着的人身上。作为创造意义的过程，学习并不是简单的内容理解，而是脑显微解剖学和脑功能实际变化的可感知呈现。学习取决于有记录的大脑细胞和大脑网络的可塑性（Mareschal，Johnson，Sirois，Spratling，Thomas，Westermann，2007）。

学习的质量和有效性则取决于学习者大脑的状态。抑郁（常见）、睡眠不足（更常见）和发烧（上呼吸道感染引起的发烧更为常见）都会影响大脑，进而影响学生的学习主动性和学习能力。这些观察结果为大学健康项目提供了巨大的机会，以促进在大学更广泛学习环境中的学生学习、参与和成功（Keeling，2004a）。

相关调查数据表明，根据学生自述，妨碍他们学业成功（如缺席、迟到或任务完成度低、课程作业的成绩低或未合格）的因素主要源于心理、社会或压力等相关因素。这些数据表明，健康问题可能会损害学生的学习能力，使他们无法有效且灵活地学习（ACHA，2009b）。

研究进一步表明，在充分了解健康问题的前提下，学生更多、更严重的是健康而不是医疗方面的问题。常规医疗或保健机构中很少注意或解决学生最常见的健康问题，包括饮酒、食用软性毒品、吸烟、高危性行为、冒险、人际冲突和饮食失调。例如更多的学生愿意喝酒，而不是接受医学或心理健康服务治疗酗酒问题（Keeling，2000）。

这些研究发现对于负责规划大学健康项目的大学领导者而言，意义重大。为了充分解决学生的健康问题，员工必须平衡健康娱乐活动、预防项目、健康教育、心理健康和临床医疗服务。以前，诊所的工作以规范的健康服务为主，服务项目只是对治疗需求做出被动反应，而不是积极主动地促进学生的健康、加强学习环境，这已不足以满足大学生的健康需求。

学生关于自己健康的决策影响其自身的学业成功和教育成就。学生流失可能是由于健康问题，如压力、与社会脱节、抑郁症、工作和学业失衡、滥用药物和其他问题。健康发展（针对整个学生群体）和健康教育（针对具有临床问题的个别学生）支持学生做出健康的决定。选择不正确的方式，如滥用酒精或大麻掩盖压力或治疗抑郁症，会加剧不良的作用。能参与学习既是健康状态的功能，也反过来显示了健康状态。学生成功地参与学习的能力越强，其行为就可能越健康。另一方面，那些较少参与学习的学生往往体现了对健康造成更大危害的行为（ACHA，2009b）。关于健康和学习的研究证明了以下几点：

（1）学习者在学习过程中非常重要。学生的实际心理状态（大脑的状态）影响学习效率、有效性和学习结果。

（2）学习是一个基于大脑的有机过程，健康与学习联系紧密，融为一体。

（3）学习涉及"整个"人。试图区分课堂"学习"与个人发展和社会发展反映出来的"学习"，是对真实学习过程的过度简化。

健康越来越受到重视，作为一个宽泛的身体状态指标，不断有意或无意影响学生的学习状况。了解这种联系的学生能寻求可以提高学习成效的健康和娱乐活动，包括睡眠充足、合理饮食、不摄入过量的酒精与咖啡因、定期积极锻炼身体、建立健康的友谊、不受或减少具有不健康行为的同学的影响。学生通常依据直觉或经验来参与积极健康的活动，摄入过量酒精会干扰睡眠、让人感觉不舒服、使学习成绩打折扣，这些都是他们获得的教训。他们知道"通宵"很少对学业起到积极作用。正如学生的健康状态和学习状态相互影响，高校的管理者和教师间也存在如此情况。

## 高校健康项目

虽然健康被广义地定义为"一种在身体上、心理上和社会上的正常状态，而不仅仅是没有疾病和身体虚弱"（World Health Organization，世界卫生组织，1947 年），但在现代社会中，健康的概念往往局限于基于临床的预防以及疾病治疗。健康的意义，一种广泛、综合和整体的质量，通常被简化为保健，即一种重要的、需求量大的服务，由受过培训的专业人员提供。这些人的专业知识使他们可以评估、描述某些健康参数并解决某些健康问题。虽然健康对智力成长、心理灵活性以及培养移情性、认真态度和道德关系必不可少，但健康保健具有明确、固定和有限的范围（Keeling，2000）。大学要保证他们的健康项目促进学生学习。这些观点与传统年龄段大学群体特别相关。

校园健康项目通常以独立组织的方式运行（In Organizational Silos），即每个部门承担独立的职责（学生健康中心、健康中心、咨询中心），采取身体及精神疾病治疗措施。而且，根据典型学生事务组织中常规的行政安排，健康服务中心不设在课程学习部门。此外，区分学习事务部门和学生事务部门等主要行政单位的学校组织，使教师能够专注于研究、学术和教授学科专业内容，而不是积极发展学生作为具有广泛需求的完整的人（Keeling，2000；Keeling，Underhile，Wall，2007）。大学健康项目有时被边缘化为副业或辅助消费者服务，就好像健康本身与学习和学生成功无关，因此，与卫生相关的项目的重要性次于学校使命。在校园内，健康和保健之间的区别往往通过两个重要的组织原则表现出来：身体和精神分离（健康与学习和学习者分离），学生生活（包括健康）以及学习活动分离成为独特的职能和组织实体。这样的二分法完全忽略了健康和学习之间的联系，加强了二者之间的分离，阻碍了学生学习效果的最大化（Keeling，2005）。

狭隘理解和解决健康问题的方式忽视了学生健康与个人、社会和学习成功之间的关系，这种关系具有充分的证据。其还忽视了通过消除或减少与健康有关的学习障碍加强学生学习和促进学生成功的重要机会。在校园内创造健康的环境，提高学生的学习成绩，促进和投资学生健康是成功培养作为整体个人的学生的关键。

## 校园健康

当前对校园健康及其挑战的思考，强调了健康对学习环境和校园文化质量的影响。正如学生学习一样，学生健康必须集体覆盖校园内的所有学生（Keeling，2002）。这种解释明确将健康与学习和环境联系起来，建议全校承担健康责任，这对开展服务意义重大。

校园健康项目应积极塑造一个安全、健康的环境，共享评估和结果数据等信息，以帮助学校制定曾被以为不会对健康产生影响的政策。校园健康项目必须将能源和资源投入影响大量学生的公共卫生和社区项目中，并邀请学生、学生团体和其他相关人员参与社区合作（Keeling，Kantor，Cruse，Roper，1995）。这种校园生态学模式主张在大学健康项目中将临床和公共卫生服务联系在一起，它要求设计体现一定的目的性，而以前的校园规划工作中往往缺少这种目的性……健康教育项目很多时候都独自开展工作，没有进行整合，难以满足学生在大学经历中成长和成熟的需求。将学习过程联系起来，促进学习与其他课程和课外学习的整合，创建一个全面的健康教育项目，这种方式产生的总体效果就是生态健康服务模式（Banning，Kuk，2005）。

这种方法拓宽了健康校园项目介入的目标。学生、教师、课程、组织和物质结构都起到了作用。

个人健康不存在于真空中，健康干预必须是多维的、整体的，并且涵盖整个环境，以便获得成功，持久发展。换言之，只关注病态范围内的学生，不能成功塑造一个健康的校园环境（Banning，

Kuk，2005）。

健康、学习和环境之间的联系为高等教育政策和实践提供了促进和保持学生学习投入和成功的重要方式。

重新思考项目可以发现，独立管理学生健康的方式没有效果。学生健康与确定这种疾病症状呈现的环境不可分割，尤其与疾病治疗不可分离，这一点非常明确。例如，若要适当地治疗学生的糖尿病，必须知道他们做饭、买饭和吃饭的地方和方式，他们的课程安排允许的吃饭时间，以及健康服务是否能支付测试用品的费用。或者，为了有效地控制脑膜炎发作，必须考虑到学生宿舍的配置、社交网络以及传播教育信息的途径、是否接种疫苗和治疗。更好地了解个人或校区健康事件的影响将最小化事件的持续时间和效果。这种知识帮助学校提供相关服务，在组织结构和限制内使用校园资源。

## 提高学生健康：大学健康模式

鉴于已经明确健康对学习的影响及其影响学习积极性和成绩的经常性，许多高等教育机构已经开始在校园中采用生态和发展的健康观。在这个框架内（我们在许多校园的高等教育工作中反复看到），健康被理解为：

• 多维度而不是以类别划分的独立组成部分（即身体、精神、心理），也不是主观认为的只有一维（通常是身体的，如有或没有身体疾病和受伤）。从这个角度来看，健康（作为幸福的积极品质）不仅仅是没有病或没有受伤的人所处的状态。

• 综合性：健康的所有要素相互关联，一个要素与其他所有要素关联。

• 基于社区且为社区服务，而不是纯粹地关于个人。也就是说，他人的健康会影响社区每个成员的健康状况、健康行为（生态学的角度）和整个健康。

• 如学习一样，组织是发散多中心式，不是分配或固定在具体的设施内或项目中。健康项目不是健康中心的财产或独家责任，咨询中心不全权拥有或负责心理健康。健康问题中的领导权（适当授予健康项目专业人员）和将健康作为校园焦点的所有权（整个学校中共享）之间有区别。

• 环境敏感性受到个人、人际、社会、文化、环境和制度因素的影响。

• 是高校完成使命的核心要素，而不是边缘的、次要的或辅助要素，因其影响学生学习、积极性和成功。

随着人们越来越认可大学提供的特别预防措施，这种更加人性化和整体化的校园健康观导致了校园健康理论和实践的重大转变（所有方面都有所转变），见表 13.1。

**表 13.1. 校园健康观的变化**

| 过去 | 现在 |
| --- | --- |
| □属于具体的各个健康学科 | □由健康与其他学科共享 |
| □组织分离 | □组织分散 |
| □单独治疗 | □综合治疗 |
| □以治病为主 | □以预防为主 |
| □只与个体相关，影响个体 | □影响社区 |

这些概念在战略规划过程中指导高校满足当代学生多方面的健康和幸福需求。大学健康的新原则倾向于整合学生的思想和身体，将他们看作一个整体，并承担更多大学健康项目的责任。表 13.2 通过比较历史和新兴的现象，总结了目前的趋势。

表 13.2. 过去和现在运行方式对比

| 过去 | 现在 |
| --- | --- |
| 重视临床服务，重点是对病人或门诊病人开展个人工作 | 平衡治病与预防（包括外展和社区心理健康）服务，逐渐关注以人口为基础的或整个校园健康问题 |
| 二级预防：解决熟知的问题或处理行为的后果 | 一级预防：避免破坏或损害健康的行为或条件扩展 |
| 一些跨学科工作，主要是平行实践，基于传统模式如历史、权力和地位，分配资源，增量预算 | 有目的地跨学科实践，工作和资源分配以数据驱动，围绕使命 |
| 传统咨询服务，通常，在学生健康服务系统中建立服务中心，担心工作"医学化"咨询者反对与心理健康 | 系统的、环境的、基于社区的心理健康一个单独的心理健康部门服务 |

虽然大学健康项目没有统一普遍接受的模式，但是该领域的总体发展方向肯定是使健康项目和健康服务成为学生解决健康问题的首要选择。健康中心不但没有将临床医疗视为负担，反而将其视为教育学生、最大化学生学习能力的机会。

高等教育标准发展委员会（CAS）为临床健康项目（传统的学生健康服务）制定了指南：

该模型……并不像评估和决策过程那么重要。通过这个过程，负责健康和学生学习之间联系的领导有意识地做出选择，并有意识地提供服务。任何临床健康服务的最重要部分，是它能够创建和维持必要的、非重复的、及时的服务，以及与更大的社区、教师和学生事务人员进行合作。这些关系对于帮助学生学业成功、重视人们对健康和安全校园社区的需求必不可少。（Jackson，Weinstein，1997，引自 CAS，2009）

### 大学健康项目管理

必须在每个学校的使命、重点任务和资源的范围内组织、安排和运行校园健康项目。这些组织根据大学和各自学生群体的要求不同而不同，但是在处理复杂任务，即确保学生在校期间的健康和支持他们学习成功方面，具有核心共同点。虽然细节不尽相同，且大多数大学健康项目也不同，但解决的问题都很宽泛，包括在学校的行政结构中找到适合学生健康的适当组织和职能之家，确保制度和设施满足现代学生日益增长的需求，确保保健质量，提供协调一致的服务系统，包括初级医疗保健、通过医保获得长期医疗管理、心理健康服务和健康教育，以及促进跨学科和跨校合作来实现这些目标（Keeling，2000；Keeling，2007）。

许多学校设有单独的健康和咨询中心，有单独的中心负责人，他们通常向同一行政人员报告工作。然而，出于实际和理论考虑，越来越多的高校选择将健康和咨询中心合并或综合为一个更大的组织，由一个执行主任管理。预防（健康教育、健康发展、健康保护和幸福）项目可以设在其中一个中心，或者都不设。在一些学校，这些项目属于综合学生生活部门，如学生处处长，因为他们的工作点是学生发展。在其他学校，预防项目可能是娱乐项目的一部分，重点是健康和幸福。

绝大多数的校园健康项目都安排在学生事务部门。独立的健康和咨询中心一般向助理副校长（Assistant or Associate Vice Presidents）报告工作，但在小型学校，他们可以直接向副校长或其他高级学生事务领导报告工作。规模大的综合类大学健康项目的执行理事（Executive Director）还有一个职衔，即助理副校长，向高级学生事务领导报告工作。

## 大学健康项目要素

### 项目和服务

虽然配置和细节因校园而异，但大学健康项目至少包括两个基本组成部分：初级医疗保健和健康教育（宣传、预防和公共卫生）。如本章前面所述，心理健康和咨询服务被纳入大学健康项目的频率越来越高，即使没有咨询服务，大学健康项目也常常提供精神病学服务。简要说明如表 13.3 所示。

表 13.3.　**大学健康项目要素**

| 初级医疗保健 | 健康教育（宣传、预防和公共卫生） | 心理健康和咨询服务 |
| --- | --- | --- |
| 医疗和护理服务提供小病、轻伤基本护理，常规和以预防为主的妇女和男性护理，慢性病、性传播感染筛查，免疫，旅行健康咨询，实验室和诊所服务。二级预防包括个人健康咨询和自我护理教育，也是临床治疗的一部分。提供学生需要的紧急服务。 | 健康教育服务包括教育和初级预防。重点是酗酒、吸毒、吸烟、性健康、社会/情绪健康、压力、营养、攻击和伤害等风险行为领域。公共卫生监测和基础设施应该处理数据收集，识别和报告传染病病情，以及环境卫生和安全问题。 | 精神和咨询服务为教师、工作人员、学生、团体提供困难和问题咨询，范围涵盖抑郁和焦虑、饮食紊乱、压力管理和暴力等方面。应该提供有效的自我护理和应对能力教育、精神评估和药物管理。精神健康服务应基于社区，应景的、容易获得的无障碍服务。 |

在表中，服务被分解成不同的组成部分，但是在校园中，这些组成部分之间从未如此清晰地区分开来。通常而言，这些服务领域之间的重叠以及更多的合作，能导致更有效、更整体化的项目实施，以满足学生的需求。这些要素对应的行政管理组织各不相同，但管理组织的结构和布局不如提供有效的、基本的、健全的服务重要。

基本初级保健服务并不普遍。大学健康中心提供的服务水平差异相当大。但大多数情况下，初级保健包括到中心解决常规、急诊和紧急医疗问题，常规妇女保健（包括年检、评估和治疗轻微妇科病症），一定时间内的随访，急性重病或慢性疾病并发症护理（例如哮喘、糖尿病），转介患有不寻常或复杂慢性疾病的学生。

虽然医疗和护理服务以及精神和咨询服务大多是不言自明的，但作为一个包括健康和健康发展的统称概念的健康教育，在大学中的形式独一无二。大学健康项目的主要作用是提供健康教育，告知学生当前行为对未来健康状况的影响。应该强调的是当前行为如何影响学生的学习环境、他们的学习成绩和最终的生活质量。提供一个鼓励健康行为、促进学生选择健康的生活方式、提供健康教育的健康环境，与高等教育的使命和目标一致。

健康发展学科主要是学生发展的学科，因此，健康发展更直接地与其他学生发展项目相关，组织结构上与这些项目并立，而不是临床服务和临床并立（Keeling，2005；Keeling，Engstrom，1993）。另一方面，应在医疗和临床服务的范围内进行患者教育或疾病管理教育。前者包括向学生说明如何服用非处方药物，如何测量体温，如何监测流感的早期征兆；后者包括教授学生如何处理哮喘、糖尿病或先天性免疫缺陷病。

但是，传统上，健康发展和健康工作与这些项目设在临床接触的范围之外的方式不同。与其他大多数学生发展活动一样，健康发展的重点在于学生社区而非个别学生。临床工作是典型的一对一模式，而健康发展则努力服务于整个社区（Keeling，2000）。必须有策略地选择开展健康发展工作的地点，让学生方便定期参与，通常在学生会、娱乐中心或宿舍楼周围额外为走读生提供地方。传统的医疗实践要求患者前往诊所，而健康发展和健康工作更有可能与校园生活融为一体。把健康发展项目设在学生健康中心，有助于健康发展采取正规的模式。这种模式限制与学生建立积极关系的能力。最后，医疗实践将大部分资源用于帮助个人，而健康发展将资源用于更广泛的社区需求（Keeling，2005）。健康发展的工作理念是大多数个人内心希望身体健康。因此，健康教育者根据数据获悉人们的需求和优势，努力提供全面周到的、有利于发展的项目，为绝大多数人谋求最大利益。

公共卫生包括环境卫生，在大学校园有着特殊影响。每个学校的卫生服务是公共卫生的核心功能，包括评估校园的卫生相关需求、维护促进和保护校园社区健康的政策、与其他部门合作确保需求得以满足。卫生服务和工作人员主任应与当地城市和县级公共卫生机构建立强有力的合作关系。每个学校的健康和咨询服务应积极参与学校的危机应对规划。保护学校社区成员的健康需要一种机制，如建立委员会或危机小组，这种机制能够通过确定和汇报病情、流行病学调查，开展筛选、免疫接种，在疾病暴发的情况下迅速做出应对计划和流程，处理食品安全、空气质量、废物处理、虫害防治和水质等环境健康和安全问题，监控和预防传播疾病（Keeiing，2004b）。

## 人力资源

大学健康项目依靠几种类型的专业人士和支持人员提供医疗保健和预防计划，管理组织，并使其有效运作。

• 医疗保健机构：根据其提供服务的范围和种类，大学健康项目可能需要医生、中级专业人士（护士和医生助理）、注册护士、专业咨询者（包括临床、咨询和教育心理学家，临床社会工作者，婚姻和家庭治疗师等）、物理治疗师和运动训练师。大多数大学健康中心的医生都是普科医生，提供初级保健，如内科医生、家庭医生和儿科医生。有些是精神科医生，少数是兼职的皮肤科、耳鼻喉科、骨科或运动医学专科医生。中级专业人士在大多数学生健康中心中起到了重要作用，尤其是护士，为许多中心提供大部分常规妇科检查，在有些中心还是唯一的全日制初级保健提供者。护士从业人员的培训和准备使他们特别符合大学强调学生全面健康的健康实践特点，而学生的医疗问题往往是自限性的。注册护士为其他的专业人士提供了必要的支持，而且还进行治疗选择，按照具体标准（特别是高容量、低强度问题，如上呼吸道感染）独立开展工作，管理免疫、过敏和流行病服务。学生健康服务中心聘用的专业顾问取决于组织模式。

•专业预防人员：健康中心负责健康发展、健康教育、公共卫生和环境卫生，因此，在这些领域，它都需要聘用经过培训的专业人士。如前所述，最常见的校园卫生项目包括了健康教育。这项工作包括教育学生对慢性病进行自我管理，或改变不健康行为。此外，它还包括健康发展（健康发展的重点在于关注更广泛的校园社区，工作基于社区文化、规范和行为的变化），雇佣职业健康教育者担任大部分工作。在一些学校，营养学家或注册营养师也解决学生吃饭、食物和体重管理问题。

•管理人员：校园卫生项目没有唯一推荐的或被确认的领导和管理模式。直到20世纪80年代，大多数主任都是医生。今天，多元化领导模式已使护士、医疗健康管理者、心理健康专家和健康教育者担任领导职务（Prescott，2007）。很少有医生接受过如何做领导的培训。经过严格训练成为临床医生者，通常没有管理大学健康项目的经验。如果主任不是临床医生（通常是内科医生或护士），通常由医学主任负责临床服务和工作。在较大的保健中心，主任可能是一名临床医生，但仍会设立一名医学主任。在大型和中等职工规模的医疗中心（根据作者的经验，至少拥有二十名员工），通常配备一名主任行政助理，负责人力资源、物资设备（Physical Plant）、技术、预算、财务管理及规划。更为复杂的健康中心还会雇用会计师、开票员（Billing Clerks）、信息技术专家、医疗记录专家以及登记和接待人员。

•支持和辅助人员：大学健康项目，像其他初级健康门诊部门一般，通常会雇用医疗或护理助理、行政助理、实验室或药学技术人员。

## 预期绩效和成效

注意到大学健康项目和社区卫生保健中心的作用和目标之间的差异非常重要。人们希望在任何地方的临床治疗都会提供一对一健康教育的机会，在大学健康教育中，这是临床服务的有计划、不可或缺的组成部分。学生常常第一次了解如何管理自己的医疗保健。他们只是开始了解自己的身体、症状和健康行为。大学卫生保健应该是发展的和教育的，每次接触都是一种学习体验（Keeling，2005）。

学生不仅接受关于健康、自我保健和健康行为的教育，而且还获得了知识和经验，成为熟悉情况的保健消费者，拥有一套满足自己需求的、可用于其他场合的技能，终身受益。传统年纪的大学生从这些教育活动中受益良多，活动让他们发展和提高个人和社交技能，包括设定目标、管理压力、沟通和决策等。这些基本技能构成了典型的健康教育基础，与关于顺应力、青春期发展、学生发展和大脑研究的专业文献一致。健康项目有独特能力，教导学生如何利用医疗保健系统，为他们提供关于患者权利的信息。此外，保健服务可以解释私密性、个人健康信息管控、健康保险以及支付系统等复杂事物。学生健康项目最终应该教育学生知晓并积极参与自己的医疗保健决策。这些学习机会大多发生在临床会诊中。

因此，在评估学生健康服务中使用人力资源时，使用相同的专业生产力指标是不恰当的，就像社区服务中心一样。每次临床会诊都意味着更长和更多参与，因为教学和学习是会诊的一部分。在大学健康方面，表 13.3 说明了医生或中级服务提供者如何每年完成3200 次的临床会诊。他们在社区保健中心的同辈要求进行 3500 次或者更多次数的会诊，而且，他们在高校的医疗工作小组（Productive Group Medical Practices）会诊次数高达 4400 次（MGMA，2008）。

表 13.3. 健康中心接纳的患者人数（以年度为单位）

| 大学生健康项目 | 社区健康项目 | 其他团体项目 |
|---|---|---|
| 3200 人 | 3600 人 | 4400 人 |

不幸的是，大学健康中心的财政压力往往提高了对更高生产力的需求，因而也缩短了临床病人的时间，从而剥夺了他们很多的发展和教育潜力。

## 学生在大学健康项目中的作用

医生、中级服务提供者、护士、社会工作者、咨询师、管理者和学生都负责为校园设计和开展与健康相关的活动和服务。最有效的大学不仅考虑学生的需求，还会考虑学生在规划大学健康项目时的想法。校园生态模型和几十年的大学健康优秀实践表明，正如同校园社区对他们有义务一样，学生有义务参与健康项目的设计（Banning，Kuk，2005）。许多大学健康项目为了设立一种让学生参与的、稳健的、可持续性结构，建立了学生健康咨询董事会或委员会，由来自不同学习项目和组织的学生担任主席和成员，定期提供建议，表达学生的需求或问题。这种学生领导的团体参与健康项目的质量参差不齐，但并不说明让他们参加项目不重要。

学生还在许多校园健康项目中担任朋辈健康教育者。受过训练的朋辈教育者具有独特能力，能够增加学生转介到健康专业人员的人数。由于朋辈教育者的同学身份和学校外展规划的作用，他们通常能接触到更多的学生（特别是供不应求的没有接受充足服务或高风险的群体）。外展宣讲中，朋辈教育者不仅能提供关于健康和健康问题的教育，还能促进基本的校园健康服务。桑特利等（Santelli，Kouzis，Newcomber，1996）发现，熟悉校园健康服务的同学明显影响了其他学生对校园健康中心的态度。朋辈教育项目在将来应该且可能仍是健康规划中必不可少的一个组成部分

(Keeling，Engstrom，1993)。

外展活动应有目的、有步骤地开展，符合学校保健服务的目标。因此，不断地招聘、选择和培训各种团体的朋辈教育者非常有必要。此外，需要仔细评估潜在的朋辈教育者，以确定他们现有的特质、经验和学习准备是否适合参加具体的健康发展活动和/或项目（Keeling，Engstrom，1993)。应该使用学生健康中心的评估数据和朋辈健康规划的评估结果，来持续提高项目的质量和证明其有效性，特别是在面临项目成为财政削减或终止的目标时。

## 学生健康信息来源

学生从不同渠道获取他们的健康信息。毫不奇怪，目前互联网是学生使用最多的获得资源的渠道，尽管它不是最可信的。在学生寻求信息时，学生健康中心的工作人员和健康教育工作者（包括朋辈健康教育工作者，他们比朋友更可信）仍然被视为可靠的参考来源和权威。在线研究可以提供有益、容易获得的事实，但它只是补充（而不是取代）了传统的健康信息来源。表 13.4 显示了 ACHA (2009a) 关于学生健康信息来源的数据。

这些学生数据反映了一般的趋势。根据皮尤互联网项目（Pew Internet Project)，绝大多数有健康问题的人都想咨询专业人士。第二个最普遍的选择是咨询朋友和家人，第三个则是查阅互联网和书籍（PEW Internet，American Life Project，2006)。

## 标准和认证

高等教育标准发展委员会（CAS）制定了临床健康、健康发展和咨询服务的标准。这些标准显示了如今的大学健康项目的结构和内容。委员会描述最新一轮标准的基础时指出：

在过去四十年中，对个人的健康和福利以及关于影响学生学习和参与质量的因素的认识发生了变化，健康相关服务的类型和性质也应该随之发生改变。评估任何健康相关服务价值的标准是其与支持学生学习和创建健康校园的关系……公共卫生模式强调初级预防、社会干预和社区的生态模式，为未来的基础开辟了一条金光大道（CAS，2009）。

临床健康实践标准主要内容见表 13.4。

**表 13.4. CAS 临床卫生服务标准**（2009）

> 以下是与医疗保健环境和高等教育环境一致的临床卫生服务的典型特征：
>
> - 使用多个人口特征和健康状况的数据源。
> - 提供广泛服务，支持最广泛意义上的校园社区的学习使命和学生健康。
> - 所有学生都可轻易且平等地得到服务。
> - 通过正确引导学校群体健康风险的政策问题，宣传健康校园社区。
> - 提供关于质量层次的证据，例如服务认证、公认的标准以及服务开展和有效性数据。
> - 重要的学生参与项目使命、目标、服务、资金和评估。
> - 健康危机中表现出的领导力。

高等教育标准发展委员会和美国大学健康协会（ACHA）都公布了有关校园健康的额外标准。这些组织运作的原则通常是一致的：健康与学习密不可分。因此，卫生服务是一种支持学习的服务。健康不是纯粹通过个体临床指标衡量的生物医学质量，它影响个人和社区的文化、制度、社会经济和政治。此外，社会正义与健康也联系紧密。因此，倡导人人平等地获得资源和服务（以及反对卫生差距），有助于促进所有人的健康（ACHA，2005；CAS，2009）。

美国大学健康协会将其标准定义为"指导日常工作，评估个人技能和能力，协助进行通过专业发展改进实践的决策"的一种方式

（ACHA，2005）。通过追求这些理念，健康发展专业人员支持学生学习，解决学校提升个人和社区能力的更大问题（以及障碍）。这些标准明确鼓励卫生服务工作人员以及学生为了自身、社区和环境的健康参与规划和决策。正是通过这种结构，学生健康服务和项目才得以继续在下一代保健消费者和专业人员中培养这些理念。表13.5是ACHA健康发展工作标准（2005）。

**表 13.5.　ACHA 健康发展工作标准**（2005）

- 与高等教育的学习使命成为一体
- 合作（通过校园和社区合作伙伴关系）
- 文化能力
- 有理论、实证基础上的实践
- 持续性专业发展和服务

　　大学健康项目可以通过卫生保健组织认证联合委员会（the Joint Commission on the Accreditation of Healthcare Organizations，JCAHO）或临床卫生保健认证协会（the Accreditation Association for Ambulatory Health Care，AAAHC）的正式认证。任何联邦或州的法律都不要求大学进行认证，但它对项目、服务、政策和运行的质量提供外部验证（ACHA，1999；MGMA，2008）。健康中心向第三方，如保险公司，收取专业或辅助服务费用时，认证尤其有用。获得认证可以提供客观验证，表明校园健康项目的医疗保健项目和服务、基础设施、组织、领导、政策和程序、健康记录、同行评审、质量改善计划和设施等都满足用于其他门诊保健业务的通用标准。准备认证要求很高，要求非常详细的自查。在其他机构的卫生专业人员和管理团队进行现场访问之前，大学健康项目可能要投入两年时间完成准备过程。通常，认证必须每三年更新一次（2009年认证条款，www.aaahc.org/）。

## 健康信息保护

作为健康保健的提供者，大学校园的健康中心通常必须遵守保护学生健康信息隐私的政策与方针，并允许学生拥有控制他人访问自己信息的权利。法律假定学生在 18 岁后或通过大学入学考试后，有权管理自己的教育和健康记录，并且这种权利正是由他们的父母移交的。

《健康保险携带和责任法案》（*The Health Insurance Portability and Accountability Act*，HIPAA）保护病人记录和可识别健康信息的隐私。法律要求卫生保健中心制定适当的保护措施，限制此类信息的使用和公开，保护隐私。《家庭教育权和隐私法》（*The Family Education Rights and Privacy Act*，FERPA）保护学生教育记录的隐私，并且适用于接受美国教育部任何项目投资的教育机构和学校。两个法案使学生有权检查、修改和控制自己健康和教育记录的公开度。除非十分特别的情况下，如学生违法，或者学生的健康或人身安全处于紧急情况需要这些记录，否则学校不得在没有学生同意的情况下向任何人（包括家长）出示这些记录。

两个法案在校园的交叉往往比较复杂。当这些法律用于特定学校时，根据这些法律以及各州制定的健康公开信息法，公开可识别的个人信息通常需要根据逐个案例确定，并根据它们适用机构的法律而定。

## 大学健康项目资金

根据作者的长期经验，大学健康项目的收入来源有：

• 学生收费：特别是在公立学校和较大的学校，大学健康项目的主要收入来源于学生，而且，这笔费用不包括在学费里。在某些情况下，它是单独的一笔费用，只用于健康相关的服务。在其他学校，健康费（Health Fee）是更多学生费用中的确定或不确定的一部分。许多学生保健中心像辅助企业一样运营，其预算完全来源于收取的医疗费用和其他收入，其不接受学校从学费中收取的资金，也不接受政府资金。直到最近几年，健康费涵盖了医疗（有时包括精神病学）、辅助和预防服务费用。今天，学生收费有助于心理健康服务收入（咨询中心和综合保健中心的咨询部门）。学生的健康收费高低因服务规模、项目范围和招生人数的不同而不同。

• 学校拨款：无论是公立还是私立学校，规模较小的学校中，健康服务资金有时来自学校学费拨款资金或学校的政府拨款资金。咨询服务资金一般是这种情况，除非辅导服务被纳入综合健康项目中。

• 零售和服务费收入：许多学生健康中心向学生收取额外费用。其形式为：每次的问诊费用（类似于保险公司要求的分摊付额费，为了不阻碍学生得到医疗服务，校园健康和咨询中心一般不收取心理健康服务问诊费）；特定服务费用，如复印医疗记录；辅助诊断或理疗服务的费用，如实验室检查或敷药费用；拐杖和绷带等医疗材料费用；售卖处方药物、非处方药物和避孕套费用；选定的专业服务费用，例如超出规定问诊次数的专家问诊或心理健康护理费用。为使自身收入多样化，除了费用和学校拨款外，许多健康服务中心收入中，高达 30% 至 40% 的收入来自上述渠道（Keeling，Heitzman，2003）。

• 第三方报销：许多大学健康服务征收保险公司的第三方报销费用，包括学生辅助治疗费用，特别是实验室测试、成像程序、专科问诊和医药品费用。在某些情况下，学生先自己掏腰包支付这些服务费用，然后向保险承运人报账。越来越多的保健中心也执行专业服务费用第三方报销制，尤其是医生和中级医疗提供者的问诊费用。大多数学生至少具备使用健康保险来获得医保的知识，在校园健康中心这样做并不奇怪。需要大量基础设备来处理第三方账单和报销，希望采取保险提供保障的学校必须规定所有学生都参加健康保险。大多数实行过第三方报销制的健康中心的经验：报销收入减轻了学生健康费用进一步增加的压力，稳定了开支（或学校资金），但第三方报销并没有消除学校继续资助的必要性，也不允许停收健康费。

• 补助金和合约经费：拥有大量资源的健康中心可通过获得政府或基金会项目经费和合同经费，特别是特别健康发展项目和活动项目经费，来增加收入。

不太可能的是，大学健康项目未来能继续维持过去的基本资助模式而不加以修改。虽然人们对更好、更多的服务的需求逐年上升，但现有资源可能不会增加，特别是州立学校的资源不会增加。因为资金十分有限，直接从中央资助资金中获得健康项目资助的学校（特别是医疗服务）可能要重新评估一下这种方法是否明智，因为对有限资源的竞争日益激烈。为预防丧失基本的预防项目，一些保健中心将转向项目资金、合同资金、自由资金和研究项目来获得资金。未来有效率的大学健康主任将是资金流的灵活管理者、所拥有的学校资金或费用资金的仔细研究者，以及项目中心开展的日益复杂业务的合格监督者（Keeling，Heitzman，2003）。

### 健康保险

由于大学健康项目提供了一系列可供精选的项目和服务，而且通常不提供紧急、专科或住院治疗，因此，学生在学期间可能需要的全套医保服务也要求项目有足够的医疗保险种类。许多本科生在整个学习期间可以使用父母的医疗保险计划，研究生和专业学生（Professional Students）、国际生、非传统本科生和父母失业或没有保险的传统大学本科生必须购买自己的健康保险。即使可用父母保险的学生，也可能发现父母的医保覆盖不了校园所在的区域（Keeling，Heitzman，2003）。

为了满足这些需求，大学通常提供由大学赞助的健康保险项目。该保险价格合理，可以量身定做，尽可能满足学生需求。项目覆盖了紧急治疗、专科问诊、短期住院、精神药物和处方药物，提供的卫生服务必须作为学校卫生服务的补充。大学健康管理者尽量把学校赞助的保险计划作为一种提供给学生的相对一体化的服务包，它综合了校内外的健康服务。如果这种方法可行，对各大学之间合作开展共同项目具有好处，且卓有成效。许多州立大学采用这种方法降低了成本。所有学生都应有健康保险，但鉴于如今不断上涨的健康保健费用，这个要求并非能轻易满足。移民归化局（The Immigration and Naturalization Service）（第 62.14 条）要求所有国际生都有健康保险。许多大学对任何类别生源的学生都一视同仁。在此种情况下，如果学生能够拿出类似险种的明确证明（硬豁免），或如果他们声称有这种险种（软豁免），可以放弃购买学校的健康保险计划。

## 大学健康项目改革

如今充满活力且成功的校园健康项目拥有以下特点：

• 改编和重组健康相关资源，特别是大范围整合中央指导下的健康相关项目和服务。关于大脑发育、学习、大脑生理变化对认知的影响以及大学生健康行为的数据汇聚在一起，导致许多校园健康相关项目和服务的改编与重组，"有助于确定现存的关键关系和联系，并且为未来学习新机会的所在点提出了建议"（Haier，2009；Keeling，2004a）。

• 作为这种重组的结果，健康相关项目和服务的领导通常集中在高级管理职务，他可能是临床医生。在未来十年，校园健康项目面临的许多最重要的挑战是财政、管理和行政，而不是临床问题。

• 普遍可享受的强制性学生健康收费所涵盖的基本服务很流行，同时多样性的收入还包括服务费（主要是辅助服务、医疗器材和药物）和第三方报销费用。

- 根据明显的学生需求和服务需求来说明当前资源和新资源的合理性。

- 发展全面、综合、全校范围内的心理健康系统和服务，包括危机、外展、监测、发现病例和临床方案。

- 将初级保健和心理健康服务密切联系起来，改善发现和识别心理和精神健康问题的途径，尤其是抑郁症的发现和识别。

- 平衡临床和外展服务，增加资源使用、业务效率和有效性证明问责制。

- 实行数据驱动，实证性工作和资源分配。

- 对当今大学生多样性的总体敏感性，包括对不同社会经济背景、能力水平、个人和家庭健康史的敏感性。

- 关于健康和幸福的外宣创造性。

- 预防或应对当地或国家健康突发事件的领导力。

- 根据经济问题有效分配资源的战略规划能力。

# 第十四章 后 记

菲奥娜·J. D. 麦金农

本书的主题集中在高等教育的性质和学生事务为所有学生的教育领域。学习的压力导致学生个体和社区的学习环境关注缺失。学生事务有机会抓住这个契机，反映和调整课程以及课外文化，营造一个有吸引力的学习环境。

在过去 50 年里，高等教育的背景不断变化，为学生事务专业人士提供了一个特殊的开端，他们为学生创造学习环境而没有与现状发生冲突。戏剧性的社会变化，如商业市场模式的渗透、永不停止的技术发展、全球性视角、层出不穷的信息、媒体的持续影响，以及高等教育的可达性和可获得性（仅仅列举几个变量），就已经引起了管理者和教师的关注。这些变化冲淡了学生的大学经验，使得校园中没有负责大学学习社区的实体。"我怎样以最轻松的方法得到学分？""当我毕业时，我怎么找到一个工资高的工作？"强调的是形式，而没有强调学习经验的本质。这种教育观念的变化使学生、家长、州立法者和大学管理者都随波逐流。

大学的学生服务旨在满足校园的需求。不同于小型私立学校和大型公立学校，两年制大学有特殊的学生事务压力。东海岸学院不同于中西部大学，无论学校大小，都必须考虑自己学生事务独特的历史、传统和目标。所有大学学生事务的共同点是学生学习和学生成功优先于所有其他事务。

## 管理者面临的挑战

财务"底线"以及学生入学和保持力问题迫使管理者寻求营销人员和商业顾问的建议，而不是坚持标准和教育原则（Ross，2009）。在资源稀缺的竞争中，管理者选择了将教育质量降低到边缘的商业模式（Wilson，2009）。来自学费和国家报销的资金更多地影响了学校的可持续性，而不是课程的整合性。默许父母和学生的请愿书以及威胁的诉讼，比让学生对优质课程作业和内容负责更有意义。累积学分已替代了学习。常见的情况是，行政的权宜之计成为高等教育市场化主要的问题解决方法。

## 当前的教师压力

在过去四十年中，大学不断增加的理性和财政问题使得学校将优先权置于开设研究生课程和专业项目的数量，而不是本科教育的质量。目的是在卡内基大学分类或时下的排名中有更高的名次。这导致了对教师研究的重视不够，即使在那些本科教育非常出名的大学也是如此。《美国新闻与世界报道》（*U. S. News and World Report*）曾在 20 世纪 80 年代模仿了大学橄榄球和篮球的投票方式做了大学排名，更加强调教师出版和师资评级，而不是本科教学质量（Sperber，2005）。研究生课程的分散以及高等教育机构和专业之间的共谋，导致了更高水平的认证，这也将本科教育被置于次要地位。由于出版压力太大，学生和教师达成了一种不稳定的也不一定受欢迎的默契，即如果学生同意不对教师提太多要求，那么教师也不会给予学生过多压力。A 和 B 分数的膨胀是教育协议的流通货币，淡化了教师和学生的学习经验，让学习社区失去结构或无以支撑。

## 学生入学意愿

当前的学生需要帮助理解大学学位意味着什么。高中经验通常美化了对大学的期望。大众媒体对平淡大学生活的描述导致了他们对两年制和四年制大学不切实际的幻想。高中就修满大学学分的学生在进行入学考试时通常分辨不清，认为大学就是高中的延续。这是他们的学习经验的现实。事实上，为达到学位要求，至少60％的学生从一个或多个大学转学，导致他们拼凑出了学习经验，强化了大学只是课程积分的概念（Schneider，2005）。进入大学的学生需要导师和辅导员帮助他们设定大学目标——短期和长期目标。学生事务专业人员也可以履行这一职责。

社会对大学生微妙的鄙视已经体现在文化中，对大学生的学习造诣和社会期望相当低。当"孩子"一词用来形容大学生时，对于那些可能在伊拉克或阿富汗军队中为其国家战斗的年轻人来说，对于可以投票和结婚、可能会喝酒有度的年轻人来说，对于看到了朋友自杀的年轻人来说，对于身兼双份工作以养活自己并知道家庭成员下岗滋味的年轻人来说（Ashburn，2009），一个虚假且贬低的观点产生了。这一代学生有可以从中吸取智慧的不同背景和经验。"孩子"的标签意味着不负责任而不是担负责任，是对年轻人的行为做出的没有根据的、贬低的主观臆想。

大多数高中生没有机会参与富有强度的"更深的深度学习"，这是改变性大学所必需的体验（National Learning Infrastructure Initiative，2009）。大多数学生不重视自己的想法，也从不在意教师的想法。没有参与智力型学习经验的大学生正在被学校和负责的专业人士欺骗（Short-Changed）。这一代的许多大学生对大学工作准备不足，因此进入大学生活时，肯定需要别人的领导。

领导者专注于筹集资金和大量招生，教师专注于研究学术和出版刊物，学生事务专业人员是唯一一个有机会创造整个校园学习社区的权威。这个角色非常具有影响力。不像校园其他部门，学生事务专业人士不一定受到营销哲学的驱使，如此的话，高等教育将会限于摇摇欲坠的境地（Bok，2006；Hersh，Merrow，2005）。

## 对学生事务的期望

学生事务哲学的共同要素一直都是帮助学生战胜智力挑战，实现学习目标。作为第一个在学期适应活动时就与学生打交道的校园管理机构，无论学生的智力如何，适合哪一个生活阶段，社会背景和成熟度如何，以前教育经历如何，以及学生对在大学期间将遇到的关键发展任务准备如何，学生事务本身就推动了学生对大学的期望。理解元认知和学习的学生事务专业人员掌握着经过入学考试的学生成为积极、主动、成功的学习者的钥匙。如同习惯于高中竞赛的运动员一样，大学生必须接受训练，以获得更复杂的学习技能，参与大学学习。如此，学生事务专业人员通过聚焦于"更深的或深度学习"、短期和长期学习目标以及复杂的学习策略，构建学习者社区。学生事务不仅承担了课堂的学习责任，还与学生一起承担了学生智力和认知发展的责任，因为校园里除此以外，无人能够承担。

## 更新和扩展专业努力

为达到事半功倍之效，工作成本必须经过精心计算，因为结果是最重要的。为了定期更新，霍华德·加纳德（Howard Gardner）提供了一个行动方案，即是一个由"优秀工作项目"（Good Work Project，2005）推崇的框架。该框架通过四个领域的反思来引导专业人士。第一个领域的专业反思重点是完善使命和要实现的目标本质。这不是单位、部门或大学的陈旧使命，而是这些特定学生在特定时间和地点必须完成的特殊任务（Gardner，2005）。

第二个专业更新反思领域包括重新研究文献中的潜在模式或者其他能阐明当前责任的学科。考虑积极导师的影响，甚至按加纳德的话说，以恶劣方式留下了负面影响的"折磨者"。寻找一条能为学生带来正面成就和成果的道路。

更新的第三部分探讨了个人努力在镜像测试中引起的个人反应。加纳德（2005）根据这个部分提出了以下问题："如果我们很清晰地看着自己，我们是在做我们能做的最好工作吗？""我们帮助学生获得了最好的大学教育吗？""我们用来评估成功与否的标准是否恰当？"个人搜索过程可能在镜子中产生不同后果，解决问题的同时阐明了不同的选项和行为，在寻找灵魂的过程中我们获得了前进的信心。

第四个专业更新领域是检查出现在专业级镜像测试中的更广泛的职业。这是专业努力、政策和程序支持大学生成功的反映。加纳德认为这个关于专业标准和实践的问题来自莫里哀（Moliere）："你不仅要为你做的事情负责，还要为你不能做的事情负责。"这个行业是在与时俱进，以支持大学生学习、发展潜力和成功吗？这是关于后果的专业问题了。

## 实践标准示例

过去 50 年来，学生事务的环境有了很大变化，因此，加德纳优秀实践标准（Gardner Good Work Rubric）是一个用于生成便捷反思主题的清单。以下是不完全的主题列表，希望引发各种角度的反思：学生事务专业人员视角、学生事务专业视角、专业文献视角和具体学校视角。

首先，考虑第二次世界大战后由"专家"和"通才"发展而来的学生事务专业使命（Caple，1998）。重点一直是帮助学生发展自己的潜力，成功达到学习目标。显然，专业使命的本质必须考虑到这一代学生学习上准备不充分。初级干预阶段的学生事务专业人员需要成为大学的学习专家。

自 20 世纪 50 年代以来，出现了学生发展理论。也许正是因为学生发展理论的出现，学生事务的"父母代理"理论立场更加稳固了。20 世纪 50 年代，学生事务任务促使学生对个人和学生社区承担更多的责任和义务。学生事务专业人员引导着学生在学生生活的各个领域发展领导力、追随力和决策力。宿舍楼里不一定要有女舍监和实习研究生，学生就像在家里一样，遵守自己为社区设定的道德准则和标准。制定恰当的行为要求和标准是关键。想在大学里寻求成功，需要打破过去的束缚，进入一个成熟的自己做主的未来。

工作量表的第二步要求检查提供专业指导的建设性模式。加德纳建议以柏拉图学院、阿尔维诺学院（Alverno College）或伯里亚学院（Berea College）作为有趣的学院模式。如寿命期限和终身学习一样，甚至模式都为大学生发展提供了可选择的样本。最大化的良性发展非常符合学生事务的观点，但它可能要在充满潜力而不是缺点的模型中展开。

大学生发展理论的问题是，它是青少年心理学的延伸，在必要时它必须观察行为、技能以及态度中有什么欠缺。此观点把注意力放在缺陷上，而不是暗含在潜力中的能力中。在成年人中，未开发的地方储存了未开发的潜力。缺乏充分的理解，缺陷模式影响到了实践中的专业人士。他们强调学生新手的层面，而不是有能力达到期望、负责的青年成人层面。这种对缺陷的关注，也专注于个体间的差异，以及无处不在的东西，而不是超越差异、把我们聚在一起的人类共性，由此阻碍多元文化理解。

另一个值得关注的模式是自 20 世纪 30 年代起成为学生事务工作中流砥柱的功能性模式。大多数学生都喜欢为他们提供解决问题和支持服务的连续性和一个专业工作人员。正如在医学领域，能处理一切身体需求的医生优于每人负责一个部位的四个不同的专家。所以对于学生来说，同一个顾问的连续性优于四个不同专业的不同的顾问。现在的技术使得专业人士和学生可以自行寻找答案，避免了一些大学职能办公室的麻烦，特别是高年级的学生。尤其是对刚被录取的学生来说，"身边指南"的连续性可能有助于他们回答保持力问题。简化学生服务的组织结构，方便学生使用，是一个非常有价值的目标。

为了实现"身边指南"概念，帮助新生，可以创立一个时长为一学期的小型研讨会。研讨会由10到12名学生组成，由学生事务专业人士领导，安排管理学习工作过程，显示高中学习与大学学习的区别。从设置目标开始，每个学生都有机会讨论长期、毕业后目标，学期目标，每堂课的目标（要学习的内容）。他们将分享学习策略。将学生的个人理解与课堂学习联系起来的深入学习法可以证明：基于学生已有的知识，侧重于与学生生活相关的主要思想和基本原则，激发他们的好奇心和学习动机，将十分重要（Biggs，1999）。研讨会将讨论喜欢的学习方式、学习自我管理、动机、终身学习、职业、专业和创造力等主题。课外活动计划的目标融入学生必须达到的学习目标，确保他们学习的连续性。学生将有机会监测他们的成绩，并且继续参加研讨会，直到他们独立获得成功。

加德纳模型的第三个组成部分是个人努力的镜像测试。镜像测试反映出人的个性。正反馈和负反馈都值得关注。例如，一些学生事务专业人员以他们"夏令营辅导员"的方式了解大学的经验而出名。大学不等同于夏令营。通过使事情变得有趣或寻找捷径来帮助学生实现愿望，这与大学的目的背道而驰。大学相当于年轻人的一份工作。正如每个人开始工作时都需要对专业任务进行概念化，成年人也需要工具和基本设施的帮助，允许他们继续上大学。

毕业生准备课程不可能覆盖专业人士实践所需的所有学习课程和经验学习。预期的无论是学业咨询职位、宿舍生活管理，还是职业中心职务，专业人士必须想到，要经过大量准备工作，才能发展令人愉快的工作理念。对于正处于生活改变过渡期的所有年龄段的学生而言，教育决定涉及高风险的考虑。这些考虑绝不能轻率视之，镜像中的个体反思洞察了他们的优缺点。

第四部分重点是专业级镜像测试中反映出来的专业总体性。学生事务行业已经摆脱了像美国咨询协会这样的伞状组织，已经更加内部集中化。事实上，专业组织的目光已经变得孤立、自恋，过于关注自己的结构和福利，而不关注成员以及与大学生成功相关的科学和实践。

此外，专业组织对自己的存在而非为专业人员提供服务感到困扰，表面上覆盖同一区域的两个组织，造成了成员负荷。事实上，营销哲学对年度会议的基调和氛围有明显的影响。例如，在会议上分发贴纸，确保研究生课程、州协会、职能领域协会和预期研究生得到市场关注。甚至在现场用列表法反映出教师保留博士和硕士研究生项目的问题。本科生的成功、释放学生潜力和学习成功的主题在混乱中丢弃了。

尽管咨询、社会学、生命跨度发展、种族研究等学科非常重要，学生事务的专业文献已经只限于部分期刊、书籍和作者了。主流观点强调，学生事务只负责课堂以外的体验，不负责校园学习日程的特性和基调，但此时无人负责校园学习日程。大学校园里出现了众多准备不充分的学生，于是，学习风气显得愈发重要。学生事务能发挥出重要作用，帮助学生在他们的本科使命中取得成功。问题的严重性可以通过持续性、留级率或大学辍学率（可能不一致）的数据来衡量。根据 ACT（2004）的调查，1995 年至 1996 年，上大学的学生中，有 63％在六年内获得大学学位。1972 年、1982 年和 1992 年的调查显示，只有 53％的学生得到了四年制公立或私立大学的学位（National Center for Education Statistics，国家教育统计中心，2004 年）。这些数据引发了令人不安的问题，这些问题都与学生事务在学生辍学过程中的作用有关。当然，学生事务专业人员担负着责任，他们帮助学生审视自己的选择。这些数据并没有对学生事务人员努力支持个人学习目标的工作失去信心。

学生事务专业人士承认家长对学生的象征性管控，但支持学生的权利，学生有对自己教育旅程的控制权。新入学的大学生需要知道，他们的父母，即生命中最重要的人，相信他们有能力解决问题，因为他们拥有了作为大学生的新地位。年轻人上大学，能够处理自己的过渡期，就像任何人入伍、结婚或开始找新工作应该做的一样。学院和家长能为学生做的最好的事情，就是增强他们的独立性。

在这个时候，学生事务具有影响校园态度、价值观、政策、过程和程序的能力。拥有专注于不同工作的管理者和教师，这个行业敞开大门，创造积极的变化。这是学生事务可以充满信心和创造力去采取行动、为所有人恢复学习环境以及高等教育活力的大好机会。

## 结语

反思有助于更新。在这严峻的时代里，更新至关重要，高等教育不再吸引创造一个安全未来的财政资源，国家和私人库房也只提供有限的支持。在这不稳定的时代，学生事务提供领导和具体实证，证明该行业的增值贡献，这一点至关重要。加德纳标准提供了一个全面的框架，验证了专业的广泛贡献，丰富了学生的高等教育经验。

学生事务有重要的见解，担任校园学习环境的守护者，教师或管理员都不能填补它的空缺。20 世纪 60 年代，咨询心理学和学生事务陷入了学生学习方面的微妙差异引发的问题中。当今比以往任何时候关注元学习、深度学习、学习策略以及认知科学，这应该作为研究生初级准备阶段的专业知识领域，以帮助研究生理解自己的学习日程。对于初入学的本科生来说，学习的实用性为他们成功的大学体验提供基础。

高等教育正受到细查，学生事务的价值也可能受到质疑。真正重要的是为每个学生的生活提供增值要素。学生事务的核心目标是帮助学生提升学习技能、端正态度和动机，使他们能够充分参与教育，实现他们的高等教育目标，发展他们作为人类的潜力，并作为一个民主社会中的公民做出应有的贡献。